律令官僚制の研究

吉川真司著

塙書房刊

目次

目　次

目　次

律令官僚制の研究

序章　律令官僚制研究の視角

1　研究対象としての律令官僚制

日本古代、なかんずく中国から律令法を継受することにより中央集権的な律令国家体制が構築・維持された七～一〇世紀の政治の特質を、構造的かつ実態的に解明することが本書の課題である。もとより古代政治史はさまざまな視角から分析される必要があるが、本書では律令国家の政治組織、すなわち律令官僚制を主な研究対象にしようと思う。そこでまず、日本古代社会・国家における律令官僚制の位置づけについて略述しておきたい。

律令国家はアジア東端の日本列島に成立した古代国家であるが、これによって法的に総括される列島社会は、八世紀前期において約四五〇万の人間から構成されていた(1)。身分別に概観するならば、まず天皇が国王として全社会の頂点に立ち、天皇の嫡妻である皇后(および皇太后・太皇太后)、皇位継承者たる皇太子、退位した天皇＝太上天皇の三者が準国王身分を形づくった。王権はむろん天皇が掌握したが、政治状況によっては他三者が代行することも可能であった。その下に官人身分が位置づけられる。律令官人の中心部分は位階(品・位)をもち、位階に応じた政治的・経済的特権を与えられる「有位者集団」であり(2)、その内部は三位以上(貴)、四・五位(通貴)、六位以下の三層から成っていた。五位以上は六位以下に比べて格段に大きな特権を有し、律令国家本来の貴族層であった(3)。このほか「入色」して舎人・史生などの下級官職にある無位官人も、「広義の官人」として官人身分に含めるべきであろう。(4)ここで律令官人(男官)の人数を推算すると、八世紀初頭には五位以上が約一五〇人、六位以下が約二千人、無位が一万五千人〜二万人ほどであったと考えられる。(5)国王・準国王・官人身分に属する全男性に、ほぼ同数の同階層女性を合わせたとしても、総人口の一%にも満たないのであるが、彼らこそが律令国家の支配階級であり(これに僧尼身分を含めてもよい)、残る約四五〇万の人民、すなわち公民身分約四三〇万人と賤民身分約二〇万人を、強力に支配していた。

律令国家は中央—地方にわたる統治機構を備えていた。中央においては、国家意志の最終決定権を握る天皇の下に、国政を審議・領導する太政官が置かれ、これに統括される八省とその被管諸司が多様な行政実務を分担した。神祇官、弾正台、武官諸司(衛府・兵庫・馬寮)も太政官の指揮系統下にあったが、日常的(かつ本質的)には天皇に直属して祭祀、監察、儀衛などの業務を行なった。指揮系統と奉仕対象の齟齬は、内廷諸司、後宮十二司、中宮職、春宮坊、諸家などについても指摘できる。とは言え、諸官司が全体として樹枝状の所管—被管関係を形成し、官司内部でも四等官制を基本として職務分担が定まっていたことは明らかであり、この官司間・官司内の階統制(6)が律令制統治機構の基本原理であった。一方、各地域には京職・摂津職・国といった機構が置かれ(西海道諸国は大宰府が管轄する)、坊令・郡・軍団が末端における統治業務を担った。中央官制と地方官制の関係、地方官制内部の運用は、これも階統制として統一的に理解できよう。これら多数かつ多様な律令官司・官職は、律令官人によって運転された。換言すれば、支配階級のうち官人身分に属する(主として)男性が総体として国家統治機構を独占し、列島社会の秩序を維持すると同時に、全人民の支配・収奪を実現していたのである。(7)

以上、律令国家の政治組織について、国家スタッフと国家統治機構の両面から概観を試みた。(8)そこには階統制、職務権限確定、文書主義、定期的昇進など、近代官僚制に類似する要素が多分に含まれているから、従来、

「古代官僚制」「律令官僚制」といった表現が用いられてきたことにも十分な理由がある。私もまたこの用語を継承し、官人集団と官司機構からなる律令国家の政治組織について、その内的秩序とシステム（組織形態・運用方式）の双方をとらえて「律令官僚制」と呼びたいと思う。もちろん律令国家は前近代国家であるから、支配階級自らが国家機構を占有し、国家スタッフが君主と人格的関係で結ばれるという特色をもっていた。しかし、これも官僚制の一類型として把握できるし、それを踏まえた上で律令官僚制の具体的様相を探ることによって、日本古代政治の特質の一端が明らかになるのではないかと考える。本書が日本古代政治史研究のため、律令官僚制をその主要な分析対象に据えようとするのは、以上のような理由に基づくのである。

2　律令官僚制研究史（一）――官位制度の研究――

これまで律令官僚制はどのように研究されてきたであろうか。ここではまず、政治組織そのものを扱った研究の歴史を略述してみたい。律令官僚制を論じる場合、官職・位階の制度に重きをおくのが、古くから研究の主流だったからである。

古代、律令官僚制がまだ現実に機能していた頃には、その運用方法や律令用語の解釈・読み方などが問題となることはあっても、官僚制自体が研究対象とされることはなかったと思われる。律令体制が形骸化した時代になって初めて、先例・故実を含めて、律令官職（もしくはその転化形態である公家官職）に関する知識をまとめようとする態度が発生した。平基親『官職秘抄』（一二世紀末）をその先蹤と考えることもできるが、これはまだ「任例」の体系化に過ぎなかった。やはり、北畠親房『職原抄』（興国元年＝一三四〇）の総合的叙述にこそ官職学の創始を見出すべきであろう。その後、二条良基『百寮訓要抄』（一四世紀末）なども著されるが、律令官職学は概ね『職原抄』を基盤として発達していった。近世には同書の刊本が広く流布したこともあって、壺井義知の『職原抄弁疑私考』（享保二年＝一七一七）・『職原抄通考』（享保十三年）、近藤芳樹『標註職原抄校本』（嘉永七年＝一八五四）をはじめとする数多くの研究が生まれた。こうした近世官職学の多くは有職故実学・国学の一環であったが、[9]伊藤東涯『本朝官制沿革図考』（正徳四年＝一七一四）、蒲生君平『職官志』（文化八年＝一八一一）など儒学的見地からの律令官職研究も看過することはできない。

近代の律令官僚制研究は、有職故実的な官職学を継承するかたちで出発する。明治の新官制樹立という現実的な目的のため、律令官職研究には大いに力が入れられることになった。こうした近代初期の研究が総括されたのは明治三十年代のことで、基礎史料と先行研究を集大成して適切な解題を付した『古事類苑』官位部が出版されたほか、小中村清矩『官制沿革略史』、和田英松『官職要解』などの有益な概説書が発表されている。[10]そしてこれら古典的業績を承けて、国史学・法制史学・有職故実学それぞれの立場からの研究が進められ、黒板勝美・三浦周行・西岡虎之助・滝川政次郎・江馬努などによる律令官制概説が著わされた。[11]また、それとともに数多くの個別研究が生み出されていったが、昭和十年代に相次いで発表された中田薫「養老令官制の研究」と坂本太郎『大化改新の研究』を以て、戦前の実証的研究の双璧と称すべきであろう。[12]中田は比較法制史の手法を用いて日本の四等官制を犀利に分析し、また坂本は大化改新の歴史的意義を論ずるため律令官制成立史を周到に再構成した。両者の研究はそれまでの官職学の達成をはるかに凌駕し、戦後の律令官僚制研究を準備したものとして、高く評価されねばならない。

戦後、日本古代史研究の隆盛にともない、律令官僚制の研究も飛躍的に発達した。その特色としては、何よりも位階制研究の進展を挙げるべきであろう。もちろん冠位十二階の研究などは明治以前から盛んに行なわれたのであるが、律令制以後に関する論考では、官職制度が主、位階制度が従とされるのが一般的であった。これは前近代官職学にも一貫して見られる傾向であって、遠く『職原抄』の叙述態度に由来するものと言ってもよかろう。[13]しかし戦後、社会経済史の研究が盛んになると、支配階級である律令官人層の特権や編成形態への関心が高まり、位階制、及びそれと不可分の関係にある封禄制の検討が進んだ。その嚆矢は言うまでもなく竹内理三「律令官位制に於ける階級性」であり、さらに野村忠夫・高橋崇・喜田新六・時野谷滋などによって重厚な実証的研究が蓄積されていった。[14]特に野村の考選制度研究、時野谷の年給制度研究は、位階制・封禄制のシステムをきわめて詳細に考究したもので、のちに取り上げる「政治の形式」研究の先蹤と位置づけることもできる。また位階制研究と連動しつつ、律令官制の研究も格段の進歩を見せた。とりわけ青木和夫・井上光貞・早川庄八・黛弘道などに代表される官制成立史研究の深化は特筆されるべきであり、これによって律令国家成立史、及び律令国家そのものの特質に関する理解は格段の進歩を見た。[15]かくして律令官僚制研究は面目を一新し、日本古代国家を論ずる上で不可欠の分野となったのであるが、こうした戦後の諸研究を総括する業績がいくつも生まれたのは、一九七〇年代のことであった。早川庄八・青木和夫・井上光貞などによる有益な概説に加えて、石母田正『日本の古代国家』『日本古代国家論』にも同様の役割が認められよう。[16]一九七〇年代初頭は現在に続く律令国家論が確立した時期と評価できるが、[17]律令官制・位階制研究もその一環として新たに体系化された姿を見せるに至り、その後の研究の進展の基盤となったのである。

3　律令官僚制研究史（二）――「政治の形式」研究――

一九七〇年代は、別の意味でも律令官僚制研究の画期であった。官位制度の研究が総括・体系化されたことに加えて、古代の「政治の形式」研究とも称すべき新しい潮流が、はっきりと姿を見せ始めたのがこの時期のことだったからである。

「政治の形式」とは些か熟さない表現であるが、ここではさまざまな政治行為、つまり政治意志の形成・発動、政治組織の運営、政治秩序の維持などに際してとられた形式や方法を指す語として使用したい。従って、この「政治の形式」研究の対象としては、

① 政治手続……政治行為を行なう場合の手続・次第・作法

② 政治空間……政治行為を行なう空間の構成

③ 政治表象……政治的地位や政治的意志を表象する事物

などを挙げることができる。無論この①②③は相互に密接な関係をもち、内容的にも重複する場合があるから、あくまで便宜的な区分に過ぎない。また、官位制など政治組織の形態そのものが「政治の形式」にほかならないと言うことも可能である。ただ、特に一九七〇年代以降、①②③に関する研究が盛んとなり、古代政治史研究が新段階に入ったと考えられるため、それを古代の「政治の形式」研究として一括しようと試みるのである。そこで本稿の関心に沿って、主に①②についてやや詳細に研究史を辿り、その意義と課題を探ってみたい。

古代の「政治の形式」研究の淵源は、官位制度研究と同様、有職故実学にあった。河鰭実英の分類によれば[18]、

近世の有職故実学は、官職位階、宮殿及び殿舎、調度、服飾及び武具、饗饌、車輿その他の交通用具、年中行事、典礼、娯楽技芸、書札礼節を研究対象としたのであり、その主要部分は古代以来の「政治の形式」であった。また、公家諸家が伝習した朝廷儀礼や政務の次第・作法も、国政上の意味をほとんど失い、形骸化・象徴化していたという点では、有職故実学に含めて考えることができるだろう。今日、こうした研究の多くは忘却の彼方にあるが、近年しばしば利用されるようになった裏松固禅『大内裏図考証』(寛政九年＝一七九七)以外にも、水戸藩が編纂した総合的部類記『礼儀類典』(宝永七年＝一七一〇)や、滋野井公麗『禁秘抄階梯』(安永五年＝一七七六)をはじめとする『禁秘抄』諸注釈など、再評価されるべき業績は少なくない。

明治以降、有職故実的な知識の多くは不要のものとなったが、研究が衰えたわけではない。近代歴史学において、古代「政治の形式」に関する最初の体系的研究となったのは、やはり『古事類苑』であった。特に注目すべきはその政治部一〜二五で[19]、「臨朝」「外記政」「陣定」などの政務の語義と実際を述べた「政治総載」に始まり、以下詔勅などの文書、印章、使者、人事制度などの政治手続について、主要な史料を挙示しつつ概説がなされた。日本古代の政務・文書に関する総合参考書というべき『古事類苑』政治部の解説の質は高く、史料の選択や項目配列も概ね妥当であった。太政官政務に関する戦前の代表的業績とされる吉村茂樹「平安時代の政治」[20]と て、実は『古事類苑』を要約して若干の政治史的評価を添えたものに過ぎない。また、『古事類苑』の文書に対する態度も注目に値する。同書の文書に関する項目は、詔勅、宣旨、院宣、令旨、符、下文、表、奏、啓、解、辞、牒、移、封事の順になっており、下達文書→上申文書→その他、と配列されているのだが、ここには公式様文書と公家様文書という区分[21]が見られない。文書体系の歴史的遷移に対する関心が希薄だと断ずればそれまでのようではあるが、平安時代にはこれらの文書が総体として機能していたことも事実であり、また公式様・公家様の区分は公式令に規定されているか否かという便宜的なものに過ぎず、現在ではかかる分類に対する根本的疑問が呈されているのである。[22]このように「政治の形式」という観点からは、『古事類苑』政治部の研究史的意義は大きく、今日なお参観されるべき点が多い。

さて、戦後の古代「政治の形式」に関する研究にはいくつかの流れがあるが、第一に挙げるべきは平安時代の政務研究であろう。これは平安貴族政治（摂関政治・院政）の実態的解明の一環として推進され、一九六〇年代初頭に基本的方向性が示された。六一年、藤木邦彦は陣定に関する専論を発表し、この分野の先駆的研究となったが、[23]しかし同年はむしろ土田直鎮の摂関政治論[24]が提起された年として記憶されねばならない。土田は摂関政治が摂関家で行なわれる「政所政治」だったとする通説を批判し、国政の中心は朝廷にあったと論じたが、その根拠となったのが陣定を中心とする「太政官政治の実態」であった。平安時代においては政務と儀式は不可分であったという土田の基本認識[25]もすでに窺うことができる。さらに翌六二年、土田は平安時代の太政官政務を主宰した上卿について論じ、ここでも政務手続研究の有効性を明らかにした。[26]土田の研究は東京大学史料編纂所の公務から生まれた着実かつ説得的なものであり、その結論と方法は大きな影響を与えた。その後の研究では鈴木茂男の文書研究、[27]山本信吉の摂関政治研究[28]などが特筆されるが、さらに土田の方法は橋本義彦の院政研究に継承されて大きな成果をもたらした。[29]一九七六年、橋本はこれらの研究を総括して貴族政治全般にわたる斬新な概説を提出するが、[30]ここに至って『古事類苑』のやや羅列的・超時代的な面は克服され、「政治の形式」を把握して国家・政治の特質を理解するという新しい方法が完成を見たのである。橋本の総括以後、①棚橋光男・井原今朝男・美川圭・安原功などによる院政研究、[31]②下向井龍彦・曽我良成・坂本賞三・佐々木宗雄・今正秀などによる「王朝国家」機構・政務研究、[32]③武光誠・倉本一宏・大津透・佐々木恵介・坂上康俊・吉川・神谷正昌などによる摂関政治研究[33]などが発表され、今日では「政治の形式」を抜きに平安時代国家史・政治史は語れない。ただし③の諸研究を除いて、前史の検討はやや手薄であり、後述する七～九世紀研究への安易な依拠が目立つ[34]。この隘路を突破するためには、七～九世紀の「政治の形式」に関する認識をさらに豊かにし、律令制成立期から院政期までを一貫して見通す視座を獲得することが必要であろう。

戦後の日本古代史研究にはもう一つの「貴族制」研究があった[35]。一九五〇年代に関晃によって提唱された貴族共和制論がそれであるが、平安貴族政治研究と無関係に始まったこの貴族共和制論が、別の方向から「政治の形式」研究を推進することになった。関の見解は、七世紀の政治変革により朝廷の全国支配が確立したが、朝廷内部では専制君主制を指向する天皇権力が、五世紀以来の貴族共和制を維持する豪族勢力によって重大な制約を受けており、律令政治の実態は貴族共和制と評価するべきである、というものであった[36]。関説のうち、天皇権力が絶対的でなかったとする穏健的部分は、石母田正がすぐさま「貴族的王制」論として継承し[37]、さらに石母田は官制・公文書制などの斬新な分析に立脚しつつ、君主権に対する貴族層の地位の相対的高さを論じた[38]。ただし、石母田は関説の極論的部分＝貴族共和制論についてはこれを明確に否定し、身分的・人格的秩序や五つの「天皇大権」を挙げて、天皇が一個の独立的政治権力であり、律令官僚制に結集する豪族勢力こそが他律的であったと述べた。ところが石母田の分析方法に刺激を受けた早川庄八は、七〇年代以降、政務（合議制）や文書（論奏）を犀利に分析し、公卿合議制が豪族勢力の牙城として、天皇権力を決定的に制約していたことを主張するに至る[39]。実はこれこそ関の予定した学説発展であった。関の眼には、戦後のマルクス主義古代史学が伝統的国史学と同様、古代天皇が専制君主であったことを無条件に前提とし、「権力の実質的な基礎や具体的な発現のしかた」を検討しないものと映り、貴族共和制論はかかる安易な態度を排撃する学説として提出されたのだが、その検証には天皇権力や律令政治の実態的把握が不可欠だったからである。関は当初から律令国家の「政治の形式」分析の必要性を論じており、それが七〇年代以降になって急速に進展したのである。早川の研究は貴族共和制論に実証的基盤を与えたと評価され[40]、数多くの反論はあるものの[41]、貴族共和制論は有力学説としての地位を獲得した。早川説の実証的継承・批判はその後も続けられ、七〜九世紀の「政治の形式」の研究はこの方向からなお深化しつつあるが[42]、さらに平安貴族政治研究との接合が試みられていることも看過できない[43]。

さて、戦後古代史学の発展をもたらした要因の一つに、宮都の発掘調査を挙げることができるが、それは古代「政治の形式」研究にも大きな影響を与えた。宮都の中枢部である大内裏・内裏の様相と歴史的変遷が明らかになるにつれて、各空間の特質や、それらを利用して行なわれた儀礼・政務への関心が急速に高まったのである[44]。かかる観点からの本格的研究は、一九七五年の岸俊男「朝堂の初歩的考察」[45]に始まる。岸は小墾田宮から平安宮に至る諸宮の利用形態に関する史料を集成・考究し、朝儀・饗宴のための空間とされてきた朝堂院が、日常的には朝政の場であったことを解明した。さらに岸は曹司の機能についても言及し、宮の構造が「律令制政治機構の整備と密接な関係を有するらしいこと」を論じた。岸の画期的な研究によって、宮都という政治空間の分析が律令国家研究に大きな意味をもつこと、また政治空間の具体的把握が儀礼・政務研究に不可欠であること、などが研究者の共通認識となり、八〇年代以降、この方法を発展させた儀式(儀礼・政務)研究が蓄積される。狩野久・今泉隆雄・和田萃・橋本義則・田島公・古瀬奈津子・佐竹昭・神谷正昌・藤森健太郎・山下信一郎・西本昌弘・加藤友康・吉田歓などによる儀礼研究[46]、古瀬奈津子・橋本義則・早川庄八・新川登亀男・寺崎保広・吉川・大隅清陽などによる政務研究[47]、これらの総括的論述[48]などが次々に発表され、また大極殿・朝堂院・内裏・皇后宮など個別空間の性格究明も進んだ[49]。かくして律令政治の実態とその変遷がかなり明瞭となり、また儀礼研究によって国家イデオロギー論が豊かに肉付けされた。これらの儀式研究は利用史料の多くが九～一一世紀の式や儀式書であるため、平安貴族政治研究とも接続しやすい性格をもつが、しかし両者の融合はまだ不十分である（流れとしては貴族共和制論ともほとんど交錯していない）。なお儀式研究の隆盛に伴い、儀式書の書誌学的研究が進展したことも特筆される[50]。

最後に、古代文書の実態的研究の発達を述べておかねばならない。従来の「公式様文書」という理解を超える古代文書研究は、これも間接的にではあるが、宮都の調査・研究との関連をもっていた。それは、第一に宮都遺跡を中心とする木簡の出土、第二に「儀式と文書」という問題関心の発生である。まず、木簡は戦前にも若干出土していたが、一九六一年に平城宮跡で四〇点余が発見されてから俄然注目を集め、その後、宮都を中心とする各地の遺跡で多数の出土を見るに至る。それらは古代の政治・経済・社会に関する膨大な情報をもたらし、史料的限界に来ていたかに見えた古代史研究を蘇生させた。文献史料であり考古遺物でもある木簡の研究は、内容分類・形態分類を必然的に随伴し、様々な分類が試みられてきたが[51]、前者については現在のところ、①文書木簡（文書・記録）、②付札木簡（荷札・付札）、③その他（習書・楽書など）、の三分類が主流である[52]。このうち①が古代文書研究に新局面を開いた。文書木簡には紙の文書にない独自の機能があること、公式令規定の様式に準拠しない文書木簡が多数にのぼることなどが判明し[53]、文書木簡を視野に収めることにより、古代文書行政を実態に即して考察するべきだという認識が一般的になった。こうしたなかから儀式における文書木簡の利用形態を論じた東野治之の研究[54]、公式令・正倉院文書・文書木簡の総合的把握を試みた早川庄八の研究[55]などが生み出され、また最近では長屋王家木簡・二条大路木簡の出土により文書・帳簿木簡論がさらに展開しつつある[56][57]。一方、宮都研究から派生した儀式研究が、文書木簡研究とも交錯しつつ、「儀式と文書」という新しい問題関心を惹起したことも見逃せない。古代文書をそれが作成され利用された儀礼・政務との関連から理解し、逆に文書の分析から儀式の理解を深めようとする視角・方法であるが[58]、この分野の牽引力もまた早川庄八の研究であった。儀式の場での口頭伝達の重要性に注目した早川は、任官儀・任僧綱儀とその文書について論じ[59]、さらに進んで宣旨の発生に関する新見解を発表した[60]。また玉井力も除目研究を独自にこの方法で進め、平安時代史研究における有効性を示した[61]。その後、叙位議とその文書についても研究が進んだが[62]、東野の考選木簡研究以来、「儀式と文書」研究は人事制度に集中している。古代政務のなかでも最も複雑で、用いられる文書が多種多様であることが理由であろうが、もちろん他の儀礼・政務についてもかかる方法が活用されるべきであり[63]、それらを総合することにより施行文書・手続文書・帳簿からなる古代行政文書の全貌が明瞭になるはずである。「公式様文書」概念の有効性もその過程で当然問い直されようし[64][65]、古代史の各段階における文書体系の推移を跡づけ、それを古代国家論・社会論に活用することも必要であろう。

以上、戦後の古代「政治の形式」研究の流れを、(一)平安時代政務研究、(二)貴族共和制論、(三)宮都研究、(四)古代文書研究、の四方向から追跡した。このほか政治表象に関しても、衣服・器物や「過差」などから政治編成を論じる研究が大きく進展した[66]。もちろん、これらは相互に無関係ではありえず、早川庄八のように多方面での活躍を示す研究者もいる。しかし、「政治の形式」研究が多様な契機と関心によって推進され、ここ四半世紀余で膨大な蓄積をなしたことは明らかである。従来の研究の意義と問題点、そして今後の課題を明らかにするために、これらを大きく分類してみたのである。

すでに体系化された律令官制・位階制研究を、微細な運用システムの解明によって深化させることだけが目的であったのなら、恐らく「政治の形式」研究はここまで発達しなかったであろう。官位制度研究の枠を超えて古代政治の実態に肉薄し、律令官僚制に関する豊かで具体的な認識をもたらすところに、古代「政治の形式」研究の主要な意義があり、醍醐味がある。そしてそれにより、律令国家・律令政治の成立と変遷についての新たな展望が開けてきたし、律令国家の法・イデオロギーの特質と実効性を考える有益な手がかりも得られつつある。古代の文書や記録を論ずる上でも、それらを政治手続の一環として捉えるべきことは今や常識化したとも言えよう。むろん、これまでの古代「政治の形式」研究には克服されるべき問題点が少なくなく、方法的にもさらなる錬磨が必要である。しかし、それが日本古代政治史研究において不可欠の視角となってきたことだけは、疑いない事実であると考えられる。

4　本書の構成

律令官僚制研究、とりわけ新潮流としての「政治の形式」研究について、研究史と課題を述べてきたが、最後に本書の構成を示しておきたい。本書の大部分は既発表論文からなっており、主要なものの研究史的位置付けは前節において果したつもりであるが、これらを補訂しつつ一書として再構成するには、むろん独自の配慮を必要としたからである。

第一部「律令官僚制と官人社会」では、主に律令官僚制の全体構造について論じる。その際、律令官僚制が如何に運用されていたかという実態的分析を基礎にし、また律令官人たちが構成した官人社会との相互規定性もできるだけ見定めたい。具体的には、律令官僚制のシステムと運用規範、天皇権力と貴族勢力の関係、男官と女官の差異、律令制下の氏族(藤原氏)の存在形態などを取り上げる。

第二部「律令国家の政務と文書」では、「儀式と文書」という分析視角から、律令政治の実態とその推移を論じ、時にその前史を推測する。政務の次第・作法をできるだけ丁寧に検討したいと考えるが、その場合、後代史料の遡源的利用や中国律令との比較が主な手法となる。具体的には、詔勅・太政官奏・太政官符の実態と変遷、太政官政務における新旧二つの作法、太政官印の運用方法などを取り上げる。

第三部「平安貴族政治の形成」では、律令政治の衰退と平安貴族政治の形成を論じる。ここでも政務・文書の実態分析が基礎となり、そこから権力構造や政治規範の変動を考えたい。またこれと同時に、平安貴族政治成立の社会的要因についても述べることにする。具体的には、律令官僚制とそれを支える政務の衰退、摂関政治の実態と社会的背景、女房の存在形態と文字文化などを取り上げる。

このように、基本的に「政治の形式」を分析し、そこから日本古代国家の政治構造・政治規範・政治過程を論じるというのが、本書のスタイルである。なるべく古代「政治の形式」の諸側面を取り上げ、前節で述べた研究史の四つの流れを統合できればと考える。また、社会関係との連動についてもできるだけ論を及ぼす所存であるが、それによっても本書の方法の有効性と可能性は検証されることになるであろう。

注

（1）公民・賤民の人口については、鎌田元一「日本古代の人口について」（『木簡研究』六、一九八四年）によった。

（2）石母田正「古代官僚制」（『日本古代国家論』第一部、岩波書店、一九七三年。『石母田正著作集』三、岩波書店、一九八九年、所収）。

（3）竹内理三「律令官位制に於ける階級性」（『史淵』四七、一九五一年。同『律令制と貴族政権』第Ⅰ部、御茶の水書房、一九五七年、所収)。

(4)　吉村武彦「古代の社会構成と奴隷制」(『講座日本歴史』二、東京大学出版会、一九八四年。「古代の社会編成」と改題して、同『日本古代の社会と国家』、岩波書店、一九九六年、所収)。

(5)　推算の根拠を記しておく。五位以上官人については、さしあたり持田泰彦「奈良朝貴族の人数変化について」(『学習院史学』一五、一九七九年)に従った。持田の方法(国司は仮に延喜式制で計算する)によれば、養老令制の五位以上のポストは一四六、六位以下初位以上のポストは八三六を数えるが、大宝元年(七〇一)に親王を除く五位以上官人が一二五人であったことからすれば(『続日本紀』大宝元年三月甲午条)、八世紀初頭の有位官人数が令制ポスト数に近似していた可能性は大きい。そこで、六位以下官人についてもこの八三六人をベースとし、これに散位若干人と全国の郡領(郡の等級は仮に和名抄郷数による)一一二九人を加えて、約二千人と見積ることができよう。無位官人については、やはり同様の方法で、養老令制の雑任(舎人・史生・兵衛・掌類・伴部・使部)ポストが七一二五、国博士・国医師が一三六、主政主帳が(郡領と仮に同数として)一一二九、軍毅が(一〇郷一軍団に三人として)五五五、令制五位以上ポスト数に見合う帳内・資人が五〇五五、以上合計一四〇〇〇となる。これに親王・内親王帳内、内命婦資人、外散位を加えても、総数は一五〇〇〇～二〇〇〇〇人の範囲に収まるであろう。

(6)　階統制については、辻清明『行政学概論』上巻(東京大学出版会、一九六六年)。

(7)　石母田正「古代官僚制」(前掲)とは、①官人身分を「有位者集団」に限定しないこと、②国家機構を単なる「階級の支配のための組織的手段」とは理解しないこと、の二点において異なる。

(8)　これは本書第一部第一章における律令官人制・律令官司制の区分につながる。なお、渡辺信一郎「中国古代専制国家論」(『比較国制史研究序説』、柏書房、一九九二年)の明晰な課題設定と叙述を参考にした。

(9)　石村貞吉『有職故実研究』(有職故実研究刊行会、一九五七年)緒言、河鰭実英『有職故実』(塙書房、一九六〇年)序説。

(10)　『古事類苑』官位部(神宮司庁、一九〇五年)、小中村清矩『官制沿革略史』(吉川半七、一九〇〇年)、和田英松『官職要解』(明治書院、一九〇二年)。

(11)　黒板勝美『国史の研究』(岩波書店、一九〇九年)、三浦周行「法制史講義」「法制史概論」(『続法制史之研究』、岩波書店、一九二五年、所収)、同『法制史』(日本評論社、一九三〇年)、滝川政次郎『日本法制史』(有斐閣、一九二八年)、同『日本法制史研究』(有斐閣、一九四一年)、西岡虎之助『奈良朝史』(内外書籍、一九二五年)、江馬務『新修有職故実』(星野書店、一九三七年。『江馬努著作集』一〇、中央公論社、一九七八年、所収)。

(12) 中田薫「養老令官制の研究」(『国家学会雑誌』三一―一、一九三七年。同『法制史論集』三上、岩波書店、一九四三年、所収)、坂本太郎『大化改新の研究』(至文堂、一九三八年。同『坂本太郎著作集』六、吉川弘文館、一九八八年、所収)。

(13) 律令官人制の再編によって位階よりも官職が重視されるようになったことが、『職原抄』の記述を根本から制約していたのである。吉川「律令官人制の再編」(『日本史研究』三二〇、一九八九年。本書第三部第一章「律令官人制の再編過程」)。

(14) 竹内理三「律令官位制に於ける階級性」(前掲)、野村忠夫『律令官人制の研究』(吉川弘文館、一九六七年)、同『官人制論』(雄山閣出版、一九七五年)、高橋崇『律令官人給与制の研究』(吉川弘文館、一九七〇年)、喜田新六『令制下における君臣上下の秩序について』(皇学館大学出版部、一九七二年)、時野谷滋『律令封禄制度史の研究』(吉川弘文館、一九七七年)。

(15) 青木和夫「浄御原令と古代官僚制」(『古代学』三―二、一九五四年。同『日本律令国家論攷』、岩波書店、一九九二年、所収)、井上光貞「太政官成立過程における唐制と固有法の交渉」(『前近代アジアの法と社会』、勁草書房、一九六七年。同『日本古代思想史の研究』、岩波書店、一九八二年、所収)、早川庄八「律令太政官制の成立」(『続日本古代史論集』上、吉川弘文館、一九七二年。同『日本古代官僚制の研究』、岩波書店、一九八六年、所収)、同「律令制の形成」(『岩波講座日本歴史』二、岩波書店、一九七五年)、黛弘道『律令国家成立史の研究』(吉川弘文館、一九八二年)。

(16) 早川庄八「律令国家の行政機構」(『シンポジウム日本歴史』四、学生社、一九七二年)、青木和夫「律令国家の権力構造」(『岩波講座日本歴史』三、岩波書店、一九七六年。青木前掲書所収)、井上光貞「序論にかえて―カバネ・位階・官職―」(『東アジア世界における日本古代史講座』六、学生社、一九八二年)、石母田正『日本の古代国家』(岩波書店、一九七一年。『石母田正著作集』三(前掲)所収)、同『日本古代国家論』第一部(前掲)。

(17) 坂江渉・鷺森浩幸・吉川「書評　笹山晴生先生還暦記念会編『日本律令制論集』(上・下)」(『史学雑誌』一〇五―一一、一九九六年)。

(18) 河鰭実英『有職故実』(前掲)。

(19) 『古事類苑』政治部(神宮司庁、一九〇九年)。

(20) 吉村茂樹「平安時代の政治」(『岩波講座日本歴史』、一九三三年)。

(21) 黒板勝美『国史の研究』(前掲)、同「日本古文書様式論」(『虚心文集』六、吉川弘文館、一九四〇年)に示された見解で、相田二郎『日本の古文書』（岩波書店、一九四九年）などに継承され、古文書様式論の通説的分類となってきた。

(22) 早川庄八『宣旨試論』（岩波書店、一九九〇年）。奈良時代においても公式令規定の文書だけで行政が完結した訳ではなく、またそれらの書式も多様に変異しており、すでに平安時代的様相が発生していた。黒板以来の〈公式様→公家様→武家様〉という分類・変遷論は、要するに政治史を文書史に当てはめたものなのである。上島有「古文書の分類について」（『史学雑誌』九七—一一、一九八八年）の〈公式様→下文様→書札様〉という新しい理解も、なお同様の問題点を残しているように思われる。

(23) 藤木邦彦「陣定について」（『歴史と文化』五、一九六一年。同『平安王朝の政治と制度』、吉川弘文館、一九九一年、所収）。

(24) 土田直鎮「摂関政治に関する二、三の疑問」（『日本史の研究』三三、一九六一年。同『奈良平安時代史研究』、吉川弘文館、一九九二年、所収）。

(25) 土田直鎮「平安時代の政務と儀式」（『国学院大学日本文化研究所紀要』三三、一九七四年。土田前掲書所収）。

(26) 土田直鎮「上卿について」（『日本古代史論集』下、吉川弘文館、一九六二年。土田前掲書所収）。

(27) 鈴木茂男「古文書学的に見た院政」（『図説日本文化史大系』五・月報、小学館、一九六六年）、同「宣旨考」（『続日本古代史論集』下、吉川弘文館、一九七二年）。

(28) 山本信吉「平安中期の内覧について」（『続日本古代史論集』下、吉川弘文館、一九七二年）、同「一上考」（『国史学』九六、一九七五年）。

(29) 橋本義彦「院評定制について」（『日本歴史』二六一、一九七〇年。同『平安貴族社会の研究』、吉川弘文館、一九七六年、所収）。

(30) 橋本義彦「貴族政権の政治構造」（『岩波講座日本歴史』四、一九七六年。同『平安貴族』、平凡社、一九八六年、所収）。

(31) 棚橋光男『中世成立期の法と国家』（塙書房、一九八三年）、井原今朝男『日本中世の国政と家政』（校倉書房、一九九五年）、美川圭『院政の研究』（臨川書店、一九九六年）、安原功「昼御座定と御前定」（『年報中世史研究』一四、一九八九年）、同「中世王権の成立」（『年報中世史研究』一八、一九九三年）、など。

(32) 下向井龍彦「王朝国家体制下における権門間相論裁定手続について」（『史学研究』一四八、一九八〇年）、同「『水左記』にみえる源俊房と薬師寺」（『後期摂関時代史の研究』、吉川弘文館、一九九〇年）、曽我良成「諸国条事定と国解慣行」（『日本歴史』三七八、一九七九年)、同「王朝国家期における太政官政務処理手続について」(『王朝国家国政史の研究』、吉川弘文館、一九八七年)、坂本賞三「「御前定」の出現とその背景」(『史学研究』一八六、一九九〇年)、同「一人諮問の由来」(『神戸学院大学人文学部紀要』一、一九九〇年)、佐々木宗雄『日本王朝国家論』(名著出版、一九九四年)、今正秀「王朝国家における別当制と政務運営」(『史学研究』一九九、一九九三年)、同「王朝国家中央機構の構造と特質」(『ヒストリア』一四五、一九九四年)、など。

(33) 武光誠「摂関期の太政官政治の特質」(『ヒストリア』一〇六、一九八五年)、倉本一宏「一条朝における陣定について」(『古代文化』三九―七、一九八七年)、大津透「摂関期の国家論に向けて」(『山梨大学教育学部研究報告』三九、一九八九年。改題して同『律令国家支配構造の研究』、岩波書店、一九九三年、所収)、同「摂関期の陣定」(『山梨大学教育学部研究報告』四六、一九九六年)、佐々木恵介「『小右記』にみえる「勘宣旨」について」(『摂関時代と古記録』、吉川弘文館、一九九一年)、同「『小右記』にみる摂関期近衛府の政務運営」(『日本律令制論集』下、吉川弘文館、一九九三年)、坂上康俊「関白の成立過程」(前掲『日本律令制論集』下、一九九三年)、吉川「天皇家と藤原氏」(『岩波講座日本通史』五、岩波書店、一九九五年。本書第三部第二章「摂関政治の転成」)、神谷正昌「平安時代の摂政と儀式」(『日本古代の国家と祭儀』、雄山閣出版、一九九六年)、など。

(34) 特に早川庄八の合議制論に依拠する平安時代史研究が少なくないが、早川説の論理的・実証的問題点をどこまで認識しているのか、やや疑問が残る。例えば、橋本義彦「貴族政権の政治構造」(前掲)、佐藤進一『日本の中世国家』(岩波書店、一九八三年)、井原今朝男『日本中世の国政と家政』(前掲)、など。

(35) 吉川「貴族制論」(『日本古代史研究事典』、東京堂出版、一九九五年)、参照。

(36) 関晃「律令支配層の成立とその構造」(『新日本史大系』二、朝倉書店、一九五四年。『関晃著作集』四、吉川弘文館、一九九七年、所収)、同「大化改新と天皇権力」(『歴史学研究』二二八、一九五九年)・同「大化前後の天皇権力について」(『歴史学研究』二三三、一九五九年。ともに『関晃著作集』二、吉川弘文館、一九九六年、所収)。

(37) 石母田正「古代史概説」(『岩波講座日本歴史』一、岩波書店、一九六二年。『石母田正著作集』一二、岩波書店、一九九〇年、所収)。

(38) 石母田正『日本の古代国家』(前掲)。

(39)　早川庄八「律令太政官制の成立」(前掲)、同「律令制と天皇」(『史学雑誌』八五―三、一九七六年)、同「大宝令制太政官の成立をめぐって」(『史学雑誌』八八―一〇、一九七九年)。以上の論文は早川庄八『日本古代官僚制の研究』(前掲)に収録された。

(40)　関晃「律令貴族論」(『岩波講座日本歴史』三、岩波書店、一九七六年。『関晃著作集』四〈前掲〉所収)。

(41)　佐藤宗諄「律令太政官制と天皇」(『大系日本国家史』一、東京大学出版会、一九七五年)、倉本一宏「律令貴族論をめぐって」(『日本歴史』四七二、一九八七年。同『日本古代国家成立期の政権構造』、吉川弘文館、一九九七年、所収)、長山泰孝『古代国家と王権』(吉川弘文館、一九九二年)。

(42)　八木充「大宝令勅符について」(『山口大学文学会志』二九、一九七八年。同『日本古代政治組織の研究』、塙書房、一九八六年、所収)、飯田瑞穂「太政官奏について」(『日本歴史』三八一、一九八〇年)、森田悌「律令奏請制度の展開」(『史学雑誌』九四―九、一九八五年。「奏請制度の展開」と改題して同『日本古代の政治と地方』、高科書店、一九八八年、所収)、吉川「律令太政官制と合議制」(『日本史研究』三〇九、一九八八年。本書第一部第二章)、など。

(43)　森田悌「太政官制と摂政・関白」(『古代文化』二九―五、一九七七年。同『平安時代政治史研究』、吉川弘文館、一九七八年、所収)、早川庄八「上卿制の成立と議政官組織」(早川前掲書所収、一九八六年)、倉本一宏「議政官組織の構成原理」(『史学雑誌』九六―一一、一九八七年。倉本前掲書所収)、など。

(44)　奈良国立文化財研究所『平城宮発掘調査報告』Ⅱ(一九六二年)。

(45)　岸俊男「朝堂の初歩的考察」(『橿原考古学研究所論集　創立三十五周年記念』、吉川弘文館、一九七五年。同『日本古代宮都の研究』、岩波書店、一九八八年、所収)。

(46)　狩野久「律令国家と都市」(前掲『大系日本国家史』一、一九七五年。同『日本古代の国家と都城』、東京大学出版会、一九九〇年、所収)、今泉隆雄「平城宮大極殿朝堂考」(『日本古代史研究』、吉川弘文館、一九八〇年。同『古代宮都の研究』、吉川弘文館、一九九三年、所収)、同「再び平城宮の大極殿・朝堂について」(『律令国家の構造』、吉川弘文館、一九八九年。今泉前掲書所収)、和田萃「タカミクラ」(『日本政治社会史研究』上、塙書房、一九八四年。同『日本古代の儀礼と祭祀・信仰』上、塙書房、一九九五年、所収)、橋本義則「平安宮草創期の豊楽院」(『日本政治社会史研究』中、塙書房、一九八四年。同『平安宮成立史の研究』、塙書房、一九九五年、所収)、田島公「日本の律令国家の「賓礼」」(『史林』六八―三、一九八五年)、古瀬奈

津子「平安時代の「儀式」と天皇」(『歴史学研究』五六〇、一九八六年)、同「格式・儀式書の編纂」(『岩波講座日本通史』四、岩波書店、一九九四年)、佐竹昭「藤原宮の朝廷と赦宥儀礼」(『日本歴史』四七八、一九八八年)、神谷正昌「九世紀の儀式と天皇」(『史学研究集録』一五、一九九〇年)、同「紫宸殿と節会」(『古代文化』四三―一二、一九九一年)、藤森健太郎「日本古代元日朝賀儀礼の特質」(『史学』六一―一・二、一九九二年)、同「平安期即位儀礼の論理と特質」(『延喜式研究』九、一九九四年)、山下信一郎「『延喜式』からみた節会と節禄」(『延喜式研究』九、一九九四年)、同「律令俸禄制と賜禄儀」(『史学雑誌』一〇三―一〇、一九九四年)、西本昌弘『日本古代儀礼成立史の研究』(塙書房、一九九七年)、加藤友康「旬儀の構造とその特質」(『講座前近代の天皇』五、青木書店、一九九五年)、吉田歓「旬儀の成立と変質」(『ヒストリア』一五二、一九九六年)、など。近年の儀式研究の盛行はめざましく、主要なものに限定せざるを得なかった。

(47)　古瀬奈津子「告朔についての一試論」(『東洋文化』六〇、一九八〇年)、同「宮の構造と政務運営法」(『史学雑誌』九三―七、一九八四年)、橋本義則「「外記政」の成立」(『史林』六四―六、一九八一年。橋本前掲書所収)、早川庄八「前期難波宮と古代官僚制」(『思想』七〇三、一九八三年。早川前掲書所収)、新川登亀男「文書と机と告朔儀礼」(『史艸』二五、一九八四年)、寺崎保広「朝堂院と朝政に関する覚書」(『川内古代史論集』四、一九八八年)、吉川「律令国家の女官」(『日本女性生活史』一、一九九〇年。本書第一部第三章)、同「申文刺文考」(『日本史研究』三八二、一九九四年。本書第二部第三章)、大隅清陽「延喜式から見た太政官の構成と行事」(『延喜式研究』四、一九九〇年)、同「弁官の変質と律令太政官制」(『史学雑誌』一〇〇―一一、一九九一年)、など。

(48)　今泉隆雄「律令制都城の成立と展開」(『講座日本歴史』一、東京大学出版会、一九八四年。今泉前掲書所収)、橋本義則「朝政・朝儀の展開」(前掲『日本の古代』七、一九八六年。橋本前掲書所収)、古瀬奈津子「政務と儀式」(『古代を考える　平安京』、吉川弘文館、一九九一年)、岸俊男『日本の古代宮都』(岩波書店、一九九三年)、佐藤信「宮都・国府・郡家」(『岩波講座日本通史』四、一九九四年。同『日本古代の宮都と木簡』、吉川弘文館、一九九七年、所収)。

(49)　鬼頭清明「日本における大極殿の成立」(『古代史論叢』中、吉川弘文館、一九七八年)、同「日本における朝堂院の成立」(『日本古代の都城と国家』、塙書房、一九八四年)、寺崎保広「平城宮大極殿」(『仏教芸術』一五四、一九八四年)、保坂佳男「朝堂院の変遷について」(『国史研究会年報』五、一九八四年)、浅野充「古代天皇制国家の成立と宮都の門」(『日本史研究』三三八、一九九〇年)、佐竹昭「古代宮室における「朝庭」の系譜」(『日本歴史』五四七、一九九三年)、橋本義則『平安宮成立史の研究』(前掲)、同「「後宮」の成立」(『公家と武家』、思文閣出版、一九九五年)、など。
(50) 所功『平安朝儀式書成立史の研究』(国書刊行会、一九八五年)、西本昌弘『日本古代儀礼成立史の研究』(前掲)、『西宮記研究』一(一九九一年)所収の諸論考、など。
(51) 石上英一「古代史と史料」(『新編日本史研究入門』、東京大学出版会、一九八二年)。
(52) 奈良国立文化財研究所『平城宮木簡』四(一九八六年)、鬼頭清明『木簡』(ニュー・サイエンス社、一九九〇年)。
(53) 岸俊男「木簡」(『日本古文書学講座』二、雄山閣、一九七八年)、横田拓実「文書様木簡の諸問題」(奈良国立文化財研究所『研究論集』Ⅳ、一九七八年)。
(54) 東野治之「奈良平安時代の文献に現われた木簡」(奈良国立文化財研究所『研究論集』Ⅱ、一九七四年。同『正倉院文書と木簡の研究』、塙書房、一九七七年、所収)、同「成選短冊と平城宮出土の考選木簡」(東野前掲書、一九七七年)。なお、東野の研究は寺崎保広「考課木簡の再検討」(前掲『律令国家の構造』、一九八九年)で深化された。
(55) 早川庄八「公式様文書と文書木簡」(『木簡研究』七、一九八五年。同『日本古代の文書と典籍』、吉川弘文館、一九九七年、所収)。
(56) 奈良国立文化財研究所『平城京長屋王邸宅と木簡』(吉川弘文館、一九九一年)、同『平城京長屋王邸跡』(吉川弘文館、一九九六年)、東野治之『長屋王家木簡の研究』(塙書房、一九九六年)、舘野和己「文書木簡の研究課題」(『考古学ジャーナル』三三九、一九九一年)、寺崎保広「木簡論の展望」(『新版古代の日本』一〇、角川書店、一九九三年)、など。
(57) このほか文書木簡の諸問題を論じた有益な研究として、鬼頭清明『古代木簡の基礎的研究』(塙書房、一九九三年)、佐藤信『日本古代の宮都と木簡』(前掲)がある。なお、今津勝紀「調庸墨書銘と荷札木簡」(『日本史研究』三二三、一九八九年)は、荷札木簡の機能を貢調儀式との関係から解明した。
(58) これについては本書第三部第一章附論「儀式と文書」で方法論の概要を述べる。なお、儀式に用いられた文書を多数例示し、その重要性を示した先駆的研究として、和田英松『建武年中行事註解』(明治書院、一九三〇年)を逸することはできない。
(59) 早川庄八「八世紀の任官関係文書と任官儀について」(『史学雑誌』九〇―六、一九八一年)、同「任僧綱儀と任僧綱告牒」(『名古屋大学文学部研究論集』史学三〇、一九八四年)。ともに早川前掲『日本古代官僚制の研究』に収録された。
(60) 早川庄八『宣旨試論』(前掲、一九九〇年)、同「宣旨補考三題」(『名古屋大学文学部研究論集』史学四〇、一九九四年。早

川前掲『日本古代の文書と典籍』、所収)。

(61) 玉井力「受領挙について」(『年報中世史研究』五、一九八〇年)、同「受領巡任について」(『海南史学』一九、一九八一年)、同「『紀家集』紙背文書について」(『日本歴史』四三四、一九八四年)、同「平安時代の除目について」(『史学雑誌』九三—一一、一九八四年)、同「「院政」支配と貴族官人層」(『日本の社会史』三、岩波書店、一九八七年)。

(62) 田島公「「氏爵」の成立」(『史林』七一—一、一九八八年)、高田淳「加階と年労」(『栃木史学』三、一九八九年)、同「「年労加階制」以前」(『国史学』一五〇、一九九三年)、吉川「律令官人制の再編」(『日本史研究』三二〇、一九八九年。本書第三部第一章「律令官人制の再編過程」)、神谷正昌「平安初期の成選擬階儀」(『延喜式研究』六、一九九二年)。

(63) 律令官司の政務処理と文書については、吉川「奈良時代の宣」(『史林』七一—四、一九八八年。本書第二部第二章)、同「外印請印考」(科研報告書『日本古代官印の研究』、一九九六年。本書第二部第五章)、山下有美「計会制度と律令文書行政」(『日本史研究』三三七、一九九〇年)、佐々木恵介「『小右記』にみえる「勘宣旨」について」(前掲)、同「『小右記』にみる摂関期近衛府の政務運営」(前掲)、高田義人「宣旨目録と奏書目録」(『書陵部紀要』四八、一九九七年)、など。

(64) なお、一九七〇年代以降、公式令に規定された文書様式自体の研究も進展した。既に言及したもの以外の主要論文を列挙すると、山田英雄「奈良時代における太政官符について」(前掲『続日本古代史論集』中、一九七二年)、日本思想大系『律令』公式令注釈(岩波書店、一九七六年)、森田悌「勅符式と太政官制」(『古代文化』二八—四、一九七六年。森田前掲『平安時代政治史研究』所収)、吉田孝「騰勅符と謄勅符」(『山梨大学教育学部研究報告』二八、一九七七年)、飯田瑞穂「太政官符の分類について」(『中央大学文学部紀要』九六、一九八〇年)、櫛木謙周「宣命に関する一考察」(『続日本紀研究』二一〇、一九八〇年)、倉橋はるみ「度縁と戒牒」(『日本歴史』四〇四、一九八二年)、大平聡「奈良時代の詔書と宣命」(『奈良平安時代史論集』上、吉川弘文館、一九八四年)、早川万年「文書行政上における謄勅符」(『続日本紀研究』二三四、一九八四年)、同「公式令と太政官行政」(『歴史人類』一六、一九八八年)、渡辺寛「「移」について」(『皇学館論叢』二一—三、一九八八年)、鹿内浩胤「大宝令勅符の再検討」(『歴史』七五、一九九〇年)、同「騰勅符の再検討」(『国史談話会雑誌』三一、一九九〇年)、芦田妙美「平安時代における論奏」(『古代文化』四三—一一、一九九一年)、坂上康俊「詔書・勅旨と天皇」(『中国礼法と日本律令制』、東方書店、一九九二年)、吉川「勅符論」(『古代・中世の政治と文化』、思文閣出版、一九九四年。本書第二部第一章)、丸山裕美子「慰労詔書・論事勅書の受容について」(『延喜式研究』一〇、一九九五年)、酒井芳司「八世紀の太政官奏」(『文学研究論集』

五、一九九六年)、篦敏生「宣命の歴史的位置と日本古代王権」(『名古屋大学文学部研究論集』一二八、一九九七年)、など。

(65) 木簡とならんで、八世紀の文書行政の実態を示すものとして正倉院文書がある。一九八〇年代から正倉院文書研究は隆盛を迎えているが、大多数は写経所帳簿の個別復原研究で、文書論・帳簿論を展望した研究は意外に少ない。そうしたなかで、大平聡「正倉院文書研究試論」(『日本史研究』三一八、一九八九年)、杉本一樹「正倉院文書」(『岩波講座日本通史』四、岩波書店、一九九四年)の意欲的試みは高く評価されねばならない。

(66) 武田佐知子『古代国家の形成と衣服制』(吉川弘文館、一九八四年)、岩井隆次「朱器台盤考」(『古代文化』三五—二、一九八三年)、増田美子「官位制の変遷と位冠の変遷について」(『日本歴史』四九一、一九八九年)、小川彰「赤色袍について」(『摂関時代と古記録』、吉川弘文館、一九九一年)、西村さとみ「平安時代中期の貴族の奢侈観」(奈良女子大学『人間文化研究科年報』六、一九九一年)、橋本義則「古代御輿考」(『古代・中世の政治と文化』、思文閣出版、一九九四年)、佐藤泰弘「平安時代における国家・社会編成の転回」(『日本史研究』三九二、一九九五年)、など。

第一部　律令官僚制と官人社会

第一章　律令官僚制の基本構造

序

本章では、律令国家の政治組織、すなわち律令官僚制が如何なる構造と原理を有していたかを論じたい。そのことは、律令官僚制の頂点に君臨していた古代天皇の特質を解明することにもつながるであろう。

顧みれば、律令官僚制に関する研究はすでに膨大な蓄積となっている。特に律令諸官司の組織形態と機能[1]、あるいは人事制度・給与制度など官人制を支えた諸制度[2]について、基礎的な事実が解明されてきたことは、日本古代国家研究の進展を支えたものとして高く評価されねばならない。しかし、研究者の関心は個々の官司・制度の論究に向かいがちで、律令官僚制を総体として捉える視点に乏しかった。

そうしたなかで、律令官僚制の基本構造・運用原理を正面から論じた石母田正[3]・青木和夫[4]の研究は貴重である。本稿では、さらに具体的に律令官僚制の運用形態を分析することにより、両氏の研究を深めたいと考える。石母田・青木とも主な分析素材は律令法であったから、その下位規範であり現実態である「政治の形式」を検討することにより、両氏の捉えきれなかった部分を認識できるのではないだろうか。

ただし、式や儀式書など「政治の形式」をよく示す史料の成立年代は九世紀以降に下るから、その記載を単純に八世紀のものと考え、律令法と突き合わせるのは危険である。そこで本稿では、可能な限り八世紀の実態史料を併用し、それによって平安時代の政務を遡源的に活用する道を探りたいと思う。

1　三省申政

考察は具体的な政務から出発したい。素材となるのは、律令官僚制運用の実態を最も明瞭に示す、太政官政務である。律令国家においては、諸司諸国は多様な事項を太政官に上申・報告し、決裁を受けていた。上申はいわゆる公卿聴政において行なわれたが、それには次の三つの形態があった(5)(表1)。

一、弁官申政。延喜太政官式の冒頭条に「凡ソ内外諸司申ス所ノ庶務ハ、弁官総勘シテ太政官ニ申セ。其ノ史読申センニハ、皆司ノ次ニ依レ」と規定するように(6)、諸司諸国の上申案件(解文)を弁官が受理・審議し、その後に弁官の史が諸司に代わって中納言以上に読申するものである。第一段の弁官儀は官西庁政、第二段の公卿聴政は外記政の庁申文にその具体的な次第と作法を見ることができ、既に八世紀から朝堂・太政官曹司で行なわれていたと考えられる(7)。これが最も一般的な政務処理の方法であり、弁官は諸司諸国と公卿を結ぶ役割を果していた。

二、三省申政(引率型)。中務省・式部省・兵部省の三省官人が、弁官に引率されて公卿聴政に参会し、それぞれ自ら案件を読申する政務である。季禄目録(8)・馬料目録(9)・位禄目録(10)の読申に用いられた(11)。その次第を略述すれば、

表1　弁官申政と三省申政

読申方法	列立次第	読申内容
(一)弁官申政	(前)少納言―弁 (後)外記―史	一般の政務 (含　月料・大粮・要劇料文)
(二)三省申政 (引率型)	(前)少納言―弁―三省輔 (後)外記―史―三省丞録	季禄目録　馬料目録　位禄目録
(三)三省申政 (直申型)	(前)三省輔―少納言―弁 (後)三省丞録―外記―史	考選目録　時服目録　請印位記 家司等補任　使人簡点

①公卿聴政に先立ち、三省の録が案件上申を行ないたいと弁官に伝える。[12]
②少納言・弁官に引率された三省官人が聴政の場に着く。
③弁官が「司司ノ申セル政、申シ給ヘント申ス」と上申した後、三省官人が上卿に目録を読申する。
以上であるが、このうち③は一般の弁官聴政の冒頭にも述べられる詞であるから、三省申政(引率型)はあくまで弁官申政の一環として行なわれつつ、史による読申代行がなされなかった政務と把握することができる。こうした上申形態は、三省が事前に解文を提出しなかったことと関係するものであろう。[13]
三、三省申政(直申型)。中務省・式部省・兵部省の三省官人が、弁官に引率されることなく直接に案件を読申する政務である。延喜太政官式第二条に「其レ考選目録、及ビ請印六位以下位記ハ、中務・式部・兵部三省、弁官ヲ経ズ直チニ太政官ニ申セ。中務ノ夏冬時服ヲ申サン、及ビ式部ノ文学家令以下傔仗ヲ補シ、諸国ニ遣ス使人ヲ簡バンニモ、マタ直チニ申セ」と見えるもので、[14]引率型との違いは、①弁官申政以前に、②三省が弁官に引率されずに読申する、という点にある。だから、事前に弁官に通達しておく必要はなかったようであり(ただし外記には届けておいた)、引率型よりもさらに弁官からの独立性が強い政務であったと評価できる。
以上三種の読申形態は、例えば二月十日には三省申政(直申型)→三省申政(引率型)→弁官申政の順に行なわれたように、はっきり区別され混交されることはなかった。[15]そして弁官・三省の行為に対応して、三種の読申ではそれぞれ異なった官人列立法が用いられていた。延喜弾正台式に「凡ソ政ヲ太政官ニ申サンニハ、a外記、弁官ノ史ノ上ニ立テ。b八省ノ丞モマタ史ノ下ニ立テ。c唯シ考選ノ事ニヨリ率ヰラルルノ日ハ、外記・史並ビニ式部ノ下ニ立テ」と見えるのは六位以下官人の列立法で(五位以上については表1参照)、aが弁官申政を中心とする一般規定、bが三省申政(引率型)時の特例規定、cが三省申政(直申型)時の特例規定を示す。[16]ところがこれとほぼ同内容の記事が『令集解』職員令太政官条古記に見えるから、(17)すでに天平年間には三種の読申形態が存在したと推測することができる。弁官申政と二種の三省申政は、恐らく律令国家当初からの政務なのであろう。それでは何故、このような区別がなされていたのか。

注意すべきは、それぞれの読申内容である。三省申政(引率型)は全て官人への賜禄に関する読申であり、三省申政(直申型)は「別勅之賜」とされた諸司時服を除けば、(18)全てが官人の考選・叙任に関する上申であった。つまり三省申政とは、官人の処遇に関する特殊行政のための手続と言うことができ、律令行政一般に用いられる弁官申政とは明らかに区別されていた。そしてその場合には、中務省は女官、式部省は文官、兵部省は武官をそれぞれ担掌し、公卿＝太政官本局の直属機関として、弁官を介在させず直接の読申を行なっていたと言うことができる。なお誤解のないよう付言しておけば、官人に関する特殊行政以外の局面では、三省とて弁官の指揮・監督を受けていたのである。

三省申政のうちでも重要であったのは、公卿への読申後、さらに上奏される案件であった。考選目録・時服目録・季禄目録・馬料目録・位禄目録が該当するが、これらは全て官人たちが天皇に如何に〈奉仕〉したかを報告し、それに対して位階や禄などの〈君恩〉を請うものに他ならない。つまり、天皇との関係において官人個々人の処遇を決定するための政務であった。一方、非奏聞の案件は太政官の人事行政を補佐するものであるが、大きく見れば天皇～三省による官人の処遇決定の一環をなしていたと言える。(19)従って、天皇との君臣関係を基本とする官人秩序を維持するための政務において、特に三省申政という手続が用いられたと結論づけることができよう。

2　律令官人の秩序

それでは、三省申政によって維持される律令官人秩序とは如何なるものであったか[20]。三省申政の分析から明らかなように、律令官人秩序の基本は、天皇と個々の官人の〈君恩―奉仕〉の関係である。直接に天皇と関係しない事項(例えば家司補任など)でも、実はこの君臣秩序の一環を形成している。天皇が全ての官人の頂点に立ち、天皇との関係で個々の官人の位置と待遇が決定されるのである。

天皇の〈君恩〉は、官人の位置を決定する位階(そして副次的に官職)と、官人への賜与たる禄から構成される。例えば、天平勝宝元年(七四九)、佐伯全成が橘奈良麻呂の反乱計画に誘われた時、それを拒絶するに「朝廷全成ニ高爵・重禄ヲ給フ」という理由を以てしたことは[21]、位階と禄が官人の内面をいかに規制していたかを雄弁に物語る。一方、官人の〈奉仕〉の程度は、基本的には上日(官司における勤務日数)によって示されることになっていた。位階と禄(食封の転化形態である位禄を除く)の双方が、一定の上日を満たした官人に与えられるものであったことは、その何よりの証左である[22]。三省申政ののちに奏聞されるのも、上日を満たした官人に賜与されるべきものの目録なのであった。もちろん別勅による〈君恩〉と、特別の功績による〈奉仕〉が存在したことは念頭に置く必要があるが、日常の官人秩序は、むしろ機械的・数量的な〈君恩―奉仕〉の関係によって維持されていた。

さて、ここで律令官人秩序のもう一つの特色に触れておかねばならない。それは、五位以上官人の特権的地位である。これは古くから問題にされてきた事実であるが[23]、近年、虎尾達哉によって新たな光が当てられた[24]。虎尾によれば、五位以上は官僚である前に、天皇と親しく接しつつ六位以下（＝百官）を領導する「マヘツキミ」であったとされる。恐らく五位以上の種々の特権も、政治的な指導性と表裏の関係にあるのであろう。[25]本稿でもこの五位以上官人の特権と指導性を重視し、彼らを〈五位以上集団〉と呼称したい。天皇との親疎によって、律令官人秩序の内部には階層差が厳然と存在したのであった。

〈五位以上集団〉と天皇は特殊なシステムによって結ばれていた。一つは「五位以上上日」、もう一つは宴会である。八世紀には、一般の上日とは別に、五位以上の上日が諸司から太政官に―恐らくは三省申政の形で―上申され、[26]奏聞されていたと考えられる。[27]これは直接には考課のための制度なのかも知れないが、本質的には特権的な地位や給与を与えられた〈五位以上集団〉の〈奉仕〉を天皇に報告する制度として理解されるべきものである。一方、節会や臨時の宴会は、その多くが天皇と〈五位以上集団〉の共同飲食の形でもたれ、しかもその場で節禄が支給されていた。[28]こうした宴会は、天皇と〈五位以上集団〉を人格的に結ぶ場として有効に機能していたと考えられる。

以上、律令官人秩序の概要を述べた。これらは律令条文からも窺えるところではあったが、「政治の形式」を分析することによってそれを具体化し、しかも〈君恩〉と〈奉仕〉の交換という一面を明らかにできたと考える。

それでは律令官人秩序は歴史的にどのように形成されたのであろうか。まず官人の〈奉仕〉という規範については、その前身が律令制以前の「仕奉（ツカヘマツル）」意識であろうことは容易に想定できる。[29]臣・連・伴造・国造は各ウヂに固有の職務（ツカサ）によって大王にツカヘマツり、それによって部民の領有を認められていた。[30]その意味では、部民領有・収奪の認可が〈君恩〉の前身形態だったのである。ところが部民制が廃止され、公民制―調庸制―禄制への移行が行なわれると、これが新しい〈君恩―奉仕〉関係に深く刻印され、大王(天皇)の〈君恩〉は一元的に集約された調庸物の再分配という形態に変化した。一方、ウヂの組織が解体され、職務と収益が直接結びつかない非世襲の律令官司に代位されることにより、官人の〈奉仕〉は抽象的な上日によって示されることになる。官人たちの〈奉仕〉空間もウヂのヤケから朝堂院・曹司へ移行し、列立位置を決める位階が新たな身分標識となった(その賜与もまた〈君恩〉であった)。このように概観すれば、律令官人秩序への移行は孝徳朝に指向・着手され[31]、七世紀後半を通じて実現されたと想定して大過あるまい。上日を基礎とする六年遷代制の出発点が天武十四年(六八五)と考えられることは[32]、新官人秩序の制度的基礎の確立を暗示するであろう。

3　律令官司の秩序

律令官人秩序を維持する特殊行政に用いられた三省申政に対し、弁官申政は行政一般を処理する手続であった。律令国家の通常行政は、太政官を頂点におく諸官司がそれぞれに職権を分与され、全体として樹枝状の統属関係を保ちつつ遂行されており、かかる階統制秩序こそが律令官司組織を律する基本原理であった。これは職員令に規定された諸官司の職掌や所管―被管関係を一覧すれば即座に理解されるが、本節ではこの点をさらに具体化するとともに、律令条文からは窺い知れない律令官司秩序の一面を明らかにしたい[33]。

先に引用した延喜太政官式冒頭条は、弁官申政における史の読申は「司ノ次」、即ち律令官司の序列に則って行なうよう規定していた。「司ノ次」とは職員令に登載された順序を指すのであろうが[34]、弁官申政で読申されるのは諸司諸国の解(の要約)であったから、それは太政官(弁官)に解を上申できる神祇官・八省・弾正台・衛府・

左右京職・大宰府・諸国に限られていた。例えば中宮職が必ず中務省を通して案件を上申したように、八省等の被管官司は太政官に直接解文を出すことはできなかった。[35]なおこの場合、①太政官―八省等の関係と、②八省等―被管官司の関係は異なっていたとするのが通説である。[36]『令義解』職員令太政官条が①を「因事管隷」＝普段は統属しない関係、②を通常の「所管―被管」関係として区別すること、公式令解式条に①には「謹解」、②には「以解」という結句を用いよと規定すること、などがその論拠とされる。しかし、『令義解』の議論は「管」（官司間の統属関係）と「監臨」（人間・財産の統制行為）を混同したものに過ぎないし、[37]解の結句にも丁重さ以上の質的差異は認め難い。現実の政務においても、太政官と諸司諸国が通常は統属関係になかったという不自然な状況を示す徴証は、一切見られないのである。律令官司間の階統制秩序は、明瞭にして単純なものであった。

次に律令官司内部における階統制について述べる。律令官司内の諸官職が、長官―次官―判官―主典という四等官に編成され、それぞれの職務と責任が定められていたのは周知の事実である。[38]ただし日本と唐を比較すると、日本の官司では唐のように分局制が発達しておらず、しかも案巻による決裁システムが導入されなかったため、四等官制における職務権限の区分が相対的に不明瞭なものとなっていた。もちろん意志決定や列立法などにおいて、上位官職の優位性は確実に保たれていたと考えてよいが、しかし職務責任という点から見れば、官人個人の責任を厳格に追求する唐に比して、むしろ連帯責任の体系という性格が強かったと思われる。[39]さらに分局制に即した官司内文書（下達文書の牒、上申文書の刺、互通文書の関）が継受されず、日本公式令が官司間文書のみを規定していた事実も銘記されるべきであろう。[40]要するに日本の律令官司は相対的に単純な構造をもち、官司内の階統制秩序も未熟なものだったと判断せざるを得ないのである。

しかし、官司間・官司内で階統制秩序が維持されていたことも厳然たる事実であって、単純・未熟だからと言ってそれを軽視してはなるまい。律令官司秩序の基本は、確かに階統制にあったのである。ただし、「政治の形式」から窺われる官司秩序には、階統制だけでは説明しきれない部分も存する。以下、この点について略述したい。

官司間の「因事管隷」という統属関係の例として、多くの明法家は「考禄等事」による式部省と諸省、兵部省と諸衛の関係を挙げる。(41)諸省・諸衛の移が両省に集約され、それが三省申政で読申されたことは前述した。つまり三省申政は、階統制秩序の面でも通常的でない特殊行政だった可能性があるが、この〈官人秩序維持行政〉では他にも特徴的な事実が指摘できる。第一に、三省申政の読申順である。それは「式部(文官)↓兵部(武官)↓中務(女官)」の順に行なわれ、弁官申政と対照的に、律令官司の序列以外の論理に従っていた。第二に、諸司時服申請に際して中務省が行なった諸司解の受理、そして中務省奏の上奏である。(42)「別勅之賜」なるが故に「因事管隷」さえ逸脱した手続が取られたと言える。そしてこれらの特徴は、〈官人秩序維持行政〉以外でも見出すことができる。

第一点については、天平十七年(七四五)大粮申請文書の提出日が類例となる。大粮申請文書は「宮内省被管諸司↓中務省被管諸司↓治部省・大蔵省被管諸司↓その他の諸官司」の順に提出されたが、(43)これは律令官司序列に全く従っておらず、むしろ朱鳥元年(六八六)の天武殯宮における諸司誄の順序に近いのである。(44)また、大嘗会御禊の鹵簿では天皇の輿の前後に諸司が編列されるが、(45)それは基本的に律令官司序列に従うものの、中務省・大蔵省・宮内省や近衛府・女官の位置に特に配慮したものであった。(46)律令官司序列は唐尚書六部の順序を範としたと見られるが、行幸・葬送など天皇個人に深く関わる局面では、天皇近侍官司が特別の位置に置かれたのである。大粮申請文書の日程も、近侍諸司を優遇する施策の遺制なのであろう。顧みれば、三省申政の「文官↓武官↓女官」の順も、天皇と官人の君臣関係に関わる政務で発現していた。このように、天皇との君臣関係に関する儀礼・政務では、律令官司序列に変更がもたらされることがあったのである。[47]

第二点、即ち官司間階統制からの逸脱も、やはり天皇に起因していた。これを最もよく示すのが諸司奏事である。先述の中務省奏もそうであるが、太政官に解を出して太政官奏で上奏してもらう手続を省略し、諸司が直接天皇に奏聞する政務である。式や儀式書では神祇官奏(御体御卜奏)、内蔵寮奏(御櫛奏)、民部省奏(収給封田奏)、宮内省奏(御宅稲数奏)、弾正台奏(弾奏)、諸衛府奏(番奏)などが知られ(第一部第三章表2)、八世紀の実例として造東大寺司奏、東大寺写経所奏、官奴司奏、左兵衛府奏、中衛府奏などがある。[48]全て天皇の身体や財産に直接関わるものか、天皇による官人の処遇に関するものに限られており、こうした上奏に限って、通常の太政官—諸司という統属関係から逸脱し、さらには所管—被管関係さえ無視されたのである。なお天皇への物品上奏に際しても、神祇官・中務省・大舎人寮・兵部省・宮内省・兵衛府は内裏に入閤して自らこれを行なった(同上表)。

さらに言えば、官司内の秩序についても階統制で割り切れない面があった。第一に、「共知」規範の存在である。十七条憲法以来、官司の意志決定においては(長官を含めて)独断が排除され、一官司全体の認知・合意が重視されていた。[49]これは四等官制による上下関係・権限分割とは些か様相を異にする。第二に、着座である。新任・昇叙された官人が曹司の座に一定の作法で着き、下級官に饗禄を振るまう儀式であり、[50]官司への参入を承認されるための手続と理解される。[51]第三に、政務と食事の密接な関係である。太政官政務の後には必ず食事が用意され政務の緊張を解いたが、墨書土器等から見れば、こうした食事は諸司でも行なわれ、官司の一体性を維持していたと考えられる。[52]このように律令官司の内部には、厳格な上下関係だけでなく、それぞれの官司全体が社会集団として理解できるほどの共同性・一体性が存在したのである。

それでは、官司間・官司内における階統制以外の秩序は何に由来するのであろうか。もちろん律令制導入後に形成された慣習もあっただろうが、基本的には、律令制以前の大王とツカサの関係が遺存したものしてと理解すべきだと考える。先述の如く、各ウヂはそれぞれの職務(ツカサ)によって大王に仕奉したが、ウヂの自律性を反映してツカサ組織は相互に独立的な社会集団であり、それぞれ個別的に大王の行為・生活を支えたと推測することができる。天武殯宮の誄や諸司奏事にはかかる様相が色濃く残されていたのである。大王は諸ツカサ組織を束ねる存在であり、そのため大王・天皇の財が「大官」「官」を冠して呼ばれることもあった(53)。ところが律令制の導入により、通常の行政は、太政官以下の諸司が樹枝状に結合して遂行するようになり、各官司の自律性もかなり薄められた。天皇は太政官の上に位置して国家意志の最終決定権を掌握し(54)、階統制秩序の頂点に君臨することになる。ただ、天皇の身体・財産、天皇と官人の君臣関係に関する特定政務においてのみ、前代の遺制が再び姿を現し、多様な形で階統制が破られることになったのである。

4　律令官僚制と天皇

太政官政務の作法から出発して、律令官人秩序と律令官司秩序について論じてきたが、最後にこれらを総括し、律令官僚制の全体構造を提示しておきたい。

律令官人秩序の基本は、天皇と個々の官人の〈君恩―奉仕〉関係にあった。それは君主と臣下という、人間と人間の関係である。そして、この秩序を維持するために上日が集計され、位階制と禄制が運用されていた。中務・式部・兵部の三省は〈官人秩序維持行政〉の中心となり、特殊な形式で太政官・諸司と連携した。律令官人秩序は、こうしたシステム（制度・機構）によって維持されていたのである。本稿では、律令国家の官人秩序とそれを維持するシステム（官人制システム）を総称して、「律令官人制」と呼びたい。

これに対して一般の国家行政では、官司と官司の間に樹枝状の階統制秩序が保たれ、官司内部でも未熟ながら四等官制という形で階統制が機能していた。階統制秩序は、あくまで官司・官職の権限と統属関係に関する原理である。階統制秩序を維持するために、諸司の職掌・権限が明確に規定され、公文書様式や上申作法によって統属関係が明示されたが、違反者には職制律による罰則が待ち受けていた。本稿では、階統制という形で現れる律令国家の官司秩序と、それに則って運用される（かつ官司秩序を現実化する）一般行政のシステム（官司制システム）を総称して、「律令官司制」と呼びたい。

律令官人制と律令官司制のシステムは、有機的に関連していた。官位相当制で位階と官職が対応させられることによって、律令官人の序列と官司内の官職序列がほぼ一致することになり、[55]日常的な政務の局面で位階制の機能が援用されたが、それは罰則を伴いつつ位階制的序列が現実化することでもあった。また〈君恩〉の位階・禄は、官司での勤務（上日）による〈奉仕〉への反対給付であったから、昇進と昇給とが官司における精勤の動機付けになったし、そもそも禄制は官司制システムによる調庸物の収奪と再分配がないと存立し得なかったのである。このように官人

図1　律令官僚制の構造

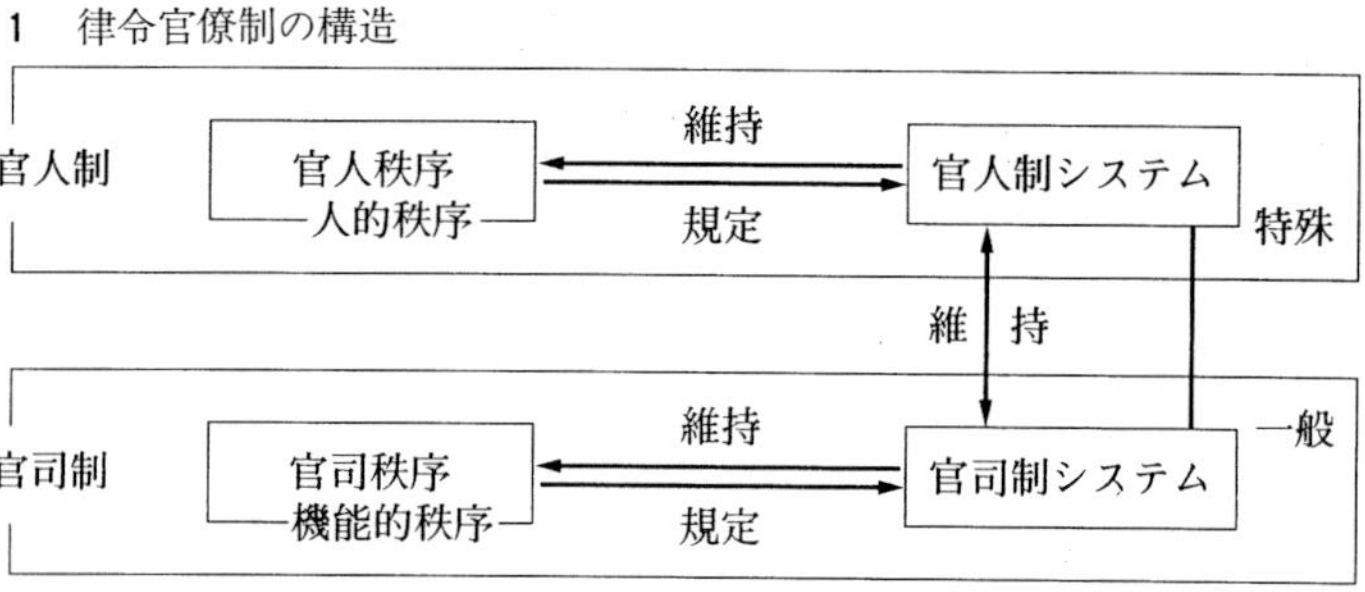

制システムと官司制システムは相互依存の関係にあったが、しかし特殊行政システムとしての官人制システムは、一般行政のための官司制システムと明確に区別されていたから、決して両者を混交してはならない。そして官人秩序と官司秩序は、ともに強い求心性をもつものの、基本となる原理は全く異質であった。従って、律令官人制と律令官司制ははっきり区別して考察されるべきであり、「律令官僚制」は両者を総合する概念として使用するのがよいと思われる。(56)

このように律令官僚制の内部には、官人秩序と官司秩序という原理の異なる二つの秩序が存在していたが、律令国家の天皇はこの二つの秩序の中心にあった。官人秩序においては全官人個人に君主として立ち現れて〈君恩〉を施し、臣下としての〈奉仕〉を要求する。一方、官司秩序においては階統制の頂点に位置し、国家意志の最終決定権を掌握していた。このように律令国家の天皇は、全律令官人が忠誠を表すべき唯一の君主であり、かつ律令国家を統治する最高権力者であるという「二つの顔」をもっていたのである。

官人秩序と官司秩序は、より一般的な語を用いれば、律令国家の人的秩序と機能的秩序ということになろう。これを天皇―官人集団による階級支配の実現という側面から見るなら、後者は財と名誉の支配収奪のための秩序、前者はその再分配のための秩序である。しかし、あらゆる社会集団(社会権力)には、それを構成する人間の秩序と、その集団(権力)の機能発動のための秩序が存在するはずであるから、「二つの秩序」を有するのは何も律令国家に限られるわけではない。(57)むしろ律令国家では、二つの秩序と維持システムは如何なる形態をとり、その基盤は何であったか、という形で問題は立て直されねばならないし、古代から中世への移行を二つの秩序と維持システムの変化の問題として考えてみるのも、興味深い研究課題となるだろう。

例えばこうした見地からは、律令国家の天皇の「二つの顔」と、中世将軍権力の「二元性」は同一次元で比較することができる。佐藤進一によれば、[58]鎌倉幕府・室町幕府の将軍には「武士に対する支配権」(主従制的支配権)と「裁判権を中心とする統治権的支配権」があった。佐藤は前者を人格的・私的な支配権、後者を領域的・公的な支配権と表現し、些か問題を残しているが、[59]しかし「主従制的支配権」が将軍―御家人の人的関係の問題であり、「統治権的支配権」が統治権力としての幕府の機能発動の問題であることは確かであろう。[60]とすれば、それは古代天皇が官人秩序・官司秩序双方の頂点に位置し、天皇権力が「律令官人に対する君主権力」「律令国家最高の統治権力」として二元的に構成されていたことと、何ら変わるところはないのである。明らかにされるべきは天皇と将軍の二元的権力の内実と相違点なのであって、「二元性」を将軍権力独自の属性と見て幕府論に幽閉したり、古代史とは関係のない議論として素通りすることは、決して生産的な態度ではあるまい。

そこで想起されるのが、石母田正の「支配階級の結集の二重の形態」という考え方である。[61]石母田は前近代国家における支配階級が、①機構や制度を媒介とする結合、②人格的・身分的従属関係を媒介とする結合、という二重の形態で結集していたと論じた。しかし、②は例えば有位者集団などを指すのだろうが、それが位階制などの「機構や制度」によって「媒介」されていたことは、改めて言うまでもない。一方、①は官司・官職制度による官人の結合などを意味しようが、それは第一義的には集団(権力)の機能に基づく階統制的機構への官人の配置なのである。正確には、階級結集は有位者集団という形で行なわれ、彼らが国家機構を占有してこれを運転したと言うべきであり、統治機構の問題(統治形態論)を支配階級の編成の問題(階級論)に埋没・解消させてはならない。また、石母田は①②を「二重の形態」「相対的に独立した体制(秩序)」と述べながら、驚いたことに別文では②から①への発達を想定し、これを「二つの段階」と位置づけているのであって、[62]そこでは律令国家機構の体系性に目を奪われ、システム＝「機構や制度」が未開社会においても存在した(人格的関係のみではなかった)という当たり前の事実が看過されている。このように石母田説には少なからぬ問題点があるのだが[63]、しかし注目すべきことに、石母田は律令国家における①②を「国家の官職体系と官僚制の秩序」「位階で結ばれた君主と臣下の関係」と表現しており[64]、これは本稿に言う「官司秩序」「官人秩序」に極めて近いのである。石母田が古代天皇について「支配階級全体のあるいは「王民」全体の政治的首長としての地位と、律令制国家の総攬者としての地位との二重の側面」を有したと述べるのも[65]、これと密接に関係している。私は石母田説を「二つの秩序」に引き付ける形に修正することによって、彼の官僚制論の優れた部分を―あらゆる前近代国家に通じるという観点も含めて―継承し、佐藤説に連接させたいと思う。

最後に付言する。石母田の古代官僚制論にはもう一つの問題があった。石母田は「古代官僚制の歴史的特質」を「職務体統制」が「有位者集団の秩序(礼の秩序)」によって支えられていることに求めた[66]。本稿の用語に直せば、石母田は官司秩序が官人秩序によって支えられていたと論じたのであり、要するに二元論の一元化であった。そして一元化論の行き着く先は、「礼」の秩序の土台をなす天皇の人格的権威こそが、律令官僚制の単一の基盤だという議論となる。しかし本章で述べた点から明らかなように、二元論は二元論のままでよく、天皇権力が二元的に構成されていたと見て、何ら不都合な点はない[67]。前述の如く、天皇の身体・財産、天皇と官人の君臣関係に関わる局面において、確かに階統制秩序が破られることはあったが、しかしそれは律令国家機構の運用原理が階統制秩序にあったことを否定するものではない。律令官人は天皇への〈奉仕〉として律令官司で勤務したが、彼はあくまで官職の職権に即して務めを果さねばならなかったのである。

注

(1) 律令諸官司の個別研究は枚挙に暇がなく、令制の二官八省一台五衛府、そして様々な令外官のほとんどに研究があると言っても過言でない。戦前の業績としては、和田英松『官職要解』(明治書院、一九〇二年)、『古事類苑』官位部一〜三四(神宮司庁、一九〇五年)などが重要であるが、戦後急増した律令官司研究としては、笹山晴生『日本古代衛府制度の研究』(東京大学出版会、一九八五年)や渡辺直彦『日本古代官位制度の基礎的研究』(吉川弘文館、一九七二年)を以て代表的業績と評すべきであろう。日本思想大系『律令』職員令注釈(岩波書店、一九七六年、青木和夫執筆)はこれらを総括しつつ有益な見解を披瀝するが、今となっては増訂されるべき点が少なくない。

(2) 野村忠夫『律令官人制の研究』(吉川弘文館、一九六七年)、同『官人制論』(雄山閣、一九七五年)、高橋崇『律令官人給与制の研究』(吉川弘文館、一九七〇年)、時野谷滋『律令封禄制度史の研究』(吉川弘文館、一九七七年)、など。

(3) 石母田正『日本の古代国家』(岩波書店、一九七一年)第三章、同「古代官僚制」(『日本古代国家論』第一部、岩波書店、一九七三年)。ともに『石母田正著作集』三(岩波書店、一九八九年)に収められた。

(4) 青木和夫「律令国家の権力構造」(『岩波講座日本歴史』三、一九七六年。同『日本律令国家論攷』、岩波書店、一九九二年、所収)。

(5) 以下に述べる弁官申政と三省申政については、橋本義則「「外記政」の成立」(『史林』六四―六、一九八一年。同『平安宮成立史の研究』、塙書房、一九九五年、所収)、森田悌「太政官制と政務手続」(『古代文化』三四―九、一九八二年)、古瀬奈津子「宮の構造と政務運営法」(『史学雑誌』九三―七、一九八四年)などに言及がある。本稿ではこれらの研究を参考にしつつ、作法と意義についての考察をさらに深めたい。

(6) 『延喜式』巻一一、太政官、庶務条(『新訂増補国史大系本』三二三頁)。以下、『弘仁式』『延喜式』の引用に際しては、同様に国史大系本の頁数を併記する。

(7) 吉川「申文刺文考」(『日本史研究』三八二、一九九四年。本書第二部第三章)。

(8) 『弘仁式』、式部省、諸司進禄文并給条(五頁)、『延喜式』巻一一、太政官、季禄条(三三八頁)、同巻一二、中務省、女官季禄条(三四七頁)、同巻一九、式部下、諸司進禄文并給条(五〇五頁)、『儀式』巻九、二月十日申春夏季禄儀、など。

(9) 『弘仁式』、式部省、諸司進馬料文并給条(七頁)、『延喜式』巻一一、太政官、馬料条(三三九頁)、同巻一九、式部下、諸司進馬料文并給条(五〇七頁)、『儀式』巻九、正月二十二日賜馬料儀、など。

(10)『九条年中行事』、十一月十日三省申位禄文事。なお、この記文を『政事要略』巻二七、十一月十五日奏給位禄文事が誤って『西宮記』として引用し、近世の『西宮記』写本に受け継がれる結果となったらしい(故実叢書本巻六)。

(11)なお、二季大祓数簿の読申や毀位記の申請も同様の形態をとったが、前者は公卿聴政以外の場、後者は公卿聴政の終了後に行なわれたため、さしあたり三省申政(引率型)からは除外しておく。主要関連史料は、大祓については『儀式』巻五、大祓儀、『法曹類林』巻二〇〇、式部記文(新訂増補国史大系本三五頁)、毀位記については『弘仁式』、式部省、毀罪人位記条(一三頁)、『延喜式』巻一九、式部下、毀罪人位記条(五一三頁)、同巻二九、刑部省(七二二頁)、『儀式』巻一〇、毀位記儀、など。

(12)弁官の許可が得られると、三省は外記にその旨を連絡した。これは『類聚符宣抄』巻六、外記職掌、天長九年十一月二十一日宣旨・延喜七年七月十七日宣旨で励行が命じられた手続で、『延喜式』巻一一、太政官、申政条(三二三頁)に受け継がれる。外記は公卿の秘書官として聴政の式次第に責任をもつ立場から、三省申政の実施を確実に関知しようとしたのであり、これによって外記の職掌が拡大したという訳ではない。

(13)季禄に関する政務・文書を式部省の行事に即して詳述しておく。諸司が上日を勘録した禄文を式部省に送ると、省はこれを点検して簿＝式部禄文を作成する。式部禄文には官司ごとの季禄受給者と禄物が列記されていたと推測される。そして三省申政で禄文の総計部分(季禄目録)が上申されるが、上卿の質疑を経て認可されると、式部省は式部禄文の内容を転記したと思しき解文を作成し、弁官に提出する。弁官が解文を少納言に転送すると、少納言はその目録部分を(三省分あわせて)転記して上奏する。天皇が認可すると弁官に連絡が入り、弁官は式部省解文の内容を転記したと見られる官符を大蔵省に下す。賜禄の儀においては、式部省の禄文と大蔵省の名簿(官符から作成したものだろう)が点検に用いられた。このように式部省は弁官を介在させずに諸司の季禄申請文書を集約し、しかも詳細な解文の提出に先だち、三省申政で季禄目録を上卿に直接読申していた。

(14)『延喜式』巻一一、太政官(三二三頁)。『弘仁式』でも同文であったので(『類聚符宣抄』巻六、外記職掌、延喜七年七月十七日宣旨)、それによる補訂を加えた。なお、『延喜式』巻一八、式部上、請印条(四九一頁)では考選目録・請印位記・文学家令補任・郡司銓擬が挙げられており、また度縁請印も同様の手続を取った(『延喜式』巻二一、治部省、度縁請印条(五三〇頁))。個々の上申に関する主要関連史料を挙げておくと、考選目録については『弘仁式』、式部省、考選目録申太政官条(三頁)、『延喜式』巻一九、式部下、二月十日考選目録申太政官条(五〇三頁)、『儀式』巻九、二月十日於太政官庁申三省考選目録儀、使人簡点については『延喜式』巻一一、太政官、差使条(三三〇頁)、同巻一八、式部上(四七五頁)、など。なお郡司銓擬に関する式部読申とは、郡司読奏に先だって宜陽殿で行なわれる「上卿見文儀」を指すものであろうが(『西宮記』巻三、郡司読奏)、これは南殿儀から後に派生した政務と見られ(『儀式』巻九、奏銓擬郡領儀参照)、しかも公卿聴政とは別に行なわれるから、さしあたり三省申政からは除外する。

(15)『九条年中行事』、二月十日三省申考選及春夏季禄事、『西宮記』巻三、三省政申。

(16)『延喜式』巻四一、弾正台(九〇六頁)。同巻一八、式部上、上庁申政条(四七二頁)もほぼ同文の規定である。

(17)『令集解』職員令太政官条「大外記」所引古記に「大外記、於太政官庁申事之時、列於弁官大史及諸省丞等上。又弁官史等列諸省丞等上。但為考選所率之日、列於式部之下」とある。古記のこの文は内容的に見て、弾例(旧弾例)の引用であった可能性がある。

(18)諸司時服は天皇近侍の諸司に衣服料を支給するもので、八世紀から行なわれ、大同年間に拡大された(早川庄八「律令財政の構造とその変質」〔『日本経済史大系』一、東京大学出版会、一九六五年〕)。『類聚三代格』巻六、位禄季禄時服馬料事、大同四年六月二十二日太政官符によれば、諸司が時服料を請う文書は中務省に集約されるが、その文書は「別勅之賜」ゆえ移ではなく解に作れと命じている。中務省は諸司解を集計し中務省解を作成して太政官に申し(三省申政)、さらに中務省奏に作り為して上奏したと見られるが(『本朝月令』、六月九日中務省奏給諸司春夏時服文事)、これは恐らく三省が諸司移を集約し、さらに太政官奏で上奏する季禄文・馬料文とは手続を異にし、天皇の恩賜という性格を強く押し出したものと考えられる。諸司時服が特に直申型とされたのは、季禄(および皇親時服)・馬料とのかかる差異を反映するものであろう。ちなみに月料・大粮・要劇料などの生活給は、出納諸司が諸司の移を集約して太政官に出給を申請したため、三省申政の形を取らなかった。なお、時服目録と対称的な位置にあるのが、毀位記儀である。これは官人の叙任に関連するため、本来なら直申型で申請されるべきものであろうが、好ましくない儀とて公卿聴政後に行なわれ、その際には特に引率型が用いられた。これらの事実から、直申型のほうが引率型よりも重要な儀だという推測が導けそうである。

(19)例えば使人簡点では、大事は天皇が直接決定し、中事は大臣が選んで上奏し、小事は式部省が差点して三省申政で大臣に申した。

(20)石母田正「古代官僚制」(前掲)、参照。

(21)『続日本紀』天平宝字元年七月庚戌条。この前後にも「全成ノ先祖、清ク明ラケク佐時ス」「此ノ事無道ナリ」を理由に拒絶したとされている。つまり、①氏祖以来の奉仕の伝統、②朝廷からの位階と禄、③一般的善悪観、の三つの理由が挙げられているのであるが、その順序も興味深い。

(22) 山田英雄「奈良時代における上日と禄」(『人文科学研究』二二、一九六二年。同『日本古代史攷』、岩波書店、一九八七年、所収)、参照。

(23) 竹内理三「律令官位制に於ける階級性」(『史淵』四七、一九五一年。同『律令制と貴族政権』第Ⅰ部、御茶の水書房、一九五七年、所収)。

(24) 虎尾達哉「律令官人社会における二つの秩序」(『日本政治社会史研究』中、塙書房、一九八四年)。

(25) 五位以上の特権をさらに拡大させたものが、議政官の諸特権である。この場合、議政官は大臣・納言・参議などの官職内容に対して特権を得ているのではなく、むしろ最高指導者集団というべき特殊身分として位置づけられていたと考えられる。従って、議政官の職田・職封などを「官職に附帯した」ものとする石母田正の理解(前掲「古代官僚制」)には問題がある。

(26) 五位以上上日の申送は八世紀初頭に開始され(『続日本紀』大宝元年五月癸酉条・慶雲四年五月己亥条)、大同四年に停止された(『類聚符宣抄』巻一〇、五位已上朝参上日、大同四年正月十一日宣旨)。ただし、大同以後も諸司から送られた五位以上上日の報告の集約作業は続けられていた(『弘仁式』、式部省、諸司送五位以上上日条(五頁)、『延喜式』巻一九、式部下、諸司送五位以上上日条(五〇二頁))。かつて三省申政の形態で上申されていたと推測するのは、『延喜式』巻一一、太政官、上日条(三二八頁)で、五位以上上日の転化形態と推測される(次注参照)参議以上上日の扱いが、考文・季禄・馬料・門籍・時服などと同様とされていることによる。内容的に見て、恐らく直申型であったろう。

(27) 『延喜式』巻一八、式部上、上日条(四七二頁)に「凡ソ諸司、毎月二日ニ、五位以上ノ前月ノ上日ヲ送レ。…皆省ニ収メ置キ、奏聞スベカラズ」とあり、これは大同四年正月十一日宣旨(前注)に基く。かつて奏聞された事実がなければ「不可奏聞」との表現がとられる筈がないから、大同四年宣旨で五位以上上日から参議以上上日に奏聞内容が変更されたと解釈するべきであろう。「奏聞は式文作成時における修辞」という古瀬奈津子「宮の構造と政務運営法」(前掲)の所説には従えない。ちなみにこの奏聞内容の変更は、「公卿」の語義が五位以上から参議以上に変化すること(本書第三部第一章「律令官人制の再編過程」参照)と対応するものである。

(28) その詳細は、本書第三部第一章「律令官人制の再編過程」で論じる。

(29) 吉村武彦『日本古代の社会と国家』(岩波書店、一九九六年)。
(30) 鎌田元一「王権と部民制」(『講座日本歴史』一、東京大学出版会、一九八四年)、熊谷公男「「祖の名」とウヂの構造」(『律令国家の構造』、吉川弘文館、一九八九年)。
(31) 吉川「難波長柄豊碕宮の歴史的位置」(『日本国家の史的特質』古代・中世、思文閣出版、一九九七年)、参照。
(32) 青木和夫「浄御原令と古代官僚制」(『古代学』三―二、一九五四年。青木前掲書所収)。
(33) 詳細は吉川「律令官司制論」(『日本歴史』五七七、一九九六年)を参照のこと。
(34) 諸国は五畿七道の順、令外官はそれぞれ適宜位置を決定された。
(35) 職制律事応奏而不奏条。
(36) 青木和夫「律令国家の権力構造」(前掲)、日本思想大系『律令』公式令解式条補注(岩波書店、一九七六年、早川庄八執筆)。
(37) 『令義解』が①を「因事管隷、不常監臨」とする論拠は、名例律監臨条疏が「太政官雖管国郡、文案若無関渉、不得常為監臨。内外百司准此」とすることにあるが、同疏は「太政官は国郡を管轄するが、直接に国郡機構の決裁行為に関与しない限り、太政官が国郡(に所属する人物および財物)に対して常に監臨する関係にあるものとは認めない。これは内外の上級官司―下級官司の関係一般にも準用される」と述べているのであり、ここからはむしろ「管」と「監臨」が全く異なった概念であることこそを読み取らねばならない(「監臨」については『訳註日本律令』五、名例律五四〔東京堂出版、一九七九年、滋賀秀三訳注〕、参照)。しかも『令義解』は、省―寮、国―郡の関係については闘訟律殴傷官長条の「管」字(＝「統属」)からこれを論じるが、「管」字が所管―被管の論拠になるのなら、名例律の太政官―国郡についても同様の筈ではないか。かかる恣意的な議論を『令集解』で展開するのは義解だけであり、依拠するに足りないと考える。
(38) 時野谷滋「日唐の四等官」(『律令制の諸問題』、汲古書院、一九八四年。同『飛鳥奈良時代の基礎的研究』、国書刊行会、一九九〇年、所収)。
(39) 吉川「奈良時代の宣」(『史林』七一―四、一九八八年。本書第二部第二章)。
(40) 吉川「奈良時代の宣」(前掲)。ただし実際には官司内文書として牒が用いられていた。この点については、西別府元日「王臣家牒の成立と王臣家の動向について」(『歴史学研究』四七六、一九八〇年)も参照のこと。

(41)　『令集解』公式令移式条。
(42)　注(18)参照。
(43)　『日本書紀』朱鳥元年九月甲子条(壬生、諸王、宮内、左右大舎人、左右兵衛、内命婦、膳職)・乙丑条(太政官、法官(式部)、理官(治部)、大蔵、兵政官)・丙寅条(刑官、民官、諸国司、隼人・馬飼部)。
(44)　山田英雄「天平十七年の文書をめぐって」(『日本歴史』三四一、一九七六年。山田前掲書所収)。
(45)　『儀式』巻二、践祚大嘗祭儀上。ここに見える大嘗祭御禊行幸は奈良時代の大行幸の体制を踏襲したものであり(中島宏子「大嘗祭の御禊行幸」『神道宗教』一四〇・一四一、一九九〇年)、鹵簿も旧来のものである可能性が高い。
(46)　鹵簿は大略以下の如くであった。
　京職兵士……市司……京職……神祇官……弾正台……兵部省……主税寮……主計寮……民部省……治部省……散位寮……大学寮……式部省……官史……隼人司……左衛門府……左右馬寮……左兵衛府……陰陽寮……鼓吹司……少納言……大臣……外記……中務省……左右馬寮……内記……典鎰……主鈴……少納言……東宮前駆……東宮……議政官・親王……左右近衛府……(乗輿=天皇)……左右近衛府……東豎子……内侍……女蔵人……男蔵人……主殿寮……掃部寮……女孺……采女……春宮坊……右兵衛府……大舎人寮……図書寮……内蔵寮……縫殿寮……内匠寮……内薬司……大蔵省……宮内省……主殿寮……典薬寮……進物所……内膳司……主水司……大膳職……大炊寮……造酒司……采女司……木工寮……左右兵庫寮……雅楽寮……右衛門府
(47)　ただし、同じく君臣関係といっても、文官と武官を区別する論理と、近侍官とそれ以外を区別する論理は別の次元ではたらく。武官の考選が本来式部省に委ねられていたことを勘案すれば(『日本書紀』天武七年十月己酉条、『続日本紀』慶雲四年五月己亥条)、前者のほうが後次的・副次的な区分と考えられる。律令官職には基本的に、①天皇に近侍し強い君臣関係で結ばれるもの、②天皇と普通の君臣関係で結ばれるもの、の二種が存在したのである(ただし遷代があるから各個人についてはこの区別は固定的でない)。
(48)　早川庄八「公式様文書と文書木簡」(『木簡研究』七、一九八五年)、『平城宮出土木簡概報』一六、二四、三〇。ただし、「直接天皇に奏上したとは考えがたい」という早川の評価には従えない。
(49)　吉川「奈良時代の宣」(前掲)。
(50)　『西宮記』巻一一、公卿着座事。一〇世紀には太政官・式部省でしか確認できないが、かつては各官司で行なわれていたものであろう。しばしば禁圧された焼尾荒鎮や(『類聚三代格』巻一九、禁制事、貞観八年正月二十三日太政官符・昌泰三年四月二十五日太政官符)、著名な新任国司の「三日厨」などは、まさしく着座後の饗宴にほかならない。
(51)　吉川『勧修寺家本職掌部類』(思文閣出版、一九八九年)。
(52)　吉川「左経記」(『古記録と日記』上、思文閣出版、一九九三年。本書第二部第三章附論)。
(53)　「大官大寺」「大官一切経」「官田(ミタ)」「官家(ミヤケ)」「官奴婢」などの例がある。東大寺封戸の使途「官家修行諸仏事分」(『大日本古文書』四巻四二六頁)の「官家」も天皇の意であろう。その多くは八世紀のものであるが、朝廷あるいは太政官を示す律令制の「官」とは異質であり、七世紀以前からの伝統的用法と考える。なお、「官という語は魏晋六朝のころには、天子を指すに用いる特殊な用法がある」という宮崎市定の指摘(『謎の七支刀』中公新書、一九八三年。『宮崎市定全集』二一、岩波書店、一九九三年、所収)も参考になる。
(54)　吉川「律令太政官制と合議制」(『日本史研究』三〇九、一九八八年。本書第一部第二章)。
(55)　ただし実際には、五位以上では位階の序列が、六位以下では官職の序列が優先されたことを、虎尾達哉「律令官人社会における二つの秩序」(前掲)が解明している。
(56)　従来の古代史研究では、官人＝官僚という観点から(それ自体は正しいのだが)、「官人制」と「官僚制」が同義に用いられることが多かった。その場合、官司機構の問題は「官僚制」概念にうまく組み込めず、「官制」などと呼ばれる。一方、「官司制」概念は、律令官司機構に先行する未熟な国家機構について用いられてきた(井上光貞『日本古代国家の研究』、岩波書店、一九六五年)。私は官人と官司の双方が古代官僚制論の対象となるべきだと考えるので、「律令官僚制＝律令官人制＋律令官司制」という形で基本概念を区別・限定して使用したい。
(57)　各地域・各時代の国家や社会集団において、集団構成員の編成の問題と、集団の機能発動の問題は、それぞれ別個に考察し得るであろう。
(58)　佐藤進一「室町幕府論」(『岩波講座日本歴史』七、一九六三年。同『日本中世史論集』、岩波書店、一九九〇年、所収)。
(59)　将軍—御家人の関係は「公的」でないのか、裁判権を「領域的」権力といって済むのか、といった素朴な疑問が残る。
(60)　水林彪『封建制の再編と日本的社会の成立』(山川出版社、一九八七年)第五章は、中世以来の武家権力の「二元的編成」について、統治権的支配権を「国家的統治を主宰する君主の権力」、主従制的支配権を「武家身分を統率する主人の権力」と簡潔明瞭に表現している。水林が近世「将軍権力」の理解のために佐藤の議論を持ち出したこと自体は正当であるが、後述のように権力の「二元的編成」は「武家権力」独自の属性ではない。

(61) 石母田正「古代官僚制」(前掲)。

(62) 石母田正『日本の古代国家』(前掲)第一章第二節。

(63) 旧稿「律令官人制の再編」では「石母田説には表現の上で少なからぬ問題がある」と記したが、その後の検討により、石母田の「二重の形態」論の問題点は彼の国家論に起因する根深いものである、との結論を得たので、評価を改めた。詳細は一九九五年九月の日本史研究会古代史部会サブグループで報告したが、ここでは要点のみを述べる。

そもそも石母田の国家論は、レーニン流の「国家＝階級抑圧機構」論である。それゆえ支配階級の「共同利害」を実現する官僚機構が、そのまま「階級結集の仕方」と理解されることになるらしい。また、国家の公共機能という論点が欠落しているので、国家が「公的」たりうる根拠は「私的」でないという点に求めるほかなく、しかも石母田にとっては「私的」と「人格的」はほぼ同義であるから、「人格的ならざるがゆえに公的」という珍妙な理解に落ち着くことになる。かくして〈官僚機構―機構的―公的〉〈有位者集団―人格的―私的〉という単純な図式化がなされ、そこから〈人格から機構へ〉という「二つの段階」論も導かれるのである。なお、国家成立以前や「地方社会」では人格的支配が行なわれ、機構による支配が欠如していたという理解もこれと一連のものであるが、例えば倭国の大王は一個の人格であるとともに、列島社会で一定の機能を果すシステム＝「機構や制度」でもあった。新大王は特定人格として即位を確認されるが、彼の即位を確認するシステムや、彼が依拠する支配システム(例えば部民制)は確固として存在し、彼の「人格」のみによって政治が行なわれたわけではないのである。システムは遍在する。〈人格から機構へ〉と見える現象は、システムの発達・整備の問題として捉え直すべきである。

(64) 石母田正「古代官僚制」(前掲)。

(65) 石母田正『日本の古代国家』(前掲)第三章第三節。

(66) 石母田正「古代官僚制」(前掲)。

(67) 石母田は論拠として、①下馬・動座など官司内の「礼」、②詔書の尊厳性、③機密上奏の存在、などを挙げるが、①は官司内階統制の運用、②は官司間階統制の最高「機関」の属性の問題と理解すべきであり、また③は通常の階統制秩序を前提とするサブシステムとして運用された点が重要なのである。石母田の「礼」論は、儀礼的なものをすべて有位者集団の秩序に収斂させるところに根本的な問題があり、それは〈有位者集団―人格的―私的―「礼」の秩序―儒家〉〈官僚機構―機構的―公的―「法」の秩序―法家〉という単純な割り振りに起因するものと考えられる。

第二章　律令太政官制と合議制
——早川庄八著『日本古代官僚制の研究』をめぐって

序

日本古代の官僚制・公文書制研究の第一人者として、早川庄八の名を挙げることには、誰しも異論はあるまい。一九八六年、早川は十数年来の研究をまとめ、『日本古代官僚制の研究』として公刊した(1)。ここに実証的かつ体系的に提示された見解は、後学にとって何よりの導きの糸であり、かつ乗り越えるべき大きな壁と言える。本稿の目的は、この書の論点を検討し、問題点と課題を明らかにすることである。

検討に先立ち、この書の内容を簡単に紹介しておく。

全体は二部からなる。第Ⅰ部は「律令太政官制と天皇」。律令太政官制の特質を、成立史や公文書の分析から解明しようとするものである。「太政官の権能を論ずるということは、同時に、天皇の権能を論ずることでもある」という観点から、「天皇制」の問題も不可分のものとして扱われる。そして、関晃の「畿内政権」論(2)がほぼ全面的に継承され、主に「畿内政権」内部の権力構造を〈天皇対太政官〉という対立の図式でとらえた結果、太政官(=畿内豪族)の優位性、律令国家の「貴族制」的側面が強調されることになる。

第Ⅱ部「律令官僚制の特質」では、儀式・政務の実態に目が注がれ、律令官僚制の機能的特質が提示される。

特徴的なのは、公文書制度の相対化である。特に口頭伝達の重要性が説かれ、公文書制度成立以前からの「音声の世界」の復権がめざされる。これは第Ⅰ部での分析方法を自ら超えんとする試みであるが、一方、導き出された結論は第Ⅰ部の諸論点を実証的に支える役割も担っている。また、第Ⅱ部において、「畿内政権」の全国支配という論点が積極的に展開されているのも見逃せない。

さて、この書の特長を挙げるとすれば、次の各点であろう。

第一に、「畿内政権」論の深化。「貴族制」的性格をもつ「畿内政権」、それが全国を支配するのだ、という立場から律令国家の権力構造が提示される。しかも、多様な論点と堅実な実証に基づく主張であるため、強い説得力がある。言うまでもなく、これは単純素朴な専制君主論・専制国家論に対するアンチテーゼであり、古代「天皇制」・古代国家を考えようとする場合に、一度は検証するべき提言である。

第二に、儀式の分析。平安時代の政務と儀式が不可分であることは、(3)もはや一般的な認識であろう。しかし、それは平安時代以前でも同様と言え、儀式の分析は即ち官僚制の実態の分析にほかならない。しかも、平安時代の儀式史料を遡源的に活用するなら、律令や格からは知り得ない当時の権力構造が明らかになる可能性もある。この意味で早川の研究はある程度の成功を収めており、近年盛行し始めた儀式研究の模範となるものである。

第三に、成立期・変質期も含めた律令国家の分析。早川の分析の主眼は完成した律令国家の構造におかれているが、前後の時代への言及も怠りない。大化～持統期の中央官制や対地方政治の分析は研究史の到達点を示しているし、天皇の専制君主化という平安時代への見通しも明確である。そして、律令国家がそれまでの権力構造を踏まえていることが主張され、むしろ奈良・平安時代の間に差異が検出される。これは最近の古代国家研究の傾向とも軌を一にするが、(4)いずれにせよ、早川の律令国家論・「畿内政権」論に厚みが加わった。

次節以下でこの書の論点を検討したい。ただし、現在の私の関心と能力から、対象を「畿内政権」の内部構造、つまり「貴族制」論の実証レベルの問題に限定せざるを得ない。本稿を「律令太政官制と合議制」と題する所以である。

1　合議制

早川は、太政官を「天皇の諮問に応じて国政を審議し、またその合議によって政策を決定しうる、国政の最高決定機関」とし、その権能の理解が「直接に律令制下の天皇権力の評価にかかわってくる」と考え、太政官の「発議権」の強さのなかに、律令国家の「貴族制」的性格を見出した。[5] その際、主要な分析素材となったのは太政官奏、特に論奏である。早川は、論奏を天皇権力に「介入」する「発議権」の現れと見るのであるが、この点については次節で詳述することにし、本節ではまず、律令国家の合議制そのものについて検討する。

最初に指摘しておくべきは、早川が論奏式以外の律令条文に現れる「議」に、ほとんど触れていない点である。しかし、律令国家の合議を論奏で代表させて、大夫合議制や陣定と連結させるのは正当とは思われない。当時の合議の実態に迫るためには、まず律令の「議」の性格を把握しておく必要がある。しかも、そのためには、唐代の合議制にまで遡って検討を加えねばならない。

唐代には大別して二種の合議が存在した。一つは、「京官七品以上」が尚書省の都堂(都座)で行なう議である。[6] これは「八議」者の断罪や「律令式不便」などの場合に開催される。もう一つは、宰相が政事堂で行なう議である。[7] 政事堂はもと門下省にあったが、後に中書省に移され、名も中書門下と改められた。宰相の議は律令条文上に明記はなく、議の内容は多種多様の国政に関するものであった。以上の二種の合議は、開催される場所や出席する官人から考えて、それぞれ外廷の議・内廷の議と定義し得るものである。(8) そして、議の結果はいずれも「奏状」なる文書で皇帝に奏上されたと見られ、皇帝はこれに対して「勅旨」ないし「勅牒」なる文書で自らの意志を表明した。(9) また、議は全会一致を原則とはせず、反対意見を「議」なる文書で奏する道も開かれていた。(10) 要するに、「絶対的な権威と権力をあわせもつ皇帝」の意志形成のために、臣下の合議が用意されていたのであり、この場合、合議制は君主制の一部をなすと言っても過言ではない。なお、外廷・内廷が分離した合議制が、すでに漢代にも存在したことを付言しておく。(11)

では、唐の合議制は如何に律令国家に継受されたか。まず尚書省の議は、律令条文とともに日本に継受されたが、ほぼ太政官の議に限定する方向で改変がなされている。(12) 一方、宰相の議は、大納言の「参議庶事」の職掌として職員令に明記された。してみれば、太政官の合議は大夫合議制という伝統の上に、唐の二種の合議制をほぼ太政官の議に限定して継受したものと考えることができる。特に、大納言以上─参議は、唐の正宰相─兼官宰相を範として構想されており、(13) 日本の議政官を考察する場合には唐の宰相制の継受という側面を重視するべきである。

このように、日本律令の「議」が唐制を継受したものとすれば、唐の合議が最終決定権を有さなかったことは十分考慮されねばならない。また、合議結果の奏上についても、論奏の「律令外議応奏者」に限定せず、上表、奏状、あるいは口頭での奏上、といった多様な方式を想定する必要があるだろう。更に、合議に対する勅答も多様な形態があり得たはずで、文面にはほとんど現れないものの、合議・意見の内容が詔勅に取り入れられている可能性も、当然存する。詔勅＝天皇側、奏＝太政官側、という単純な対立の図式は再検討を要する。

さて、右の事実を確認すれば、勅任官の銓擬を太政官が行なったことの意味も明瞭に理解できる。唐では制授・勅授官の擬官は宰相が行ない、旨授＝奏授官の擬官は尚書吏部・兵部が行なったから、[14]これを継受した日本では、前者（勅任官）の銓擬の主体、及び後者（奏任官）の上奏の主体として、太政官が現れることになるのである。従って、宰相＝議政官による勅授（勅任）の銓擬は当初から自明のことであったと見るべきである。大宝元年（七〇一）の「凡選任之人、奏任以上者、以名籍送太政官。判任者、式部銓擬而送之」という太政官処分も、[15]日本令で不明瞭であった奏任官の銓擬の主体を明確にしたものと考えるべきで、早川の如く、勅任官の銓擬権を議政官が掌握したものと解釈する必要は、全くない。議政官は天皇の輔弼官として、勅任官の銓擬を本来的に行ない得たのである。

次に、平安時代の除目の問題を取り上げておく。早川は『西宮記』の除目議を次のように理解しているようである。[16]即ち、①除目の「議所」で公卿が銓擬する、②銓擬終了後、執筆の大臣が大間（大間書）に「入眼」する、③「議所」とは別の場所にいる天皇に大間が奏覧される、④大間は再び「議所」に持ち帰られ、「除目」なる文書が清書される。――しかし、これは『西宮記』の正しい解釈ではない。同書からは、(一) 銓擬は御前（清涼殿）で行なわれる、(二) 銓擬は執筆の大臣の主導の下に、基本的に彼の奏と天皇の仰で決定され、それが大間に順次書き入れられていく、(三) 他の公卿は意見聴取的に御前銓擬に参加する、(四) 最終決定を経た大間が議所（宜陽殿）で清書される、という次第を読み取るべきである。『北山抄』『江家次第』などの儀式書も、同様の儀を語っている。[17]もちろん、摂政・関白がいる場合にはそれぞれ儀式に変更を見るが、御前で行なわれるのが除目の基本原則なのである。なお、早川説のとおり、大間の使用が八世紀に遡るとすれば（「百七人歴名」に式部判補の史生が記されている点になお疑問は残るが）、御前銓擬というあり方も、或いは八世紀以来のものかもしれない。

これは、八世紀の太政官の議の実態を考える際には一応考慮されるべきものであろう。

以上、太政官の議を論じるためには唐制との対比が不可欠であること、合議が必ずしも君主制と対立するものではないことを述べた。この点を踏まえ、律令制下の合議の実態をより一層明らかにすることが今後の課題である。

2　論　奏

論奏は早川の「貴族制」論の一拠点である。要約すれば、①太政官奏のうち、論奏と奏事の違いは太政官の発議か諸司の上申によるかの差である、②論奏事項は太政官の発議権の枠組みである、③天皇も論奏を破れなかった可能性がある、の三つの論点からなる。[18] ここから、太政官が天皇権力に「介入」し得たことが強く主張される。

これについては、すでに飯田瑞穂が有力な批判を展開した。[19] 早川はそれを承け、①を撤回し、論奏・奏事は天皇の裁可が御画聞か「奉勅」かで分類され、ことの大小で使い分けられている、とした。ただし、②については、諸司の上申による場合にも論奏事項が意識されているとして改めず、更に③に対する「(天皇は――吉川注)すべてのことについて決定を下し得る立場にあつた」との飯田の論については、何ら言及しない。[20] しかし、私は飯田の太政官奏の理解に基本的に賛同するものであり、「問題は、決定権である」とする飯田説をもっと深刻に受け止める必要があるように感じる。

特に③が問題である。天皇が論奏を破り得たのか、破り得なかったのか、あるいは破る必要がなかったのか、それは公式令の条文のみからは確定できない。しかし、飯田も述べているように、年終断罪奏＝論奏が九世紀には天皇によって恒常的に修正が命ぜられていたという実例がある。また、藤原宮子事件は、それが論奏によったか否かが再検討されるべきであるが、仮に論奏とすれば、その奏の文面自体は天皇の無条件承認を求めるものではないことに注意する必要がある。更に、論奏・奏事・便奏がことの大・中・小による区分であるなら、大事のみが全面承認されるというのは、如何にも奇妙ではあるまいか。確かに、論奏と奏事・便奏では、裁可文言を天皇が自筆するか、納言が文字化するかという大きな違いがある。しかし、論奏が必ず認可されて御画聞を得るという確証はどこにもなく、むしろそうでない可能性の方が高いように思われる。

この点を唐公式令との比較から検証しておく。言うまでもなく、日本の論奏式は唐の奏抄式を継受したものである。唐の奏抄[21]とは、尚書六部二十四司が左右僕射・各部尚書・侍郎の判署を得、門下省を経て皇帝に上申する文書である。上奏事項は各司の権限内のものと思しく、それ故、皇帝の御画聞は半ば当然の前提であったのである。これに対し、日本の論奏は、あくまで太政官の奏であって各省の奏ではない。また「断流罪以上及除名」「授五位以上」といった一定の権限を超える内容や、更には権限に関係のない「律令外議応奏者」なる事項も論奏で奏せられるべきであった。この官司の権限外の事項を含むという点で、論奏は奏抄と大きく異なっており、日唐の御画聞を同列に扱うことは困難であると言わねばならない。ちなみに、前節でもふれたように、唐の議(宰相の議を含む)の結果は奏抄ではなく奏状で上奏され、勅裁は御画聞ではなかった。

②も右の点に関連する。そもそも論奏の全面承認が証明されない限り、太政官の「発議権」なる考え方が、さほど有効性を持つとは思われない。何故なら、単にある意見を天皇に表明する権限なら、上表・奏状の上奏[22]という形で官人に保証されているからである。これに対する天皇の回答は当然全面承認ではあり得ないが、かかる奏

と太政官の奏が原理的に異なることを証明しない限り、太政官の「発議権」のみを云々する意義はさほど認められない。確かに、太政官の意見具申は、高官の建議であること、恒常的なものであること、の二点において官人一般の意見とは区別されるべきであろう。しかし、全面承認でない限り、それは天皇の意志を法的に制約し得ないという点において、原理的に官人一般の奏と変わらないのである。むしろ、太政官は一般官人と同様、何事についても(とはいえ自ずから限界はあろうが)「発議」し得、一方で太政官の権限では専決できず、宸筆による裁可が必要な特定の事項が論奏式に明記された、と考えた方がよいように思われる。

①についても、更に考えるべき点は残されている。それは、公式令自体の理解は飯田説に従うとしても、実際に論奏に御画聞、奏事に「奉勅」が使用されていたとは限らない、という点である。何故なら、太政官奏の実例を年代順に並べるなら、宝亀以前には御画聞がほとんど使われていないことが明白だからである。ここから、宝亀年間まで論奏があまり使用されなかったと考えるのは、やや無理があろう。従って、大宝令制下で論奏(論事奏)に御画聞(御画可か)がなされず、「奉勅」による裁可が行なわれていた可能性が大きいことになる。これは恐らく上奏作法や内容の変化から考えるべき問題であろうが、ともかく、実際には論奏と奏事にどれほど明確な区別があったかは疑問である。そして、それは論奏が必ず御画聞を獲得し得たかという問題とも直結するのである。ことは論奏と奏事だけでなく、詔書と勅旨の区別にも関わってこようが、実際に公式令が如何に運用されていたかは今後深めるべき課題である。

なお、論奏が太政官の合議をどの程度踏まえたものであるかについても、検討する必要がある。例えば、九世紀には論奏に議政官全員の署を必要としていたことが確認されるが、(23) これは全員一致を原則としない陣定のあり方と大いに異なるのである。(24) この全員一致を要しないという点では、陣定はむしろ唐の宰相制と近く、定という合議形式が奈良時代以前にまで遡れるなら、議政官の合議は当初から唐制に近い形で行なわれていたことになる。とすれば、いよいよ論奏と合議との関係は微妙である。論奏という形で表明される合意の形成が、合議（特に陣定の如き）によったか、あるいは有力者の判断と他公卿のそれへの同意という形（公卿聴政の如き）をとったかは、困難ながら興味ある研究課題であろう。

以上、主に論奏の全面承認について否定的な見解を述べ、論奏から太政官の「発議権」を考えること、即ち天皇権力への「介入」をそこに見出すことへの疑問を示した。

3　天武朝の太政官

早川の合議制の理解は、太政官制成立史の研究とも無関係ではない。本節では、特に天武朝の太政官について、早川説を検討し、問題点を明らかにしたい。

早川によれば、天武朝の官制は画期的なものであった(25)。即ち、①太政官は単一の官職＝納言から成り、侍奉・奏宣を任とする。②大弁官は単一の官職＝大弁官から成り、事務伝達・集約を任とする。③太政官と大弁官は、並列的に天皇に直属する。④議政官のような執政官はおらず、行政事務の審議権は六官がそれぞれ分有する。⑤勅命は、六官には太政官が、外官には大弁官が下す。――以上の五点である。特に④は、浄御原令制下でも太政官に議決機能がなかったという論点(26)と呼応して、七世紀後半が合議体の機能しない特異な時代であったという考えを導いている。

さて、右の五点のうち、③④⑤を図化すれば図2のようになるが、ここに疑問がある。主要な三つの論拠―天武七年詔・勅命の伝達・唐制との比較―を、吟味したい。

(一)　天武七年詔

まず、天武七年(六七八)十月乙酉詔を検討する。[27] この詔は次のようなものである。

凡内外文武官、毎年史以上属官人等、公平而恪懃者、議其優劣、則定応進階。正月上旬以前、具記送法官。則法官考定、申送大弁官。……

この詔が注目されるのは、次にあげる養老選叙令の規定との対比においてである。[28]

凡応叙者、本司八月卅日以前校定。式部起十月一日、尽十二月卅日。太政官起正月一日、尽二月卅日。皆於限内処分畢……。

早川は、天武七年詔の「大弁官」が養老令では「太政官」に変更されていることから、天武朝における太政官と大弁官の並立を主張する。ただ、天武詔では大弁官に「処分」権はなかった、という留保がつけられている。

しかし、二つの史料の比較から、かかる結論を導き得るとは思えない。選叙令には文書の動きが示されていないからである。そこで、八世紀の選の儀をまず検討しておきたい。

弘仁式部式[29]では、京畿の六位以下の長上官の選は次のように行なわれた。[30] まず、十月一日、諸司の選文が弁官に進められる。弁官は目録を作って太政官に申し(延喜式)、翌二日、選文を式部・兵部両省に下す。両省では、十月中に前年度の考を

図 2　天武朝太政官制（早川説）

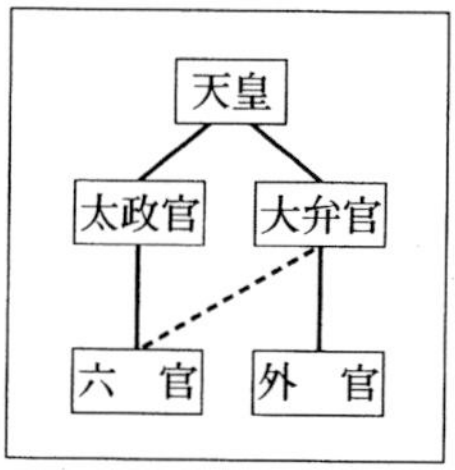

図 3　考選文書の動き

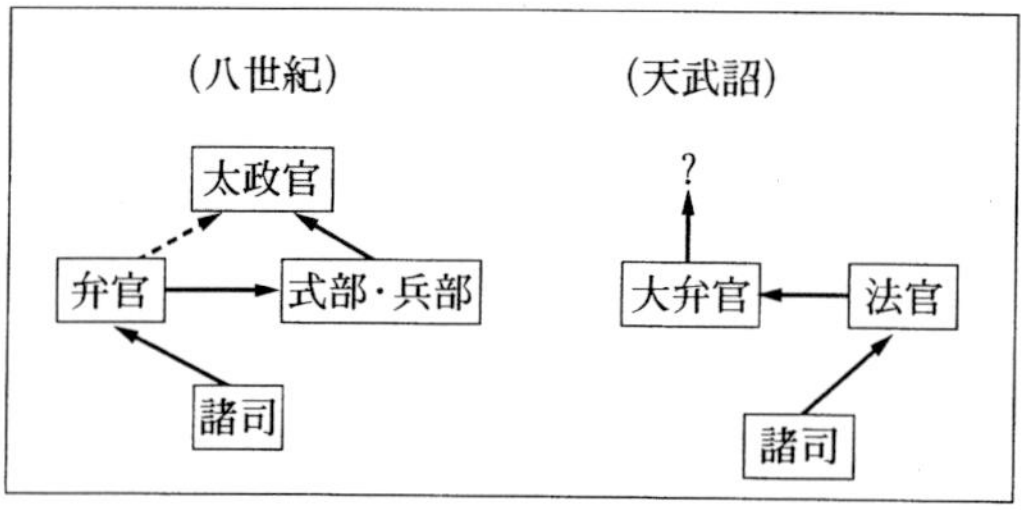

校定するが、それを承け、十二月三十日以前に選目録が作成される。選目録は正月三日(延喜式では二月十日)に、弁官を経ない三省申政の形で太政官に読申される。この後、列見を経て擬階奏が作成され、四月に成選短冊・奏文の奏上と位記の召給がなされる。ここで一連の儀は終了する。

右の儀の骨格は、既に八世紀には成立していたと考えられている。[31]特に選の文書の動きについては、和銅七年(七一四)十月の「凡内外諸司考選文、先進弁官。処分之訖、還付本司、便令申送式部兵部。」という制[32]が弘仁式にかなり近い方式を述べている。また、三省申政なる政務も天平期には存在が確認でき、そこには考選目録の読申も含まれていた。[33]従って、弘仁式の選の過程は八世紀前半に遡及させることが可能である。

そこで、天武朝と八世紀の選の儀を比較すると、まず注目されるのは関係文書の動きである。天武七年詔では、諸司の選文が直接法官に送られ、校定を経た上で大弁官に提出されているが、八世紀には、諸司の選文は一度弁官に集約されてから式部・兵部省に下付され、両省の校定の後、選目録が弁官を経ずに直接太政官に読申された[34](図3)。つまり、八世紀に選叙令(選任令)を実際に運用する際には、天武七年詔と同様に弁官が事務を集約しており、しかもその一方で、天武詔とはかなり異なった方式で文書が動いていたのである。従って、大弁官・太政官という文字の異同のみから天武詔と選叙令を比較するのは、さほど意味ある議論ではない。

次に注目すべきは、八世紀には、八位以上の選の結果が天皇に奏聞されていたことである。天武七年詔の段階でも、叙位が天皇の意志と無関係に行なわれたとは考えがたいから、選関係文書が最終的に天皇に奏上されたことを想定せねばなるまい。それでは、大弁官に集約された選関係文書は誰が奏したか。私は、奏宣を任とする納言＝太政官こそ、奏上の主体であったと考える。もちろん、大弁官が直接奏上したのかも知れない。しかし、叙位に関わる重要な事項の奏上に納言が関与しないとなれば、その職掌たる「奏宣」の内実はまことに軽いものとなってしまい、些か穏当を欠く。むしろ素直に、「奏宣」官たる納言が奏したと解釈すべきであると思う。集約に到るまでの文書の動きこそ異なるものの、天武朝でも八世紀と同様に、太政官本局が選関係文書を奏上していたと考えるのである。

かくして、本稿では、六官↓大弁官↓太政官↓天皇、という上申のルートを想定する。そして、太政官と大弁官は天皇に「並列的に直属」していたのではなく、上―下、あるいは内―外の関係にあった、と考えるものである(図4)。太政官と大弁官が別の官司であっても、両者は「並列」するとは限らない。

図4　天武朝太政官制（吉川説）

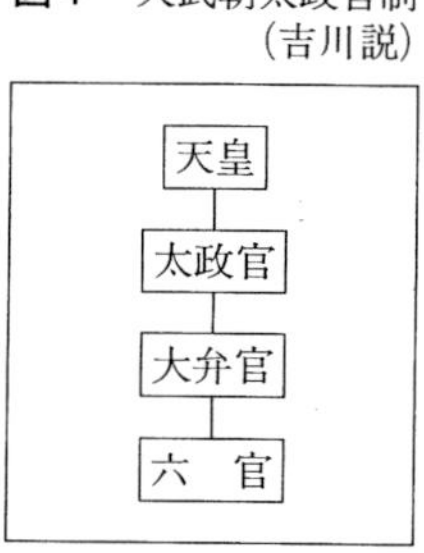

(二)　勅命の伝達

天武朝の勅命伝達に関する早川の考えは、基本的に大宝令制の遡源によっている。それによれば、大宝令での詔勅伝達の特色は次の三点にある。即ち、①詔書は、宣告がすむと「付省施行」され、法文上弁官を経ない。②勅旨は、諸司に送って、つまり「太政官」＝弁官を経ないで施行することができた。③勅符という文書があり、これは弁官が外官に対して下達するものである。――ここから、内官には納言、外官には大弁官、という天武朝の勅命下達の分掌が復原された。

しかし、①は、「省」で神祇官・弾正台などの官司も総称し得るかが疑問であるし、唐公式令では詔書(制書)の施行主体が尚書省であるから、[35]この「省」が唐令継受時の不手際であった(故に養老令で削除された)疑いがある。②は、唐勅旨式の書式を継受する際、門下省の署名を議政官の署名に書き換えられず、やむなく弁官の署名としたという事情が想定される。[36]故に、令文の「太政官」を弁官に限定して解釈することは必ずしも正当とは言えず、実態もまた不明である。③は、勅符が符式の付則であり、太政官符の一種であることを踏まえるなら、外官のみに下達されるものとは言えないし（符―解の対応を見よ）、議政官が勅符に関与しなかったとも言えない（普通の官符でも議政官は署名しない）。

このように、早川の大宝令制の理解は万全ではない。しかも、大宝令と養老令の違いを弁官の権限の変化に伴うものとする方法にも問題がある。養老令における字句改変は、大宝令の不備を実態に即して改訂した場合もあるからである。従って、大宝令の養老令と異なる点をそのまま八世紀初頭の実態と見ること、さらにそれを天武朝に遡及させることは、必ずしも正当ではない。

ここで、図4に戻る。この図は、上申経路から作成したものであるが、上申の経路を逆に辿ると、天皇↓太政官↓大弁官↓六官、というルートになる。私は、これこそ天武朝の主要な勅命伝達経路であると考える。そして、養老令の指揮系統と類似していることにも注目したい。もちろん、天武朝に養老公式令のような整備された文書体系があったとは思えず、多く口頭伝達が用いられていたであろうが、主要な指揮系統としては、図4の如きものが既に形成されていたと考えたいのである。また、外官も六官と同様、大弁官の下にあったと解して大過あるまい。

さて、私の伝達経路の復原が正しいとすれば、太政官＝納言の性格も再考すべきである。納言がこのような位置にあるのなら、八世紀の太政官と同様、大弁官の上申を審議し得たのではないか、更に、天皇の意志形成のために合議を行ない得たのではないか、ということが想定されるからである。早川が天武朝の納言の合議機能を否定する論拠は、納言になった官人の位や氏の低さであるが、天武朝官人全般の位の低さ、八世紀議政官の氏の低さを見るなら、根拠にはならない(37)。また、早川が納言の合議を否定する背景には、合議制が天皇権力に対立するという考え方があるのであろうが、先に述べたように、合議制は君主制の一部として評価できるものである。また、日本古代に限らず、上級の奏宣官が参議官を兼ねることは一般的な現象である。以上の点から、天武朝の納言に合議機能があったことを認めてもよいと思われる。

なお、浄御原令制下でも太政官の合議機能が弱かったことを、早川は主張する。その根拠は、大納言二名が総領となり、在京しなかった時期があるというものである。しかし、仮に大納言が総領であったとしても、そこから合議体の「法上の」不能性を導くのは、なかなか困難である。(38) そうでなく、天武朝の合議制が大宝令まで連続したと見ても、特に問題はないように思う。振り返れば、この合議制は、大化前代の大夫の合議を継承したものでもあった。専制君主天武の登場とは無関係に、合議制は一貫して存在し続けたのではあるまいか。

㈢　唐制との比較

㈠㈡の論点を唐の三省制・宰相制との比較から補強しておく。唐の三省とは、言うまでもなく、尚書省・門下省・中書省。大宝・養老令制では、太政官の大臣―弁官が尚書省、納言―外記が門下省をそれぞれ範とし、中務省が中書省の機能を継受した。(39) また、三省の長官が唐の正宰相であったことも、(40) 一般的な認識であろう。早川も、太政官制の成立を論じるにあたって、三省制の継受という論点を重視している。ただ、子細に検討すると、二つの問題があるようである。

第一に、三省の関係である。早川は、三省が秘書省・殿中省・内侍省とともに皇帝の下に「並列的に直属」していた、と理解した。(41) しかし、三省のうち、中書省・門下省と尚書省の間には大きな違いがあったことを看過してはならない。中書・門下両省が皇帝に近侍する奏宣・輔弼の官であったのに対し、尚書省は官司機構の統轄・

命令を行なう官であったからである。従って、詔勅は中書省→門下省と流れた後、尚書省に下付されて施行されたし、奏抄は尚書省から門下省へ、奏状は官司・官人から中書省へ上呈され、奏上された。つまり、皇帝―(中書・門下)―尚書、という伝達経路が存在するのであり、早川が注目する文書の流れの上では、三省は決して皇帝に「並列的に直属」するわけではなく、中書・門下両省と尚書省は内―外の関係にあったのである。故に、これを模した太政官・大弁官も、並列的に天皇に直属するというより、内―外の関係にあったと見た方がよいと思われる。

第二に、宰相制の理解である。早川が唐の宰相・執政官として重視するのは、左右僕射と御史である。しかし、唐の正宰相は三省の長官、つまり尚書左右僕射・門下侍中二名・中書令二名の計六名であることを見逃してはならない。しかも、門下侍中の古名はまさに「納言」にほかならず、唐の納言↓侍中は一貫して正宰相であり続けたのである(42)。してみれば、唐制の継受という点から見ても、納言に宰相的な機能を認めるべきではあるまいか。天武朝には、確かに宰相＝尚書僕射に相当する大臣こそ置かれなかったが、宰相＝納言が唐制を継受して、天皇の意志の形成のために合議を行なっていた、と見ることが十分可能なのである。

以上、三項にわたって、早川の天武朝の太政官に関する見解を検討し、問題点を明らかにした。早川説の根底には、専制君主天武の存在＝対抗勢力としての合議体の不在＝画期的な官制、という考え方があると思われるが、君主制の一部としての合議制、という見方で天武朝の官制はうまく説明し得るのである。また、大夫合議制の上に唐宰相制が継受され、律令制下の合議制が形成された、という一節の見通しも、ある程度傍証できたと思う。ただし、体系的な官制の導入によって合議制の性格が如何に変化したかは、今後の課題である。

4　天皇と「貴族制」

本節では、早川の天皇に関する考え方を検討する。

早川は、天皇には、A「律令国家の統治権の総攬者」と、B「支配階級全体の利害を代表する政治的首長」という「二つの側面」があったとする。Aは中国の皇帝の地位を取り入れたものであり、Bこそ現実の天皇の地位であった、という。[43] しかし、律令法上の天皇の権力は畿内豪族＝議政官の衰退によって現実化し、専制君主桓武が生まれた、とされるのである。

このABの理解は、一見、石母田正の天皇論[44]を継承したもののように見える。それは、天皇が、a「律令制国家の統治権の総攬者」と、b「支配階級全体のあるいは「王民」全体の政治的首長」という「二重の側面」をもつ、というものであった。しかし、Bとbの表現に微妙な差があることに注意したい。ここには、早川と石母田の天皇論の大きな違いが秘められている。

石母田のabを正確に理解するためには、表裏一体の関係にある「支配階級の結集の二重の形態」という考え方[45]を知っておく必要がある。それは、支配階級の結集には、α「機構や制度を媒介とする結合」とβ「人格的、身分的従属関係を媒介とする結合」があるというものである。このβに石母田の「王民制」論[46]を加味すれば、先のbと完全に対応する。要するに石母田は、天皇が、a機構による権力関係、b人格的な支配従属関係、の双方の頂点に、同時に位置することを主張したのであった。

ところが、早川がBで「支配階級」と書くとき、具体的に想定されているのは畿内豪族のようであり、Aでは律令法上の天皇の地位、Bでは畿内勢力の中での天皇の地位、が述べられていると見てよい。つまり、早川は石母田と同様の表現で天皇の地位を語っているが、内容は全く異なり、「畿内政権」論に沿った読み替えがなされているのである。そうでなければ、Aが法上の天皇の地位、Bが現実の天皇の地位、などといった叙述が出てくるはずがない。

問題は、石母田説の重要な論点、つまり、天皇が人格的支配従属関係の頂点にあったという点が脱落したことである。石母田説には更に検討が必要であるが、少なくともこの論点を欠いたことが、早川の天皇論を一面的にしたのは否めない。

例えば、位階制の問題である。律令官人は、律令官司制の機構のなかで特定の職掌を与えられ、最終的には天皇の意志に服さねばならなかった。しかし、一方で、彼は位階や姓を媒介として天皇と人格的・身分的な関係を結んでいた。特に位階は君臣関係における官人の位置を表示するものであり、天皇制・官僚制を考える上での重要な論点である。早川は、確かにこの位階の問題にも触れている。[47] しかし、それが天皇の「二つの側面」とどう関係するかは、全く明らかでない。つまり、早川の天皇論には、位階制の問題、より一般的に言えば律令官人制の問題は、論理的に位置づけられていないのである。これは石母田説からの大きな後退と言わねばならないし、〈天皇対太政官〉あるいは〈君主制対貴族制〉といった視角の限界を示すものでもあろう。

ここで天皇論に関連して、早川の「貴族制」論についても触れておく。

結論から述べれば、君主制に対立する「貴族制」があった、ということを主張するなら、合議機関の存在を説いても意味はなく、「貴族制」的な決定機関の存在や「貴族制」的官人秩序の存在を確実な形で証明する必要がある、ということである。前者について言えば、一・二節で述べたように、太政官の合議がそのようなものであったとは考えがたく、論奏がその論拠になることも疑問である。また、後者については早川は何も述べていないが、官人の秩序を観察すれば(48)、明らかにそれは天皇を頂点におく秩序である。封禄・職位田・資人などの点で上級官人がいかに優遇されていたとしても、それは天皇の存在を大前提としたものであったと言える。このように、天皇の権力を脅かすような「貴族制」的要素は、機構の面でも、官人秩序の面でも、見出しがたいのではあるまいか。

合議制について補足する。本稿では、律令制下の合議制が最終的決定機関でないことを、繰り返し主張した。ただし、念のために言っておけば、時々の政治的情勢によっては、天皇の勅裁がさほど意味を持たないことがあったのは、当然のこととして認めるものである。そして、そのような時には、合議体の決定がある程度実質的な意味を持ったこともあったろう。しかし、現実の古代政治史を一瞥するなら、むしろ目を引くのは天皇側近の高官の存在である(例えば、内臣としての藤原鎌足・房前・良継・魚名、紫微中台を拠点とした藤原仲麻呂など)。そして、彼らは合議体を制圧するより、輔弼(特に奏宣権の集中)という職掌で個別に天皇に結び付いたのが特徴的である。私は、天皇が政治的に無力であるとき、その権力を手中にするのは、合議体ではなく、むしろこうした輔弼の臣であったと思う。そして、ここに日本古代の政治規範における君主制―輔弼制の強さ、「貴族共和制」の弱さを見出すものである。合議制には限界があった。古代天皇制は君主制と呼び得るだけの内実を備えていたのである。

結語

以上、早川の論点を検討してきた。意識的に唐の制度との関係を追究し、かつ太政官制の機能面（政務・文書）から考えようとしたつもりである。ここで、各節の論点をもう一度まとめておく。

1　合議制は君主制の一部分として評価し得る。合議体が存在するからと言って、君主制が制約をうけていたとは言えない。

2　論奏から、律令国家の「貴族制」的要素を検出するのは、困難である。

3　天武朝の太政官にも合議機能を認めることができ、前後の時代との断絶は見出せない。令制太政官の合議機能は、大夫合議制の伝統の上に、唐の合議制、特に宰相制を継受して形成された。

4　早川の天皇論は、石母田説より後退しており、人格的支配従属関係の問題が脱落している。また、石母田の言う天皇の「二重の側面」を検しても、「貴族制」的特徴は見出しがたい。

これらの点から、律令国家に「貴族制」的要素を検出するのは困難であり、君主制が実質的・規範的に貫徹していたことを、結論づけたい。太政官制・合議制は、あくまでその枠内で機能したのであり、〈天皇対太政官〉という対立の図式はさほど有効ではない。

しかし、本稿で論じ残した重要な論点があった。それは、言うまでもなく、早川の「貴族制」論の基盤をなす「畿内政権」論そのものの検討である。「畿内政権」論の全体構造を論じず、その内部構造のみを取り上げたのでは、早川の構想を大きく批判する資格はない。それは私も十分承知するところであるが、この様な仕儀となってしまった。分析が不十分であった政治規範の問題とあわせて、今後の課題としたい。

注

(1) 岩波書店、一九八六年刊。
(2) 早川自身による「畿内政権」論の概括としては、同「天皇と太政官の権能」(『日本史研究の新視点』、吉川弘文館、一九八六年)がある。
(3) 土田直鎮「公卿と政務」(『王朝の貴族』、中央公論社、一九六五年)。
(4) 例えば、原秀三郎・佐藤宗諄「はしがき」(『講座日本歴史』二、東京大学出版会、一九八四年)。ただし、私はこうした議論にあまり賛成できない。
(5) 『日本古代官僚制の研究』第Ⅰ部第一章。
(6) 名例律八議者条、職制律称律令式条、『唐令拾遺』獄令復原第二九条。
(7) 内藤乾吉「唐の三省」(『史林』一五―四、一九三〇年。同『中国法制史考証』、有斐閣、一九六三年、所収)。
(8) 唐長安城においては、尚書省都堂は皇城、政事堂は宮城内にあった。また、都堂の議に中書・門下両省の官人が出席しなかった実例が、礪波護「唐の三省六部」(『隋唐帝国と東アジア世界』、汲古書院、一九七九年。同『唐代政治社会史研究』、同朋舎出版、一九八六年、所収)に述べられている。なお、倉本一宏「議政官組織の構成原理」(『史学雑誌』九六―一一、一九八七年。同『日本古代国家成立期の政権構造』、吉川弘文館、一九九七年、所収)が、出席官人の数という観点から唐の二つの合議に触れている。
(9) 中村裕一「唐代の勅について(三)」(『武庫川女子大学紀要』三一、一九八四年。同『唐代制勅研究』、汲古書院、一九九一年、所収)。
(10) 『六典』巻八、門下侍中条。
(11) 永田英正「漢代の集議について」(『東方学報』京都四三、一九七二年)。
(12) 名例律議条、職制律称律令式条、獄令犯罪応入条。

(13) 虎尾達哉「参議制の成立」(『史林』六五―五、一九八二年)。
(14) 礪波護「唐の官制と官職」(『唐代の詩人』、大修館書店、一九七五年。礪波前掲『唐代政治社会史研究』所収)、坂上康俊「日・唐律令官制の特質」(『奈良平安時代史論集』上、吉川弘文館、一九八四年)。
(15)『続日本紀』大宝元年七月戊戌条。
(16)『日本古代官僚制の研究』三三八〜三四四頁の記述を再構成した。『西宮記』巻二、除目の解釈である。
(17)『北山抄』巻一、九日始議外官除目事、『江家次第』巻四、除目。
(18)『日本古代官僚制の研究』第Ⅰ部第一章。
(19) 飯田瑞穂「太政官奏について」(『日本歴史』三八一、一九八〇年)。
(20)『日本古代官僚制の研究』第Ⅰ部第一章、補注。
(21) 大庭脩「唐告身の古文書学的研究」(『西域文化研究』三、法蔵館、一九六〇年)、大津透「唐律令国家の予算について」(『史学雑誌』九五―一二、一九八六年)。
(22) 中村裕一「唐代の勅について(三)」(前掲)、森田悌「上表と奏状」(『続日本紀研究』二四〇、一九八五年。同『日本古代の政治と地方』、高科書店、一九八八年、所収)。
(23)『日本三代実録』仁和二年五月十二日庚寅条。ただし留意すべきは、当時、公式令論奏式条の書式を実際に用いていたかどうかが不明だという点である。例えば、『政事要略』巻三〇、年中行事、御画に見える天禄三年九月二十七日太政官奏は、「論奏」と呼ばれながら、様式は奏事式に則っている。このような「広義の論奏」については、本書第二部第四章「上宣制の成立」を参照のこと。
(24) 土田直鎮「公卿と政務」(前掲)。
(25)『日本古代官僚制の研究』第Ⅰ部第二章。
(26)『日本古代官僚制の研究』第Ⅰ部第三章。
(27)『日本書紀』天武七年十月己酉条。
(28) 選叙令応叙条。考の過程は選と同様と考えられ、天武詔の主眼も選にあるので、考課令内外官条については触れなくてもよいと判断した。

(29)『弘仁式』、式部省。『延喜式』巻一一、太政官、同巻一九、式部下を参考にした。
(30) 五位以上の勅授については、式文上、選—叙の全過程が明瞭でないので、六位以下の奏授について検討する。勅授でも三省申政が行なわれたことについては、吉川「律令官人制の再編」(『日本史研究』三二〇、一九八九年。本書第三部第一章「律令官人制の再編過程」)、参照。
(31) 寺崎保広「考課・選叙と木簡」(奈良国立文化財研究所『平城宮木簡　四』解説、一九八六年)。
(32)『続日本紀』和銅二年十月甲申条。
(33) 橋本義則「「外記政」の成立」(『史林』六四—六、一九八一年。同『平安宮成立史の研究』、塙書房、一九九五年、所収)、吉川「律令官僚制の基本構造」(本論文第一部第一章)。
(34) 上日が関係するため、両省が太政官の諮問機関的に動くのである。
(35) 中村裕一「唐代制勅の公布について」(『武庫川女子大学紀要』三三、一九八六年。中村前掲『唐代制勅研究』所収)。
(36) 議政官の署名にすると、「符到奉行」(唐では「牒到奉行」)の主体が議政官となり、太政官施行文書の原則から外れてしまうのである。詳細は吉川「勅符論」(『古代・中世の政治と文化』、思文閣出版、一九九四年。本書第二部第一章)を参照のこと。
(37) 森田悌「太政官制成立の考察」(『政治経済史学』一五六、一九七九年)。
(38) 二人の大納言が同時に京を離れることは自明ではない。また、どこまでが「法上の」機能であるかは、浄御原令文を知らない我々には判断できないはずである。
(39) 井上光貞「太政官成立過程における唐制と固有法との交渉」(『前近代アジアの法と社会』、勁草書房、一九六七年。『井上光貞著作集』二、岩波書店、一九八六年、所収)。
(40) 内藤乾吉「唐の三省」(前掲)。
(41) 礪波護「唐の三省六部」(前掲)。
(42)『通典』巻二一、職官三、宰相。
(43)『日本古代官僚制の研究』第Ⅰ部第一章、補説。
(44) 石母田正『日本の古代国家』(岩波書店、一九七一年。『石母田正著作集』三、岩波書店、一九八九年、所収)第三章第三節。
(45) 石母田正「古代官僚制」(『日本古代国家論』第一部、岩波書店、一九七三年。前掲著作集所収)。

(46)「王民制にもとづく統一体の最高の首長としての天皇の地位と機能は、律令国家においても維持される」（石母田正『日本の古代国家』第二章第二節）。
(47)『日本古代官僚制の研究』第II部第二章。
(48) 石母田正「古代官僚制」（前掲）。

第三章　律令国家の女官

序

律令国家の支配階級の半数は女性であった。彼女らは——男性とは異なり——すべてが国家機構に勤務したわけではないが、女官（律令用語では「宮人」）として宮廷に奉仕するものも少なくなかった。本稿は、こうした律令国家の女官の政治的役割とその変化を明らかにしようとするものである。

律令国家の女官に関する研究は多い。それらは、①律令条文における女官の性格や役割を考えたもの、②キサキ（天皇の妻妾）研究の一環として女官を取り上げたもの、③藤原薬子など特定の女性を政治史的に位置づけたもの、に大別され、野村忠夫[1]や角田文衛[2]の研究などがその到達点を示している。女官の特質やその変化といった点については、かなりの部分が解明されてきたと言ってよい。

しかし本稿では、より基本的かつ巨視的な考察を試みたい。そもそも律令国家の女官の本来的性格は何であり、やがていかなる歴史的変化を遂げたのか。それを知るためには律令条文や特定時期の女官の分析だけでは不十分であり、少なくとも七～一〇世紀を大きく見通す眼と、女官の具体的行動を解析する技術が必要だと考える。本稿は儀式作法と公文書を基本史料に選び、また男性との分業という観点を堅持することで、この難題を解決したい。従来よりもさらに深く、古代女性の政治生活を理解できればと思う。

1　平安宮の女官

㈠　儀式のなかの女官

九世紀の平安宮の一年は元日の儀式から始まった。四方拝をすませた天皇は朝堂院に行幸し、官人から年頭の賀を受ける(朝賀)。続いて天皇は内裏に戻り、官人に酒食や禄をふるまう(節会)。このような朝廷儀式によって、天皇が律令国家を統治する最高権力者であり、律令官人にとっての唯一の君主であることが確認され、維持されていった。

元日の儀式には、もちろん女官も参加していた。しかし、儀式において女官が果すべき役割は、男官とは全く異なっていた。ここでは、元日朝賀と節会での女官の役割を『内裏儀式』『内裏式』『儀式』などの九世紀の儀式書から読み取ることにしたい。(3)

まず朝賀は、おおむね次のように行なわれた。朝堂院に行幸した天皇は大極殿で朝賀を受けるのであるが、あらかじめ皇太子は大極殿前、官人は朝庭の所定の位置についておく。天皇が大極殿に出御すると、まず皇太子が新年の賀詞を奏上。これに対して勅答(宣命)があり、皇太子は拝礼する。次に官人が賀詞と祥瑞を奏すると、同様に勅答が述べられ、官人は拝礼する。このあと天皇が入御し、皇太子・官人も退出して儀式は終わる。

このように朝賀は皇太子と官人が奏賀と拝礼を行ない、天皇への臣従の意を表明する儀式であった。ところが注目すべきことに、女官はこの奏賀・拝礼の列には加わっていなかったのである。女官は大極殿上にいた。彼女らは、御前命婦・威儀命婦・褰帳命婦・執翳女孺としてそれぞれに天皇に近侍し、その威儀をただす役割を担っていた。このほか大極殿上には侍従や少納言が仕えていたが、彼らも拝礼を行なうことはなく[4]、朝庭に列立する官人たちと鮮やかな対比を見せていた。しかし侍従・少納言もその職を離れれば普通の男官と異ならず、翌年の朝賀では朝庭で拝礼しているかも知れないのであって、生涯に一度も拝賀することのない女官とは全く性格を異にする。女官は天皇に近侍すべき存在であり、決して天皇の「臣下」ではあり得なかったのである。

図 5　平安宮大内裏図

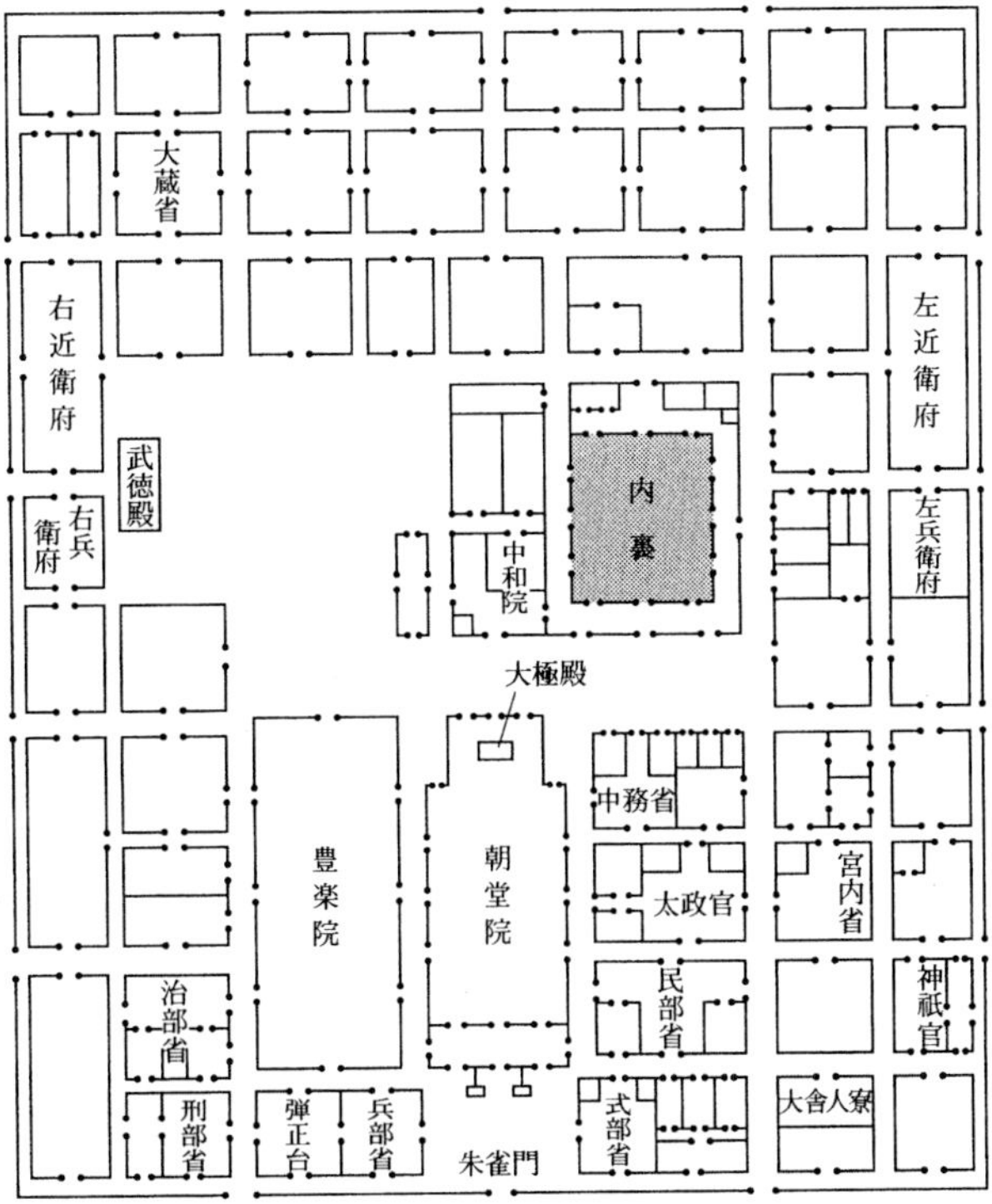

（原図）『角川日本史辞典　第二版』

男官は位階の上下にしたがって朝庭に列立していたが、この官人の序列化こそ、位階＝クライの本質的機能であった。ところが女官は男官と同時に列立しなかったのであるから、女官の位階の機能する世界は男官のそれとは別だったと言わねばならず、従って両者の性格に差があったことも当然予想される。もちろん女官位階も女官を序列化するものであったが[5]、内命婦（五位以上の女官）に対して外命婦（五位以上官人の妻）なる身分があったように、そこには男官とは異なる原理が作用していた。そもそも日本の位階制は冠位制(冠をかぶるのは男性である)の後身であり、女官位階は発生史的にも臣下=男官の位階とは異なっていたのである。女官の官位相当制や考叙法の特異性も、(6)こうした観点から考えてみる必要があるだろう。

次に元日節会を検討したい。節会は朝賀よりも和やかな雰囲気のなかで進められた。まず大極殿から戻った天皇が紫宸殿に出御し、内弁(儀式を取りしきる大臣)を殿上に召す。次に諸門が開かれ、中務省が七曜暦を、宮内省が氷様(氷の厚薄の報告)と腹赤(大宰府が貢進した鱒)を奏上する。このあと内弁が官人を門内に召し、彼らが座に着いたところで宴が始まった。宴では天皇が酒食や奏楽によって官人をもてなし、最後に節禄が与えられる。かくして節会は終わり、平安宮の元日が暮れていった。

節会は天皇と官人が共同飲食する場、両者を人格的に結ぶ場であった。節禄も一年を総計すればかなりの額にのぼり、実質的な〈君恩〉となっていた。節会を通じて、君臣関係が維持・強化されていったのである。(7)ところが、この宴や禄に預かるのはすべて男官であって、女官は天皇の直接のふるまいの対象ではなかった。女官は、内侍と闈司が奏宣(奏上と宣下)を、釆女が供膳をつとめ、女孺らが儀場の舗設にあたっていた。皇太子に節禄を手渡すのも内侍の役目であった。つまり女官は節会の客ではなく、儀式の補助役をつとめる、主催者(天皇)側の存在だったのである。奏宣についてはのちに詳しくふれるが、女官のこうした性格は朝賀において見たところと基本的に一致する。

もっとも女官が宴や禄と全く無縁だったわけではない。紫宸殿には奏宣にあたる内侍のほかに命婦たちが侯しており、彼女らは殿上で饗と禄を受けていたのである。しかし、「内侍已下座」は通障子によって節会の場から隔てられていたし、(8)式次第も命婦らが天皇や男官と共同飲食しているようには読めない。また、節禄は男官に与えられた禄の残りが、女官に分配されていたのであった。(9)まさに裏方の饗・禄と言うべきものであり、男官と隔

図 6　平安宮内裏内郭図

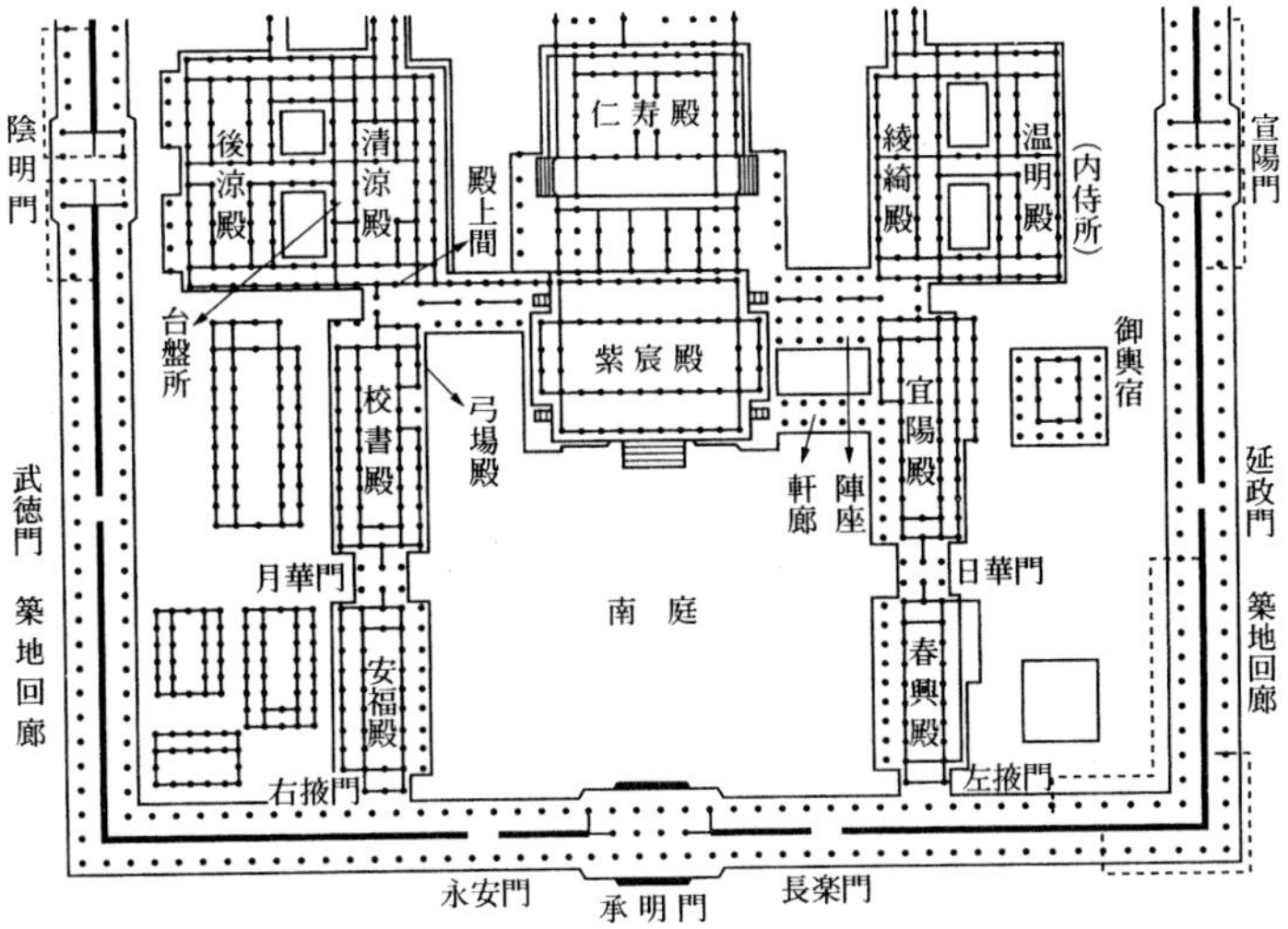

（原図）　奈良国立文化財研究所『平城宮発掘調査報告』III

てられた者、天皇に近侍する者としての女官の存在形態を明らかに見て取ることができる。

元日朝賀・節会の次第は決して特殊なものでなく、上述の女官の性格や役割は儀式一般に通じる。女官は天皇―男官の君臣秩序からは疎外されていた。彼女らは天皇に近侍してその補助と装飾をつとめる、言わば天皇と不可分の存在なのであった。本稿ではこれこそが女官の本質的性格であると考えるが、その意味は徐々に明らかにしていきたい。

㈡　闈司奏

元日節会においては、官人が儀式の場に召される前に中務省が七曜暦を、宮内省が氷様と腹赤を奏したが、奏上にあたっては女官が少なからぬ役割を果していた。例えば七曜暦の奏上（御暦奏）の次第は次の通りである。[10]

①　近衛が承明門を開けると、闈司二人が門内の座に着く。[11]

②　大舎人が門外で「叫門」し、「御暦進らむと中務

省〇〇（官姓名）ら門に候ふと申す」と言う。

③　闈司は南庭にて「御暦進らむと中務省〇〇（官姓名）ら門に叫《よば》ふ故に申す」と奏上する。「申さしめよ」との勅答を受けると、座に戻ってその旨を伝える。

④　中務省官人が陰陽寮官人を率い、暦を置いた机を持って入門、机を庭中に立てる。省官一人が居残り、七曜暦奏上の旨を奏する。勅答はない。

⑤　闈司が机を紫宸殿上に運ぶ。東階から昇って簀子敷に安置する。

⑥　内侍が暦を天皇に奏覧する。このあと闈司は机を庭中に下げ、ふたたび門内の座に着く。机は内豎が陰陽寮に返却する。

この儀では女官である闈司と内侍が奏宣に関与している。ただし、闈司の奏宣が南庭でなされたのに対し、内侍は紫宸殿上で直接に天皇に奏し、直接にその言葉を受けていた。③の勅答も内侍が闈司に伝えたものと解される。闈司は内侍よりもずっと地位が低かったため、間接的な奏宣しかできなかったのであろう。このような奏宣の方式は御暦奏に限られるものではなく、特に①〜③の闈司奏はさまざまな儀式で用いられていた（表2）。それでは、闈司奏は一体何のために行なわれていたのであろうか。

闈司奏の際には、それに先だって必ず「叫門（叩門）」がある。[12]「叫門」とは大舎人が門外で「みかどのつかさ（闈司）」と二度、恐らく高声で呼びかける作法である。そこで闈司が誰何すると、大舎人は用件と官人名とを申し（②）、闈司はそれをそのまま奏上することになる（③）。このように闈司奏とは官人が門を入りたい場合、その旨を伝奏して勅許を得るための作法であった。内裏では、闈司奏は大きな儀式なら承明門、尋常の場合は延政門で行なわれていた。[13]これらの門は「閤門」、すなわち天皇の御在所である内裏内郭に開かれ、平安宮の諸門のな

表 2　闇司奏

No.	儀式名	式日	行事の内容	門(豊楽院儀)	入閤者(候由奏＊1)	出典＊2
1	御暦奏	1/1	七曜暦奏上	承明門(逢春門)	中務省	内儀 6　内29　儀163　延380　西1-7
		11/1	具注暦奏上	延政門	〃	内50　儀222　清(要100)　西1-207
2	氷様腹赤奏	1/1	氷様・腹赤奏上	承明門(逢春門)	宮内省	内30　儀164　延380/751　西1-7
3	御弓奏	1/7	御弓奏上	承明門(逢春門)	兵部省(内舎人)	内儀 8　内32　儀171　延380/699　西1-25
4	卯杖奏	1/上卯	卯杖奏上	承明門	兵衛府・大舎人寮	内儀 9　内38　儀169　延380/968　西1-20
5	菖蒲奏	5/5	菖蒲奏上	武徳殿埒東門	中務省・宮内省	内儀11　内46　儀189　延381/752/820　西1-95
6	御薬奏	大晦日	御薬奏上	延政門	中務省・宮内省	内53　儀225　延752/816
7	御麻奏	晦日	御麻・御贖奏上＊3	延政門	神祇官(宮内省)	弘(月283)　内儀10　儀144　延27/46/381/750
8	請印位記	1/7	請印文奏上	承明門	少納言	内儀 7
9	御体御卜奏	6・12月	御卜奏文奏上	延政門	神祇官(宮内省)	弘(月279)　儀147　延23/751
10	御宅稲数奏	11月	稲数奏文奏上	延政門	宮内省	内51　儀222　延754　要121
11	番奏	朔日他	番奏文奏上	延政門	六衛府	延381/955　西1-207
12	庭立奏	尋常	鈴印等状奏上	延政門	少納言	内儀 7　西1-207　※延325が対応
13	請進鎰奏	尋常	請進鎰状奏上	延政門	監物・兵庫他	内儀 3　延368　西1-206
14	請進鈴奏	臨時	請進鈴状奏上	延政門他	少納言	内儀 3　西1-2/65
15	弾奏	臨時	弾奏奏上	閤門	弾正台	延905　※大極殿儀あり
16	神今食	6・12月	御畳参入・撤去	中和院門	小忌親王以下	儀75　延348/381　西1-124/221　装(要132)＊4
17	大殿祭	6・12月	神事供奉	延政門	神祇官(宮内省)	儀77　延25/749　西2-111　＊4
18	大嘗祭	11月	神事供奉	大嘗宮門？	神祇官(宮内省)	延750
19	追儺	大晦日	儺人参入・供奉	承明門	親王以下	内53　儀226　延354/381　清(要219/撰320)
20	「諸司奏事」			閤門	諸司	延382　※諸司奏事の一般規定

（＊1）「候由奏」とは入閤者がいることを一旦奏する官人をさす.
（＊2） 出典は〈史料・頁〉で示した。略称は以下のとおり（表 3 と共通).
内儀=内裏儀式，内=内裏式，儀=儀式，西=西宮記，北=北山抄 ：新訂増補故実叢書
延=延喜式，符=類聚符宣抄，政=政事要略，群=朝野群載 ：新訂増補国史大系
月=本朝月令，新=新儀式 ：群書類従第 6 輯
撰=撰集秘記，清=清涼記，装=装束記文，平=平安遺文，王=壬生家文書（図書寮叢刊)
（＊3） 御贖奏上は 6・12月のみである。
（＊4） No. 16・17は，新嘗祭(11月)の際にも行なわれるので，出典に含めた．

かでも最もきびしく守衛された門である。そこで閤門を入ることを「入閤」と呼ぶことにし、闈司奏を〈入閤の勅許を得るための奏〉と簡明に定義したい。豊楽院では逢春門、武徳殿では埒東門が「叫門」の場とされ、閤門と同様の扱いを受けていた。

闈司奏を経て入閤する官人、入閤してからの行事は多様である。表2で言えば、No.1～7は物品の奏上、No.8～15は文書の奏上(口頭のものもある)で、関係官司の官人が入閤する。一方、No.16～19は神事などを行なう場合で、行事に供奉する官人が入閤した。

注目すべきはNo.8～15である。No.12は『内裏儀式』が「尋常奏」と呼んでいるように、日々少納言が南庭に立ち、太政官の報告・申請を紫宸殿上の天皇に奏する儀である。[14] 一方、No.15の弾奏は「太政官を経ずして直ちに奏聞」されるが、このとき天皇が紫宸殿に出御していれば、御暦奏や庭立奏と同じく南庭から奏上することになろう。しかも、この「直奏」とは弾正台に限らず、諸司が内侍に付して奏する行為一般を指すから、[15] 弾奏以外の諸司「直奏」でも闈司奏がなされ、官人が入閤していたと考えることができる。このように太政官を経ると経ないとにかかわらず、本来は上奏に際して必ず闈司奏が行なわれていたと推測されるのである。そして太政官奏と諸司奏事が作法を同じくしていたという事実は恐らく重要であって、太政官奏も諸奏の一つに他ならなかったという理解が可能になる。公式令に太政官奏・弾奏・飛駅奏以外の奏が規定されていないからといって、諸司奏一般を軽視してはならないであろう。なお、大極殿閤門のあった長岡宮までは、大極殿での上奏でも闈司奏が行なわれていたと考えられ、また告朔の作法から見て、[16] 大納言の上奏も本来こうした手続きを踏んだものと推測される。

またNo.16・19では、たとえ親王や公卿であっても、入閤にあたって闈司奏がなされている点に注意したい。3節で述べるように、平安時代の公卿は闈司奏を経ずに参内したが、No.16・19には全くそうした特例が見られないのである。行事内容から見てここには古い作法が保存されている可能性が強く、本来は公卿でも闈司奏を経て入閤しなければならなかったと考えるべきであろう。闈司奏とは、もともと上奏や行事のために入閤する官人すべてが必要とした、きわめて重要な手続だったのではないだろうか。

ただし同じ入閤でも、内裏から官人を召した場合には闈司奏は必要なかった。例えば元日節会で内弁が官人たちを門内に召す時には、召喚役の少納言が呼びにくれば官人たちは直ちに入閤し、闈司奏は行なわれなかったのである。もっとも闈司はこの時にも閤門に着いているが、これは官人ではなく少納言の入閤に備えてのものであった。[17] 少納言は本来召されるべき人物でなかったため、特にこうした手続が取られているのであろう。内弁が「舎人」を召すと大舎人が返事し、代わって少納言が入閤して命令を受けるという一風変わった、しかも闈司奏にやや類した作法が見られ、興味深い。[18] ともあれ、内裏＝天皇の意志で官人が入閤するのであれば、闈司奏は不要だったのである。

そもそも閤門を守衛し、門籍によって官人の出入りを検閲するのは左右兵衛府の職掌であった。[19] 閤門の開閉は近衛府の仕事であったが、[20] 官人の通行は兵衛府が監督していた。従って兵衛府の許可さえあれば入閤できそうなものであるが、実際には闈司奏によってそのたびに勅許を得なければならなかった。言い換えれば、天皇の御在所である閤門内には、原則として天皇の許可なしには立ち入れなかったのである。このように入閤の勅許を女官である闈司が取り次いでいたことは、思いのほか重要である。恐らくそれは、閤門内が本来は天皇と女官だけの空間であったことを示すと考えられるのであるが、この点についてはのちに詳しく論じることにしたい。

㈢　内侍伝奏

御暦奏において内侍は、紫宸殿上で天皇とじかに接して奏宣を行なっていた。内侍は机の上に置かれた暦を取って御覧に供するのであるが、机が立てられたのは特別な意味を持つ場所であった。そこは紫宸殿の四面をめぐる簀子敷の東南部、軒廊に続く階段を昇ったところで、内侍が南庭や陣座からの上奏を取り次ぐ際には必ずここで受け取ることになっていたのである。節会において内弁が殿上に召される場合にも、内侍はここで召しの勅意を示した。これは簀子敷の外側に檻(てすり)が設けられていたため内侍の「臨檻」と呼ばれ、朝廷儀式でしばしば目にする作法である。内侍は常にこの場所に姿を現し、紫宸殿上での奏宣を掌握していることを示したのである。史料にしばしば見える「内侍に付す」奏というのも、本来はこの場所で内侍に文書や物品が手渡され、紫宸殿にいる天皇に奏覧するものだったのではなかろうか。御暦奏のような〈闈司奏→入閤→内侍伝奏〉こそが、伝統的な上奏形態だったと考えたいのである。

しかし、内侍伝奏がいつも滞りなく行なえたわけではない。天皇が何らかの都合で紫宸殿に出御しなかったり、出御しても途中で還御することは少なくなかったし、内裏の穢や日没などのため南庭からの奏が不可能になることもあった。『西宮記』を通覧すれば、そうした場合、主に二種類の便法が取られたことが知られる。第一は、内侍所に付すことである。内侍所は内侍の詰所で、宣陽門・延政門(ともによく利用された閤門である)を入ったところに建つ温明殿にあった[21]。第二は、天皇の居所たる清涼殿に直接奏することである。奏を伝えるのは蔵人か殿上弁であるが、清涼殿の入口にある弓場殿から、蔵人に付して奏することが多かった。この二つの方法は明確に使い分けられ、内裏内郭の外からの奏は内侍所に、内郭内からの奏は蔵人や殿上弁に付されていた。つまり、闈司奏を経て南庭から奏する奏は不都合があれば最初から入閤せずに内侍所に付し、紫宸殿上や陣座から行なう奏は不出御であれば清涼殿に奏していたというわけである。

内侍所に付すことは簡便であるため早くから一般化したらしく、少なくとも九世紀初めには「内侍に付す」奏の多くが「内侍所（または内侍司）に付す」奏に変わり始めたと思われる。[22] この方式は天皇が紫宸殿に出御しない場合にも便利であるが、九世紀中葉以降、天皇が紫宸殿で政務を取ることが稀になると、[23] かかる傾向に拍車がかかったに違いない。また紫宸殿不出御は、一方で清涼殿への奏を増加させる。公卿はたとえ天皇が出御しなくとも、陣座や宜陽殿座からさまざまな上奏を行なっており、その中には政治的に重要なものが少なくなかった。この場合、内侍が紫宸殿で奏を受け取って清涼殿に持参することもあったようだが、[24] 一般には蔵人や殿上弁に付して奏する方法が取られていた。周知の如く、一〇～一一世紀の儀式書や日記には蔵人の伝奏がしばしば現れるが、恐らくそれは紫宸殿不出御が第一の原因となって浮上し、[25] 主要な上奏ルートとして内侍伝奏を凌駕していったものと考えられる。

本来重要な役割を果していた内侍伝奏は、このように二つの方向へ変質した。特に蔵人伝奏の成立は、内侍の機能を奪うという、きわめて重大な意味を持つものであった。

(四)　内侍宣

内侍の機能低下と蔵人の上昇は、奏宣の逆方向、宣下についても見出される。儀式や政務の現場で、内侍が天皇の意志を伝えることは少なくなかったが、時として内侍の伝宣が法令・通達として史料上に残されることがあり、これを「内侍宣」と称する。平安時代の内侍宣の実例を文書や記録から拾えば、表3のようになる。その一例をあげよう（No.19）。

表3　9・10世紀の内侍宣

No.	日付	形式	内容	宣者（実際の宣者）	奉者（仰先）	出典
1	延暦 8. 6.15	宣	施入地於東大寺	典侍和気	（勅旨所）	平10-3799
2	9. 5.14	宣	進奏之紙，簡清好者	内侍	（太政官？）	符129
3	24. 8.27	宣	最澄授法	内侍	式部少輔	平8-3229
4	24. 9.24	宣	七大寺読経	内侍	参議左大弁？	平8-3232
5	弘仁 7. 4.17	伝宣	太政官聴出入自殿階下	掌侍伴	（太政官？）	西2-247，符141
6	天長 2.12. 9	仰	布幔懸於陣	掌侍当麻浦虫子	（右中弁）	西2-316
7	8. 7. 6	宣	加賜行幸禄	典侍当麻浦虫	（参議）	符94
8	承和 4.12. 8	宣	返表	内侍		続後紀同日条
9	7. 4.16	伝宣	左右馬寮買飼麦草	掌侍安倍鳳子	（馬寮）	政330
10	斉衡 3. 6. 2	宣	北野闌遺馬牛処分	典侍当麻浦虫	（馬寮？）	政620
11	貞観18. 2. 8	伝宣	禁固者治病給仮	掌侍賀茂定子	左衛門権佐	群267
12	仁和 1. 9. 8	宣	（召仰諸司宣旨）	掌侍春澄洽子		符153
13	寛平 3.12.10	宣	宮中闌遺馬牛処分	典侍春澄洽子	（馬寮？）	政620
14	昌泰 4.⑥.29	宣	解雷鳴陣	内侍	（左中将）	新253，北545
15	延喜11. 5.29	宣	解雷鳴陣	内侍	（左中将）	北545
16	18.10.17	仰	修造御鎰韓櫃等鎖破損	内侍	（内匠寮）	北396
17	延長 3. 3. 7	宣	補更衣	尚侍藤原満子		壬7-171
18	3.10.19	宣	補更衣	尚侍藤原満子		壬7-172
19	5. 4. 5	宣	賀茂舞人等聴着摺衣	典侍源珍子（蔵人）	左衛門大志	政546
20	6. 1.19	宣	補蔵人	内侍（蔵人頭）		西1-32
21	7. 8.16	宣	充陸奥守随身	内侍	（左右近衛陣）	北593
22	応和 1. 6.20	宣	補節折中臣女	内侍	（神祇官）	西2-242
23	1. 6.29	宣	補節折中臣女	内侍（蔵人）	（神祇官）	西2-248
24	2. 1.17	宣	補蔵人	内侍（蔵人頭）		西1-32
25	4. 2.29	宣	補五節師	内侍	（本人・内侍所）	西2-242
26	4. 6.19	（仰）	補陪膳	典侍藤原		西2-247
27	康保 2. 1.17	宣	補蔵人・聴昇殿	内侍		西2-249
28	2. 5. 5	宣	検非違使政，佐以下勤行	典侍藤原灌子(蔵人頭)	左衛門尉	政520
29	3. 8.28	宣	神泉苑闌遺馬牛処分	典侍藤原灌子(蔵人)	左看督使	政620
30	3.⑧.27	宣	宮中闌遺馬牛処分	典侍藤原灌子(蔵人)	左衛門権佐	政621
31	天延 1. 2. 4	仰	補後院別当	藤典侍	（蔵人→大納言）	親信卿記同日条
32	2. 7. 6	仰	解雷鳴陣	典侍大江皎子	（右中将）	親信卿記同日条
33	3. 2.25	宣	禁諸祭使従者過差	典侍藤原貴子	別当→右衛門権少尉	政594
34	長徳 3. 4.17	（宣）	追捕乱行人	内侍		大鏡裏書
35	長保 1. 3.29	宣	勘問犯罪人	典侍藤原灌子	別当→右衛門少尉	平遺2-514

（注）No. 1・2は8世紀末.

【史料①】

典侍源朝臣珍子宣、奉　勅、今日中宮被奉歌舞於賀茂神社、宜聴舞人等着摺衣者。実仰、蔵人左近衛少将藤原朝臣実頼。

延長五年四月五日　　　左衛門大志惟宗公方奉

ここでは賀茂祭舞人が摺衣を着るのを許すという勅を、典侍(内侍は尚侍―典侍―掌侍の三等官からなる)が左衛門府に伝達している。注記によれば、実際には内侍ではなく蔵人が仰せたものであるらしい。(26) こうした内侍宣の性格は土田直鎮によってほぼ明らかにされているので、(27) まずはその概要を紹介しておく。

土田によれば、平安初期(九世紀前半)の内侍宣は、

a　のちに比べれば太政官行政に接近した、かなり重要な内容を宣していた。

b　おおむね勅を伝えるものと見てよいが、まだ形式は一定していなかった。

やがて平安中期(九世紀後半以降)になると形式が整い、

c　内容はほとんどが内廷関係となり、大きなことには用いられない。

d　太政官の上卿を通じることなく、直接に諸司に仰せていた。

e　形式上は典侍の宣とされるが、実際には蔵人の宣に変わっていった。

f　検非違使に下すものが多いが、それは太政官に対する独立性に起因する。

このうちa～dには全く異論がないが、e・fには更に検討が必要だと思われる。

まずeについて。九世紀後半にはまだ№11・12のように掌侍の宣があるから、内侍宣が典侍宣に限定されるようになるのは一〇世紀に入ってからのことと見るべきである。初見は先にあげた史料①であるが、ここに至って

初めて蔵人の「実仰」が見えることに注意したい。一〇世紀の儀式で「臨檻」する内侍はおおむね掌侍であり、内侍の実務は掌侍が担当していたのであるが、一方この頃になって名目的な典侍の宣が用いられ始めるわけである。ここから推測するなら、内侍の奏宣の権限は一〇世紀初頭ころに蔵人に吸収され、内侍の奏宣は形式化してしまったと考えることができる。逆に言えば、典侍・掌侍の宣の混在する九世紀後半には、まだ内侍の奏宣が実質を有していたと推定されるのである。

なお、一〇世紀には尚侍の宣が見られることにも注意したい（№17・18）。ともに更衣を補任したもので[28]、もちろん典侍の宣と同様に名目上のものかもしれないが、特に尚侍宣としている点を見逃すことはできない。それは内侍所勾当・節折蔵人・猿女などの女官が内侍宣で補任されていたことと対応し[29]、高級女官たる更衣の補任を内侍最上位の尚侍の宣で行なっているのである[30]。内侍が女叙位や女官除目などに関与していたことに淵源するもの[31]と考えられよう。

次にfについて。確かに九世紀後半以降、検非違使に下した内侍宣が増えるのは事実であり、検非違使が弾正台と同様、命令系統の上で太政官とは別に天皇に直結していたことも認められる。しかし先述の如く、律令制下では太政官を経ない諸司「直奏」が少なからず行なわれていたのであって、ここから敷衍すれば、宣下についても同様のことが言えるのではなかろうか。特に天皇の身辺に関することなどでは、太政官を経ない宣下が頻繁になされていたと考えるべきであり、そもそも内侍宣はそうした場合に多く用いられたものであろう。検非違使や弾正台は、決して特別視すべき官司ではないと思われる。

しかし、まだ問題は解決していない。なぜ検非違使は、内侍宣によって天皇と直結していたのか。私見によれば、それは土田の述べるように弾正台の性格を吸収したためではなく、衛府一般がそうだったのである。検非違使は六衛府（左右近衛・左右兵衛・左右衛門）のうち、左右衛門府の官人を特に非違検断の任に当たらせたものである。使務は検非違使別当が総知し、勅命も別当宣で伝えるのが通例であったが、別当が参議の時にのみ内侍宣が用いられた(32)。ではなぜ内侍宣であったか。そこで内侍宣の用途を調べると、雷鳴陣解陣・昇殿勅許・擬近衛など近衛府と関連の深いものがかなりあることに気付く(33)。兵衛府も、卯杖奏や大晦日物聞などで天皇と少なからぬ関係をもち、その際にも内侍が介在していた(34)。さらに兵衛府・衛門府が御贄を天皇に献じていたことも想起されるが、供御物の標識である緋小幡には内侍所の墨印が捺されていたのである(35)。このように天皇と衛府はまことに密接な関係をもち、内侍が両者の連結役を果していたのであって、検非違使への内侍宣も〈天皇―内侍―衛府〉という結び付きから理解すべきものと思われる。衛府とは本来的に天皇を守護すべき、内裏には欠かせない存在であったから、同じく天皇に密着した存在である内侍に親近性を持つのは、言わば当然なのである。内侍と衛府との緊密な関係は、恐らくは律令制以前にまで遡る、きわめて本質的なものに相違あるまい。衛府への勅命伝達にも、我々の想像以上に内侍が深く関与していたのではないだろうか。

以上、元日の儀式から出発し、平安宮の女官の性格と役割を考察してきた。儀式作法と公文書の中に、伝統的・本質的と思われる様相をいくつか発見することができたが、それが正しいか否か、次節ではずっと時代を遡って検証してみたいと思う。

2　小墾田宮の宮人

㈠　山背大兄王の見た小墾田宮

推古三十六年三月（六二八）、七五才の推古は病に臥し、小墾田宮で最後の時を迎えようとしていた。死の前日、推古は田村皇子と山背大兄王を召し、皇位に関する遺詔を与えた。やがてこの遺詔が皇位継承をめぐる朝廷の内紛のなかで問題化するのだが、『日本書紀』には遺詔の場面に関する記事が伝えられており、小墾田宮、特にそこに仕える宮人（女官の古称）の実態を比較的明瞭に知ることができる。本節では、主にこの『日本書紀』舒明即位前紀を分析することによって七世紀の宮人の性格を考え、前節で述べた平安宮の女官のあり方の源流を探ることにしたい(36)。

遺詔の場面を語るのは、山背大兄王である。彼は有力な皇位継承候補であったが、大臣蘇我蝦夷が遺詔を根拠に田村皇子を擁立しようとしているのを知り、不服を申し立てた。事情を説明するために訪れた群臣に対し、山背は次のように述べる。

【史料②】

…親愛なる叔父君（蝦夷）は私のことを大切に思い、一介の使者ではなく、朝廷の重臣たちを遣わして教え諭してくださった。有難いことである。しかし群臣の言う遺詔は、私の聞いたのとは少々違っている。（…愛之叔父労思、非一介之使、遣重臣等而教覚。是大恩也。然今群卿所噵天皇遺命者、少々違我之所聆。）

その日、私は天皇が病んでおられると聞き、小墾田宮に駆けつけた。門のもとに控えていると、中臣連弥気が禁省から出てきて「天皇のご命令です。お入り下さい」と言う。そこで宮に入り閤門に向かった。すると栗隈采女黒女が庭中に迎え、大殿に引き入れた。大殿では、近習者（栗下女王を首とし、女孺が鮪女ら八人、そのほか数十人）が天皇のそばに侍べっていた。田村皇子もいた。（吾聞天皇臥病、而馳上之、侍于門下。時中臣連弥気自禁省出之曰、天皇命以喚之。則参進向于閤門。亦栗隈采女黒女迎於庭中、引入大殿。於

是、近習者栗下女王為首、女孺鮪女等八人、并数十人侍於天皇之側。且田村皇子在焉。）

しかし天皇は病が重く、私が来たことにお気付きにならない。そこで栗下女王が「お召しになった山背大兄王が参りました」と奏すると、天皇は身体を起こして言われた。「…（遺詔、省略する）…」と。これはその場に侍べっていた近習者がみな知っていることである。…（時天皇沈病、不能覲我。乃栗下女王奏曰、所喚山背大兄王参赴。即天皇起臨之、詔曰、…。乃当時侍之近習者、悉知焉。）

この証言後も朝廷の内紛は続いたが、結局山背派の境部臣摩理勢が滅ぼされたことで大勢は決し、田村皇子が即位することとなったのである。

『日本書紀』には、このほかにも小墾田宮の構造を窺わせる記事がいくつか見え、現在では図7のような復原案が提出されている。[37] これに留意しながら、もう一度山背大兄王の行動を振り返ってみると、

① 宮の南門に控える　↓　中臣連弥気が「禁省」から出てきて召す

② 閤門まで来る　↓　栗隈采女黒女が「庭中」に迎え、大殿に引き入れる

③ 大殿の中に入る　↓　栗下女王が参上した旨を奏する

ということになる。まず、②で栗隈采女黒女が山背を閤門から「庭中」に迎えていることに注目したい。これは黒女の勤務・管轄する空間が閤門内であったことを明白に示しており、さらに彼女が入閤する者に何らかの規制を加えていたことを読み取ることができる。黒女は、のちの闈司に類する役割を果していたと言えるだろう。これに対して、③で大殿上での奏を行なっているのは

図7　小墾田宮概念図

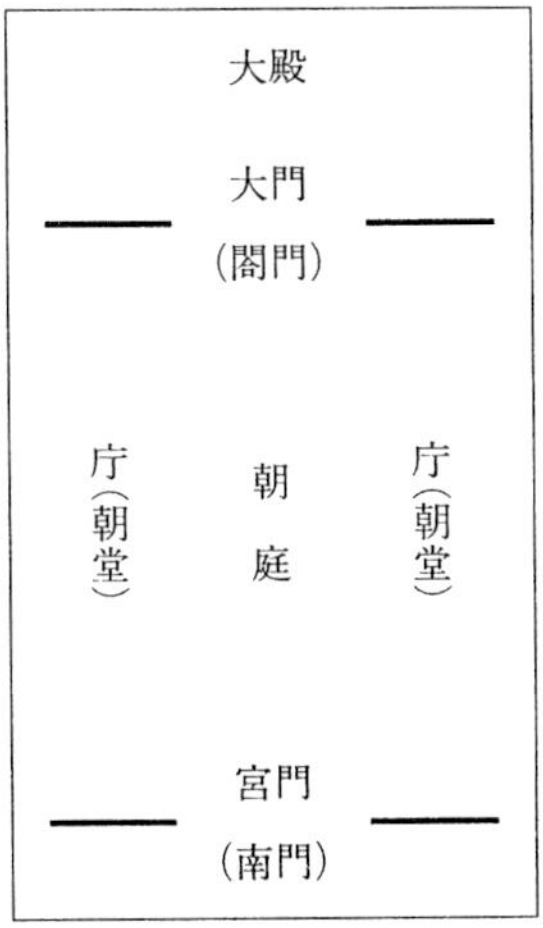

栗下女王であるが、彼女が近習者の「首」であることを勘案するなら、これはのちの紫宸殿上での内侍の奏宣の前身であると考えられる。平安宮の内侍も女官の序列の頂点にあり、まさに近習者の「首」であった。もちろん栗隈釆女黒女も栗下女王もこの日特別に任にあたった訳ではなく、普段から同様の職掌を行なっていたと考えるのが自然であろう。このように、内侍(紫宸殿上)―闈司(南庭)という平安宮の奏宣のあり方は、女王(大殿上)―釆女(庭中)という形で、基本的に小墾田宮まで遡及させ得ると考えられる。また、①で弥気が出てきた「禁省」とは閤門以内＝大殿一郭のことと考えられるが、[38]それは必ずしも弥気の侍候場所が閤門内であったことを意味しない。山背は南門に侍して勅命を待っているから、弥気は山背の到着を受け、いったん入閤してその旨を奏上し、再び南門に戻って勅命を宣下したと考えるのが穏当であろう。つまり弥気が仕えるべき場所は南門を入った朝堂一郭だと見るべきで、彼自身の入閤にも勅許が必要だったのではあるまいか。[39]

さて、蘇我蝦夷の言によれば「近侍の諸女王及び釆女等」はみな遺詔の内容を知っていたという。[40]ところが興味深いことに、大夫たち(弥気もその一人である)は誰も遺詔の詳細を知らなかった。当時の「大夫」とは、大王の御前に仕えて奏宣や参議の任を果す、朝廷の重臣であったが、[41]大夫たちは誰ひとり危篤状態の推古に近侍していなかったのである。さらに言えば、奏宣官である大夫でさえそうだったのであるから、一般の男性官人は全く大殿上にいなかったと考えるべきである。蝦夷が遺詔を知っていたのは、彼の擁する田村皇子が殿上に召されており、そこから情報を得たためであろう。山背の言う、大殿上にいた数十人の「近習者」とは、全てが女性であったと判断しなければならない。

ここで再び小墾田宮の構造に目を移せば、南門を入ると朝庭と大臣・大夫の着座する朝堂があり、その北に閤門を隔てて大王が生活する大殿一画がある。つまり大夫の座は閤門の外にあったのであり、弥気らが閤門外で役割を果し、大殿上に侍していなかったという推定を裏書きする。大夫、さらに男性官人一般は閤門外で奉仕するのが原則で、閤門内は大王と近侍の女性だけが暮らす空間であったと考えられるのである。この閤門内＝大殿一郭は宮の中心であるが、そこで奉仕していたのが女性ばかりであったからこそ、大王に近侍する女性たちは「宮人」と呼ばれたのではあるまいか。律令制以前の采女が大王の独占物であったことも、[42] 武烈が宮人と日夜沈酔したという説話も、[43] このように考えればよく理解できる。

もちろん、男性官人が決して入閤できなかったわけではない。例えば『日本書紀』には儀式や宴会、あるいは諮問や奏宣の際に、王臣が大殿(安殿)一郭に入ったという記事がいくつか見える。[44] しかし日常的な入閤や侍候が行なわれていた明証はなく、むしろ入閤はこうした特別の場合に限られていたと解するのが妥当であろう。朝堂の大臣・大夫の座こそ、彼らが基本的に「閤門外的存在」であったことの何よりの証左だと言える。舒明即位前紀の記事は女帝の不予という二重の特殊状況下にあるが、以上のように考えてくれば、そこに当時の一般的状況を見出すのを躊躇する必要はない。

栗隈采女黒女、あるいは平安宮の闈司の役割も、もはや明らかであろう。闈司奏とは、大王(天皇)と宮人だけの空間であった大殿一郭＝閤門内に、男性官人が立ち入ることの許しを請うための作法だったのである。

(二)　宮人と舎人

推古に近侍していた宮人はもとより平等ではなく、厳然たる階層差があった。女王(大殿上)―采女(庭中)という奏宣の分担は、明らかに地位の格差を示すものである。山背大兄王の言う「近習者」にも、女王―女孺―その他、という等級が読み取れるが、先述の如く蘇我蝦夷は同じ「近侍」者を、諸女王―采女等、と述べている。両者の表現が若干食い違うのであるが、これをいかに解釈すべきであろうか。

手がかりになるのは「女孺鮪女等八人」である。この「鮪女」は同じ舒明即位前紀に出てくる「八口采女鮪女」と同一人物であると考えられるから、采女である鮪女が女孺とも呼ばれたと解釈するのが妥当である。[45] 采女とは、地方豪族が服属のあかしとして朝廷に貢進した女性で、雄略朝ごろ制度的に整備されたものである。[46] 一方の女孺は「メノワラハ」と訓ぜられ、令制では後宮十二司で奉仕する下級女官を指す。舒明即位前紀の「女孺」の語は書紀編者の文飾かも知れないが、当時それに類する一定の地位・役職があったことは疑いなかろうから、采女出身の八口鮪女が、小墾田宮で女孺という役職(あるいはその前身)に就いていたと考えればよい。令制でも女孺の出身母体は采女、および天武朝に新設された氏女(後述)であり、同様の関係を見ることができる。このように、大殿上で近侍していたのは何人かの女王と采女たちであり、采女の上級の者が「女孺」となっていたと考えられるのである。

八口采女鮪女の「八口」は天香具山付近の地名と推定されており、[47] 鮪女は小墾田宮のすぐ北に住む小氏族(のちの箭口朝臣か)出身の采女であったらしい。また、闈司的な役務を果した栗隈采女黒女も、山背の豪族(栗隈首か)出身の采女だったと考えられる。[48] 言うまでもなく、吉備国造など地方の有力豪族たちも采女を貢上しており、その点にこそ采女制度の大きな政治的意義を認めるべきなのだが、鮪女や黒女のような畿内の中小豪族出身の采女が、恐らく多数、朝廷に奉仕していたことは決して見逃してはならない。こうした畿内采女がそのまま律令制下につながるか否かはさらに追究すべき問題であるが、彼女らの奉仕を正当に評価し、その意味を探ることは重要な研究課題と言えよう。なお、有名な天寿国曼荼羅繡帳は推古が「諸采女等」に勅して作らせたものであり、[49] ここにも小墾田宮に仕える采女の生活の一端を見ることができる。

采女は、決して最下級の宮人ではなかった。『隋書』東夷伝倭国条は、六世紀末～七世紀初の倭国について「後宮に女六七百人有り」と述べている。問題の史料であり、完全に信をおくわけにはいかないが、当時の王宮に数百人の宮人がいたことだけは認めてよいのではなかろうか。そのうち地位の高い数十人が大王に近侍し、残りは宮の雑用にあたる最下級宮人だったと考えるのである。衣食住全般にわたって大王の生活を支えようとすればかなりの人数が必要であろうし、采女の従女などもこの数に含めてよいかも知れない。いずれにせよ小墾田宮の宮人全体には、〈女王―女孺―それ以外の采女―最下級宮人〉という明確な階層差が存在したと考えられる。

ところで、「宮人」が奉仕していたのは大王の宮だけではない。例えば大友皇子の母は伊賀采女宅子という采女であったが、大友は大化四年(六四八)に生まれているから、宅子は即位以前から中大兄皇子(天智)の宮に仕えていたと想定される。『日本書紀』天智七年二月戊寅条にはこのほかに三人、天智の子女を産んだ「宮人」があげられているが、彼女らのなかにも宅子と同じような境遇の女性がいたことであろう。また天武元年(六七二)、大海人皇子が壬申の乱の兵をあげた時、吉野宮から随行したのは鸕野讃良皇女・草壁皇子・忍壁皇子のほか、二〇数人の舎人と「女孺十有余人」であった。大海人＝天武の妻妾には胸方尼子娘という采女らしき女性がおり(高市皇子の母)、彼女もこの「女孺」の一人だったかも知れない。このほか、大津皇子にも「皇子宮侍石川郎女」なる女性が仕えていたことが確認できる。(50) このような「皇子宮」に奉仕する女性が当時どのように呼ばれたかは明確でないし、皇子の地位によっても格差はあったであろう。しかし、少なくとも皇子宮一般に女性が奉仕していたことは明らかに認められるのである。(51) それは「皇女宮」でも同様だったろうし、大化以前にも恐らく同じような女性はいたに違いない。

皇子宮には舎人もいた。大海人の挙兵につき従った舎人、草壁や高市の死に慟哭する舎人、大津の「謀反」時に捕縛された舎人。皇子宮の中核的構成員はこうした舎人であり、彼らは皇子と強い忠誠関係で結ばれていたのである。[52]しかし、それは皇子宮の「宮人」にしても同様ではなかったか。彼女らも皇子に近侍して日常生活を支え、時には子を産むまでの密接な関係を皇子と結んでいたのである。確証はないが、仮に高松塚古墳が皇子の誰かの墓であるとするなら、舎人と「宮人」こそ、壁画に描かれた男女にふさわしいと私は思う。もし皇子でなく一般上級官人の墓であれば、彼の「家」のトネリと侍女ということになろうか。いずれにせよ、壁画の男女は古墳の被葬者に生前と同じように奉仕し、今もその威儀をただし続けている。

しかし、舎人—宮人という近侍者のペアは、大王(天皇)の宮において最も整備されていた。舒明即位前紀には全く現れないものの、小墾田宮にも宮を警備し、雑務をつとめる舎人は当然たくさんいたはずである。倭国の王権には多数の舎人が奉仕していた。現在では彼らが、A五世紀後半以降の「名代」の部の設定を背景に成立した、畿内中小豪族層が大王に近侍する舎人、B六世紀前半以降に始まり、主として東国の国造の子弟を王宮に奉仕させた舎人、の二類型に分かれることが判明している。[53]彼らはともに大王の宮の主要兵力となっていたが、特にB型の舎人は地方有力豪族の朝廷への服属を表す、きわめて政治的な存在であった。

朝廷の舎人と宮人は、その出自において共通する点があった。先述の如く、律令制以前の采女は、a畿内の中小豪族、b地方の有力豪族、の双方から出身していたが、これは舎人のA型・B型と対応する。しかも、その関係は令制の兵衛と宮人に引き継がれる。兵衛は令制以前の舎人の後身であり、その出自はα内六位以下八位以上嫡子(中等)・β郡司子弟と規定され、それぞれ舎人のA型・B型を承けている。[54]ところがβについては「采女を貢する郡は兵衛を貢するの例にあらず」とされ、一国の三分の二の郡が兵衛を、残り三分の一の郡が采女を貢上する規定になっていた。またαに対応する畿内中小氏族出身の宮人としては、「自ら進仕」を願って出仕した氏女[55]を想定することが可能であろう。このように舎人（兵衛）と宮人は大王（天皇）に近侍するという職掌だけでなく、その供給基盤においても共通していた。前節において指摘した衛府と内侍の密接な関係は、大王の宮の舎人と宮人にまで遡及し得る、きわめて本質的なものだったのである。

なお、地方から貢上されて王宮に奉仕した者としては、舎人・采女のほかに膳夫（カシハデ）の存在も忘れてはならない[56]。彼らは供膳という職務によって大王に奉仕したが、その際には采女の協力が欠かせなかったであろう。この関係も律令制下に残されていくものと推測される[57]。ちなみに天武の殯宮での誄は、初日には天武と親密な関係をもつ集団が奉ったが、それは壬生・諸王・宮内・左右大舎人・左右兵衛・内命婦・膳職であった[58]。

宮人と舎人が奉仕するという体制は、諸「宮」にも見られ、それは諸「家」でも同様であったろうから、確かに大王の宮には豪族の「家」と共通する点があったと言わねばならない。しかし王宮には閤門外に朝庭と朝堂が置かれ、国政の中枢機関という独自の性格を有していた。律令国家の形成とともに、この閤門外部分、すなわち官人の空間は飛躍的な発展を遂げ、巨大な朝堂院と曹司が成立する。それに比して閤門内には古い様相がかなり後まで残されたと思われるのだが、次節ではその変質を考えてみることにしたい。

3　宮人・女官・女房

(一)　宮人から女官へ

「女官」とは歴史的に形成された語である。律令条文でも、それに先立つ時代にも、朝廷に奉仕する女性は「宮人」と呼ばれていた。「女官」という語が使用され始めるのは八世紀末のことであり[59]、平安時代以降はむしろ

「女官」のほうが一般的になる。この〈宮人から女官へ〉という変化の要因について、野村・原は宮廷女性が「官人」としての性格を強めたためと解したが、なぜ八世紀末にかかる変化が起きたか、また官人化の内実は何か、などといった点について説得的な説明はない。そこで本節では、この〈宮人から女官へ〉の意味と背景を考え、小墾田宮から平安宮までの歴史過程を追ってみたい。

問題を解く鍵は闈司奏にある。私見を繰り返せば、闈司奏とは天皇（大王）と宮人の空間である閤門内（古くは大殿一郭、平安宮では内裏内郭）へ男性官人が立ち入る場合、その勅許を得るための奏であった。しかし平安宮の儀式・政務の次第を子細に読めば、闈司奏なしでも入閤できる官人がいたことが知られる。例えば元日節会では、中務省・宮内省・少納言の入閤に際して闈司が関与したが、a節会に預かる王卿はそのまま入閤し、それに先だってb近衛・c内弁・d皇太子らが入閤していた。[60]このうちaは天皇が召したものだから入閤できて当然だが、問題はb～dである。

まずd皇太子であるが、同様の事態は卯杖奏にも見られる。正月上卯日の卯杖の奏上にあたって、皇太子は闈司奏なしに入閤したが、大舎人寮・左右兵衛府などのトネリの官司は闈司奏が必要だった。[61]しかし、この特例がいつまで遡るかはわからない。[62]

次にc内弁について。内弁は事前に入閤して宜陽殿座に着き、内侍臨檻をまって紫宸殿上に昇った。[63]宜陽殿座は内裏内郭における公卿の本座である。平安時代には公卿は日常的に内裏に侍候し、宜陽殿座または左近衛陣座に着いていたが、こうした内裏侍候の際には闈司奏は必要なく、代わりに近衛府が陣において勘検していたようである。[64]節会の内弁が闈司奏なしに入閤したのは、日常の内裏侍候の作法そのままなのであった。公卿の内裏侍候は「内裏上日」の成立から見て八世紀末の延暦年間には始まっていたようであり、また節会内弁も九世紀初の嵯峨朝に成立したと推定されている。(65) 先述の如く、公卿も本来は闈司奏を経て入閤していたと推測されるが、彼らが日常的に内裏に出入りするようになれば煩瑣な手続きとして省略されるのも自然であろう。このように、公卿の闈司奏なき入閤は（若干の幅を見て）八世紀後期に成立したと考えられ、それが内弁の入閤にも反映することになった。

最後にb近衛について。左右近衛府は閤門内の警護を担当していたから、近衛（近衛舎人）は日常的に閤門内にいなければならない。恐らくそのために、近衛は闈司奏を経ずとも入閤できたのであろう。左右近衛府の前身は、左府が授刀衛→近衛府、右府が授刀舎人寮→中衛府である。(66) 中衛府の「常に大内に在りて、以て周衛に備ふ」(67) という職掌や、内裏内郭の雷鳴陣に授刀舎人寮が関与したらしいことなどから考えて、(68) これらの前身官司も閤門内の警衛を行なっていた可能性が高い。従って、左右近衛府前身官司の舎人は八世紀初頭（授刀舎人寮の成立は慶雲四年（七〇七））から内裏内郭に日常的に奉仕し、それゆえ闈司奏なしに入閤していたものと推測される。

その他の舎人も検討しておく。まず内舎人は大宝令で成立したが、(69) ①九世紀初の一時期に闈司奏を代行したこと、(70) ②元日朝賀で閤門内に相当する龍尾壇上に候したことの二点から、内裏内郭に侍候する存在であったと考えられる。(71) 一方、七世紀からの伝統を引く大舎人と兵衛は基本的に「閤門外的存在」であった。延暦四年（七八五）に朝賀における兵衛の「叫闇」が停止されたが、(72) この「叫闇」とは「叫門」と同義であり、(73) それまでは大極殿閤門で兵衛の「叫門」と闈司奏が行なわれていたことが判明する。叫門の停止は長岡遷都に伴なう措置であろうが、ともあれ兵衛は閤門外から闈司の案内を請う存在なのであった。卯杖奏に際して大舎人寮と左右兵衛府が闈司奏を経たことから見れば、大舎人も兵衛と同様であったと考えられる。恐らく七世紀までの舎人は、通常は

閤門外で奉仕し、ことに応じて召し入れられていたのではないかと考えられる。(74)

「閤門内的存在」すなわち日常的な内裏侍候者は、以上のように八世紀に生まれたと考えられるが、特に重視すべきは公卿の内裏侍候である。彼らは大臣・大夫の後身であるから、閤門外の朝堂に着き、そこで職務を勤めるのが本来のあり方であった。この点、たとえ閤門外にいたとしても、職務がら天皇(大王)と常に密接な関係をもっていた舎人(内蔵・主殿・内膳・内掃部などの官人も同様であろう(75))とは根本的に異なる。公卿の内裏侍候は公卿の性格・職務の大きな変化であったと言わねばならない。しかし一方では、内裏内郭は公卿が日常的に詰めるべき場所になった訳であり、内裏自体が変化したとも評価し得るだろう。また公卿が閤門内の座に着くようになれば、そのために舗設・記録・補佐が必要となり、関係官人の入閤も日常化せざるを得ない。本稿では、このような内裏の変容を〈開かれた内裏〉の成立と呼びたい。公卿や関係官人にとって、もはや閤門に目に見えない勅許の壁はなく、内裏は常に開かれた場となったのである。

公卿の内裏侍候から見れば、〈開かれた内裏〉の成立は八世紀後期のことであった。しかし、舎人の指揮・監督のために上級官人(中務省・授刀舎人寮・中衛府・授刀衛などの官人)が侍候したことも当然推測できる。公卿で兼官するものも多かったであろうし、のちの陣座の利用がこれと全く無関係だとは思えない。また、侍従・次侍従や「侍中供奉」する五位以上官人、(76)さらには紫微中台官人の存在も忘れてはならないであろう。従って、〈開かれた内裏〉は八世紀を通じて徐々に表面化し、八世紀後期に至って確立したと考えるのが最も妥当である。

そして、〈開かれた内裏〉の確立こそ、〈宮人から女官へ〉の直接の原因ではなかったろうか。もはや内裏内郭に日常的に供奉するのは女性だけではない。日々男性官人、しかもその頂点にいる公卿たちが侍候する。こうなれば「宮の中枢部に侍候する者」としての「宮人」の称は、その独自性を失って形骸化せざるを得ないだろう。

彼女らは、男性官人「男官」に対する「女官」に過ぎなくなったのである。このように〈宮人から女官へ〉の背景としては、女性の「官人」化よりも内裏内郭の質的変化を想定すべきだと考える。律令国家の成立後、男性官人たちは天皇の側近に供奉することの重要性を徐々に認識し始め、自らの職務と持ち場を変化させていったのであろう。平安宮内裏で行なわれる闈司奏の多くは、実は形式的な前代の遺制に過ぎなかったのである。

(二)　女房と男房

〈開かれた内裏〉の成立は、女官の職務に大きな変化を与えた。その最たるものは奏宣である。内侍宣が九世紀前半にのみ、行政面と関係する内容を扱ったことはすでに述べたが、これは公卿の内裏侍候が始まり、内侍と公卿が日常的に接触するようになって生まれたものであろう。(77) しかし、やがて天皇の紫宸殿出御が少なくなったため、内侍の奏宣は後退し、代わって蔵人や殿上人が前面に現れることになる。蔵人と殿上人は弘仁元年(八一〇)に制度化された。(78) これによって四位・五位・六位の官人が天皇の居所(一〇世紀には清涼殿に固定する)(79)に日夜仕えるようになり、公卿の昇殿とあいまって〈開かれた内裏〉状況は進展する。昇殿者が直接に奏宣行為を行なうことも少なくなかったが、一方で奏宣官として蔵人や殿上弁が活躍し始め、一〇世紀初頭には内侍を凌駕するに至るのである。これは衛府関係の奏宣についても同様であった。

女官の後退はこれにとどまらない。八世紀の天皇の日常生活は主に宮人によって支えられていた。宮人は内侍司・蔵司・書司・薬司・兵司・闈司・殿司・掃司・水司・膳司・酒司・縫司の後宮十二司という職務分担体制をとって、天皇の衣食住をまかなっていた。令制十二司が実際にどのように機能していたか、また中務省・宮内省被管の諸司といかなる関係をもっていたかはさらに考察を深めるべき重要課題であるが、ことに応じて男性官人が入閤し、宮人と連携していたのは間違いあるまい。しかし、閤門内では原則として女性のみが奉仕すべきであったことは、以上の考察から認めてもよいと思われるのである。ところが、平安宮の内裏内郭には修理職・主殿寮・掃部寮などの内候（詰所）や、進物所・作物所・御厨子所などの「所」（禁中所々）が存在し、男性官人が命令を受け、あるいは用務を行なう場所となっていた[80]。これは〈開かれた内裏〉の成立、内裏儀式の充実などと深く関連すると思われ、九世紀になってから本格化する現象であろう。さらに九世紀中葉になると蔵人所が変質し、内廷経済を預かる中枢官庁として再編成される[81]。蔵人所は内蔵寮・内膳司・「内候」を持つ官司・「禁中所々」を指揮下に収め、内裏における天皇の生活を支えるようになるのである。かかる体制の確立は九世紀末～一〇世紀初と考えられ[82]、奏宣における殿上人や蔵人の権限確立と時期的に一致する。蔵人式の制定や蔵人所別当の成立などもこれと無関係ではなかろうが、逆に後宮十二司はこのころに解体を始め、天暦年間には解体を完了したらしい[84]。要するに、〈開かれた内裏〉の確立から一世紀余りを経て、内裏生活のあらゆる局面で男官の主導性が確定したのである。

とは言え、女官が全く無意味な存在になったわけではない。『西宮記』巻一〇には清涼殿の一日の行事が記され、寛平・天暦の蔵人式文と考えられるが、この「日行事」には掃除・供膳・供燈などに立ち働く女官の姿を見ることができる。特に女蔵人が女孺・釆女などの下級女官を指揮しつつ職務をこなし、男蔵人と明瞭な分掌を行なっているのが注目される。こうしたあり方は基本的に『禁秘抄』『建武日中行事』などでも同じであり、男官と女官がそれぞれに天皇に近侍して日常生活に奉仕する体制が九世紀末までに成立し、中世まで長く続いたことが知られるのである。女官は清涼殿西廂の台盤所に侍候した。台盤所には内侍・命婦・女蔵人が仕え、「女房」と総称された。これは清涼殿南廂の殿上間に仕える蔵人が「男房」と呼ばれたのと対応する。もちろん女官のすべてが女房であったわけではなく、宣旨を受けた者のみが昇殿を許され、台盤所の日給簡に名を付されていた。[85] このように平安時代の清涼殿には女房と男房がともに仕え、殿上行事を分担していた。女官の職務は女房を中心に運営され、奏宣や諸司指揮では後景に退くものの、依然として天皇の生活を支え続けたのである。

女官の独自性も残存する。儀式においては、なお前代の如く男官と隔てられ天皇に近侍する存在であったし、叙位議の際にも男官とは異なる決定方法がとられていた。[86] 新しく尚侍が任じられた時には、尚侍から女官たちに饗禄がふるまわれ、男官と異なる女官独自の秩序が存在することを示した。[87]

女房で忘れてはならないのは、その文化史的意義である。平安時代の内裏は一大文化サロンであった。儀式や遊宴には楽・舞・和歌などが取り入れられ、女官は重要な構成員となっていたし、日常においても男官と女官は内裏を舞台にさまざまに交流し、王朝文学を発達させる契機となった。平安宮内裏にこのように文化的雰囲気が濃かったのは、諸外国の王宮と異なり、男子禁制の場でなかった点によるところが大きいだろう。[88]〈開かれた内裏〉の成立は、一面で女性文化の発達を呼び起こしたのである。奈良時代と平安時代の「女流文学」には大きな段差があるが、その理由の一つはここに求められよう。[89]

しかし、清少納言・紫式部など「王朝女流文学」の巨匠の多くが、キサキの女房であったことには留意すべきである。内裏には天皇付きの女房だけでなく、皇后・中宮・女御などのキサキに仕える女房がたくさんいた。当時の上級貴族は娘を入内させるにあたり、すぐれた女房を付けて威勢を示すのが例であったから、必然的に文才あるものが集まることになるのである。こうした女房は私的な存在ではなく内裏女官の一種と言えるが、[90] その系譜は律令制以前のキサキの宮に仕える女性にまで遡るものであろう。

天皇(大王)の宮、皇子宮、キサキの宮、これらの「宮」にはみな「宮人」がいた。もちろん、貴族・豪族の

「家」にも多数の女性が奉仕していたに違いない。これらの女性が相互にいかなる関連を有しつつ、古代の長い時間の中で総体としてどのような変化を遂げたか。また、「宮」や「家」の変化は内裏の変化とどう連動し、そこに仕える女性たちにいかなる影響を及ぼしたか。律令国家の女官を考える場合、それらは欠くことのできない論点であるが、すべて今後の検討に委ねるほかあるまい。

結　語

本稿では、天皇(大王)の宮の閤門以内を天皇と宮人だけの空間ととらえ、男性官人とは隔てられた宮人が天皇に近侍・奉仕するのが本来的なあり方だと考えた。宮人(女官)の基本的性格や、舎人・衛府との密接な関係はここに起因すると思われる。しかし、八世紀を通じて〈開かれた内裏〉状況が次第に表面化し、八世紀後期に確立することで「宮人」は「女官」に変貌した。一世紀余りを経て女官の後退は決定的になり、一〇世紀初に女房・男房による新たな職務分掌体制が成立、中世に続いていくことになる。律令国家の成立以後、宮廷女性はこのような深刻な変化を体験したのである。

以上の私見の骨格は、闈司奏と内侍の奏宣によって組み立てた。平安時代の儀式には古い要素と新しい要素が混在しており、その分別は容易でない。本稿では形骸化・名目化した作法を前代の遺制と考え、古い様相を考える手がかりとしたのだが、私見が成立し得るか否かはこの方法の有効性如何にかかっており、その意味で一点突破の試論の域を出るものではない。宮都の発掘調査の新しい成果に学ぶなど、更に視野を広げつつ、考察を深めていきたいと思う。

注

（1）野村忠夫『後宮と女官』（教育社、一九七八年）。

（2）角田文衛『日本の後宮』（学燈社、一九七三年）。

（3）『内裏儀式』元旦受群臣朝賀式・元日会式、『内裏式』上、元正受群臣朝賀式・元正会式、『儀式』巻六、元正朝賀儀・元日御豊楽院儀。なお『内裏式』『儀式』『延喜式』は元日節会を豊楽院儀とするが、本稿では九世紀の実態に即して内裏儀に読み替える。

（4）『北山抄』巻五、即位事、殿上侍従儀。同史料は即位儀における作法を述べるが、ほぼ同内容の儀式である朝賀儀でも同様だったと考えられる。

（5）男官には〈議政官―五位以上―六位以下〉という基本的な身分序列があったが、同様に女官にも〈内侍―五位以上―六位以下〉という区分が認められる。五位以上女官（内命婦）は「ヒメマチキミ」（『日本書紀』天武五年八月丁酉条北野本傍訓）と呼ばれ、女官の総称「ヒメトネ」（『儀式』巻九、正月二十三日賜馬料儀・二月十日申春夏季禄儀）と区別されたが、これは男官におけるマヘツキミ（五位以上）―トネ（六位以下を含む総称）という呼称（『西宮記』巻一、節会）と対応する。東野治之「大宝令前の官職をめぐる二、三の問題」（『日本古代の都城と国家』、塙書房、一九八四年。同『長屋王家木簡の研究』、塙書房、一九九六年、所収）は粟原寺塔露盤銘および薬師寺資財帳に見える「比売朝臣」を命婦の「大宝令前」の表記と解し、「ヒメトネ」と読むべきことを論じた。和訓は「ヒメマチキミ（ヒメマヘツキミ）」のほうがよかろうが、いずれにせよ女官（宮人）においても五位以上集団が律令制以前からの伝統を引く特権層であった可能性は高く、それは平安時代以降にも「命婦」という呼称で生き残った。

（6）野村忠夫『後宮と女官』（前掲）。

（7）吉川「律令官人制の再編」（『日本史研究』三二〇、一九八九年。本書第一部第一章「律令官僚制の基本構造」）。

（8）『延喜式』巻三八、掃部寮、元日供奉威儀条。『江家次第』巻一、元日宴会にも詳細な舗設法が記されている。

（9）『内裏式』上、元正会式、『儀式』巻四、践祚大嘗祭儀下、同巻六、元日御豊楽院儀、同巻七、正月七日儀・正月十六日踏歌

儀、『延喜式』巻三〇、大蔵省、諸節会日給禄条。なお、この大蔵省式によれば大射の禄の残余だけは蔵人所に進められた。
(10)　典拠史料は表2を見よ。
(11)　『妙音院相国白馬節会次第』(『九条年中行事』を引く)や『江家次第』巻六、二孟旬儀によれば、闈司は弓場殿辺に控えており、門が開かれると南庭を斜めに横切って(雨儀は校書殿・安福殿・承明門西廊を経て)、承明門の壇上東西に設けられた座に着いた。なお、闈司の日常の詰所は嘉陽門内南腋に建つ闈司町である(『大内裏図考証』巻九)。
(12)　『延喜式』巻一二、監物、請鎰条。史料によっては「叩門」とするが、門の扉はすでに開かれているから「叩」は不自然で、「叫」の誤写と考えるべきである。金剛寺本『延喜式』同条には「ミカドコフ」、『儀式』巻一、六月十一日神今食儀に「ミカドニヨバフ」という傍訓が施されており、『北山抄』巻九、元日節会には傍訓「ケウモン」が見える。これらが古い読みを伝えるという確証はないが、いずれも「叫門」にふさわしい。ちなみに中国では、宮門に跪いて皇帝に直訴することを「叩閽」と呼んだが(滋賀秀三『清代中国の法と裁判』、創文社、一九八四年)、日本の叫門・叫閤とは何の関係もない。
(13)　これらが内裏の南・東に開く閤門であったことには注意を要する。キサキや天皇の近親、女官、内廷官司、僧尼などは北・西の閤門から出入したが、そこで闈司奏が行なわれた形跡は全くないのである。これは闈司奏が誰の入閤を規制するものであったかを考える上で重要な事実と言え、詳細な分析は今後の課題としたい。なお南・東が表向き、西・北が奥向きという内裏内郭の構造は、そのまま清涼殿にも凝縮されている(吉川「平安時代における女房の存在形態」〈『ジェンダーの日本史』下、東京大学出版会、一九九五年。本書第三部第三章〉)。
(14)　吉川「申文刺文考」(『日本史研究』三八二、一九九四年。本書第二部第三章)。内印請印を中心とする少納言尋常奏が、天皇の南殿出御時に行なわれる原則であったことは、『類聚符宣抄』巻六、少納言職掌、弘仁五年七月二十日宣旨に明示されている。
(15)　『延喜式』巻二一、民部上、任官叙位条。『新儀式』巻五、充封戸事、『侍中群要』巻六、封戸奏事なども参照。
(16)　橋本義則「朝政・朝儀の展開」(『日本の古代』七、中央公論社、一九八六年。同『平安宮成立史の研究』、塙書房、一九九五年、所収)。
(17)　豊楽院での新嘗会で官人が儀鸞門から入閤するとき、闈司が少納言の入る逢春門に着いたこと(『内裏式』中、十一月新嘗会式)が論拠となる。

(18)『政事要略』巻二四、年中行事九月、十一日奉幣伊勢太神宮事の引く『官曹事類』によれば、養老五年九月の伊勢奉幣に際し、天皇が内安殿に御したところ、少納言紀朝臣男人が「舎人トシテ」中臣・忌部を引き入れた。平安時代における少納言の召喚作法の古い形態を示すものであろう。

(19)職員令左兵衛府条。日本思想大系『律令』（岩波書店、一九七六年）同条頭注（青木和夫執筆）は兵衛府が閤門を開閉したと解する如くであるが、開閉と警衛は別次元の行為である。平安宮内裏では閤門（宣陽門・陰明門）外腋に兵衛陣があり、兵衛府は内側から門をかける門扉（『年中行事絵巻』巻四、射遺に、同じ閤門である承明門が閂をかけて閉められている様子が見える）を開けることはできなかった。

(20)『延喜式』巻四五、左右近衛府、閤門条。

(21)『西宮記』巻八、所々事。所京子「「所」の成立と展開」（『史窓』二六、一九六八年）、同「平安時代の内侍所」（『皇学館論叢』二―六、一九六九年）、参照。

(22)「付内侍所」の初見は『小野宮年中行事』所引の弘仁太政官式である（所京子「平安時代の内侍所」（前掲））。なお『政事要略』巻二九、年中行事十二月下、晦日追儺事に引く延暦九年閏三月十五日外記別日記によれば、同年正月六日の卯杖奏は通例の上奏を行なわず、「直チニ勅所ニ進」めたという。この「勅所」は勅旨所のことと考えられ（早川庄八「天応と天慶」（『日本歴史』四一七、一九八三年。同『日本古代の文書と典籍』、吉川弘文館、一九九七年、所収））、「付内侍所」の先行形態を窺わせるのみならず、勅旨所→蔵人所という職掌移管を想定する角田文衛「勅旨省と勅旨所」（『古代学』一〇―二・三・四、一九六二年）の所説に一抹の不安を抱かしめる。

(23)『日本三代実録』貞観十三年二月十四日庚寅条。

(24)例えば『西宮記』巻一、二日二宮大饗、勘物の康保三年十二月二十五日条に引く「承和六年外記記」など。上の女房の体制が整備されると、昇殿を許されない「地下内侍」は直接清涼殿へ伝奏できず、女蔵人を介さねばならなかった（『西宮記』巻七、内印）。

(25)ちなみに蔵人伝奏浮上の第二の原因は、公卿分掌体制の成立によって天皇・摂関と別当・上卿の連絡が内裏内だけで完結せず、私第まで赴いての報告・調整が不可欠になったことにあると考える。分掌体制が一〇世紀後期以降に本格化したことについては、本書第三部第二章「摂関政治の転成」を参照のこと。

(26) 新訂増補国史大系『類聚符宣抄』は、「実ハ蔵人左近衛少将藤原朝臣実頼ニ仰ス」と読むよう返り点を付しているが、「宣」「仰」はいずれも検非違使の「奉」に対応する命令行為の意であるから、この部分は「実ニ仰セルハ蔵人左近衛少将藤原朝臣実頼ナリ」と訓ずるべきである。
(27) 土田直鎮「内侍宣について」(『日本学士院紀要』一七―三、一九五九年。同『奈良平安時代史研究』、吉川弘文館、一九九二年、所収)。
(28) 『西宮記』巻一四、諸宣旨裏書の『清涼記』に「更衣其員十二人、安不満其数、以尚侍宣下、諸司聴着禁色」との規定が見える。
(29) 『西宮記』巻一三、諸宣旨、『伝宣草』、蔵人方宣旨。
(30) 『延喜式』巻一二、中務省、後宮時服条には、キサキとして妃・夫人・嬪・女御が挙げられるが、すでに成立しているはずの更衣の姿がない。また、一〇世紀中期の更衣は女房の一員として扱われていた(吉川前掲「平安時代における女房の存在形態」注(10))。
(31) 『内裏式』下、叙内親王以下式・任女官式、『延喜式』巻一二、中務省、官人考条など。
(32) 五味文彦「宣旨類」(『日本歴史』四一七、一九八三年。同『院政期社会の研究』、山川出版社、一九八四年、所収)。
(33) 『西宮記』巻一、補蔵人事、同巻四、雷鳴陣、同巻一三、諸宣旨、『伝宣草』、蔵人方宣旨など。
(34) 『延喜式』巻四七、左右兵衛府、卯杖条・晦夜条。『政事要略』巻二九、年中行事十二月下、変異にも近衛府・兵衛府の物聞に関する有益な史料が引用されている。
(35) 『侍中群要』巻二、日中行事。『西宮記』巻七、内印には「内侍所印二面一朱、一墨」と見え、朱印と墨印があったのは、緋幡への捺印のために特に墨印が必要とされたためであろうか。奈良時代~平安時代初期の内侍司印の性格については、吉川「女房奉書の発生」(『古文書研究』四五・四六、一九九七年。本書第三部第四章)、参照。
(36) 本稿は天皇号が天武朝に成立したという説に賛同するので、それ以前については基本的に「大王」と表記する。
(37) 岸俊男『日本の古代宮都』(一九九三年、岩波書店)。
(38) 『日本書紀』天武十一年十一月乙巳条では「禁省」と「朝廷」が対句的に用いられ、前者が天皇の居所(閤門内)を指すと考えられる。岸俊男「朝堂の初歩的考察」(『橿原考古学研究所論集　創立三十五周年記念』、吉川弘文館、一九七五年。同『日本古代宮都の研究』、岩波書店、一九八八年、所収)。

(39)　この場合、表2で掲げた「候由奏」が参考になる。例えば3御弓奏では、闈司奏を経て入閤した内舎人が、兵部省官人が門に候う由を奏上する。「喚セ」という勅答があると内舎人が兵部省を召し、兵部省は闈司奏なしに入閤して弓矢を奏した。神祇官・兵部省にのみこうした作法がとられた理由は不明だが、入閤に際して本人以外の者が介在した点は弥気と山背大兄王の関係と同じである。また、第1節第(二)項で述べた少納言による節会供奉者の召喚作法も、候由奏における受勅・召喚のあり方と基本的に一致する。

(40)　『日本書紀』舒明即位前紀(史料②の直前部分)。

(41)　関晃「大化前後の大夫について」(『山梨大学学芸学部研究紀要』一〇、一九五九年。『関晃著作集』二、吉川弘文館、一九九六年、所収)。

(42)　門脇禎二『采女』(中央公論社、一九六五年)。

(43)　『日本書紀』武烈八年三月条。

(44)　孝徳紀以降に限定すれば、内裏域での賜宴記事としては天智七年正月壬辰条・同十年五月辛丑条・天武九年正月甲申条・同十年正月丁丑条・同十二年正月乙未条・朱鳥元年正月癸卯条／丁巳条／戊午条・持統四年正月庚辰条／甲申条・同五年三月甲戌条・同八年五月戊子条・同九年正月丙戌条があり、そのほか白雉元年二月甲申条・天智十年正月庚子条・同年十月庚辰条・天武八年五月乙酉条／己丑条・同十年二月甲子条・同十四年九月辛酉条も内裏に皇親・官人を召したことを示す記事である。

(45)　『日本書紀通釈』は「女孺鮪女」を「女孺・采女」の誤りとするが、従えない。

(46)　磯貝正義「采女制度の一研究」(『史学雑誌』六七―六、一九五八年。「采女貢進制の基礎的研究」と改題して、同『郡司及び采女制度の研究』、吉川弘文館、一九七八年、所収)。

(47)　岸俊男「大和の古道」(『日本古文化論攷』、吉川弘文館、一九七〇年。岸前掲『日本古代宮都の研究』所収)。

(48)　日本古典文学大系『日本書紀』下、頭注。

(49)　「上宮聖徳法王帝説」(『寧楽遺文』下)所引天寿国曼荼羅繡帳銘。

(50)　『万葉集』巻一―一二九。

(51)　荒木敏夫『日本古代の皇太子』(吉川弘文館、一九八五年)。

(52)　荒木敏夫『日本古代の皇太子』(前掲)。

(53)　笹山晴生『日本古代衛府制度の研究』(東京大学出版会、一九八五年)。
(54)　軍防令内六位条・兵衛条。笹山晴生「兵衛についての一考察」(『日本古代の政治と文化』、吉川弘文館、一九八七年)、参照。
(55)　後宮職員令氏女采女条。氏女は天武朝に創始された(『日本書紀』天武八年八月己酉条)、主として畿内上級氏族の女性の出仕制度である。磯貝正義「氏女制度の一考察」(『山梨大学学芸学部研究報告』一一、一九六〇年。磯貝前掲『郡司及び采女制度の研究』所収)、参照。
(56)　平野邦雄『大化前代社会組織の研究』(吉川弘文館、一九六九年)。
(57)　紫宸殿での諸節会では、天皇には内膳司の調理した料理が供され、膳部と采女が配膳に当たった(『西宮記』巻一、節会など。臣下には大膳職と大炊寮の料理が内豎によって供される)。日常の天皇の食事でも、内膳司等が料理を清涼殿西南廊の御膳宿に進め、采女など女官がこれを配膳した(『西宮記』巻一〇、日行事、『侍中群要』巻三、供御膳事)。平安宮で内裏内郭西に采女町と内膳司が隣接して立地するのも、職務の親密性を反映したものである。
(58)　『日本書紀』朱鳥元年九月甲子条。
(59)　野村忠夫・原奈美子「律令宮人制についての覚書」(『続日本紀研究』一九二、一九七七年)。
(60)　典拠史料は注(9)に同じ。
(61)　典拠史料は表2を見よ。なお『内裏儀式』、上卯日献御杖式に引く右近衛府記文と『内裏式』上、上卯日献御杖式に引く中衛記文は同じもので、卯杖奏の奏詞が延暦年間に一部改変されたことを述べるが、かつて中衛府(→右近衛府)が卯杖奏を行なったことを示すものではなく、まして中衛・近衛が闈司奏を経て入閤したことを読み取ることはできない。
(62)　内裏内郭における皇太子直廬である御輿宿(『大内裏図考証』巻一四、御輿宿)の成立が考察の手がかりとなる可能性がある。大舎人寮・兵衛府が承明門から入閤したのに対し、皇太子が日華門から南庭に出たことは(『内裏式』。『内裏儀式』は「東西細殿間」からとする)、日華門北東にあった御輿宿からの奉献を示唆する如くである。
(63)　『西宮記』巻一、節会など。
(64)　『北山抄』巻九裏書によれば、藤原忠文は近衛少将であった時、常に近衛陣に宿侍して往還者を厳しく勘検し、名を称さない者は鏑矢で射たという。これは殿上侍臣に対する処置であるが、陣における近衛府勘検の様相をよく示す。また『類聚符宣抄』巻六、外記職掌、天長六年十一月十六日宣旨には、左近衛陣で内記は通行を許されたのに外記は制せられたと見え、これも近衛府の厳密な検査体制を物語る。

(65) 橋本義則「「外記政」の成立」(『史林』六四―六、一九八一年。橋本前掲『平安宮成立史の研究』、所収)。

(66) 笹山晴生『日本古代衛府制度の研究』(前掲)。

(67) 『続日本紀』神亀五年八月甲午条。

(68) 『万葉集』巻六―九四九(神亀四年正月)。雷鳴陣は平安時代には左右近衛府が総知した。『延喜式』巻四五、左右近衛府、雷陣条、『新儀式』巻五、雷鳴陣事、『九条年中行事』五月、雷鳴陣事、『侍中群要』巻七、雷鳴事・雷鳴解陣事など。

(69) 『続日本紀』大宝元年六月癸卯条。

(70) 『日本紀略』大同二年五月庚寅条・弘仁二年九月庚戌条。

(71) 『家伝』下によれば、大宝元年に内舎人となった藤原武智麻呂は「禁中ニ出入」したとされ、内舎人が内裏に侍候したことを窺わせる。

(72) 『続日本紀』延暦四年正月丁酉条。

(73) 橋本義則氏のご教示による。『内裏儀式』、行幸時賜鈴并進式に大舎人の「叫閤」が見えるが、これは少納言入閤のための作法で(表2参照)、「叫門」と同義に用いられている。「舎人の呪術的な奉仕の形態の残存」と考える(笹山晴生『日本古代衛府制度の研究』(前掲))のは正しくない。

(74) 元日朝賀儀において大舎人寮が、内蔵寮などとともに近衛陣以北で威儀物を持って列立したことには注意すべきである(注(9)所引史料のほか、『延喜式』巻一三、大舎人寮)。「閤門外的存在」とは言っても、トネリ官司は基本的に天皇に密着した集団なのであった。なお、大同二年から弘仁二年まで大舎人寮に管轄された内豎は(『類聚国史』巻一〇七、職官一二、大舎人寮、『日本後紀』弘仁二年正月庚子条)、その間「上殿舎人」と呼ばれたように殿上で供奉した。内裏内郭で宿直や時奏を職掌としたこと(『侍中群要』巻二、日中行事)、官人を内裏に召喚する使者となったこと(例えば『延喜式』巻一八、式部上、内侍召条など)を勘案するなら、内豎は近衛舎人に似た「閤門内的存在」だったと考えるのが妥当であろう。八世紀中期に生まれた内豎、及び内豎省・内豎所の性格については山本信吉「内豎省の研究」(『国史学』七一、一九五九年)、参照。

(75) 内蔵寮・掃部寮は近衛陣の出入を許されていたが(『延喜式』巻四五、左右近衛府、内蔵掃部条)、注(64)で述べた内記・外記の例から推せば、闡司奏を経ない入閤が可能であったと考えられる。内蔵寮の鎰は、闡司奏を経る監物の請進鎰奏（表2―13）とは別に、日華門から出入して請進されていた（『延喜式』巻一五、内蔵寮、蔵匙条）。なお、内膳司・主殿寮などは恐らく陰明門から闡司奏なしで入閤したものであろう。

(76)『続日本紀』天平十三年十月戊戌条。

(77) ただし八世紀でも、内裏と密接な関係をもつ組織には、内侍など宮人の宣が頻繁に伝達されていたと考えられる。その一例として造東大寺司を挙げることができよう（吉川「奈良時代の宣」〔『史林』七一―四、一九八八年。本書第二部第二章〕）。

(78) 渡辺直彦『日本古代官位制度の基礎的研究　増訂版』（吉川弘文館、一九七八年）。

(79) 目崎徳衛「仁寿殿と清涼殿」（『宇津保物語研究会会報』三、一九七〇年）、角田文衛「平安内裏における常御殿と上の御局」（『平安博物館研究紀要』二、一九七一年）。

(80) 所京子「「所」の成立と展開」（前掲）、玉井力「九・十世紀の蔵人所に関する一考察」（『名古屋大学日本史論集』上、吉川弘文館、一九七五年）。

(81) 玉井力「九・十世紀の蔵人所に関する一考察」（前掲）。

(82) 玉井力「九・十世紀の蔵人所に関する一考察」（前掲）。

(83) 渡辺直彦『日本古代官位制度の基礎的研究　増訂版』（前掲）。

(84) 角田文衛『日本の後宮』（前掲）。

(85)『小右記』永延二年三月二十一日条。

(86)『江家次第』巻三、女叙位。和田英松『建武年中行事註解』（明治書院、一九二九年）、角田文衛『日本の後宮』（前掲）に基本的な解説がある。

(87)『西宮記』巻八、尚侍饗女官事。

(88) 角田文衛「日本文化と後宮」（『国文学　解釈と教材の研究』二五―一三、一九八〇年。同『王朝史の軌跡』、学燈社、一九八三年、所収）。

(89) もう一つの、そしてより重要な理由は、一〇世紀後期以降の女房の社会的存在形態の変化である。吉川「平安時代における女房の存在形態」（前掲）。

(90) 角田文衛「平安時代における院宮の女房」(『国語と国文学』五〇—一、一九七三年)、吉川「平安時代における女房の存在形態」(前掲)。

第四章　藤原氏の創始と発展

序

律令国家が成立すると、旧来の社会的・経済的基盤を喪失した諸ウヂはそろって没落への道を辿り、平安時代中期には議政官のほとんどが藤原氏と源氏によって占められるという状況になった。源氏は皇親氏族として九世紀に生まれたが、一方の藤原氏は始祖の鎌足以来、律令国家と歩をともにして発展を続けてきた。すでに指摘されているように(1)、藤原氏の権力掌握を単純に他氏排斥の成果と考えるべきではないのだが、それでは藤原氏が没落しなかった原因は何であったか。本章では、七〜八世紀の創始・発展期における藤原氏の特質を考察することによって、右の設問に対する一つの解答を示すとともに、律令国家における諸ウヂの存在形態を考える前提作業としたい。また論述の過程で、律令国家の国家イデオロギーに関する私なりの理解を示すことにもなろう。

従来の藤原氏研究の主流は、議政官またはキサキへの就任を重視し、そこから天皇家との結合、他氏の排斥、藤原氏内の主導権争いなどを考える政治過程論的考察であった(2)。このほか封戸など藤原氏の財産に注目する研究も多く(3)、また藤原氏の基本性格を天皇家の「ミウチ」氏族とするか、律令官僚氏族とするかも一つの争点となってきた(4)。ただ研究史を振り返って痛感されるのは、諸研究の用いる史料の多くが『続日本紀』・『公卿補任』・「家伝」の範囲に収まることで、同じ史料を用いての変奏曲という感を拭い難いのである。ここから脱却するには、近年のウヂ研究に学びつつ[5]、多様な史料を用いて藤原氏の諸側面を明らかにすることが必要であろう。本章ではこのような立場から、特に仏教関係史料の分析を中軸に据えたい。仏教関係史料にはむろん独特のバイアスがかかっているが、官人の執筆した文献には見られない多様な史実が盛られている。寺院の組織・運営の分析を如何にウヂ論につなぐか、これが本章の方法的課題である。

1　国家珍宝帳　―光明皇太后の歴史意識―

天平勝宝八歳(七五六)六月、聖武太上天皇の七七忌にあたって、光明皇太后は東大寺大仏に宝物を献じた。装束・調度・書法・楽器・武具からなる六百点余の品々は、一部が正倉院宝物として現存するが、全貌は献納目録の「国家珍宝帳」[6]から知ることができる。国家珍宝帳には四点の宝物について特に来歴が記されており、天平期までの天皇家と藤原氏の歴史[7]―少なくとも光明が意識していた歴史―を垣間見させてくれる。

国家珍宝帳の劈頭を飾るのは聖武の袈裟九領であるが、次に記載された名品が「赤漆文欟木厨子」である。木目の美しい欅材を蘇芳で染め、漆を施して仕上げた古様の厨子で、聖武筆「雑集」、元正筆「孝経」、光明筆「杜家立成」「楽毅論」をはじめ、書法や刀子など多様な物品が納められていた。この厨子は来歴記載によれば、天武から持統に与えられ、ついで文武・元正・聖武・孝謙に相伝されたものであった。ここで注目すべきは、元明が相承の系譜に入っていないことである。これは天武に始まって孝謙まで続く皇統において、元明のみが天武＝持統の血を承けていなかったことと符合する。赤漆文欟木厨子は歴代天皇の渡物ではなく、天武＝持統の子孫によって所持されるべきものなのであった[8]。中継ぎの女性天皇をまじえつつ、天武＝持統の子孫による嫡系皇位継承を貫いた天皇家の歴史と、赤漆文欟木厨子という宝物の相伝とが見事に照応している。

国家珍宝帳にはもう一点、厨子が載せられている。犀角・鎮子・合子を納めた「赤漆槻木厨子」である。百済の義慈王が藤原鎌足に贈ったという来歴をもち、義慈王が唐・新羅連合軍に敗北し、唐都に連行された斉明六年(六六〇)までに渡来したものらしい。孝徳～斉明朝における鎌足の地位を窺わせる貴重な史料であるが、これが東大寺大仏に献納されるまでには、鎌足から不比等へ、不比等から光明へと伝えられたことが想定される。鎌足を始祖とする藤原氏の財宝の多くは、後述の邸宅や封戸とともに光明に継承されたと考えられ、国家珍宝帳に来歴が明記されない他の宝物にもこうしたものが含まれよう。(9) 先述の赤漆文欟木厨子が天武＝持統に始まる天皇家の歴史を物語るものとすれば、この赤漆槻木厨子は藤原氏の歴史を象徴する宝物であり、後者を献納して由来を特記した光明の意識によれば、それは鎌足から不比等を経て彼女自身にいたる歴史だったのであろう。

来歴が記された宝物四点のうち、残る二点はいずれも刀剣で、その一つが著名な「黒作懸佩刀」である。この刀はもともと草壁皇子が常に佩持するところであったが、藤原不比等が下賜をうけた。不比等は文武の即位時にこれを献上したが、文武が死去すると再び賜与される。やがて不比等が死ぬと、刀は聖武に献ぜられたという。この黒作懸佩刀の伝領史は、七世紀末以来の天皇家と藤原氏の関係をはっきり映し出す。天武―草壁(早逝)―文武―聖武という嫡系皇位継承をめざす天皇家の意向を、藤原不比等が受けてこれを護持する。もちろんその背後では文武に宮子を、聖武に光明を配する周到な入内策が進行しており、天武＝持統系皇統の擁護は藤原氏の繁栄にもつながったのである。刀は天皇から不比等への信任の証であり、不比等から天皇への臣従の証であった。(10)

これとよく似た由来をもつのが「横刀」である。この短刀は藤原不比等邸の新室宴に天皇が行幸した日、舞を奉った皇太子時代の聖武に対して不比等が贈ったものであった。藤原不比等邸は平城宮東張出部に隣接して立地し、両者は平城京造営にあたって計画的に配置されたものらしい。[11] 竣工年次は不明だが、聖武の立太子（和銅七年＝七一四）からさほど降らない頃であろう。これに前後して光明が聖武のキサキとなるが、彼女はこの不比等邸に育ち、不比等没後には相続し、立后によって皇后宮とした。[12] 光明も新室宴での聖武の舞を見たと思われ、横刀は往時を強く回想させる品であったろう。そして不比等にとっては、娘宮子の一粒種にして、同じく娘の光明を入れる天皇家の嫡子に対し、自ら後楯となることを約する意を込めた刀であったと考えられる。

国家珍宝帳に由来が記された宝物は、このように光明にとって特別の意味をもつ品々であった。二基の厨子は天皇家と藤原氏の歴史を象徴し、二振りの短刀は両者の密接な交渉を物語る。ところが、これらは全て盧舎那仏に奉献されることになった。関根真隆は光明の考えを次のように読み取る。[13] 今の世は天武嫡系の聖武と、鎌足嫡系の自分とで治めてきたが、それは二人の子である孝謙に収斂し、いずれ断絶する。天武や鎌足から受け継いできた宝物を託すべき人物がいない以上、大仏に奉って永世保全を図りたい、と。光明の系譜観と終末感について関根説は恐らく的を射ていると思う。しかし、彼女の意識はどこまでが客観的な歴史事実に基づくものなのだろうか。天武＝持統嫡系の皇位継承、不比等によるその擁護に関しては通説の認めるところであるが、〈鎌足―不比等―光明〉という興味深い系譜意識はほとんど注目されたことがなく、さらに詳しく検討を加えねばならない。

2　興福寺伽藍 ―不比等から光明へ―

光明が皇后位についたのは、天平元年（七二九）八月のことであった。[14] 天皇家以外の人物の立后は前例がなく、このため反対勢力の長屋王を抹殺し、祥瑞を出現させて改元するなど、入念な地固めがなされた。光明の生んだ皇太子基王が夭折したため、彼女自身が皇后として王権の一翼を担い、有力な皇位継承候補である安積親王を抑えることが意図されたのであろう。[15] そして光明に付置された家政機関である皇后宮職は、彼女の意をうけた巨大事業を次々に展開していくことになる。[16]

皇后宮職の初期の活動としては、施薬院の設置、興福寺の造営などがある。皇后宮職施薬院は天平二年四月に置かれ、皇后宮職と故太政大臣不比等家の封物を運用して病者を救療した。[17] 一方、光明は興福寺の造営にも乗り出し、施薬院設置と同じ月に五重塔造立を発願し、短期間でこれを完成した。[18] 興福寺の堂舎や仏像の多くは特定個人の治病や追善のために造られたが、五重塔はそうではなく、しかも光明自身が男女官人を領導して造営を助けたという。[19] 祈願内容は不明だが、立后により藤原氏最高の地位に上った者としての営為であったことは疑いない。[20] ついで光明は母の県犬養橘三千代の追善のため西金堂を建立し、一周忌の天平六年正月に供養会を行なった。[21] 光明の母とはいえ、橘氏の女性のための堂宇が興福寺に造営された事実は軽視できない。

ここで『興福寺流記』から興福寺伽藍の整備過程を辿ってみると、大きく四期に区分できる。[22] それは八世紀の藤原氏の歴史をよく反映している。まず第一期（七一〇年代）には、平城京造営と同時に寺域が設定され、[23] 中金堂・講堂・食堂などの中枢堂宇が造立された。[24] これら草創期伽藍は不比等が独力で造営したものと推測される。第二期（七二〇年代～三〇年代）は、不比等一周忌(養老五年＝七二一)のための追善事業に始まる。元明太上天皇・元正天皇が造興福寺仏殿司を置いて北円堂を建立し、[25] 県犬養橘三千代は中金堂に弥勒浄土を造った。ついで神亀三年（七二六）、聖武天皇が元正太上天皇の治病を祈願して東金堂を建てる。天皇家の事情による造堂造仏が行なわれ、この寺は藤原氏の氏寺の域を超えつつあった。そして光明による五重塔・西金堂の建立がこれに続くのである。第三期（七四〇年代～七八〇年代）になると大工事は見られなくなり、仏像製作と東院小堂舎の建立が続け

図8　興福寺伽藍図

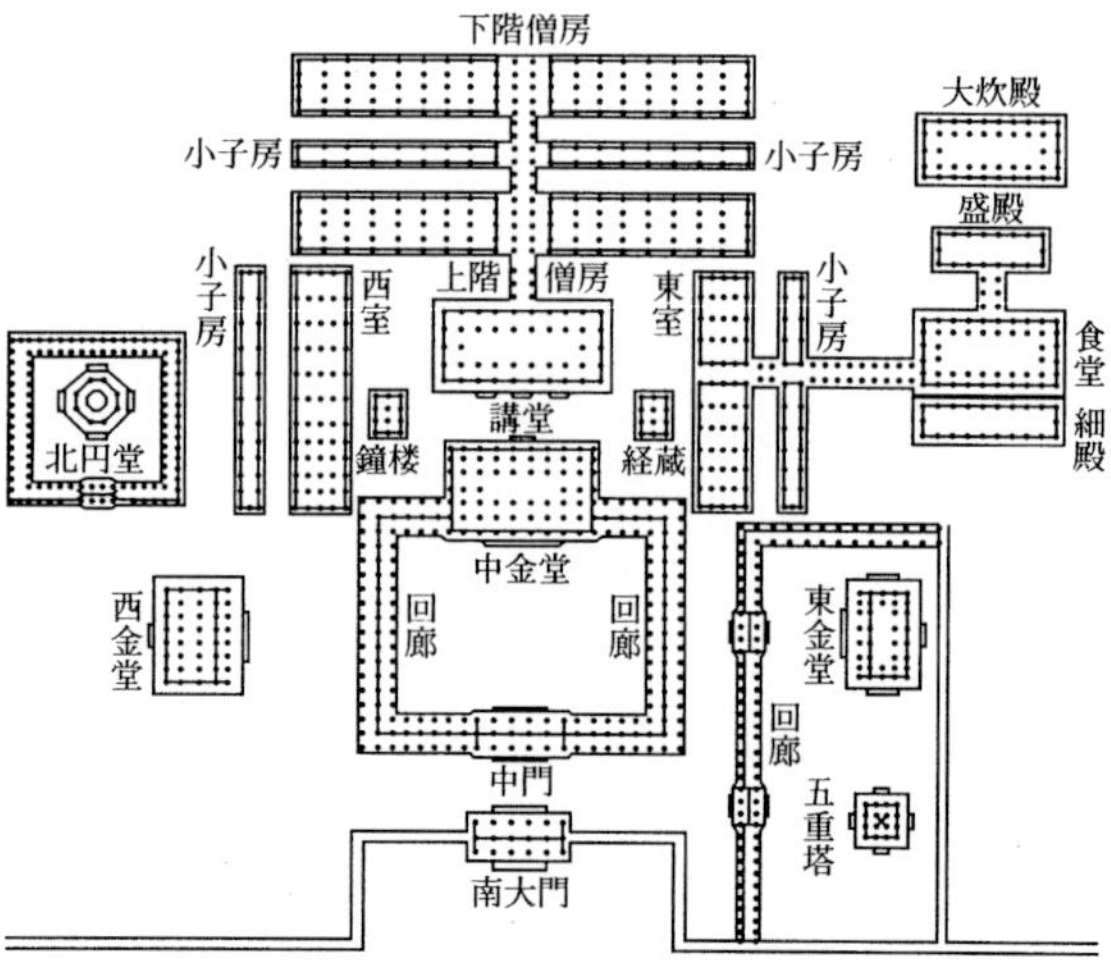

（原図）　太田博太郎『南都七大寺の歴史と年表』

られる。特徴的なのは、この時期の興福寺には強力な造営推進者がなく、藤原四家がそれぞれに追善事業を行なったことである。牟漏女王（美努王＝三千代の子、藤原房前妻）や聖武の供養も看過できないが、興福寺はゆっくりと氏寺へ回帰していった。第四期（八世紀末期～九世紀前期）は、桓武天皇が皇后の藤原乙牟漏追善のために造立した講堂阿弥陀像[26]と、北家の内麻呂・冬嗣父子が建立した南円堂によって特色づけられる。乙牟漏国忌斎会・維摩会・法華会などの法会も整備された。北家を中心とする藤原氏の氏寺であり、国家的法会の場でもあるという平安時代の興福寺の性格は、この時期に基本的に確立したと言ってよい。

　このように不比等没後しばらくは、興福寺は主に三千代・光明母娘と歴代天皇によって造営され、不比等＝三千代の冥福と天皇家の安寧が祈願された。藤原氏に問題を限れば、興福寺の経営は不比等から光明に相承されたのであり、政府の枢要にあった藤原四卿（武智麻呂・房前・宇合・麻呂）の影は全く薄かった[27]。ところが天平十年三月の封戸一千戸の施入[28]を境として、光明は興福寺への積極的関与をやめ、国分寺・東大寺（前身寺院を含む）など護国寺院の造営に力を入れ始める。皇后宮職では写経や造仏事業が推進され、そこから造東大寺司という大官衙が生まれた。背景としては四卿全滅をもたらした疫病の流行、道慈から玄昉へのブレーン交替(29)、そして阿倍内親王の立太子(30)などが想定される。しかし光明の意図に変化はない。五月一日経の奥書(31)(天平十二年)、国分寺建立詔の願文(32)(天平十三年)、法華寺出土金板(33)(天平宝字三年＝七五九)などに共通する光明の祈願は、天皇家を中心とする国家秩序の維持と、先考不比等・先妣三千代の追善とにあった。光明が聖武に勧めた東大寺と国分寺の造営(34)は、まさしく興福寺の堂舎建立の発展形態にほかならない(35)。

光明による不比等＝三千代の追善事業は、純粋な父母追慕の域を超えている。藤原不比等は先述の如く天武＝持統系皇統の護持者であり、大宝律令を始めとする国家制度整備の中心人物であった。平城宮と不比等邸、平城京と興福寺が一体的に計画されたことは、彼の立場をよく示している。しかし、若き日の不比等は不遇だった。父の鎌足が天智八年(六六九)に死去したとき不比等は一一歳で、判事として正史に初見する持統三年(六八九)まで雌伏の時代を送る。しかし持統朝になると順調に政治的地歩を固め、文武二年(六九八)には藤原朝臣のウジ名を独占するに至った(36)。不比等の躍進は彼の能力を抜きには考えられないが、後宮に隠然たる力を持っていた県犬養三千代が、同郷ゆえにか、不比等を援助したことも大きな力となった(37)。天武＝持統系皇統の後宮に奉仕し続けた三千代は、文武初年ころ美努王と離別して不比等と再婚する。和銅元年(七〇八)十一月には長年にわたる精勤と忠節を報奨され、橘宿祢の姓が与えられた(38)。橘姓は三千代と美努王の子の葛城王(橘諸兄)らに継承されるが、光明は三千代から氏神祭祀を受け継ぐなど(39)、橘氏と密接な関係を維持した。興福寺における不比等＝三千代追善や、橘諸兄政権下におけるその発展は、こうした流れの中で理解されねばならない(40)。それは現体制の構築と維持に大きな功績を果した夫妻への追善であり、従って天皇家を中心におく国家秩序安定への祈願に通底するとともに、二人の子孫たちの政治的地位の正統性を保証するものであった。

不比等と三千代には封戸に関する特権が与えられた。それは収公を前提とする禄令の功封相続法では全く理解できない。まず不比等には慶雲四年(七〇七)に五千戸という莫大な功封が賜与され、三千戸を返上したものの、二千戸は「次々賜リ往カムモノ」として永久伝世が認められた。[41] 不比等の死後も「故太政大臣家」という組織が食封と資人を管理運用したが、恐らくそれは不比等邸という空間と不可分で、全てが光明に継承されたと考えるべきである。[42] 一方の三千代は養老六年の出家、天平五年の死去の後も食封・資人支給を継続された。[43] 三千代の家政機関も不比等邸内に置かれて「故太政大臣家」と密接に連携したと考えられるから、恐らく光明立后までは、三千代が両家の封戸・資人を管理したものであろう。[44] そして三千代の死後、彼女の封戸・資人はやはり光明に運用が委ねられたと推察される。こうしてみると不比等の興福寺造営の経済的基盤が封戸にあり、不比等＝三千代のための追善事業も封戸継承と不可分のものであったことが理解できる。天平十三年正月、三五年前に不比等功封三千戸が返上された事実が蒸し返され、これを諸国国分寺の造仏料に充てることとされたが、その意味と発案者はもはや明らかであろう。[45] 光明・仲麻呂の没した八世紀後半になると、不比等功封は氏長者が管掌する藤原氏全体の財という性格を明瞭にし、弘仁十一年(八二〇)正月には藤原氏五世までの課役免除と引き替えに収公される。[46] しかし八世紀中期までの不比等功封の意義は些か異なっていた。それは故三千代家封戸とともに光明皇后が継承・管理した故人の財で、施薬院運営や興福寺・東大寺造営などを支えるものであった。それによって光明が両親の政治的立場の継承者であり、藤原氏全体を代表して祖業を発展させる者であることが明示されたのである。

3　維摩会　―鎌足から不比等へ―

古代寺院においては、教説興隆・国家安寧・治病追善などを目的として様々な法会が行なわれた。伽藍は法会のための儀式空間でもあった。興福寺では、諸法会のうちで最も重要だったのは維摩会である。維摩会は維摩経を講説して功徳を期待する法会で、十月十日から十六日まで講堂(維摩堂)において開催された。十月十六日は藤原鎌足の忌日であり、この法会は鎌足と深い関係をもっていた。

『政事要略』所引の「旧記」・「興福寺縁起」(47)、『維摩会表白』などの記事を取捨すれば、維摩会の歴史は次のようにまとめられる(48)。斉明朝に鎌足が病気になった時、維摩経問疾品を読誦することで快癒した。そこで鎌足は「聖朝安穏」のため山階陶原家に維摩経講説の法莚を開いた。これが維摩会の起源であるが、鎌足の死により中絶した。慶雲三年(七〇六)に不比等は維摩会を再興し、鎌足忌日までの七箇日法会として整備する。藤原京では私邸や厩坂寺、平城遷都後は植槻寺・興福寺で行なわれたが、不比等没後はまた衰微した。天平五年(七三三)に光明は講説を復興し、それから絶えることなく続いた。法華寺や長岡神足家で開催されることもあったが、延暦二十一年(八〇二)から会場は興福寺に固定した。この〈鎌足―不比等―光明〉という維摩会興隆史は、国家珍宝帳に見える光明の意識と一致して興味深いが、会に鎌足功田一百町を施入することを求めた天平宝字元年(七五七)の藤原仲麻呂上表もこうした由来を下敷きにしており(49)、すでに八世紀中期には同様の歴史認識があったらしい。

八世紀前期以前の維摩会について考える場合、天平九年三月十日太政官奏(『類聚三代格』巻二、経論并法会請僧事)

も手がかりになる。これは光明の意向を承け、元興寺の摂大乗論門徒を興福寺に住持せしめんことを求めて勅許されたものである。摂大乗論門徒は摂論宗(衆)とも呼ばれる教学集団で、太政官奏によれば鎌足が孝徳～天智朝に家財を割いて彼らの講説の資とし、さらに不比等と光明が鎌足の遺志を継いで資財を施し、論衆を増したという。やはり〈鎌足—不比等—光明〉という歴史が語られているが、どうやらこれは事実らしい。摂論宗とは真諦の『梁訳摂論』を所依とする唯識学派で、中国では玄奘らの正統法相学説に先行し、その克服対象とされた。玄奘の法相学が道昭により将来されたのは斉明七年(六六一)であるが、白雉四年(六五三)に入唐した鎌足の子の定恵は、長安の慧日寺で旧来の摂論学を学んだと推定され、これが鎌足による摂論研究奨励をもたらしたらしい(50)。横田健一は維摩経講説についても定恵の研鑽と関連づけているが、いずれにせよ鎌足が仏教に深い関心を寄せたことは疑いなく、『維摩経義疏』など維摩経信仰の日本での流布から推しても、彼が維摩経を重んじたのは史実と見てよかろう。鎌足が援護した摂論と維摩経の講説は、ともに不比等—光明に継承され、法会として整備されたのである。ちなみに天平九年太政官奏の背後には、摂論宗に近い法相異端派「新法相宗」を日本に伝え(51)、皇后宮内の隅寺に止住して光明のブレーンとなった玄昉の意志が看取されるが、この思想的立場は華厳宗に引きつがれ、国分寺・東大寺建立につながっていく。

鎌足の仏教への関心は、中臣氏の宗業たる神祇祭祀を拒否したこと(『家伝』鎌足伝)と軌を一にするが、それは単なる個人的信仰の問題ではない。仏教は、儒教と相並んで、孝徳～天智朝の国家体制を支えるイデオロギーだったと考えられるからである。林屋辰三郎は仏教が「改新の思想的支柱」だったと断じ(52)、薗田香融は孝徳朝における神祇からの解放、仏教の受容という天皇(大王)の自己変革を論じて、仏教が「大化改新の精神的基盤」であったことを示唆した(53)。本稿もこれに賛同する。乙巳の変(大化元年＝六四五)直後に成立した孝徳政権は、左右大臣のほか、内臣の中臣鎌足、国博士の高向玄理・僧旻から構成された[54]。旻は推古十六年（六〇八）に入隋した知識人であるが、僧侶が政府首脳部に入ったのは空前のことであった。新政権の施策は大化元年八月の東国国司詔に始まるが、三日後に飛鳥寺に使者が派遣され、天皇が蘇我氏をついで仏教を興隆すると宣言した[55]。さらに大化三年に制定された七色十三階の冠は、朝廷儀礼と仏教法会での着用が命じられた[56]。そして内裏仏殿をもち仏教的色彩の濃い難波長柄豊碕宮の造営がこれに続くのである[57]。儒仏並立と言うべき孝徳朝の国家理念は、須弥山を中心におく仏教的世界観を奉じた斉明朝を経て[58]、天智朝まで継続した。天智十年（六七一）、近江大津宮仏殿の織仏の前で大友皇子と重臣五人は香炉を執り、天智への忠誠を誓ったが、これを「天神地祇及天皇」の前に六皇子が誓った天武八年（六七九）の吉野宮での盟約と比較するとき、壬申の乱で後退した天智朝イデオロギーの特色が明瞭になるだろう[59]。鎌足が生きたのはそうした時代であった。長子定恵の出家・入唐も、経典講説の援助も、当時の国家理念と切り離しては考えられない。

ただし、鎌足が寺院を建立しなかったことには留意する必要がある。摂論は飛鳥寺で、維摩経は自邸（山階精舎はその持仏堂か）で講説された。中臣・藤原氏が寺院建立を始めるのは天武～持統朝に降り、国足の中臣寺、不比等の厩坂寺、大嶋の粟原寺などが知られるが、国大寺級の伽藍となると不比等による興福寺建立を待たねばならない[60]。それが鎌足の仏教に対する消極的態度を示すものでないとすれば、彼に寺院を建立するだけの経済的基盤がなかったことに原因を求めるべきであろう。『家伝』は鎌足に莫大な封戸が与えられたと述べるが、とても事実とは認め難く、実際にはずっと少額であったと考えられる[61]。鎌足は天智八年の死の前日に内大臣になるまで内臣の地位にあったが、それは不比等のような巨大な経済特権には結びつかなかったらしい。

中臣・藤原氏で鎌足についで大臣となったのは中臣連金であるが、翌年の壬申の乱で斬首された。それから不比等の右大臣就任まで三六年の時間が流れる。この断絶をはさんで、鎌足と不比等の政治的基盤は全く対照的であった。議政官組織に立脚しつつ、娘を入内させて王権に密着する、という不比等以後の藤原氏の基本路線が、ともに鎌足には欠けていたのである。この意味で藤原氏の実質的始祖を不比等に求めることも、[62]決して不可能ではない。しかし不比等は自分が鎌足の功を継ぐ者であることを強く意識したし、天皇家も鎌足以来の累代（諸宣命に言う「御世御世」「御世重ねて」）の功績を重視した。[63]現実にも不比等の子女は鎌足の蔭孫であることにより、極めて有利な出身をとげていた。[64]藤原氏はキサキを出す親族集団というだけで発展したのではなく、それをも含めた天皇家への忠誠・輔弼の累積こそが重要だったのである。そして鎌足と不比等には、新しい国家体制の構築、すなわち儒教・仏教の両者を思想的基盤とする律令制[65]の整備に大きく寄与したという共通点があった。儒教・律令については次節で述べるが、不比等の仏教面での鎌足継承にはこうした重要な意味があったと考えられ（不比等の藤原姓独占が神祇祭祀からの離脱と一体の措置であったこと、大宝律令で僧尼令が成立したことも想起せよ）、それらは二人の政治的基盤の差違を超えて、藤原氏の累代の功績の始源となった。

慶雲四年四月の不比等への功封賜与は、父鎌足の功績を併せて褒賞したものであった。このとき鎌足が建内宿祢に比されているのは、内臣の職掌を考える上でも注目される。[66]その前年に不比等は維摩会を整備した。維摩居士は在俗ながら出家者よりも深い智恵を持ち、病気見舞いに訪れた菩薩に対して自在に説法したという。『日本書紀』の描く鎌足臨終の場面は維摩経問疾品を想起させるが、[67]朝廷の枢機の臣にして仏教護持者であった鎌足には、確かに維摩居士のイメージがふさわしい。[68]維摩経講説を鎌足の忌日法会として開催し、国家安穏を祈った不比等にも、あるいはそうした意識があったのかも知れない。

4　紫微内相仲麻呂

〈鎌足―不比等―光明〉という系譜意識の現実性と意義を論じてきたが、光明による鎌足―不比等の継承を考える場合、それを支え発展させた藤原仲麻呂を忘れることはできない。東大寺造営などによって光明の信任を獲得した仲麻呂は、天平勝宝元年（七四九）に皇后宮職が紫微中台に改称されると長官の紫微令に任じられ、王権を掌握した光明皇太后の側近として力をふるう。そして淳仁朝には光明からある程度自立し、専制権力を確立するに至った。以下、岸俊男の業績(69)に導かれつつ、仲麻呂の事績を追ってみたい。

仲麻呂について常に語られるのは、彼の祖先顕彰と唐風指向である。仲麻呂の祖先顕彰事業は天平勝宝九歳から始まる。同年には先述した維摩会への鎌足功田の施入（閏八月）のほか、不比等が撰修した養老律令の施行（五月）、鎌足・不比等の名を用いることの禁止（五月）などを行なった(70)。天平宝字四年（七六〇）六月には光明が没するが、その年に『家伝』鎌足伝を執筆し、武智麻呂伝も同時に成立する。さらに同年八月、不比等を近江公に封じるとともに、県犬養橘三千代に正一位の位と大夫人号を贈る。十二月には宮子・光明の墓を山陵と称し、二人の忌日に国忌斎会を行なうこととした(71)。

仲麻呂の祖先顕彰事業には、自らを〈鎌足―不比等―光明〉の延長上に位置づけようという意図が窺われるが、そこには光明にない特色があった。光明は主に仏教的施策によって鎌足―不比等を継承し、天皇家を中心におく国家体制を護持しようとしたが、仲麻呂は律令国家の技術的基盤である律令法典の整備を引き継いだ。律令の編纂もまた、藤原氏の祖業と言うべきものであった。鎌足が「礼儀を撰述し律令を刊定」したという『家伝』

の記事は仲麻呂の筆によるものだが、天智十年(六七一)正月に施行されたと見られる近江令が、鎌足を中心に編纂されたことは疑いない。不比等は大宝律令の編纂を主導し、「令官」として条文解釈を治定した。[72]さらに不比等は律令の改訂をすすめ、養老年間にこれを完成する。そして約四〇年後に養老律令を施行したのが仲麻呂であるが、仲麻呂は新令講書の場で条文の公式解釈を述べ、[73]祖業を継ぐ熱意を示したのである。

養老律令を施行した天平勝宝九歳五月二十日に、仲麻呂は紫微内相になった。内外諸兵事を担当し、官位や禄物などは大臣に準ずるという重職である。仲麻呂は天平宝字二～三年頃の文書に「内大臣藤原卿」と記されており、[74]「内相」は字義どおり「内大臣」と認識されていた。つまり仲麻呂は鎌足の極官たる内大臣を襲い、その時点から鎌足―不比等の顕彰を開始したのである。そして、仲麻呂は議政官の上首として唐風と評される諸施策を展開するが、それらを儒教的政治理念が突出したものと理解するとき、想起されるのはやはり鎌足の時代である。鎌足の儒教への関心は『日本書紀』の語るところであるが、鎌足や国博士をブレーンとする孝徳朝の政治は、儒教を重んずる理想主義的なものでもあった。[75]孝徳朝には大化元年(六四五)の鐘匱の制・男女の法、二年の薄葬令を始めとする旧俗改正詔、三年の小郡宮「礼法」など特色ある施策が打ち出され、元日朝賀儀も初見する。[76]白村江敗戦を承けた天智朝には一層の国制整備が必要となり、鎌足を中心として近江令と「礼儀」が編纂され、大学も創設されたが、[77]それらも儒教的理念によって裏打ちされていた。このように孝徳～天智朝の国家体制は―先述の仏教と相並んで―儒教理念に基づいており、それが律令国家の起点となったと考えられる。仲麻呂の唐風施策は、基本的には八世紀中期の時代相から説明されるべきであるが、一面では鎌足の事績の継承でもあった。祖先顕彰・律令整備・唐風施策は、仲麻呂の内面で深く関連しあっていたのではあるまいか。

不比等・光明・仲麻呂は時代と立場に応じて鎌足の功業を継承せんとしたが、それは鎌足が尽力した孝徳～天智朝の国家理念を実現することでもあった。儒教と仏教が並立した当時の体制イデオロギーのうち、光明は仏教面を大きく展開させ、仲麻呂は儒教的なものでこれを補完した。不比等の業績はふつう律令など儒教的な面ばかりが注目されるが、彼が仏教面においても鎌足を継承したことは縷々述べてきた。(78) 儒教と仏教、それはウヂによる職務分担と神祇祭祀とを基盤とする旧体制を克服し、中国的な専制国家を建設するために不可欠な思想的基盤であった。原秀三郎は漢字と儒教と仏教を東アジア文明の指標とし、これらの受容＝文明化から日本古代国家の成立を論じた。(79) これは今後とも参看さるべき貴重な提言であるが、問題を国家形成期に限る必要はなかろう。文明化とは絶えざる過程でもあるからだ。儒教・仏教という理念、律令・文字という技術は、社会関係と国際交通によって制約されつつ、各時代を通じて浸透していく。そして孝徳〜天智朝は、古代日本の文明化の大きな画期であった。鎌足による儒教的施策と仏教護持とはまさしく文明化路線の推進にほかならず、それが不比等・光明・仲麻呂によって継承され、発展させられたのである。このように七〜八世紀の藤原氏の特質は、王権に密着しながら文明的施策を展開する〈文明化の前衛〉を輩出したことに求められるべきである。それこそが天皇家に対する累代の功績の中核でもあった。「崇仏家」や「中国好み」は現代人が〈文明化の前衛〉に貼りつけた陳腐なレッテルである。

藤原仲麻呂にとって、範とすべきは礼式備わり文華盛んだった近江朝廷であり、天智天皇は「天の縦せる聖君、聡明なる叡主」であった。(80) 天智朝の重視は早くも養老三年(七一九)の詔に見え、(81) 藤原氏による鎌足顕彰と一体となって、八世紀の思潮の底流を形づくった。藤原氏は天武＝持統系皇統を擁護しつつ、天智朝の国家理念を実現しようとしたとも言えようか。仲麻呂は施策面でも、不比等への淡海公追贈や保良遷都などによって近江を指向し、偉大なる文明化の時代を回顧した。天平宝字八年の晩秋、光明皇太后という後ろ盾を失った仲麻呂は逆徒として敗走し、琵琶湖のほとりで処刑される。しかし彼の文明化路線は、仏教的な面をさらに拡大させつつ光明の娘＝称徳天皇に受け継がれ、天智の末裔によって展開される平安初期の政治・宗教・文化に向けて、最後の地固めがなされるであろう。

結語

藤原氏の創始を論ずる場合、大化改新における鎌足の功績が常に語られてきた。部民制の否定、官僚制の創出、評制の施行など、孝徳朝に始まる巨大な政治的・社会的変革を見るとき、これらに参画した鎌足の事績は確かに大きい。しかし前代との断絶を余りに強調しすぎることも問題であって、藤原氏が蘇我氏から文明的性格を継承したことを看過してはならない。蘇我氏は東漢氏を重用して新しい技術や思想を吸収した。特にいち早く仏教を受容し、日本最古の寺院である飛鳥寺を建立したことは注目される。これが推古朝に聖徳太子という個性と結びつき、孝徳朝の前提となる文明化政策が行なわれた。乙巳の変で否定されたのはウヂと部民制を基礎とする政治体制であって、蘇我氏の文明化路線は継承され、加速されたのである。ただし孝徳～天智朝における文明化の主体はあくまで王権にあり、儒教・仏教宣揚の中心人物は天皇(大王)であった。鎌足は諸豪族を凌駕する文明的性格によって王権を輔弼したと考えられるが、創始期の藤原氏の力は前代の蘇我氏よりもずっと弱かった。

壬申の乱を経た天武朝には、旧来のウヂと神祇祭祀を基盤におく体制が一部復活した(82)。しかしこの反動期は、孝徳～天智朝の文明化政策が定着し、現実化する時期でもあった。法制の整備が進み、仏教の保護・統制システムが確立し、官衙と寺院という儒教・仏教理念を体現する建造物が全国的に、双生児的に出現した。この時期を雌伏した不比等は持統朝になって頭角を現し、天武＝持統系の皇統を護持しつつ律令国家の整備を進める。婚姻によって天皇家と密着しつつ、議政官組織に立脚して文明化政策の実現を図る。不比等の事業は鎌足路線の継承であり拡大であった。そして皇后として王権の一翼を担い、さらに皇太后としてこれを掌握した光明が、腹心の仲麻呂の補佐を受けつつ鎌足の祖業を完成する。天武朝理念の足枷の緩んだ光明の時代には、天皇家・藤原氏・橘氏が彼女を中心に動き、古代日本の文明化の新段階が現出した。光明の死により、藤原氏〈鎌足―不比等―光明〉の主導した一つの時代が終焉に向かったのである。

余論 ―二神約諾史観の発生―

平安時代の興福寺の基本性格は、前述の如く九世紀前期までに確立した。その後、藤原北家の躍進とともに、その結集拠点となった南円堂の重みが増し、寺院内に新たな法会体系が生まれていくが[(83)]、しかし藤原氏全体の氏寺であり[(84)]、国家的法会の場でもあるという機能は変化しなかった。ところが社会集団としての存在形態を見ると、一〇世紀後期は、興福寺にとって一つの転換期となった。興福寺大衆の武力行使は天慶八年（九四五）の東大寺との闘乱を初見とし[(85)]、一〇世紀後期以降には他寺との武闘や朝廷への嗷訴が続発する。国家は僧尼令的秩序を一〇世紀中葉までに放棄し、社会と寺院・仏教の相互浸透が本格化した[(86)]。大和国では在地土豪層が興福寺など大寺院に結集し始め、大衆勢力の社会的基盤を形成する[(87)]。これはこの時期に律令制の枠を越えた相互依存関係が進展し、摂関政治が転成をみたのと同根の現象である[(88)]。古代文明の双生児たる官人社会と寺院社会は、並行的に変容して中世への歩を速めていた。一方、天皇家・藤原氏の諸権門は天台僧との結合を深め、寺院社会における門流形成や貴種尊重などを惹起したが、南都諸寺にはこうした傾向はさほど及んでいなかった。藤原氏子弟の入寺の増加には注意する必要があるものの、中世寺院を特色づける大衆と門流[89]のうち、興福寺では一〇世紀後期に前者がまず端緒的に成立したのである。

興福寺の中世化の第二の画期は一一世紀後期である。この時期までに大和国土豪層の結集拠点は興福寺に一元化されていったが、承保二年(一〇七五)に関白藤原師実の息である覚信が入寺し、これに伴い大和一国の国務支配が興福寺に委ねられた[90]。「貴種之始」たる覚信は二八才にして維摩会講師を勤め、興福寺別当・一乗院院主として寺内支配権を掌握する。彼の下向によって摂関家と興福寺の関係は緊密化し、院政政権に対峙する姿勢が強められた[91]。院の人事介入に起因する大衆嗷訴が激化したのもこの時期のことである。かくして興福寺においても大衆と門流が勢力を確立したのであるが、さらに注目すべき現象は、この時期に興福寺と春日社の一体化が始まったことである。寛治七年(一〇九三)には興福寺嗷訴に初めて春日神木が持ち出され、両者の政治的連携の達成をはっきりと示した[92]。

さて、この寛治七年の嗷訴に際して作成された興福寺奏状には、日本国は天照大神(天皇家の祖)の勅によって天児屋根命(中臣・藤原氏の祖、春日社の祭神)が扶持するものであり、鎌足と不比等が王室・国土を護るために釈迦像(中金堂本尊)と興福寺を造立して以来、皇后はみな藤原氏から出され、春日社と興福寺は協力し合ってきたと記されている。これは院政に対抗して成立した摂関家＝興福寺＝春日社の緊密な結合を、古代以来のものと粉飾する言説にほかならない。このうち「二神約諾」史観は、天照大神が天忍穂耳命を葦原中国に降す際に、天児屋根命と太玉神に対して近侍・護衛を命じたという『日本書紀』神代紀一書の記載に基づくが、それが現実世界の国政補佐の根拠になるとすれば、中臣氏や忌部氏(太玉神の末裔)が摂関であっても良いはずで、ここでは藤原氏のために書紀が都合よく利用されている。二神約諸史観とは摂関家・興福寺を擁護するために創出された中世的イデオロギーなのであり、やがてそれは『愚管抄』や『神皇正統記』にも継承されていく。[93]

我々は二神約諾史観など奉じてはいない。しかしそれに類した発想法、つまり藤原氏の始源において天皇家との約諾がなされ、両者の特殊な関係が発達して摂関政治を生みだしたという考え方は存続している。近年では持統天皇と藤原不比等の盟約を想定し、その時点で発生した「ミウチ」性が藤原氏の本質であり摂関政治の源流であるとする学説が盛んである。[94]本稿ではこうした考え方をとらなかった。古代政治史の基軸に王権を据えることには賛成であり、天皇の婚姻関係を軽視するつもりは全くないが、「ミウチ」論では婚姻・血縁ばかりが強調され、多様な内容をもつ王権への奉仕が一面化されてしまう。しかも「ミウチ」概念は曖昧かつ恣意的で、キサキや外戚の存在形態の変化が具体的に考慮されないのも問題である。

古代藤原氏を支えたのは二神約諾的な天皇家との特殊な関係ではなかった。累代にわたる王権への奉仕と功績、その褒賞としての高位高官と特権。それは他氏を律していた原理と何ら異なるものではなく、[95]むしろ同じ規範意識に立脚していたからこそ藤原氏は支配層の中で権力を保ち得たと言える。ただ鎌足・不比等の〈文明化の前衛〉としての功績が有利な初期条件となって天皇家への密着をもたらし、時々の政治状況の中でそれが再生産されたのである。かかる天皇家と藤原氏の古代的関係は一〇世紀中期まで基本的に維持されたが、その背後で中世的権門への転換が徐々に準備されていった。二神約諸史観の成立は、この意味で、両者の中世的関係の確立を物語るものにほかならない。

注

(1)　長山泰孝「古代貴族の終焉」(『続日本紀研究』二一四、一九八一年。同『古代国家と王権』吉川弘文館、一九九二年、所収)。

(2)　戦前の専論としては丸山二郎「藤原氏の興隆」(『岩波講座日本歴史』、一九三三年)があり、戦後の研究としては野村忠夫『律令政治の諸様相』(塙書房、一九六八年)、同『奈良朝の政治と藤原氏』(吉川弘文館、一九九五年)、中川収『奈良朝政治史の研究』(高階書店、一九九一年)などに代表される。このほか林陸朗『光明皇后』(吉川弘文館、一九六一年)、田村円澄『藤原鎌足』(塙書房、一九六六年)、岸俊男『藤原仲麻呂』(吉川弘文館、一九六九年)、上田正昭『藤原不比等』(朝日新聞社、一九八六年)などの個別人物研究も、政治過程の考察を主軸とする。

(3)　例えば、高橋崇『律令官人給与制の研究』(吉川弘文館、一九七〇年)。近年では長屋王家木簡の出土が刺激となって、諸氏諸家の財産や経営に関する研究が蓄積され、藤原氏に関する知見も深められた。代表的研究として、大山誠一「藤原房前没後の北家と長屋王家木簡」(『日本歴史』五三四、一九九二年)、井山温子「不比等功封の相続について」(『日本歴史』五四二、一九九三年)。

(4)　かつては藤原氏を律令官僚氏族の代表とする見解が有力であったが、近年は「ミウチ」氏族論が優勢になりつつある。前者の代表としては、竹内理三「八世紀に於ける大伴的と藤原的」(『史淵』五二、一九五二年。同『律令制と貴族政権』第Ⅰ部、御茶の水書房、一九五七年、所収)、後者の代表としては、長山泰孝「古代貴族の終焉」(前掲)、倉本一宏「議政官組織の構成原理」(『史学雑誌』九六―一一、一九八七年。同『日本古代国家成立期の政権構造』、吉川弘文館、一九九七年、所収)。

(5)　例えば、義江明子『日本古代の氏の構造』(吉川弘文館、一九八六年)。

(6)　「東大寺献物帳」の一。『大日本古文書』四巻一二一頁、『寧楽遺文』中巻、宗教編下、献物帳。

(7)　本稿では、天皇(大王)・太上天皇と皇親から構成されるウヂ的な親族集団を、さしあたり「天皇家」と称することにする。

(8)　後藤四郎「国家珍宝帳に関する若干の考察」(『日本歴史』三九八、一九八一年)。

(9)　関根真隆「献物帳の諸問題」(『正倉院年報』一、一九七九年。同『天平美術への招待』、吉川弘文館、一九八九年、所収)。

(10)　薗田香融「護り刀考」(『伝承文化研究』創刊号、一九六四年。同『日本古代の貴族と地方豪族』、塙書房、一九九二年、所収)。

(11)　福山敏男「創立期の法華寺」(『大和文化研究』一三―一〇・一一、一九六八年。同『福山敏男著作集』二、中央公論美術出版、一九八二年、所収)。

(12) なお、奈良国立文化財研究所『平城京長屋王邸跡』(吉川弘文館、一九九六年)では、長屋王邸跡が皇后宮に用いられたという興味深い説が提示されている。同説の検討は今後の課題としたい。

(13) 関根真隆「献物帳の諸問題」(前掲)。

(14) 『続日本紀』天平元年八月戊辰条。

(15) 岸俊男「光明立后の史的意義」(『ヒストリア』二〇、一九五七年。同『日本古代政治史研究』、塙書房、一九六六年、所収)。

(16) 光明皇后に付置された皇后宮職の組織と歴史的意義については、鬼頭清明「皇后宮職論」(奈良国立文化財研究所『研究論集』II、一九七四年)、中林隆之「律令制下の皇后宮職」(『新潟史学』三一・三二、一九九三・九四年)。

(17) 『続日本紀』天平二年四月辛未条。不比等の死後も「大臣家」が存続して封戸を管理し、しかもそれが皇后宮職と密接な関係を有したことを明示する史料である。

(18) 『興福寺流記』(『大日本仏教全書』一二三)所引「宝字記」「延暦記」。前者は「渉夏尽秋、工夫已備」と同年冬には造営が終わったように記すが、後者は「匪四而成、暮(朞の誤写ならん)年而畢」と一年以内に完成したと述べる。いずれにせよ造塔としては異様に短期間である。なお、「天平記」などの興福寺資財帳の年代、および『興福寺流記』の史料的性格については、渋谷和貴子「『興福寺流記』について」(『仏教芸術』一六〇、一九八五年)、参照。

(19) 『興福寺流記』所引「宝字記」。この部分の叙述は、聖武が自ら大仏造営に携わることを述べた「大仏殿碑文」(『東大寺要録』巻二。福山敏男「大仏殿碑文に就いて」〔『考古学雑誌』二二―一二、一九三二年〕参照)と類似し、興味深い。

(20) 毛利久「興福寺伽藍の成立と造像」(『仏教芸術』四〇、一九五九年。同『仏師快慶論』、吉川弘文館、一九六一年、所収)は、聖武建立の東金堂と光明建立の五重塔が独立区画(東院)を形成することに注目し、光明が立后を記念し、聖武との和合を祈る意を込めたものと解する。

(21) 福山敏男「奈良時代に於ける興福寺西金堂の造営」(『東洋美術』一七、一九三三年。同『日本建築史の研究』、桑名文星堂、一九四三年、所収)。

(22) 毛利久「興福寺伽藍の成立と造像」(前掲)は三期に区分するが、これをやや改変した。

(23)　井上和人「古代都城制地割再考」(奈良国立文化財研究所『研究論集』Ⅶ、一九八四年)。
(24)　太田博太郎『南都七大寺の歴史と年表』(岩波書店、一九七九年)。
(25)　『続日本紀』養老四年十月丙申条。同日に養民司と造器司が置かれたが、養民司は不比等墓を造営するため特別に設置された官司であった(長山泰孝「養民司と養役夫司」『続日本紀研究』二〇〇、一九七八年)。従って造興福寺仏殿司も不比等供養のために置かれたものであり、『興福寺流記』に照らせば、それが北円堂造営にあたったことは疑いない。これを以て興福寺造営の開始と見る説(藪中五百樹「奈良時代に於ける興福寺の造営と瓦」〔『南都仏教』六四、一九九〇年〕)は成立困難で、「本願」＝不比等の存命中に中枢堂舎は建築が完了(またはかなり進捗)していたと見なければならない。
(26)　麻木脩平「興福寺南円堂の創建当初本尊像と鎌倉再興像」(『仏教芸術』一六〇、一九八五年)。
(27)　ただし『興福寺縁起』所引「延暦記」は、五重塔造営を「中務卿藤原朝臣(房前)等」が助けたとしており、全く無関係ではなかったようである。同記が事実を伝えているとすると、氏上である武智麻呂よりも房前のほうが深く関与したことになり、種々議論のある両者の関係を考える上で参考になる。なお、注(83)も参考のこと。
(28)　『続日本紀』天平十年三月丙申条。同日に永く封戸を施入された法隆寺と隅寺(海竜王寺)も光明と関係の深い寺院であった。法隆寺については若井敏明「法隆寺と古代寺院政策」(『続日本紀研究』二八八、一九九四年)、海竜王寺については岩本次郎「平城京と京東条里」(『古代史論集』上、塙書房、一九八八年)、参照。
(29)　森下和貴子「藤原寺考」(『美術史研究』二五、一九八七年)。
(30)　鷺森浩幸「藤原光明子家に関する一史料」(『続日本紀研究』三〇五、一九九六年)。
(31)　『寧楽遺文』中巻、宗教編下、経典跋語。
(32)　『類聚三代格』巻三、国分寺事、天平十三年二月十四日勅。
(33)　福山敏男「大和法華寺」(前掲『日本建築史の研究』、一九四三年)。
(34)　『続日本紀』天平宝字四年六月乙丑条。
(35)　旧稿発表後、東大寺境内(羂索堂・千手堂などから谷一つ隔てた丸山西斜面)において、興福寺式軒瓦が散布する大規模な堂舎遺跡を確認した(吉川「東大寺山堺四至図」〔『日本古代荘園図』、東京大学出版会、一九九六年〕)。また、二月堂仏餉屋下層などでも東大寺創建以前の瓦が出土している。これらの遺跡は興福寺と東大寺を結ぶミッシングリンクなのかも知れない。

(36)『続日本紀』文武二年八月丙午条。意美麻呂等は旧姓中臣朝臣に復せしめられたが、それは「神事ニ供レルニ縁テ」という理由に基づくものであり、この時に藤原氏は神祇祭祀を司る中臣氏から独立したのである。

(37) 岸俊男「県犬養橘宿祢三千代をめぐる臆説」(『末永先生古稀記念古代学論叢』、吉川弘文館、一九六七年。同『宮都と木簡』、吉川弘文館、一九七七年、所収)。

(38)『続日本紀』天平八年十一月丙戌条。

(39) 義江明子「橘氏の成立と氏神の形成」(『日本史研究』二四八、一九八三年。義江前掲『日本古代の氏の構造』所収)。

(40)「藤原四卿政権→橘諸兄政権→藤原仲麻呂政権」という通説的な政権推移史は、藤原・反藤原の対立を基軸に構成されたものだが、光明皇后と橘諸兄の連携を想定する本稿の視点からは、この三「政権」に藤原・反藤原の差異は認め難い。

(41)『続日本紀』慶雲四年四月壬午条。近年の吉川敏子「律令貴族と功封」(『日本史研究』三八七、一九九四年)は同条の「伝于子孫」を子・孫への伝世を認めたものとする独特の理解を示すが、「次々賜リ往カムモノ」の一句の重みを見逃し、かつ封戸・資人を管理する組織としての「故太政大臣家」の実像が不明瞭であって、従い難い。

(42) 林陸朗『光明皇后』(前掲)、井山温子「不比等功封の相続について」(前掲)。

(43)『続日本紀』養老五年五月乙丑条、天平五年十二月辛酉条。ともに資人にも言及されているから、これを管理する家政機関の存続を当然想定せねばならない。不比等功封に比して、三千代食封の存続が従来注目されてこなかったのは不審である。後述の如く、三千代死後の家政機関と食封資人は光明が管理したと考えるが、それがいつまで続いたかは明瞭でない。

(44) 井山温子「不比等功封の相続について」(前掲)。長屋王家における長屋王・吉備内親王の家政機関の連携と同様の状況を想定し、それが不比等死後(さらに三千代死後)まで存続したと考えるのである。なお、井山はこうした状況を天皇家の財産形成という観点から理解しようとするが、その点には従い難い。

(45) 通説では藤原広嗣乱の謝罪と考えるが、何の関係もあるまい。管見の限りでは、広嗣乱との関連を想定しない先行研究は、岸俊男『光明皇后』(平凡社、一九七九年)のみである。本章執筆に際して、同書からはこのほかにも種々の示唆を受けた。

(46)『類聚三代格』巻一七、蠲免事、弘仁十一年正月六日勅。

(47)『政事要略』巻二五、年中行事十月、十日興福寺維摩会始事。なお、この「旧記」を福山敏男「興福寺の建立」(『東洋美術』二一、一九三五年。同『日本建築史研究』、墨水書房、一九六八年、所収)は「藤原不比等伝」だと見ている。

(48) 近年、維摩会に関する研究は急速に進んだ。上田晃円「興福寺の維摩会の成立とその展開」(『南都仏教』四五、一九八〇年。同『日本上代における唯識の研究』永田文昌堂、一九八五年、所収)、土橋誠「維摩会に関する基礎的考察」(『古代史論集』上、塙書房、一九八八年)、堀池春峰「維摩会と閑道の昇進」(『中世寺院史の研究』下、法蔵館、一九八八年)、井村哲夫「天平十一年「皇后宮之維摩講仏前唱歌」をめぐる若干の考察」(『記紀万葉論叢』、塙書房、一九九二年)、高山有紀『中世興福寺維摩会の研究』(勉誠社、一九九七年)、など。

(49) 『続日本紀』天平宝字元年閏八月壬戌条。なお、『家伝』鎌足伝も参照のこと。

(50) 横田健一「藤原鎌足と仏教」(『日本仏教』六、一九六〇年。同『白鳳天平の世界』、創元社、一九七三年、所収)、薗田香融「最澄の論証を通じて見た南都教学の傾向」(『史林』四三―一・四、一九六〇年。改題して同『平安仏教の研究』、法蔵館、一九八一年、所収)。

(51) 薗田香融「最澄の論証を通じて見た南都教学の傾向」(前掲)。

(52) 林屋辰三郎『日本の古代文化』(岩波書店、一九七一年)。

(53) 薗田香融「わが国における内道場の起源」(『仏教の歴史と文化』、同朋舎出版、一九八〇年)。

(54) ただし、鎌足のこの時点での内臣就任は不確実である。岸俊男「たまきはる内の朝臣」(『歴史と人物』、吉川弘文館、一九六四年。岸前掲『日本古代政治史研究』所収)。

(55) 『日本書紀』大化元年八月庚子条・癸卯条。

(56) 『日本書紀』大化三年是歳条。「大会・饗客」と「四月・七月斎時」(仏生会と盂蘭盆会)における着用が規定された。

(57) 仏教という点から見た難波長柄豊碕宮の画期性については、吉川「難波長柄豊碕宮の歴史的位置」(『日本国家の史的特質』古代・中世、思文閣出版、一九九七年)。

(58) 石上英一「古代東アジア地域と日本」(『日本の社会史』一、岩波書店、一九八七年)。

(59) 『日本書紀』天智十年十一月丙辰条、同天武八年五月乙酉条。

(60) もっとも、厩坂寺の遺址が通説どおり橿原市ウラン坊の廃寺(福山敏男「葛城寺及び厩坂寺の位置について」(『大和志』一―三、一九三四年。改題して前掲『日本建築史研究』所収))でなく、橿原市久米町の久米寺であったとするとやや事情は変わってくる。久米寺は大和国でも最大級の塔基壇を遺すことから見て、かなりの大寺院であったことは確実なのであるが、興福寺と同笵の軒瓦が出土することから既坂寺ではないかと推定する学説がある(山崎信二「後期古墳と飛鳥白鳳寺院」〔『文化財論叢』、同朋舎出版、一九八三年〕)。
(61) 横田健一「藤原鎌足伝研究序説」(『関西大学文学論集』創立七十周年記念特輯号、一九五五年。横田前掲『白鳳天平の世界』所収)。
(62) 長山泰孝「古代貴族の終焉」(前掲)、遠山美都夫『大化改新』(中央公論社、一九九三年)。
(63) 『続日本紀』慶雲四年四月壬午条、天平感宝元年四月甲午条、天平神護二年正月甲子条、宝亀二年二月己酉条。
(64) 野村忠夫『律令官人制の研究　増訂版』(吉川弘文館、一九七〇年)。
(65) 林屋辰三郎『日本の古代文化』(前掲)。なお、上川通夫「ヤマト国家時代の仏教」(『古代文化』四六―四、一九九四年)も七世紀における仏教と儒教の補完的関係を論じている。
(66) 岸俊男「たまきはる内の朝臣」(前掲)。
(67) 上田晃円「興福寺の維摩会の成立とその展開」(前掲)。
(68) 維摩のイメージを鎌足でなく、不比等に重ねたのは、上山春平『埋もれた巨像』(岩波書店、一九七七年)であったが、上山の論全体を含めて、従い難い点が多い。
(69) 岸俊男『藤原仲麻呂』(前掲)。
(70) 『続日本紀』天平勝宝九歳五月丁卯条、同天平宝字二年六月乙丑条。
(71) 『続日本紀』天平宝字四年八月甲子条、十二月戊辰条。
(72) 早川庄八「奈良時代前期の大学と律令学」(『万葉集研究』七、塙書房、一九七八年。同『日本古代官僚制の研究』、岩波書店、一九八六年、所収)。
(73) 早川庄八「新令私記・新令説・新令問答・新令釈」(『続日本紀研究』二一八、一九八一年。同『日本古代の文書と典籍』、吉川弘文館、一九九七年、所収)。
(74) 熊谷公男「古文書の調査」(『正倉院年報』五、一九八三年)。
(75) 原秀三郎「日本列島の未開と文明」(『講座日本歴史』一、東京大学出版会、一九八四年)。
(76) 『日本書紀』大化元年八月庚子条、大化二年三月甲申条、大化三年是歳条。元日朝賀儀は大化二年・四年・五年、白雉元

年・三年と連年見える。和田萃「タカミクラ」（『日本政治社会史研究』上、塙書房、一九八四年。同『日本古代の儀礼と祭祀・信仰』上、塙書房、一九九五年、所収）、参照。

(77) 青木和夫「律令論」（『日本史の問題点』、吉川弘文館、一九六五年。同『日本律令国家論攷』、岩波書店、一九九二年、所収）、桃裕行『上代学制の研究』（目黒書店、一九四七年）。

(78) 御子柴大介「光明子の仏教信仰」（『シリーズ女性と仏教』一、平凡社、一九八九年）も鎌足―不比等―光明という「仏教信仰」の系譜を論じ、参考になるが、本稿ではこれを単なる個人的信仰の問題だけではなく、国家イデオロギーの問題としても理解したい。

(79) 原秀三郎「日本列島の未開と文明」（前掲）。

(80) 『懐風藻』序文、『続日本紀』天平宝字元年閏八月壬戌条。

(81) 『続日本紀』養老三年十月辛丑条。

(82) 林屋辰三郎『日本の古代文化』（前掲）。このように天武朝を反動期と理解するのは古い学説であるが、国家イデオロギーの面から再評価できると考える。

(83) 平安時代興福寺の法会体系については、堀池春峰「維摩会と閑道の昇進」（前掲）、参照。新しい諸法会の中でも重視されたのが南円堂の法華会・長講会であるが、前者は冬嗣が父内麻呂の忌日法会として、後者は良房が父冬嗣・母美都子の忌日法会として始めたもので、いずれも藤原北家の法会であった。『興福寺縁起』によれば、長講会は良房存命中から太皇太后順子が援助し、両没後は後太皇太后明子がこれを主宰した。明子死後は良世が継承したが、その時点で氏長者は時平に移っており（良世は致仕していた）、両者の相談で法会が再興されたという。この「良房→順子→明子→良世・時平」という主宰者継承史は、藤原北家の筆頭人物を明確に表現しており（男性の議政官・氏長者のみでなくキサキが重要だったのである）、本稿の〈鎌足―不比等―光明〉という主張の有効性を傍証するであろう。なお、他の法会について付言すると、菅家本『諸寺縁起集』によれば、興福寺講堂では維摩会・方広会のほかに不比等・光明・房前の忌日法会が開催されていた。乙牟漏忌日法会が見えず、かかるあり方がいつまで遡るか未詳であるが、〈鎌足―不比等―光明〉、そして房前が見えることには一応注目する必要があろう。

(84) 京楽真帆子「平安時代の「家」と寺」（『日本史研究』三四六、一九九一年）。

(85) 『貞信公記抄』天慶八年六月三十日条。

(86)　平雅行「中世仏教と社会・国家」（『日本史研究』二九五、一九八七年。改題して同『日本中世の社会と仏教』、塙書房、一九九二年、所収）。
(87)　泉谷康夫「摂関政治期の大和国」（『摂関時代と古記録』、吉川弘文館、一九九一年）。
(88)　本書第三部第二章「摂関政治の転成」。
(89)　黒田俊雄『寺社勢力』（岩波書店、一九八〇年）。
(90)　大山喬平「近衛家と南都一乗院」（『日本政治社会史研究』下、塙書房、一九八五年）。
(91)　元木泰雄「院政期興福寺考」（『大手前女子大学論集』二一、一九八七年。同『院政期政治史研究』、思文閣出版、一九九六年、所収）。
(92)　『扶桑略記』寛治七年八月二十二日条。永島福太郎「春日社興福寺の一体化」（『日本歴史』一二五、一九五八年）、参照。
(93)　早川庄八「平安時代における天皇の一断面」（『講座日本思想』三、東京大学出版会、一九八三年。改題して早川前掲『日本古代官僚制の研究』所収）。
(94)　上山春平『埋もれた巨像』、倉本一宏「議政官組織の構成原理」、長山泰孝『古代国家と王権』、遠山美都夫『大化改新』など（いずれも前掲）。
(95)　熊谷公男「「祖の名」とウヂの構造」（『律令国家の構造』吉川弘文館、一九八九年）。なお、これは〈君恩—奉仕〉という律令官人秩序とも不可分の関係にあった。

第二部　律令国家の政務と文書

第一章　勅符論

序

大宝公式令には、養老令にない「勅符式」という独自の文書様式が、符式条の付則として規定されていた。まず、大宝公式令符式条の復原案を掲げる。(1)

【史料①】

符式

太政官符其国司

其事云々。符到奉行。

大弁位姓名　　史位姓名

年月日　使人位姓名

鈴剋伝符亦准此。

右太政官下国符式。省台准此署名准弁官。其出符、皆須案成、并案送太政官検勾若事当計会者、仍録会目、与符俱送太政官。自余諸司応出公文者、皆准此。若勅直云勅符。

傍線部が勅符付則で、太政官符のうち勅を受けたものについては「太政官符」とせず、直ちに「勅符」と書き出せとの意である。官符転用に関する簡潔な規定であるが、勅符によってミコトノリを施行することについては、それが詔書式・勅旨式・飛駅式などを用いた詔勅の施行とどう関係するかを中心に、一九六〇年代以降、古代史研究者の関心を集めてきた。公式令に規定された文書の作成・施行過程から律令国家の権力構造を考える方法が有効性を認められ、とりわけ養老令で削除された勅符は、大宝令またはそれ以前の太政官制の特質を探る絶好の手がかりとされたからである。(2)そこで本稿では、勅符に関する諸学説を検討しつつ独自の見解を提出し、日本古代文書制度の成立史を考える一助としたい。

1　勅符の根本史料

勅符に関する史料は少なくないが、考察の根本とすべきは『令集解』公式令符式条古記のみである。他の史料は全て、大宝令制下の断片的な情報を伝えるか、あるいは養老令施行後における明法家の解釈を示すものに過ぎず、検討においては副次的なものとせざるを得ない。もっとも、かつては紅葉山文庫本『令義解』公式令符式条書入が勅符式に関する有力な史料とされたこともあった。それは次のようなものである。(3)

【史料②】

釈云。若勅直云勅符也。師説云。其勅符者、以勅字代太政官、以勅到字代符到、而注年月日付使人位姓名及鈴剋耳。雑官不署。

しかし、史料②には二つの問題がある。第一に、ここから復原される「勅符」の様式が大宝令勅符とは全く異質であること。即ち、書き止めは「勅到奉行」となり、また誰の署名もなされない。大宝令勅符が「符到奉行」

で結び、弁・史が署名するものであったことは後述の如くであるが、ここまで様式が異なれば両者が同じものとはとても見なし難い。むしろ『令義解』書入の「勅符」は、『儀式』『延喜式』などに見える駅伝勅符と同じものと考えるべきなのである。[4] 第二の問題は、史料②の「師説」が令釈所引のものとは限らないこと。令釈が引く師説なら大宝令制下の註釈としてよいが、紅葉山文庫本『令義解』には「釈云…」が頭書、「師説云…」が傍書の形で書き入れられており、[5] 国史大系校註のようにそのまま接続するわけではない。もちろん両者は転写の際に分離したのかも知れず、「師説」がやはり令釈所引のものである可能性も大きいが、しかし「釈云…」とは筆勢や文字の大きさを違えて写されている現状を見るなら、両者が本来一体のものだったと即断するのは躊躇される。この「師説」を簡単に大宝令制下の註釈と決めてかかることはできず、慎重な吟味が必要なのである。

かくして本稿では『令集解』公式令符式条古記のみを、大宝令勅符に関する確実な基本史料と認定する。勅符を正しく理解できるかどうかは、一にこの古記の読解にかかっているのである。新訂増補国史大系本に従って、当該部分を掲げておきたい。

【史料③】

古記云。……。問。勅直云二勅符一。未レ知。勅符。答。(a)不レ依二中務一。直印二太政官一。為二勅符一。遣宣。故太政官得レ為二勅符一。(b)注云二勅符其国司位姓等一。不レ称二太政官一。知太政官勅符者。以二大弁一署名耳。

2　古記をどう読むか

史料③の古記の言うところは一読しただけでは判然としないが、少なくとも(a)部で勅符の作成・施行方法を、(b)部で勅符の様式を述べていることだけは間違いない。まずは比較的簡単な(b)部であるが、国史大系の返り点に従う限り「知ル」主体は古記となり、「勅符は大弁のみの署で済ますとあるのは、公式令勅旨式条にみえる大中少弁三人の署を必要とするところを大弁のみで足るということだろう[6]」といった漠然たる解釈を生む。しかし、この文脈では古記が何かを「知ル」論理展開にはならない。また「大弁ヲ以テ署名スルノミ」の「以テ」は落ち着きが悪く、ないほうが良い程である。ここは「以」と「知」を因果関係で結び、返り点を「不レ称二太政官一、知二太政官勅符一者、以二大弁署名一耳」と改めるべきで、そうすれば「(勅符の冒頭には)太政官と記さないが、(受け取った側が)太政官の発給した勅符であるとわかるのは、大弁が署名しているからである」と明快に解釈できる。つまり古記にとって勅符が符式の準用であり、一般の官符と同様、大弁と史が署名することは自明の事実だったのである。書き換えの指示されていない書止文言が、一般の官符に準ずる「符到奉行」であったことも容易に想定できる。

問題は(a)部である。勅符の作成・施行に関わるため様々な意見が出されてきたが、最も有力なのは森田悌の解釈であろう[7]。森田は「不レ依二中務一、直印二太政官一、為二勅符二」という国史大系本の読みを「意味が判然とせずとり難い」として、「不レ依二中務一直印、太政官為二勅符二」に改めた。これは「勅旨が中務卿大少輔の宣奉行ないし位置を経ず太政官へ伝達されるということを意味せず、踏印に関してのみ中務省が関与せず太政官のみで行う」ことであり、延喜主鈴式に見える勅符の請印方法とも一致するという。こうして勅符は、中務から送達された勅旨を施行するための官符と評価され、詔書・勅旨とは別系列の文書とする従前の学説は悉く批判されたのである。確かに「直印太政官」を「太政官が印する」「太政官で印する」「太政官印を捺す」などと解釈するのは、文法的にかなり無理がある。また後二者では勅符に外印を捺すことになり、穏当ではなかろう。国史大系本をこのまま読むことは確かに困難であり、ここに森田説が広く認められた理由があった。

しかし、森田の読みにも問題が多い[8]。第一に「不レ依二中務一直印、太政官為二勅符一遣宣」の順序が奇妙である。普通なら①文面作成、②捺印、③施行の順になるはずで、主語の置き方から言っても「太政官為二勅符一、不レ依二中務一直印、遣宣」が正しい表現と思われるのだが、古記がわざわざ倒置したのは何故か。第二にその直後に「故太政官得レ為二勅符一」という一句があるが、これは何のために記されたのか。「故」や「得」の意味も明瞭でない[9]。要するに、森田説では(a)部全体を論理的構造をもった漢文として読めないということであるが、しかしそもそも「不レ依二中務一直印」と訓じて「太政官だけで捺印する」と解釈すること自体、論拠となる内印請印儀の理解が正当とは言えず、とても依拠し難いのである。この点は特に重要であるから、やや詳しく述べておかねばならない。

『延喜式』では勅符の請印について特例があった。巻一二、主鈴には「凡下諸国公文、少納言奏請印状、訖主鈴印之。但勅符并位記、少納言印之」とあり、一般の公文は中務省主鈴が内印を押捺したのに対し、勅符は少納言自身が印したのである。『儀式』巻一〇、飛駅儀・固関使儀・駅伝儀にもその具体的な儀を見ることができ、「勅符への踏印に当っては、一応主鈴＝中務とは没交渉に少納言＝太政官のみで行っていた」との森田説を裏付ける如くである。しかし、これを古記の解釈に用いることはできない。第一に、『儀式』に明記するように飛駅勅符・駅伝勅符は内記、つまり中務省が作成するのであり、これを弁官が作る大宝令勅符と同一視するのは問題である。第二に、勅符・位記への捺印に中務省が「没交渉」だったとはとても考え難い。飛駅勅符・駅伝勅符、さらに位記（『内裏儀式』、七日宴会式）の請印に際しては、通常の内印請印には決して参会しない中務輔が立会い、しかも少納言が捺印する時には勅符・位記の一端を執ったからである。これが何を意味するかと言えば、中務省が直接に作成・施行する天皇文書は、主鈴捺印・少納言監督という一般的な方式ではなく、少納言と中務輔の共同作業によって捺印するという極めて厳格な手続が取られたということにほかならない。森田はこの中務輔の役割を軽視する一方、主鈴の捺印は中務省の行為として論じたが、事実は森田説と正反対で、勅符と位記の請印には中務省が積極的に関与したと解釈するべきである。『延喜式』巻一二、内記が、飛駅勅符・駅伝勅符の請印主体を少納言・中務輔・主鈴としていることに、深く思いを致さねばならない。[10]

このように森田の古記解釈には、「不㆑依㆓中務㆒直印」と読む論拠が薄弱であるため、従えない。[11]（a）部全体が文章としてうまく読めないのも、やはり国史大系の読み替えに問題があったためではあるまいか。

それでは（a）部をどう読むか。「直印㆓太政官㆒」でも「不㆑依㆓中務㆒直印」でも読解不可能とすれば、最終手段としては『令集解』の「直印」部分に誤字があると考えるほかない。もちろん、安易に史料の文字を改めるのは戒心すべきことであり、写本の異同や直接の関連史料がない以上、[12]よく似た文章表現と比較しつつ可能性の枠を狭めていくという周到な手続きをとる必要があろう。[13]そこで『令集解』公式令からこれに類した表現を集めてみると、そもそも令文自体に「凡諸司受勅、不経中務径来、及宣口勅者、不得承用」（諸司受勅条）という言い方が見られ、また明法家の諸説にも「更不合経中務、直至所司」（詔書式条跡記）、「不経太政官、直送於所司」「不関中務、而直勅耳」（勅旨式条古記）、「不由弁官、而径至府庫者、不合有也」（勅旨式条穴記）、「中務省受取、直則可遣也、不必経太政官也」(飛駅式条朱説)、「但追摂罪人者、不由所管、直向他司」(移式条義解)、「直上太政官、不由中務省」(陳意見条義解)、「不必経長官、得直申奏也」(諸司奏事条義解)、「不経次官直奏」(諸司奏事条朱説)、などと枚挙に遑がない。さて、これらに共通するのは、意志・文書・物品・罪人が送達されるとき「直(径)チ」に甲から乙に届けられ、丙を経由しない、または丙が関知しないということである。経由・関知は「経ル」「関ル」「由ル」などと表現され、公式令事有急速条にも「縁ル」が見える。[14] 恐らく符式条古記も「不依」と「直」を対立的に用い、「不レ依二中務一、直〇二太政官一」という類型的な表現をとったものと考えられ、「〇」には「命令を伝える」といった意味の文字が入るのではなかろうか。「印」と誤りやすい文字でこうした意味を持つものとしては、「仰」をまず考えるべきであろう。かくして本稿では、「印」を「仰」に意改することを提唱したい。そうすれば古記(a)部は「中務ニ依ラズ、直チニ太政官ニ仰セ、勅符ヲ為リテ遣宣セシム。故ニ太政官、勅符ヲ為ルヲ得」と訓ずることができ、「中務を経由せずに(中務を関与させずに)直接太政官に勅し、勅符を作成して遣宣(施行)させる。このような方法をとるから、太政官は(天皇の意志を自ら文章化して)勅符を作ることができるのである」という実に明快な内容となる。文章全体の構成も論理的で、作成・施行の順序、「故」「得」の意味など森田説の問題点も難なく解消されるであろう。

以上の考察により、『令集解』公式令符式条古記の読みはほぼ確定できたと考える。念のため、新しい句読・返り点を再掲しておきたい。

【史料③′】

古記云。……。問。勅直云二勅符一。未レ知、勅符。答。不レ依二中務一、直仰二太政官一、為二勅符一遣宣。故太政官得レ為二勅符一。注云二勅符其国司位姓等一。不レ称二太政官一、知二太政官勅符一者、以二大弁署名一耳。

これにより森田説の中核、即ち勅符は中務から送達された勅旨を施行する官符であるとの主張は、きっぱりと否定されねばならない[15]。勅符は詔書・勅旨とは何ら関係がなく、天皇の意志を太政官が直接に受け、それを施行するための文書だったのである。

3　勅符の作成と施行

それでは太政官は勅符をどのように作成し、施行したか。これに関しては早川庄八の所説が最も詳細である[16]。早川説は森田説の倒壊によって、ここに復活した。それが『令集解』をうまく読解していたとは言えないことは先述したが、中務を経ない勅命を太政官が施行したという点については、正しい認識を得ていたのである。しかし、勅符の作成・施行過程から太政官組織の構造を論じた部分には問題が多く、これについては以前に簡単に意見を述べたこともあるが、ここで再び詳しく批判したいと思う[17]。

早川によれば、勅符の作成と施行には三つの特色があった。第一に、勅符の作成には「手続上は」太政官本局（議政官＋少納言局）は関与せず、弁官局のみが専当したこと。第二に、少納言局も駅鈴・伝符について関与したはずだが、勅符の施行は弁官局の主導のもとに行なわれたこと。第三に、勅符下達の対象は「原則として」京官ではなく、在外諸司であったと考えられること。以上の三点から、太政官本局からの弁官局の独立性が説かれ、弁官には天皇と諸国を結ぶ勅命伝達機関たる性格があったと主張された。

しかし、これらの論点には従い難い。まず第三点であるが、史料①の大宝公式令符式条に、外官に下達する原則があるとは読めない。国司に下す官符が例示されているのは、外官宛の符は使人・鈴刻が記されるため最も詳細な文面になったからと見るべきで、立法者の意図はやはり「解式ニ『八省以下内外諸司、太政官ニ上ランハ解ニ為レ』ト云ヘレバ、明ラカニ（省台宛にも）符ヲ為ルノ状ヲ知ル」（古記）だったと考えられる。養老令の改訂はかかる法意を明瞭にしたものに過ぎない。大宝令には太政官が京官に下す文書様式を「原則として」は規定せず、とするのは文書の体系的運用を無視した形式論理と言わねばならない。従って、符式をそのまま準用した勅符式も外官宛を原則とはしておらず、京官にも発給されるものであったと見るべきであろう。

次に第一点について。弁官が勅符を作成したことは疑いなく、これは通常の太政官符と変わるところはない。そこで弁官への勅命伝達経路を考えると、私見によれば勅命は太政官に「仰」せられる、つまり口頭伝達されるものであった。平安時代の殿上弁・蔵人弁ならともかく、入閤規制の強かった八世紀前期においては[18]、弁官が直接に天皇の仰せを受けたとは考えにくい。〈天皇→太政官本局→弁官局→諸司諸国〉と推測される天武朝以来の勅命伝達経路から考えても[19]、奏宣官たる納言（大中納言・少納言）が入閤し、天皇のいる殿舎の南庭版位で勅を受け[20]、それを弁官に伝宣したと見るのが妥当である。つまり勅符は、〈太政官本局→弁官局〉という通常の官符の命令伝達の上に、〈天皇→太政官本局〉という経路が付加されたものと言え、決して天皇と弁官が直結し、議政官と没交渉に命令を発する文書様式だったとは考えられないのである。

最後に第二点について。勅符が太政官符の一種であった以上、弁官が施行に携わるのは当然であるが、施行の直前にも太政官本局が関与したと思われる。勅符は口頭の「仰」を直接に文書化するものであったから、文面が完成すると覆奏が必要になるはずであり、これに当たるのはやはり奏宣を任とする納言だったと見るべきであろう。また、古記は勅符への捺印には言及しないが、たとえ京官宛であっても天皇の意をそのまま伝える勅符に踏印がなかったとは考えがたく、ここでも少納言が内印を請印して天皇に施行許可を求めたと推測される。この覆奏と内印請印は同一の作業であった可能性が高いが、いずれにせよ天皇に勅符施行の許可を請う納言の奏が必要とされたことが想定され、それは太政官本局の職掌として、議政官の十分な指揮・監督下に行なわれたと考えるべきなのである。

以上早川説に批判を加えてきたが、結局のところ天武朝に太政官と大弁官が並立していたとする八木充[21]以来の構想と、公式令の書式のみから文書の性格を考え、令文に現れない政務実態を捨象する方法とが複合して、勅符の理解に問題点を生んだと考えられる。本稿の主張は極めて単純にして、ある太政官符が議政官の意向によるものなら「太政官符」、天皇の「仰」を受けたものなら「勅符」とされたに過ぎず、両者とも議政官の指揮・監督のもと、弁官によって作成され施行された、というものである。

4　勅符の起源

前節に示した単純な私見は、大宝公式令符式条の勅符付則の簡潔さに符合し、逆に史料①の復原案の正当性を裏付けると考えるが、一方でこうした符式条の読み替えについては、太政官符の性格変化が重大過ぎるといった奇妙な批判がある。[22]そこで、次に勅符が如何にして成立した文書であるかを述べることで、こうした論難を封じておきたい。

そもそも「太政官符」という書き出しを、天皇の発令たるが故に「勅符」に換えることは、それほど不自然なことであろうか。かかる方法は、八世紀初頭以前の日本ではかなり一般的に行なわれていたのではなかろうか。こうした推測を裏付けるのは、近年出土した長屋王家木簡の「大命符」である。例えば、次のようなものが

ある。(23)

【史料④】

・吉備内親王大命以符　婢筥入女進出□

・　五月八日少書吏国足　家令　家扶　□

【史料⑤】

・大命以符牟射□□□□　酒人□

・洗退給米一斛塩二斗　五月二日少書吏国足　家令

長屋王家木簡は複数の家政機関が存在する邸宅で破棄されたもので、その本主については諸説あるが、さしあたり本稿では長屋王と吉備内親王とする見解に従っておく。(24)さて、史料④⑤は吉備内親王家から長屋王家に宛て発給した文書木簡と考えるのが、現時点では最も穏当であろう。(25)注目すべきは「大命以符」という書式で内親王の命を伝達していることで、他にも「以大命符」「以大命宣」「大命符」「大命宣」「御命宣」と書き出すものが見られる。内親王家からの文書木簡は「物品請求の木簡」の多くを占めるとされているが、(26)そうしたものは単に「符」「移」「召」と書き出すのが通例であり、特に内親王の命を受けたことを明記すべきものにのみ、「大命以」等を付加しているのである。とすれば、「大命符」は文書冒頭に命令を伝える旨を特記する点において、まさに大宝令勅符と同一の書式をとっていると言わねばならない。もっとも「大命符」には他に類例がなく、また勅符のように機関名(政所など)を「大命」に転換しているのではない点に問題は残るが、八世紀初頭の家政機関文書が他にない以上、長屋王家木簡の諸例はやはり尊重されるべきであり、また符では発給機関名を省略することも多く、ここでは〈機関名＋符〉から〈命令＋符〉への書式転換よりも、冒頭に〈命令＋符〉を記したことこそを重視したい。

右の私見が認められるとすれば、勅符とは、太政官が天皇の近侍・輔弼機関として発給した最上級の「大命符」にほかならず、「宮」や「家」の文書一般とも通ずるところがあったものと考えられる。更に示唆的なのは、長屋王家木簡の「以大命符」が「以大命宣」などとも記されたことである。「符」とは「宣」、つまり「ノタマフ」行為が文書化されたものであり、「勅符」は「スメラガオホミコト」を「ノタマフ」文書にふさわしい呼称なのであった。七世紀の皇子や太政官が勅命・諸政を「奉宣」したのは、勅符（またはその前身文書）の発給と表裏一体の行為と言え、[27] 史料③が勅符の施行を「遣宣」と述べているのも理由のないことではない。公式令成立以前から存在した「オホミコト」を伝達する行為・文書の性格を、勅符や「大命符」はよく伝えているのではないだろうか。

このように考えて来ると、勅符と詔書・勅旨の関係についても正しい理解が開ける。勅符が古くから用いられてきた勅命伝達文書の系譜を引くのに対し、詔書・勅旨は唐公式令を新しく直輸入した文書だと推測されるのである。符式を転用した勅符なるものは唐令になく、[28] 日本公式令で独自に定立されたものらしいが、詔書・勅旨は唐公式令の書式を踏襲したものであった。そこで次に唐令継受のあり方を少しく観察し、この推測の当否を確認したい。まず、唐永徽公式令の詔書式・勅旨式の書式部分を掲げる。[29]

【史料⑥】

詔書式

門下。云々。主者施行。

年月御画日

中書令具官封臣姓名　宣
中書侍郎具官封臣姓名　奉
中書舎人具官封臣姓名　行
侍中具官封臣名
黄門侍郎具官封臣名
給事中具官封臣名　　等言。
臣聞、云々。臣等、云々。無任云々
之至。謹奉
詔書如右。請奉
詔付外施行。謹言。
　年月日
可　御画

【史料⑦】
勅旨式
勅旨。云々。
　年月日
中書令具官封臣姓名　宣
中書侍郎具官封臣姓名　奉

中書舎人具官封臣姓名　行

奉

勅旨如右。牒到奉行。

年月日

侍中具官封名　　門下録事名

黄門侍郎具官封名

給事中具官封名　　主事名

両者は一見大きく書式が異なるが、それは詔書では〈起草・御画日↓中書署名・送付↓門下署名・覆奏↓御画可↓門下送付〉と二度にわたる皇帝の御画があるのに対し、勅旨では御画はなく〈起草↓中書署名・送付↓門下署名・送付〉という簡略な手続きをとったからである。つまり詔書・勅旨とも、起草官・中書省・門下省（以上皇帝近侍機関）で作成され、尚書省（国政統括機関）に送達し、施行を命ずる文書である点では同一であった。

日本公式令制定者は、史料⑥⑦の書式を忠実に模倣しようとした。まず⑥については、中書省を中務省に、門下省を議政官に改め、尚書省の代わりに弁官に施行を命ずる形で、首尾よく翻案に成功した。ところが⑦ではそうはいかない。門下省が尚書省に「牒」することはできたが、議政官が下僚の弁官に「牒」することは不自然だからである。そこでやむなく門下省の署名を弁官のそれに改め、弁官が諸司諸国に「符」するという形にせねばならなかった。つまり日本勅旨式に議政官の署名が見えないのは、唐勅旨式をそのまま移植しようとして生じた偶発的事象なのである。逆に言えば議政官は署名こそしないが、勅旨の作成・施行にも詔書と同じように関与すべきであり、実際にも厳格な指揮・監督を行なっていたと考えられる。(30)八世紀の勅旨・勅書の実例において、公式令通り弁官の署名を持つものが全く確認されないのも、勅旨式自体の欠陥に起因するものであろう。

詔書式・勅旨式継受の基本方針は、このように唐制をできる限り忠実に模倣することにあった。そのためには中務省の組織が十分に整備されている必要があるが、中務省は浄御原令あるいは大宝令で成立した新しい官司であった(31)。従って、唐令的な詔書式・勅旨式が成立し得るのは、少なくとも浄御原令以後のことである。もちろんそれまでにも勅命を伝える文書は存在した筈であるが、それは詔書や勅旨とは大きく異なり、むしろ勅符や「大命符」に近いものだったのではなかろうか。「符」という文書様式はさほど遡らないにしても、天皇(大王)の命令が納言(大夫)に仰せられ、彼ら自身か彼らの下僚がそれを伝える＝「ノタマフ」文書は古くから存在し、勅符の起源となったものと推測したい。それは太政官だけで軽微な内容を「ノタマフ」文書を転用したものであっただろうし、しかも他の「宮」「家」で用いられた「大命」伝達文書とも—国政に関わるか否かという重要な一点を除けば—類似した書式・機能を有するものであったと考える。公式令成立以前の素朴な文書制度が勅符には豊かに継承されており(32)、そこから当時の天皇(大王)宮・諸宮・諸家の特質、なかんずくそれらの類似する一面を読み取ることも可能なのではあるまいか。

5　「削除されたもの」としての勅符

養老公式令において勅符式は削除された。本稿なりの勅符理解に基づいてその理由を考えたいと思うが、それに先立ち、養老令制下の明法家が勅符式削除をどう論じていたかを一瞥しておく。彼らの所説にどこまで信を置けるかを、明瞭にするためである。

さて、周知の如く『令義解』は詔書の施行について、京官には署名まで含めて詔書の全文を写し、これに官符を副えて施行するのに対し、外官に宛てては文面部分だけを謄した官符を作成して下すと述べる（公式令詔書式条）。京官には「副官符」方式、外官には「謄官符」方式をとったと仮称しておくが、この区分は義解によれば勅旨でも同様で、『類聚符宣抄』巻四に一〇世紀中期の実例が見られるため、養老令制下の詔勅施行の原則とされてきた。しかし現実はそうとも限らなかったらしく、『令集解』公式令詔書式条の穴記は、外国に詔書を下す場合にも「副官符」方式をとるのが「時行事」だとし、跡記も同様の「今行事」を述べる。しかも、跡記はそれが大宝令制下の方法を継承したからだと論じているが、この議論は古記の述べるところから見て、ある程度信頼できるものと思われる。即ち『令集解』同条の古記は、詔書は「衆ヲ聚メテ」宣した後、A「直付省施行」、B「太政官造符施行」、C「直写詔書施行」のいずれかの方法で施行すると述べる(33)。Aは詔書の正文を付する方法で、対象は基本的に京官と推定される(34)。一方、Bは「謄官符」方式、Cは「副官符」方式と考えられるが、古記が京官・外官による区分を全く行なっていないことに注意したい。大宝令制下では外官への詔書施行にも「副官符」方式が取られることがあり、それが平安初期の「今行事」に継承されたと推測されるのである。

跡記の議論を更に追ってみたい。跡記は、外官に対する「副官符」方式が大宝令制下の方法だとするだけでなく、それが勅符式の存在と関連すると述べている。

【史料⑧】

「訖施行」。謂。(ア)有可下於外国者、謄詔可出官符。(イ)而者下条云、「太政官施行詔勅、案成以後頒下、給写程」者。則知。誥訖後、謄詔成案。(ウ)又古令勅符式故也。今行事、詔書副官符下者、依古令不改。(エ)又計会式云、「合詔勅若干」者。此謄詔勅官符耳。(オ)但下在京諸司者、中務并官署之詔書、成謄詔官符。皆悉同耳。(カ)勅旨条放此。

跡記は(ア)で外官へは「謄官符」方式をとると論じ、(イ)～(エ)でそれを展開する。(35) 問題の(ウ)部分は、古令＝「副官符」方式＝「勅符式故」と理解すれば、「大宝令には勅符式があったから(詔書は「謄官符」方式をとらなかったが、それを削除した養老令では異なるの)だ。今行事で詔書を「副官符」方式で施行しているのは、大宝令方式を改めていないに過ぎない」という文意となる。(カ)から見れば、それは勅旨でも同様であったろう。また、穴記「私案」も同じことをもっと明瞭に述べている。曰く、「古令ニ勅符式アリ。故ニ謄サザルハ端ラカニ見ユ。今、新令ソノ文ヲ省ケリ。故ニ下条ニ『太政官施行ノ詔勅ハ、案成ノ後頒下センハ、写程ヲ給ヘ』ト云フ。即チ知ル、謄出ノ言、拠ル所アルナリ」。これも「太政官施行詔勅」を持ち出しているから、詔書・勅旨に共通する議論と見てよい。更に勅旨式条の令釈も、勅旨はそのまま外国に下さずに「謄官符」方式を用いるが、それは勅符式を省いたからなのだと説く。結局のところ三記とも、大宝令には太政官がミコトノリを下達する文書として勅符が規定されていた以上、これと似て異なる「謄官符」方式で詔書や勅旨を施行することはなく、全文を「副官符」方式で施行したと論じているのである。(36) しかし、勅符を謄詔・謄勅官符と明確に区別する論には納得できるにしても、勅符式が削除されたから「謄官符」方式が始まったというのは果して事実であろうか。

この点は古記の述べるところによって否定される。古記のＢ「太政官造符施行」は、先述の如く「謄官符」方式を述べていると考えられ、大宝令制下にもかかる詔書施行方式があったことを十分に推測させるのである。穴記・跡記・令釈の所説は、決して事実に基くものではないと考えねばならない。それでは何故、三記はあのような註釈を施したのか。ここで参照さるべきは、『令集解』勅旨式条穴記の「(勅旨を)外国ニ下サンハ謄セヨ、トイヘルハ、新令問答ノ云フ所ナリ」という註釈である。「新令問答」が天平宝字元年(七五七)の新令講書に際して成立したものとすれば、(37)養老令施行に当たって勅旨(恐らくは詔書も)の外国への施行には「謄官符」方式をとるという解釈が治定されたことになる。それが明法家にも「あるべき姿」として認識され、少なくとも一〇世紀中期にはこの方式が実際に行なわれていたが、平安初期には未だ現実の行事とはなっていなかった。法解釈と現実の落差を説明すべく、明法家たちはその原因が大宝令方式の残存にあると指摘し、両令の施行方式の相違は勅符の存否に基くという机上の論理を用いたのではあるまいか。彼らにとって大宝令勅符式は何よりも「削除されたもの」という論理の道具であり、その内容など関心の外にあったのである。養老令制下の明法家説から大宝令勅符の性格を考えたり、その削除の原因を探ることには、十分に慎重であらねばならない。

同様のことは、飛駅式との関係についても言える。『令集解』公式令飛駅式条の義解・令釈は、大宝令には勅符式があったが養老令では削除されたから、飛駅の他に勅符はないと述べる。ここでも大宝令勅符は「削除されたもの」以外の何ものでもなく、令釈の時代に飛駅勅が「勅符」と呼ばれていたこと以上の情報は、何も引き出せないのである。

結局のところ、養老令制下の明法家説から勅符の削除の理由を考えるのは、かなり困難だと言わねばならない。削除についても、やはり勅符の根本史料たる『令集解』公式令符式条古記の読解の延長上に、論理的に考察するしかないようである。

6　勅符の削除と継承

これまで勅符の削除については、様々な解釈がなされてきた。勅符が削除されてどうなったかという点では、

A飛駅勅符に継承された[38]、B謄勅官符(5節の「謄官符」方式)に継承された[39]、C特に想定しない[40]、の三説がある。またその意義は、α天皇・太政官間の主導権の移行[41]、β太政官本局と弁官局の関係の変化[42]、などに求められる。しかし、これら従来の説にはいずれも従い難い。

まず削除と継承について。A説はついては、大宝令制下にも飛駅勅符があったこと、勅符が飛駅勅符・駅伝勅符に直結する文書とは考えられないこと、などから明らかに成立しない[43]。B説については、縷説してきたように大宝令勅符は詔書・勅旨を施行する文書とは考えられないから、勅符から謄勅官符への「継承」にせよ、両者の「一本化」にせよ、全く承認できない[44]。詔書・勅旨と勅符は、作成・施行方法においても、成立史的に見ても、無関係とするのが本稿の基本的な考え方である。C説については以下に詳述するが、勅符の実質はある文書へ継承されたと考えるべきである。

次に削除の意義について。まずα説であるが、これには勅符の削除が天皇の権限強化を示すとする説と、逆に太政官の権限強化を表すとする説がある。しかし、私は〈天皇対太政官〉なる対抗図式によって日本古代政治史が十全に理解できるとは思わない。むしろこうした方法的磁場を脱し、〈君主制—輔弼制〉という規範の下で政治制度がいかに成立・変質したか、各時期の政治過程がどのような軌跡を描いたかを分析するべきだと考える[45]。大宝・養老間というクーデターもない短期間の制度変更に、重大な権力移動が反映されているというのも理解しにくい。次にβ説については、3節の論点を繰り返しておく。即ち、天武朝以来一貫して弁官局は太政官本局の下にあり、勅符には両局がともに関与したと考えられる。勅符が天皇—弁官局だけで発給された文書ではない以上、その削除を弁官局の変化に関連づける訳にはいかない。

それでは何故、勅符式は削除されたか。ここでも私見は極めて単純で、太政官符の冒頭に「勅」と書くのをやめただけのことだ、というものである。その代わり、官符の本文中に「奉勅」という形でミコトノリの旨を示すようになったのではなかろうか。所謂「奉勅官符」である。つまり、勅符の実質は奉勅官符にそのまま継承されたと考えるのである。

奉勅官符の初見は養老四年（七二〇）に遡る。弘仁格に収録するにあたって省略された宛所や署名等を示しつつ、全文を掲げておく（『類聚三代格』巻一七）。

【史料⑨】

太政官符　〔宛所〕

逃亡戸口悔過帰郷給復事

右、奉　勅、無知百姓、不閑条章。規避徭役、多有逃亡。其中縦有悔過還本貫者、経六年以上、給復一年、継其産業。〔○宜承知、符到奉行〕

〔弁位姓名　史位姓名〕

養老四年三月十七日

⑨から「奉勅」を取り去り、冒頭の「太政官」を「勅」に代えれば、大宝令勅符と何ら変わるところはない。ここで問題になるのは奉勅官符の作成方法であるが、史料が全くないため厳密には不明とせざるを得ない。しかし、弘仁格が詔・勅・太政官奏とは別に奉勅官符を収めていることからすれば、奉勅官符がそれらを施行するための「謄官符」でなかったことは明瞭であり、太政官が直接「勅」を奉じて伝達する文書ではなかったかと推測される。(46)ここで参考にすべきは、「奉勅」の前に「左大臣宣」などの上宣を記す「奉勅上宣官符」の作成方法である。奉勅上宣官符は八世紀後半以降に一般化したもので、上卿が（普通は「官奏」なる政務によって）天皇の仰

せを直接に受け、それを弁官に伝宣して作成させる文書であった[47]。宣者を明記するか否かという基本的な差異があり、その背景に政務形態の変化が予想されるものの、こと〈天皇↓太政官本局↓弁官局〉という命令伝達や文書の作成方法に関しては、奉勅上宣官符と奉勅官符は基本的に同様であったとしてよかろう。そしてそれは、勅符から継承された伝統的な勅命施行方式そのものなのであった。

では、官符の冒頭に「勅」と記すのをやめたのは何故か。これについて断案はないが、やはり公式令以前からの流れをくむ文書を否定し、唐公式令に沿った書式を全面的に採用しようとしたためではないかと考える。そしてその際、「奉勅」という形をとる唐の宰相府文書＝「勅牒」の書式が範とされた可能性も、議政官制が宰相制を継受した点から見て[48]、一考に価する。勅牒は唐の「王言」七種（詔書・勅旨を含む）のうち、最も小事に用いられる文書であった。書式を掲げておく[49]。

【史料⑩】

中書門下牒　某

牒。奉　勅。云々。牒至准　勅。故牒。

年月日牒

宰相具官姓名

もちろん勅牒が全面的に継受された訳ではなく、宰相機関が詔書・勅旨よりも下級の勅命を「奉勅」形式で伝達することが参考にされたのではないか、と論じているのである。仮にこの想定が誤っていたとしても、唐公式令体系から異質な勅符が排除され、穏当な形に改められたことは十分に考えられよう。要は形式的な変更に過ぎなかったのである。

　最後に付言する。奉勅官符の初見は養老四年、つまり大宝令制下である。とすれば勅符が公式令から削除される以前から奉勅官符が発給されていたことになるが、この場合、勅符は養老年間に奉勅官符に置換されたのであろうか、それとも両者は養老令施行まで並存していたのであろうか。勅符と言い、奉勅官符と言っても、結局は「勅」をどこに書くかというだけの違いであれば、両者が並存したところで特に問題は生じない。しかし、養老令の部分的施行の一例として、(50) 養老年間における大宝令勅符の否定・奉勅官符への置換を想定することも可能であろう。もしこの考えが正しいとすれば、養老以降の「勅符」は全て中務省発給のもの、つまり飛駅勅符か駅伝勅符ということになるが、そういえば『続日本紀』や正倉院文書に見える「勅符」のうち、確実に大宝令勅符と断定し得るものは一例もなく、(51) また弘仁格に奉勅官符は見られても勅符は格として採録されていない。論断は控えたいが、こうした可能性を考慮しつつ、八世紀「勅符」の実態史料を再検討することも必要であろう。法令とその註釈の検討にほぼ終始した本稿にとって、それは重要な研究課題として残されている。

結　語

　本稿では勅符について、太政官が勅命を直接に受けて諸司諸国に伝達する文書と理解し、詔書・勅旨との関係を否定した。勅符は公式令以前の文書制度を色濃く継承し、やがて奉勅官符・奉勅上宣官符として養老公式令の体系に吸収されていったものと考える。

　しかし本稿は畢竟、二つの仮説の上に立っている。第一に、古記の「印」を「仰」の誤写と考えること。第二に、古記の言を基本的に認めること。前者については、現在のままでは古記がとても読解できないため、これを突破する最終手段として周到に論を進めたつもりである。また後者については、特に養老年間に大宝令勅符が用いられなくなったという考えをとれば、古記とて養老令制下の明法家説と同様ではないかとの批判が成立するであろう。本稿が古記に特権的な地位を与えたのは、彼が決して勅符を「削除されたもの」としては論じず、令文に即した勅符式運用の原則を述べていると考えたためであった(52)。

注

（1）勅符式に初めて言及したのは滝川政次郎『律令の研究』（刀江書院、一九三一年）である。それが符式の付則であったことは早川庄八「律令太政官制の成立」（『続日本古代史論集』上、吉川弘文館、一九七二年。同『日本古代官僚制の研究』、岩波書店、一九八六年、所収）が解明し、符式全体の復原案を提示した。森田悌「勅符式と太政官制」（『古代文化』二八―四、一九七六年。同『平安時代政治史研究』、吉川弘文館、一九七八年、所収）は早川説を批判、勅符付則が疏文の末尾にあったと論じた。そこで早川は付則を「若勅直云勅符」と修正したが、その位置については判断を留保した（早川前掲書第Ⅰ部第二章補注2、以下「補注」と呼ぶ）。本稿では、符式全体については早川説、付則位置については森田説、付則文言については早川修正説に従った。

（2）研究史の詳細は、鹿内浩胤「大宝令勅符の再検討」（『歴史』七五、一九九〇年）を見よ。

（3）早川庄八「律令太政官制の成立」（前掲）の句読および文字訂正による。

（4）鹿内浩胤「大宝令勅符の再検討」（前掲）。

（5）八重津洋平・林紀昭「紅葉山文庫本『令義解』書入補考」（『律令制の諸問題』、汲古書院、一九八四年）、石上英一「『令義解』金沢文庫本の成立」（『奈良平安時代史論集』下、吉川弘文館、一九八四年。同『日本古代史料学』、東京大学出版会、一九九七年、所収）。私も写真版で確認した。

（6）森田悌「勅符式と太政官制」（前掲）。

（7）森田悌「勅符式と太政官制」（前掲）。

（8）早川庄八「補注」（前掲）も「森田氏の見解にしたがえば、中務省を経て弁官にもたらされた勅ないし勅旨は、ある場合には

「勅符」として、ある場合には「謄勅の太政官符」として、しかもそれは符式という一つの条文の規定に基づいて、施行されたことになる。だが、同一の経路を経てもたらされた勅ないし勅旨を、このように二種の施行文書によって下達することは、考え難い」という的確な批判を述べている。

(9)　柳雄太郎「広嗣の乱と勅符」(『古代史論集』中、塙書房、一九八八年)は「中務省に依らず、直ちに踏印し、太政官は『勅符を作成して遣わす』と宣す」と読めば「故」以下と意味が重複しないと論じる。しかし、わざわざ「勅符を作成して云々」などと宣するとは考えにくく、また柳説でも「故」「得」の解釈は結局のところ定まらない。

(10)　大宝令制下の勅符踏印には中務輔も主鈴も関与せず、少納言だけで行なったという反論も予想されるが、成立しない。もしそうであれば、(わざわざ中務を経ないと記すから外印ではなく)内印押捺を少納言が直接行なったことになるが、勅符を継承した可能性のある奉勅上宣官符や謄詔勅官符の請印でかかる特例がとられたことは管見になく、本文に引いた内記式にも述べられていない。内印請印において少納言は主鈴を厳重に監督しており、自ら手をくだす必要はなかった。飛駅勅符・駅伝勅符・位記では中務輔が捺印に関与したため、同格の少納言を共同作業者＝捺印主体としたのであり、中務が作成するのでない大宝令勅符においては、こうした作法が出現する必然性は全くない。なお、誤解のないよう付言すると、私はこの段落では飛駅勅符・駅伝勅符の請印手続を論じ、ここから大宝令勅符の請印を考えた森田説が二重の誤りを犯していることを指摘したのであって、大宝令勅符に関する説明を行なった訳ではない。

(11)　早川庄八「補注」(前掲)は「不依中務、直印、太政官為勅符」とぶつ切りに読む修正案を提示するが、森田説と同じ問題点を回避できず、文章的には更に不自然になる。

(12)　現存する『令集解』巻三二は、すべて金沢文庫本(建治二年奥書本)一本を祖とする。石上英一「金沢文庫本『令集解』の再検討」(『史学雑誌』八八―九、一九七九年。石上前掲『日本古代史料学』所収)・水本浩典「『令集解』諸本に関する基礎的研究」(『法制史研究』二九、一九八〇年。補筆・改題して同『律令註釈書の系統的研究』、塙書房、一九九一年、所収)によって、善本とされる鷹司本・船橋本(清家本)・田中本・神谷元平本の問題の箇所を検したが、いずれも「印」であった。

(13)　宮崎市定『論語の新研究』(岩波書店、一九七四年。『宮崎市定全集』四、岩波書店、一九九三年、所収)の方法を参考にした。

(14)　『令集解』公式令勅旨式条の穴記は、この条文を引く際に「縁ル」を「依ル」に作っている。単純な誤写の可能性も大きいが、「縁」「由」「依」は同じ「ヨル」として似た意味があったことを明示するものかも知れない。

(15) 森田悌「詔書・勅旨と宣命」(『日本歴史』四六二、一九八六年。同『日本古代の政治と地方』、高科書店、一九八八年、所収)、同「上野国多胡建郡碑の弁官符について」(『続日本紀研究』二六六、一九八九年)や、森田説を承けた八木充「大宝令勅符について」(『山口大学文学会志』二九、一九七八年。同『日本古代政治組織の研究』、塙書房、一九八六年、所収)、早川万年「文書行政上における謄勅符」(『続日本紀研究』二三四、一九八四年)、大平聡「奈良時代の詔書と宣命」(『奈良平安時代史論集』上、吉川弘文館、一九八四年)、柳雄太郎「広嗣の乱と勅符」(前掲)、鹿内浩胤「大宝令勅符の再検討」(前掲)、坂上康俊「詔書・勅旨と天皇」(『中国礼法と日本律令制』、東方書店、一九九二年)、なども同断。

(16) 早川庄八「律令太政官制の成立」(前掲)。

(17) 吉川「律令太政官制と合議制」(『日本史研究』三〇九、一九八八年。本書第一部第二章)。鹿内浩胤「大宝令勅符の再検討」(前掲)の批判を受けたので、それに答える意も込めて。

(18) 吉川「律令国家の女官」(『日本女性生活史』一、東京大学出版会、一九九〇年。本書第一部第三章)。

(19) 吉川「律令太政官制と合議制」(前掲)。

(20) これは納言の上奏作法であるが、受勅も同様に考えてよかろう。やや局面は異なるが、『延喜式』巻一二、中務省の「凡奉詔書者、使内豎喚省輔。輔称唯入閤門、進就版位、即奉勅執詔書筥退出」が、古い受勅作法を残していると思われる(『内裏式』下、詔書式も同内容。閤門内で上卿が関与するようになると衰滅する(『西宮記』巻一三、詔書))。版位における上奏作法については、吉川「申文刺文考」(『日本史研究』三八二、一九九四年。本書第二部第三章)を参照されたい。

(21) 八木充「太政官制の成立」(『古代学』一一―二、一九六三年。同『律令国家成立過程の研究』、塙書房、一九六八年、所収)。

(22) 森田悌「勅符式と太政官制」、八木充「大宝令勅符について」(ともに前掲)。

(23) 奈良国立文化財研究所『平城京長屋王邸宅と木簡』(吉川弘文館、一九九一年)の釈文による。釈文番号は2と5。『平城宮発掘調査出土木簡概報』(二一)(二三)(二五)(二七)(二八)にも長屋王家木簡を収録し、いくつかの「大命符」が見られる。

(24) ただし、最近の奈良国立文化財研究所『平城京長屋王邸跡』(吉川弘文館、一九九六年)では、長屋王と故高市皇子とする見解が示されている。

(25) 寺崎保広「長屋王家の文書木簡」(『日本歴史』五〇〇、一九九〇年)、森公章「長屋王邸宅の住人と家政機関」(前掲『平城京長屋王邸宅と木簡』所収)。
(26) 寺崎保広「長屋王家の文書木簡」(前掲)。
(27) 『日本書紀』天智八年十月甲子条、同十年正月甲辰条、同年十月庚辰条、持統三年五月甲戌条など。
(28) 坂上康俊「詔書・勅旨と天皇」(前掲)。
(29) 坂上康俊「詔書・勅旨と天皇」(前掲)。
(30) 勅旨式の署名のみから弁官の独立性を導き難いこと、勅符式の場合に同じ。勅旨の書式を額面通りに理解する坂上康俊「詔書・勅旨と天皇」(前掲)の所説には従い難い。
(31) 中務省やその品官の成立については諸説があるが、早川庄八「律令太政官制の成立」(前掲)の見解が現時点でも最も説得的。
(32) 早川庄八『宣旨試論』(岩波書店、一九九〇年)は「大命符」と奉勅上宣官符を結び付け、「奉書・御教書」としての同質性を強調する。私は早川の「奉書」「宣旨」の概念規定に全面的に賛同するものではないが、上級者の仰せを取り次ぐ文書が大宝令以前から存在したとする説は大いに傾聴に値する。本章6節で述べる勅符の継承に関する理解を加味すれば、早川説は一層明快になるであろう。
(33) 櫛木謙周「宣命に関する一考察」(『続日本紀研究』二一〇、一九八〇年)。
(34) 付する主体をことさらに議政官と考える必要はない。官符を作る作らないにかかわらず、諸司を統括する弁官が詔書の施行に当たったと考えるべきで、①「直」は「(宣した詔書正文を)そのまま」と解するのが妥当である。③も「(文面だけを謄するのではなく)そのまま」の意。
(35) (オ)部分が京官に施行する場合を述べるから、それ以前は外官宛についての議論である。(オ)を試訳すると「京官へ施行する場合は、中務省と太政官の署名が全部入った詔書の形で、謄詔官符にする。「謄官符」方式をとることは外官と変わりない」となる(これでは実質的に「副官符」方式なのであるが)。
(36) 『令集解』公式令詔書式条穴記所引師説は、勅符式の削除を「勅書」のみの「謄官符」方式化と関連づけるが、主意は同様。
(37) 早川庄八「新令私記・新令説・新令問答・新令釈」(『続日本紀研究』二一八、一九八一年。同『日本古代の文書と典籍』、吉川弘文館、一九九七年、所収）。
(38)　石尾芳久『日本古代の天皇制と太政官制度』（有斐閣、一九六二年）など。
(39)　森田悌「勅符式と太政官制」（前掲）、および注(15)に掲げた諸説。
(40)　早川庄八「律令太政官制の成立」（前掲）。
(41)　石尾芳久『日本古代の天皇制と太政官制度』（前掲）、押部佳周「養老令の撰修方針」（『史学研究』九六、一九六六年）、柳雄太郎「公式令飛駅式と勅符式について」（『日本歴史』二八三、一九七一年）。
(42)　早川庄八「律令太政官制の成立」、森田悌「勅符式と太政官制」、鹿内浩胤「大宝令勅符の再検討」（いずれも前掲）。
(43)　鹿内浩胤「大宝令勅符の再検討」（前掲）。とは言え、飛駅勅に「勅符」という名称が用いられたのは、或いは中務省成立以前の太政官「勅符」の性格が一部継承されたものかも知れず、また駅伝勅符の施行方法も大宝令勅符から受け継いだ可能性はある。
(44)　森田悌以来の〈勅符＝勅旨施行官符〉説では、大宝令制下に謄勅官符と勅符が並存したか否かが一つの論点であった。注(15)の諸説のうち、森田・早川・鹿内が並存説、八木・大平・坂上が非並存説をとった。勅符の削除について、並存説は謄勅官符との一本化、非並存説は謄勅官符への継承と意義づける。
(45)　吉川「律令太政官制と合議制」（前掲）。
(46)　『続日本紀』養老四年三月己巳条によれば、史料⑨の「勅」は太政官奏を奏可するという形で定立されたものであった。しかし、「勅」の定立過程と文書の書式は別問題である。史料⑨はあくまで太政官が「勅」を受けたという形式をとっており、太政官奏なる文書（奏可つき）を施行する官符ではない。
(47)　官奏と奉勅上宣官符の関係については、森田悌「律令奏請制度の展開」（『史学雑誌』九四―九、一九八五年。「奏請制度の展開」と改題して、森田前掲『日本古代の政治と地方』所収）。ただし、私は官奏（森田の言う「非公式令官奏」）の成立を八世紀後半のことと考えている。吉川「上宣制の成立」（本書第二部第四章）を参照のこと。
(48)　虎尾達哉「参議制の成立」（『史林』六五―五、一九八二年）。
(49)　中村裕一「唐代の勅について　五」（『武庫川女子大学紀要』三二、一九八四年。同『唐代制勅研究』〔汲古書院、一九九一年〕第三章第四節）。ただし中村は、奏状に対して勅牒が出されることが多いため「某某之事／右、某奏、云々」を併せて復原するが、『六典』の「七日勅牒、随事承旨、不易旧典、則用之」から見れば一般書式にはふさわしくないので省略した。

(50)　養老令の編纂と部分的施行については、井上光貞「日本律令とその註釈書」(日本思想大系『律令』、岩波書店、一九七六年。『井上光貞著作集』二、岩波書店、一九八六年、所収)。

(51)　『続日本紀』の広嗣乱関係記事の「勅符」が大宝令勅符でないことは、鹿内浩胤「大宝令勅符の再検討」(前掲)に詳しい。天平六年出雲国計会帳の「勅符」二例(軍事関係および赦免)も大宝令勅符である明証はなく、急を要する内容から推して飛駅勅符であった可能性も大きい。また『類聚三代格』巻一八、大同五年五月十一日官符二箇条に引く天平五年の「勅符」も軍事関係のものである。このほか大宝令制下の勅符史料としては、二条大路木簡と伴出した「楼閣山水之図」に「勅符」云々という習書が見えるが(天平八年頃、前掲『平城京長屋王邸宅と木簡』)、性格は明らかでない。

(52)　旧稿発表後、私の誤字説への批判が相次いだ。森田悌「大宝令勅符について」(『続日本紀研究』二九〇、一九九四年)と春名宏昭「勅符小考」(同『律令国家官制の研究』、吉川弘文館、一九九七年)である。森田の直接的論拠は、「仰」の文字は勅の送達を示すには不適切であるという一点に絞られるが、私見によれば、奈良時代から「宣」と「仰」はほぼ同義に用いられており(例えば本書第二部第二章注(9))。正倉院文書には六〇余の「仰」が見えるが、多くは「仰給」の形となり、「宣」に比べて目的語をとりやすいという特色をもつ)、それさえ確認できれば十分である。春名は勅符を「詔勅の一種」とし、それゆえ内記が起草したと考えるが、令文と明法家説以外に具体的論拠は見当たらない。総じて両氏の古記解釈は晦渋であり、想定される政務手続は複雑である。その直接の原因が写本の限界性への配慮の乏しさにあると感じる私は、今のところ自説を撤回すべきだとは考えていない。

第二章　奈良時代の宣

序

本章では、奈良時代の史料、特に正倉院文書に数多く現れる「宣」の性格を明らかにしたい。その中で、奈良時代における命令の伝達、官司の事務決裁の実態を解明できればと思う。また、平安時代の宣旨の起源についても見通しを得たい。

従来の研究で、奈良時代の宣に本格的に言及した最初のものは、土田直鎮「内侍宣について」[1]であった。この論文では、①宣を下したもの(以下「宣者」とする)は僧俗男女多種多様である、②すべての宣が勅旨を伝えるものではないが、女性の宣は勅旨に基くものであろう、③(男性の)宣は、上役から下役へといった基本的な命令伝達法で、単に「命令」と解するべきものである、④宣は口頭伝達と関係がある、⑤宣の原文は遺存していない、⑥宣の形式や手続は不明であるが、後代の宣旨の淵源と見られる、などの点が論じられた。宣を考える上での基本的文献である。

今江広道「内侍宣・口宣案」[2]は、土田論文を全面的に継承したものである。ただ、⑦令文に見える宣は勅旨の宣伝か議政官の議決事項の宣告で、日常の事務処理を行なう奈良時代の宣とは「性質のまったく異なったものである」とされた点は注目される。

さらに、武光誠は「奈良・平安時代の太政官政治と宣旨」[3]において、土田説を発展させつつ独自の見解を明らかにした。武光は宣の成立について、⑧宣は大宝公式令施行後に使用され始めた、⑨それはまず移の中で使用され、他の文書に及んだらしい、とする。そして、⑩令制の三判制が早く崩壊し、四等官の一人が政務を専決する方式が成立したが、これが宣旨の成立と関わる、と宣旨と事務決裁の関係を示唆した。これは宣と事務決裁の関係と読み替えてもよかろう。武光は、⑪所謂宣旨は、奈良時代の諸官司の宣にならって、上宣官符が簡略化されて成立した、との見通しを示しているからである。

以上、研究史を辿ってきたが[4]、各説の検討は多くの宣を更に深く分析することで果されねばならない。何故なら、どの論文も少数の事例が紹介された後、結論が簡潔に示されるのみだからである。そこで、本稿では次の二点に注意を払って考察を進めたい。

第一に、良質の史料の分析から出発すること。宣の実体が明確でない原因は、個々の史料の情報量が少ないことにある。従って、実態を比較的明瞭に示してくれる史料を抽出し、分析することから始めるのが有効な方法と言えよう。

第二に、宣の全体構造を明らかにすること。同じく宣と言っても、勅旨の伝宣から官司内の事務決裁まで、いろいろなレベルのものが存在する。それらを可能な限り分別し、相互にいかなる関係にあったかを明確にせねばならない。

史料は、『大日本古文書』に収められた文書・帳簿にほぼ限定する（同書からの引用に際しては巻―頁のみを示すこととする）。そこから得た知見をもとに他史料に向かえばよいし、それが可能なだけの情報量を、正倉院文書をほぼ網羅した『大日本古文書』は蔵しているからである。

1　宣の実体

本節では、宣という語で表現される命令の実体の一端を明らかにする。また、その前提として、宣の用途による分類と数量を示し、奈良時代の宣の全体像を素描しておきたい。

(一)　宣の概要

正倉院文書の大部分は、写経所関係の文書・帳簿である。(5)本稿で扱う宣も、ほとんどが写経所関係の史料に出現する。宣はその用途から、a写経を命ずる宣、b経典の奉請を命ずる宣、c物品の出納を命ずる宣、dその他、の四種に大別することができる。(6)

a　写経を命ずる宣

まず、写経事業に最も密着した、写経そのものを命ずる宣を取り上げる。(7)

正倉院文書を残した写経所は光明皇后の皇后宮職の写経所に始まり、場所と名称を幾度か変えつつ、最終的には造東大寺司の写経所として活動を続けた。(8)この写経所の主たる任務は御願の一切経の書写であったが、これに並行して臨時に特定の経典を書写することも行なわれていた。(9)ここで写経を命じた宣を見ると、御願の一切経の書写に関する宣は僅か一例に過ぎない。(10)残りの全てが臨時の写経を命ずるものなのである。その多くは内裏の時々の意向に基く写経と考えられるが、私願経も含んでいる。(11)宣者はまさに僧俗男女多種多様である。また、この種の宣は天平八年(七三六)から宝亀二年(七七一)までの長期間にわたって出現する。

写経を命ずる宣の多くは、宣を受けた事実を明記しただけの二次的な史料に見える(12)。ただし、写経目録、底本や紙の出納帳簿、布施請求文書やその下書きなどの複数の史料に同一の宣が何度も出現することが少なくない。この種の宣はのべ四三一通見えるが、実際には一七一通が発されたに過ぎず、同一の宣が平均二・五二回現れるのである。

b　経典の奉請を命ずる宣

宣の中で最も多いのが、経典奉請を命ずる宣である。「奉請」とは、貸出・借用の双方を意味する概念である(13)。従って、ある奉請が貸・借のいずれであるかは慎重に判断しなければならないが、宣による経典奉請は大部分が写経所からの貸出に関するものと考えてよい。何となれば、写経所が他の寺や僧から経典を借用するのは写経の底本とするためであるが、一切経書写の場合には底本奉請の宣はほとんど発されていない(14)。一方、臨時の写経の場合、借用の宣が必要になるのは、発願者から底本が提供されず、しかも写経所に集積された一切経が底本に利用できない時に限られる筈である。実際にも、臨時写経の底本の借用そのものを命じた宣はほとんどない(15)。このように経典奉請を命ずる宣の大部分は写経所からの貸出に関するものであり、経典の借用を命ずる宣は特殊な例なのである。

宣によって写経所から貸出された経典の大部分は、書写された一切経と見てよかろう(16)。一切経はいくつもの櫃に収められていたが、その貸出は櫃毎に記録される場合もあった。このため、一通の宣で複数の櫃の経典が貸出された場合、史料上は別の宣のように見える場合がある。この観点から同一日同一人による同一場所への奉請を重複記事と見るなら、のべ四八〇通の奉請の宣の実数は、三二三通ということになる(17)。この種の宣の初見は天平十二年、終見は宝亀五年。ここでも宣者は多様であり、二次的な史料が多い。

c　物品出納を命ずる宣

写経所では、写経事業を運用するために多様な物品が収納・出用された。宣はこのような場合にも発されており、八九通（のべ一〇二通）を確認することができる。

まず、経典の材料（紙・緒・軸・筆・墨など）の出納にあたって宣が発された場合がある。全部で六〇通あるが、紙の出納の宣が最も多い。宣者は造寺司官人が大部分である。事由は、写経料紙を本来の用途以外に使用するものか、料紙を内裏などに送進するものである。つまり、尋常でない使用・支出の場合に特に宣が発されるのである。[18]また、緒などの出納に関する宣にも使用・移送を事由とするものが多く、納入の宣は見当たらない。

このほか、韓櫃・席・経台などの写経関係の調度の出納を命ずる宣が一五通。ほぼ全てが他所への移送を命じたもので、宣者も造寺司官人がほとんどである。また、布施・銭・米など、写経事業の経費に属する物品の出納の宣が一四通。使用や給付などの支出に関するものが多い。ただし、銭の納入を命じたものと解し得る宣も存在する。[19]

以上が写経所における物品出納の宣である。造寺司官人を宣者とし、尋常でない使用や移動を命じたものがその大半を占めた。[20]なお、写経所以外の史料では、正倉院宝物の出蔵を命ずる宣が見られる。[21]七通（のべ一九通）すべてが内裏の意を受けたものと思われる。また、出納に関係したはずの造寺司官人は宣者として現れず、写経所の出納とは対照的である。

d　その他の宣

最後に、a～cの分類に入れられなかった七五通（のべ一一九通）の宣に触れておく。[22]

まず目につくのが、天平宝字六年（七六二）の石山寺造営をめぐる宣二一通（のべ四七通）である。この造営事業は関係史料が正倉院文書中に遺存したことで有名であるが、(23)造営を指揮した良弁(24)などの宣がその中に見出されるのである。良弁は石山と奈良を往還し、造営などに関する雑多な宣を発していた。また、内裏からの宣も見えるが、女官の宣だけでなく、良弁が内裏宣を伝達している場合もある。(25)このほか、造石山寺所別当の安都雄足、造東大寺司政所や官人などの宣も見えるが、いずれも臨時の処分と考えられる。

次にあげるべきは、議政官の宣である。まず太政官符・太政官牒に引用された宣は、やはり平安時代に一般化する上宣(26)の源流であろう。著名な九条家本『延喜式』紙背文書の官符中のものを含め、全部で一九通(のべ二八通)。一方、官符・官牒以外にも議政官の宣は少なくないが、参議の宣も見られるなど、上宣との関係は慎重に考察されねばなるまい。全部で一二通(のべ一八通)。(27)

また、ある官司が被管官司や個人宛に発する宣も見られる。a～c以外では、節度使・玄蕃寮・中務省・文部省の宣各一通がある。(28)他の史料には、このほか太政官・弁官・民部省・玄蕃寮・弾正台の宣が見える。(29)個人の宣が大多数を占める中にあって特殊な存在である。

このほか、雑多な宣が一九通(のべ二一通)確認できる。内訳は、造仏関係三通、荘園関係三通、召喚三通、人・物の送進六通、その他四通である。

以上、『大日本古文書』に見える、のべ一一六一通、重複分を除いた実数六六五通の宣の概要を紹介した。一覧表を示したほうが明快かつ厳密ではあるが、宣の現れ方・用途・数量の大枠は提示できたから、論の前提としての役割は果し得たであろう。

(二)　宣の実体

本項では、二通の宣を例としながら、宣の実体の一端を解明していきたい。

a　天平勝宝元年（七四九）九月の瑜伽論奉請の宣

まず、次の二つの史料を検討することにする（ともに一一―七三）。

【史料①】

奉請経事

右、奉色々紙写維珂論、随将奉写、不過今時令奉請。今状注申送。

天平勝宝元年九月八日主典葛井連根道

尼公宣　付従国嶋

【史料②】

東大寺写経所謹奏

瑜伽論六巻第一二三四五六巻者「以天平勝宝二年七月十六日、依員奉返已訖。使山口人成」

右、依葛井根道今日宣、貢進如前。但表紙色未仰給、不得装潢。謹奏。

天平勝宝元年九月八日玄蕃頭従五位上　王

右の二通の文書は、天平勝宝元年～四年における瑜伽論百巻の書写に関するものである。書写を担当した造東大寺司写経所は底本を僧綱に求めたが、その貸借に関する一連の文書が「瑜伽論帳」として残されている(30)。①②はその一部である。①は、写し終わった瑜伽論を内裏に奉請（＝貢進）せよとの尼公の宣を、造東大寺司主典の葛井根道が写経所に伝えたもの。これを承け、既に写し終えていた六巻を進上した送り状の控えが、②である。表紙も着けないまま急遽貢進している点、①の「不過今時令奉請」なる文言とまさに対応する。また、②が①の奥に追記されているのも両史料の直接の関連性を物語る。このように、①②は命令とその履行という密接な関連のもとに把握されねばならない[31]。

さて、史料①②で注意すべきは、以下の三点である。

第一に、同じ内容の命令が、①では「尼公宣」、②では「葛井根道宣」と表現されている点。これは言うまでもなく、尼公↓根道↓写経所、の経路で宣が伝達されたためである。つまり、宣の伝達が行なわれた場合、伝達した人物も宣者として現れることがあると言える。現に、ある史料で宣を「奉」っている人物が、別の史料ではその宣の宣者として現れる事例も存在するのである[32]。そしてこの事実から、同一内容の宣について異なった人物が宣者として見える時、その背後に宣の伝達が存在したことを想定することができる。表4は、それら全てを集成したものである。史料①②を含め、二八例が確認される。

第二に、①が宣を伝える文書である点。平安時代の宣旨は、宣を承った官人がそれを文書化したものであるが、その点では葛井根道の自筆の文書たる①も同様である。即ち、宣旨のような文書を「宣の原文」と言うのなら、それは奈良時代にも存在すると言える。これについては第2節で詳述したいが、正倉院文書には宣を伝える文書が少なからず残されている。現在確認しているもので、個人が宣を伝える文書は一九通にのぼる（第2節表9）。

第三に、②で宣者として現れる葛井根道が、①の文書の署名者である点。根道はこの文書を使者である国嶋に授けて送っているから、写経所には自ら口頭伝達を行なっているわけではない。つまり、史料に「宣」と記されていても、宣を承けた側に直接の口頭伝達がなされたとは限らないのである。宣の実体が文書であり、宣者の実

表4　宣者の相違

年　月　日	種類	宣　者1(出典)	宣　者2(出典)	備考
天平15. 2. 5	写経	政所(2-341)	史生田次万呂(8-337)	
15. 8.12	写経	尼公(10-375, 10-378)	市原王(10-375*)	
15.11.17	写経	尼公(10-375, 10-378)	市原王(8-371, 10-375*)	7
16. 9.10	写経	春宮坊政所(8-370, 11-170, …)	高屋赤麻呂(10-375, 10-378)	7・10
18. 2.28	写経	尼公(10-375, 10-378)	市原王(9-64, 10-375*)	
18. 3. 3	写経	尼公(10-375, 10-378)	市原王(9-64, 10-375*)	
18.10.11	写経	尼公(10-375, 10-378)	市原王(8-582, 9-66, …)	
18.12. 4	奉請	犬養命婦(11-451)	田辺真人(11-225, 11-358)	7
19. 1.28	奉請	犬養命婦(9-329)	皇后宮少属川原凡(3-414)	5
19. 7.27	写経	尼公(10-376, 10-378)	佐伯今毛人(9-68, 10-376*)	
19.11.19	写経	因八麻中村(8-371, 10-442, …)	真深女(9-452*)	
20. 8. 2	写経	尼公(10-597, 10-602, …)	佐伯今毛人(3-471, 10-589, …)	
20.12. 4	奉請	行信(11-227, 11-359)	佐伯今毛人(11-452, 12-260, …)	
20.12.18	奉請	行信(11-227, 11-359)	阿部真道(11-450, 12-259)	
感宝 1. 5.30	写経	新家弟山(10-610)	佐伯今毛人(3-239, 10-593, …)	
勝宝 1. 7.23	奉請	佐伯今毛人(13-193)	葛井根道(11-451, 12-259＝使)	
1. 9. 8	奉請	尼公(11-73)	葛井根道(3-319, 11-73)	5・9
3. 6. 8	奉請	板野命婦(12-1)	佐伯今毛人(12-2)	5・9
4. 8.25	奉請	良弁(12-353)	石川・上毛野(4-90)	8
5. 2. 7	写経	飯高笠目(12-337)	錦部内侍(3-559)	
5. 5.11	奉請	良弁(10-283)	佐伯今毛人(12-433)	
5. 8.18	奉請	飯高・錦部(13-23)	佐伯今毛人(9-612*)	8
宝字 2. 6.16	写経	藤原仲麻呂(13-245, 14-258, …)	高丘比良麻呂(4-311, 14-45, …)	
2. 7. 4	写経	藤原仲麻呂(4-274, 14-258)	池原粟守(4-311, 14-45, …)	5・9
2. 8.16	写経	藤原仲麻呂(14-172, 14-258, …)	池原粟守(4-348, 14-234, …)	
4. 4.15	写経	藤原仲麻呂(14-393)	高丘比良麻呂(14-411)	
8. 8.25	奉請	明軌尼公(16-552)	道鏡(16-557)	(?)
神護 1. 5. 6	奉請	大尼延証(5-528)	道鏡(5-528)	5・9

・年月日は史料によってやや異なる場合もある。
・出典は『大日本古文書』の巻-頁である。三つ以上存在する場合は“…”で表し，二つのみ示した。
・抹消されている史料には“＊”をつけた。
・備考欄の数字は当該番号の表にも現れることを示す。
・宣者名などは必ずしも史料の表記に忠実ではない。
・凡例は表4～10に共通する。

表5　宣＝文書

年　月　日	種類	宣(出典)	文書(出典)	備考
天平19. 1.28	奉請	皇后宮少属川原凡(3-414)	皇后宮職牒(9-329)	4
20. 9.22	奉請	佐伯今毛人(10-382, 11-450, …)	奉請文(10-276)	
20.10.28	奉請	良弁(24-176)	寺堂司牒(3-129)	
勝宝 1. 9. 8	奉請	葛井根道(3-319, 11-73)	奉請文(11-73)	4･9
1.11. 3	奉請	安宿宮(24-168)･安宿王(24-183)	奉請文(24-607)	
3. 6. 8	奉請	佐伯今毛人(12-2)	奉請文(12-1)	4･9
3. 7.21	奉請	市原王(3-553)	奉請文(25-37)	
宝字 2. 7. 4	写経	池原粟守(4-311, 14-251, …)	宣文(4-274)	4･9
7. 3.10	写経	道鏡(16-367)	宣文(5-402)	9
7. 6.30	写経	道鏡(5-450, 16-414, …)	道鏡牒(5-447)	
神護 1. 5. 6	奉請	道鏡(5-528, 大尼延証と)	奉請牒(5-528)	4･9

体が文書の署名者である場合もある、と言うことである。表5にそれらを示した。

①②は、以上のような興味深い事実を、集中的に表現する史料なのである。

b　天平勝宝三年九月の維摩経疏奉請の宣

次に、もう一つの例を検討しておく(三―五五六、一二―四二)。

【史料③】

維摩経疏一部六巻基師者□

右、依判官石川朝臣・上毛野君去天平勝宝三年九月二日宣、令奉請寺主平栄師所。使奴乗川麻呂。　　検充他田水主

「四年四月三日検納已訖。知三島宗麻呂」

呉原生人

【史料④】

寺牒　写経司

請維摩経疏随皆悉有者

右、依有応勘字、件疏奉請如前。以牒。

天平勝宝三年九月二日

寺主「平栄」　「判官石川朝臣

表6　宣＝判文

年　月　日	種類	宣（出典）	判　文	備考
勝宝 3. 9. 1	奉請	佐伯今毛人（3-555＝良弁と）	12-41	8
3. 9. 2	奉請	石川・上毛野（3-556）	12-42	8
3. 10. 8	奉請	石川豊足（3-557）	12-164	
4. 5. 23	奉請	佐伯・阿刀（12-310）	12-299◇	8
4. 8. 25	奉請	石川・上毛野（4-90）	12-353	8
4. 11. 9	奉請	佐伯・大蔵（4-91，10-327）	25-53	8
6. 4. 1	奉請	上毛野真人（3-650）	3-649	7

◇：写経所への符。判文に準じた。

表7　宣＝「判」

年　月　日	種類	宣（出典）	判（出典）	備考
天平15. 11. 17	写経	長官王宣（8-371）	判王（8-368，24-272）	4
16. 9. 10	写経	高屋赤麻呂宣（10-375，10-378）	判進膳令史（24-272）	4・10
18. 12. 4	奉請	田辺判官宣（11-225，11-358）	判田辺（24-181）	4
勝宝 5. 9. 3	奉請	政所宣（3-643）	司判（3-643）	
6. 4. 1	奉請	判官上毛野君宣（3-650）	判官上毛野君判（10-328）	6
6. 8. 22	奉請	判官石川朝臣宣（3-652）	判官石川朝臣判（10-328）	
7. 2. 19	奉請	長官佐伯大夫宣（3-654）	長官判（10-328）	
7. 4. 19	奉請	長官佐伯宿祢宣（4-85）	長官判（10-328）	
宝亀 3. 3. 7	出納	少判官宣（19-248）	政所判（6-383，20-222）	

上野君真人」

③④は、天平勝宝三年九月の維摩経疏奉請に関する史料である。③は経典の奉請を記録した帳簿の一部。造東大寺司の判官石川朝臣豊麻呂・上毛野君真人の宣によって、平栄に奉請したことを記している。実際に経典の出納に当たったのは、写経所案主の他田水主。④は、奉請を申請する東大寺牒とそれを許可する判署。[33] 先の二名の判官が名を連ねている。両史料を総合すれば、(一)東大寺が牒によって奉請を申請する、(二)造寺司官人が牒の奥に判署して許可する、(三)写経所案主が出納して帳簿に記録する、という過程が読み取れる。

史料③④では、次の二点に注目したい。

第一に、③で宣者として現れる人物が、④では判署の主体である点である。換言すれば、③の「宣」の実体は④の判署にほかならない、ということである。ただし、判署は史料によって

表8　二名の宣

年　月　日	種類	宣　　者	出　　典	備考
勝宝 2. 4. ?	出納	長官市原・次官佐伯	3-485	
3. 4. 2	奉請	良弁・次官佐伯	3-545	
3. 4.13	出納	次官佐伯・主典葛井	11-6	
3. 5. 8	出納	次官佐伯・判官上毛野	11-278*, 11-544*	
3. 9. 1	奉請	良弁・次官佐伯	3-555	6
3. 9. 2	奉請	判官石川・判官上毛野	3-556	6
4. 5.23	奉請	次官佐伯・主典阿刀	4-89	
4. 5.23	奉請	次官佐伯・主典阿刀	12-310	6
4. 8.25	奉請	判官石川・判官上毛野	4-90	4・6
4.10.21	出納	判官上毛野・主典阿刀	3-596, 12-335	
4.11. 9	奉請	次官佐伯・判官大蔵	4-91, 10-327	6
5. 1.26	奉請	次官佐伯・主典阿刀	12-387	
5. 2. 1	奉請	次官佐伯・判官石川	4-92	
5. 2. 1	奉請	次官佐伯・判官石川	4-92	
5. 2. 2	奉請	次官佐伯・判官大蔵	4-93	
5. 2.19	奉請	判官上毛野・主典阿刀	4-94	
5. 3. 9	写経	次官佐伯・判官大蔵	12-422	
5. 4. 2	奉請	次官佐伯・判官石川	12-389	
5. 4.20	奉請	次官佐伯・主典阿刀	12-433	
5. 5. 6	奉請	次官佐伯・判官上毛野	4-94, 12-390	
5. 5.25	奉請	判官上毛野・主典阿刀	12-434	
5. 6.21	奉請	次官佐伯・判官大蔵	4-95	
5. 8.18	奉請	飯高命婦・錦部命婦	13-23	4
6. 3.18	奉請	良弁・次官佐伯	13-64	
7. 5. 2	奉請	次官大蔵・判官石川	4-86	
宝字 7. 8.12	奉請	少僧都・道鏡	5-456	10

は許可文言を有する判文となり、判文を簡略にしたものが判署だと理解すべきであろうから、より一般的には、宣者＝判文の署名者(34)、宣＝判文、という場合がある、と言うべきであろう。表6にそれらを一覧にした。

なお、右の点と関連すると思われるのは、ある宣と同一の命令が、別の史料では「～判」と表現される場合があるという事実である。この「宣」と「判」の通用は、背景に判文・判署があると考えてよかろう。表7が現在確認している宣＝「判」の例のすべてである。

第二に注目すべきは、二名の宣者を持つ宣というものがあるという点である(35)。表8に網羅したが、特殊なものを除けば大部分が造東大寺司官人二名の宣になっている。これらも、その実体は判文・判署であると考えるべきであろう。ただし、判文への署名は三名なのに、宣では二名だけが現れるという例もあり(36)、出現年代の偏りと併せて注意を要する。

このように、③④は宣が官司内での事務決裁と密接に関連する場合があることを表現する史料である。

以上、ａｂの二つの事例を素材として、宣の実体を探ってきた。各表にあげた事例は、重複分を除けば八〇例にのぼり、宣全体の八分の一となる(37)。宣は二次的な記録として史料上に現れるものが多く、それらは史料としての情報量が少ないから、僅か八分の一ではあっても宣全体の性格を知る上では大きな役割を果すと言ってよいであろう。そこで、得られた知見を少しく敷衍してみたい。

まず、宣の実体が文書や判文であり、宣者とはそれらへの署名者である、という場合があった事実は重要である。つまり、「宣」と記すから口頭伝達である、と単純には言えないのである。特にそれが顕著なのは造東大寺司官人の宣であって、まさに文書行政に密着した命令そのものが、「宣」と呼ばれていた。勿論、宣者が署名する場合には、多くの場合同時に口頭での命令が行なわれていたであろう。しかし、文書行政を離れて口頭伝達が存在するのではなく、官司の内部(38)では両者は密接な関係にあり、相互に補い合いながら存在したであろうことをここでは強調しておきたいのである。

一方、全ての宣が〈署名者＝宣者〉の図式で割り切れるわけではない。特に、女官・尼は決して署名者としては現れない。宣者の相違（＝宣の伝達）の事実がかなり検出されるのに、女官・尼が署名した、宣を伝える文書は見当たらないのである。これは、彼女ら自身がかかる文書を作成・署名しなかった可能性を示すものではあるまいか。女官・尼は、まさに口頭で造寺司官人に命令を伝え、それが官人によって記録・文書化されたのであろう。そして、こうした女性の宣の大部分は内裏の意志に基づくもの、即ち勅旨・令旨の伝宣であったと見て大過ないと思われる(39)。

こうして、正倉院文書の宣に、(一)造寺司官人の宣、(二)女官・尼の宣、の二つの類型を見出すことができた。本稿では、その性格から考えて、(一)を〈宣＝判〉、(二)を〈奏宣の宣〉と呼ぶことにしたい。文書行政との関連、勅旨・令旨伝宣との密着度、の二点において両者は対照的な様相を示し、一括して論ずることは危険である。従って、ａｂで検出された宣＝文書・判辞という宣の実体、文書行政との密接な関連は、ほぼ造寺司などの官司機構の内部(宣＝文書については坤宮官人や僧の宣も)においてのみ主張し得るものである。

また、内裏などからの宣の伝達や宣の「原文」については、土田説をより深める手がかりを得た。この点については、節を改めて論じることにしたい。

2　宣の伝達

本節では、第1節での検討をもとに、宣の伝達について更に考察を深めてみたい。そのなかで、宣の全体構造を明らかにできればと思う。

(一)　宣を伝える文書

第1節第(二)項で述べたように、正倉院文書中には宣を伝える文書が残されている。宣の伝達を考察する一環として、検討を加えておきたい。

宣を伝える文書は、機構が発給したものと個人の発給したものとに大別できる。まず、機構が発給した宣を伝える文書とは、例えば次のようなものである(五—四四二)。

【史料⑤】
御執経所
　奉請无垢浄光陀羅尼経
　右、被由義禅師今日宣云、上件経、速従東大寺奉請内裏者。今依宣旨、内竪八清水城守充使、令奉請如
　　前。
　　　　　　　　天平宝字七年五月十六日承宣内竪日置浄足

この文書は、内裏にあった奉写御執経所が、経典の奉請を命ずる道鏡の宣を伝えたもの。同種の文書が約五〇通にのぼるが、天平宝字年間（七五七~七六四）には文書様式を示さない（以下、「状」と呼ぶ）のに対し、天平神護年間（七六五~七六七）に入ると移が多用される。史料⑤で注目されるのは、日下の署名に「承宣」なる語が見えることである。これは、浄足が道鏡の宣を承って、文書を作成したことを示すものであろう。つまり、ここでは宣と文書の関係がある程度明らかだと言える。しかし、機構が発給した文書の場合（全部で百通以上ある）、かかる例は少なく、宣を文書化する過程や宣者・伝宣者・署名者の相互関係は明確でない場合が多い。

　むしろ注目すべきは、個人が発給した（ただし内容は多く公的な）文書である。この場合は、文書発給者が即ち宣を承った人物だと単純に解し得るから、宣の文書化までの過程はよほど明確なのである。本稿では、このような個人の文書で宣を伝えるものを「宣文」と称することにする[40]。表9に示したように、現在のところ一九通の宣文を確認している。

　宣文は、文書様式から牒型・状型の二種に大別できる。まず牒型は、牒という文書様式を明記するもの。一例をあげる（一四—三二八）。

表 9　宣文

年　月　日	出典	種類	宣　　者	奉　　者	伝達先	様式	備考
天平18. 2.27	9-198	写経	佐伯若子	葛野古麻呂状	写経務所	状・追	
18.11.12	9-208	写経	石川大夫	奉小野国方	造物所	牒・単	10
20. 7. 9	24-509	写経	良弁	栄之状	書之司	牒・単	
21. 2.25	24-563	奉請	尼公	市原王	写経所？	状・単	
勝宝 1. 9. 8	11-73	奉請	尼公Ｈ	主典葛井根道	写経所	状・単	4・5
1.12. 7	11-95	写経	良弁	阿刀酒主	写経所？	状・単	
3. 6. 8	12-1	奉請	板野命婦Ｈ	次官佐伯今毛人	写経所？	状・単	4・5
宝字 2. 7. 4	4-274	写経	藤原仲麻呂	池原粟守	安都雄足	状・単	4・5
2. 9. 8	14-54	写経？	藤原仲麻呂Ｈ	高丘比良麻呂奉	造寺司？	状・追？	10
4. 2.10	14-308	写経	藤原仲麻呂Ｈ	高丘比良麻呂奉	安都雄足	状・単	10
4. 2.20	25-265	写経	大野内侍	安都雄足	経所案主	牒・単	
4. 4. 1	4-328	写経	因八麻内侍	奉宣安都雄足	経所案主	牒・単	10
4. 4. 7	14-333	写経	内侍	（安都雄足）	経所	牒・単	
6. 6. 7	5-238	奉請	内宣	道鏡	一切経司	牒・単	
6.⑫.24	16-174	出納	道鏡禅師	奉宣安都雄足	写経所？	状・追	10
7. 3.10	5-402	写経	内宣	道鏡	葛井根道	状・単	5
8. 7.27	16-504	出納※	蚊屋采女宣Ｈ	高丘比良麻呂奉	造寺司？	状・追	10
？. 4.25	25-268	写経	安都雄足宣Ｈ	凡祢麻呂	写経所？	状・単	
神護 1. 5. 6	5-528	奉請	大尼延証	道鏡	造寺司？	牒・単	4・5

・種類欄の“※”は写経所以外の史料を示す。
・宣者欄の“H”は平出されていることを示す。
・様式欄の略号は以下の通り。牒＝牒型，状＝状型，単＝単立文書，追＝追記のもの。

【史料⑥】

牒　経所案主
一、奉写二部経料綺軸俵紙帙、今将給、
　宣到宜早令装潢。
一、更奉仰給写法華経一部、宜察状、欲
　奉令紙作。又経師令儲。
　右、因八麻内侍宣。宜次官大夫応
　奉知。
　　四月一日奉宣雄足

この文書は、因八麻内侍の写経に関する宣を安都雄足が経所案主に伝えているもので、全文が雄足の自筆と見てよい。次官への通知も命じているから、主典雄足は司外にいて案主に女官の宣を伝えていることが窺われる。牒型宣文は七通あるが、全て単立文書で、他文書に追記されたものはない。また、六通までが伝達先を明記している。

次に状型であるが、これは文書様式を明記

しないものである。全部で一二通ある。第1節第㈡項の史料①がその例であるが、もう一例掲げておこう(一四—三〇八)。

【史料⑦】

写一切経料紙墨筆及雑物、勘注申送。

大師宣

天平宝字四年二月十日

坤宮大疏高丘比良麻呂奉

史料⑦は、写経に関する藤原仲麻呂の宣を、坤宮官の下級官人たる高丘比良麻呂が伝達したもの。宛所は端裏書に「送東寺安刀佐官所」とあるように造寺司主典安都雄足である。全文が比良麻呂の自筆と思われる。①と⑦を比較すると、宣者を平出するという共通点が見出されるが、かかる例は他にもあり、宣文の特徴の一つである。また、比良麻呂の宣文は三通全部が状型であるが、全て署名の下に「奉」なる注記を有する点が注目される。なお、状型宣文には、単立文書(八通)と他文書への追記(四通)の二種がある。

以上が、宣文の概要である。(41) 牒型と状型は文書様式=「牒」を記すか否かで区分されるだけであり、両者に根本的な差があるわけではない。ここで、本稿では、状型の宣文こそ平安時代の宣旨の起源だと考えていることを明らかにしておく。平安時代の宣旨は大部分が上宣を伝達するものであり、下外記宣旨と下弁官宣旨を中心とすることは周知のところである。(42) かかる太政官の文書と、ほとんどが写経所に関係する宣文とを比較するのは無理かも知れないが、類似点が決して少なくないのである。

第一に、形式。状型宣文には、単立文書と追書のものとがあった。一方宣旨も、文書様式は記されず(=状)、単立のものと追書のものとがあった(43)。

第二に、作成方法。状型宣文は、個人が発給・署名し、全文を自筆する。一方宣旨も、外記または史一人が発給・署名し、全文を自筆するのが原則と思われる。

第三に、「奉」注記。宣旨では、署名の下に小字で「奉」と記されるのが普通である。一方、先述の如く宣文にも「奉」或いは「奉宣」と注記を行なうものが見られる(44)。

第四に、宛先。宣旨には、太政官内の軽微な法令を書き置く場合(官司内文書)と他の官司・官人に宛てる場合(官司間文書)がある。一方宣文でも、造寺司官人が写経所案主に宛てる場合(官司内)と、造寺司外から伝達されてくる場合(官司間)があった。

このうち、第三点は全ての状型宣文に該当する訳ではなく、第四点も類似点として強調し得るか心許ない。しかし、特に形式・作成方法の類似性を見るなら、状型宣文が宣旨の起源であることを十分に論断し得ると思われる。またそう考えれば、平安時代の上宣伝達の宣旨の前提として、奈良時代には造東大寺司以外でも宣文が広範に使用されていたことを想定することができるであろう(45)。「奉」注記なども、そうした中から定着してきた方式ではなかったろうか。ただし、上宣の宣旨以外がほとんど消滅していくことは重要であり、その理由については別に詳細な検討が必要であると思われる。

以上が、宣を伝える文書の検討である。遺存しないとされた「宣の原文」、不明とされた「宣の形式や手続き」をある程度明らかにし、宣旨との関係も推測することができた(46)。

(二)　宣の伝達経路

これまでの検討結果によれば、宣の伝達経路を考える素材には、宣者の相違（第1節表4）と宣文（第2節表9）があった。しかし、伝達経路と方法を窺わせる史料がもう一種存在する。それは、前項で少し触れた「奉」注記である。これは宣を承った人物を示す注記と考えられるから、口頭による命令が背後にあると推測される。「奉宣」「承宣」「請宣」「奉旨」「奉事」「承」なども同様のものと考えてよかろう。こうした注記は、宣を伝える文書のみならず、帳簿などにも用いられているが、それらを集成したのが表10である。[47]

以下、表4・表9・表10から写経所までの宣の伝達経路を復原したい。まず、表4である。

a　女官……………田辺（上毛野）真人・川原凡・佐伯今毛人、真深女[48]
b　尼………………市原王・佐伯今毛人・葛井根道、道鏡
c　藤原仲麻呂……高丘比良麻呂・池原粟守
d　行信・良弁……佐伯今毛人・阿部真道・石川豊人・上毛野真人
e　春宮坊政所……高屋赤麻呂

次に、表9。写経所との関係の薄いものは省き、また宣文の宛先を括弧内に示した。表4との史料の重複は厭わず、傍線で示した。

a　女官…………佐伯今毛人（写経所？）・安都雄足（写経所）
b　尼……………市原王（写経所？）・葛井根道（写経所）、道鏡（造寺司？）
c　藤原仲麻呂……高丘比良万呂（安都雄足、造寺司？）・池原粟守（安都雄足）
d　良弁…………阿刀酒主（写経所？）、栄之（写経所）
f　道鏡……………安都雄足（写経所？）

表10　「奉宣」など

年　月　日	出典	種類	宣　者	奉　者	備考
天平11. 5. 2	7-177	出納	大進八束宣(2-169)	少属(出雲)屋満奉	
11.10.18	24-110	写経	光信尼宣	奉事高屋赤麻呂*	
11.12. 9	7-422	出納	判　大進	奉事秦下麻呂	
16. 9.10	11-170	写経	春宮坊政所宣	奉宣高屋赤麻呂	4・7
17.11.11	8-582	写経	?(尼公?10-378)	奉令旨市原王	
18. 2. 8	11-170	写経	?	奉長官王	9-177同宣
18.11.12	9-208	写経	石川大夫宣	奉令史小野国方	9
勝宝 3. 8.22	11-165	写経	飯高命婦宣	奉宣仰石川朝臣	
4. 4.25	9-608	奉請	飯高笠目宣	奉宣次官佐伯宿祢	
4. 7.27	9-608	奉請	善光尼師宣	奉宣判官大蔵伊美吉	
4. 8.24	3-595	写経	善光尼師宣	奉宣大蔵判官	12-334も
4. 9.19	3-596	写経	飯高命婦宣	奉宣判官大蔵伊美吉	12-334も
5. 5. 5	12-441	奉請	板野命婦宣	承行他田水主	
5. 6. 4	4-95	奉請	伊豆内侍宣	奉宣次官佐伯宿祢	12-391も
宝宇 2. 9. 8	14-54	写経?	藤原仲麻呂宣	少疏高丘比良麻呂奉	9
4. 2.10	14-308	写経	藤原仲麻呂宣	坤宮大疏高丘比良麻呂奉	9
4. 4. 1	14-328	写経	因八麻内侍宣	奉宣雄足	9
6. 1.28	5-75	石山※	良弁宣	奉宣史生師	
6.12.21	5-308	奉請	奈良女王宣	承宣日置浄足	
6.⑫.24	16-174	写経	道鏡宣	奉宣主典安都宿祢	9
7. 4.18	16-322	写経	法順尼公宣	判官葛井連宣請	
7. 5.16	5-441	奉請	道鏡宣	承宣内豎日置浄足	
7. 7. 3	5-450	写経	道鏡宣	請宣判官葛井連	
7. 7.12	5-452	奉請	道鏡宣	承宣内豎日置浄足	
7. 8.12	5-456	奉請	少僧都并道鏡宣	承宣日置浄足	8
7.11. 6	16-422	奉請	?(別尼公?)	奉宣即奉請判官葛井連根道	
8. 7.27	16-505	出納※	蚊屋釆女宣	高丘比良麻呂奉	9
8. 9.16	16-457	奉請	道鏡宣	奉旨日置清足	
宝亀 2. 2.29	6-124	写経?	内宣?	請内宣勝宝尼公	
10.12. 6	23-625	出納※	?(親王禅師?)	中納言藤原朝臣縄麻呂奉	4-199同宣
?. 7. 1	22-212	写経	?	請宣上咋麻呂	
天応 1. 8.16	25-付2	出納※	左大臣宣	参議藤原朝臣家依奉	

g　内宣……………道鏡（葛井根道、造寺司？）
h　造寺司官人……葛野古麻呂（写経所）・凡祢万呂（写経所？）
i　石川大夫………小野国堅[49]（造物所）

最後に、表10であるが、ここでも写経所と関係の薄いもの、宣者の不明であるものは省き、表4・表9との重複分には傍線を付した。口頭伝達らしいことに再度注意を喚起しておく。

a　女官……………石川豊足・佐伯今毛人・大蔵麻呂・他田水主・安都雄足、日置浄足
b　尼………………高屋赤麻呂・大蔵麻呂・葛井根道
c　藤原仲麻呂……高丘比良麻呂
e　春宮坊政所……高屋赤麻呂
f　道鏡……………安都雄足・葛井根道、日置浄足
g　内宣……………勝宝尼公
i　石川大夫………小野国堅

以上が三つの表から抽出した宣の伝達経路であるが、これらを更に整理してみよう。

まず注意すべきは、多くの場合、写経所への直接の指令を行なうのは造寺司官人で、それ以外の者の宣は彼らを介して写経所に伝達される点である。写経所が造寺司の下部機関であることを思えば当然ではあるが、種々の宣が造寺司官人のチェックを受け、彼らの判断を待って初めて写経所が動くという原則は、はっきり確認しておく必要がある。そして、この造寺司官人の判断こそ、文書行政に密着した官司内の宣、〈宣＝判〉なのである。

それでは、種々の宣は如何にして造寺司官人に伝えられたか。大きく見て、三つのルートがあったようで

ある。(50)

第一に、女官・尼ルート。彼女らが宣のために内裏の外に出たとは考えにくく、内裏において造寺司官人か、他の適当な者に口頭で宣したのであろう。造寺司官人の場合、宣文を作成して使者に付すか、自ら造寺司に赴くかの方法で写経所に宣を伝えたと考えられる。一方、道鏡や御執経所の官人などが文書を作成して、女官・尼の宣を造寺司に伝達する場合もあった。いずれにせよ、女官・尼の宣の大部分は内裏の意向を伝えたものと見られ、またその場合、彼女らは天皇などの言葉を直接承ったと考えてよいと思われる。

第二に、坤宮官のルート。藤原仲麻呂の宣を、坤宮官の疏である池原粟守か高丘比良麻呂が文書を作成して造寺司に伝えるものである。仲麻呂の宣も口頭のものであろう。注意すべきは、彼が大保(右大臣)となって坤宮官を離れても、(51)坤宮官人に命じて宣を伝えさせている点である。この時点でも、仲麻呂は光明皇太后と密接な関係を有し、「居中奉勅。頒行諸司」(52)なる職掌を実行していたのであろう。ただし、仲麻呂が光明から直接に言葉を承けたか否かは判然とせず、女官などが介在していた可能性もある。

第三に、僧・一般官人のルート。彼らは、自ら文書を作成・署名する(それが造寺司で「宣」と呼ばれる)こともあれば、下僚・造寺司官人などに命じて文書を発給させることもあった。まず、道鏡であるが、その宣の多くは孝謙の意志を伝えるものと見られる。ただし、尼の宣や「内宣」を伝える形式を取る場合があり、孝謙の言葉を直接聞いたとは限らない。次に、良弁の宣であるが、内裏の意向を伝えるもののほか、自らの希望や他の僧の依頼による宣も多い。また、良弁の場合、造寺別当という、官人に近い立場にあったことも考慮する必要がある。(53)このほか、表には見えない私願経願主の宣なども存在するが、造寺司への伝達方法は同様と見てよかろう。

ここで、右の三ルートの関係を、特に内裏との関係に絞って述べるなら、やはり三者は並存していたと言うほかない。即ち、内裏の命令主体が誰であるか、僧や造寺司官人が内裏に参向しているか否かなど、各時点の条件を勘案して、適当な経路が選ばれたと解されるのである。尤も、時々の政治的状況によっては特定の経路が重視されることも当然あった筈であるから、伝宣経路の変遷を詳細に調べることで、藤原仲麻呂・道鏡、あるいは女官などの政治的な位置がやや客観的に把握できるかと思われる。今後の課題としたい。

以上、宣の伝達経路を復原してきた。その中で、造寺司内部の宣〈宣＝判〉と、女官・尼・藤原仲麻呂らの宣〈奏宣の宣〉とが性格の全く異なるものであることも、より明瞭になったと思う。なお、内裏の意を承けた僧の宣も〈奏宣の宣〉として把握し得ようが、この場合は二次的な伝宣（坤宮官下僚の宣と同様の）が多くを占めたのではあるまいか。

図 9　宣の全構造

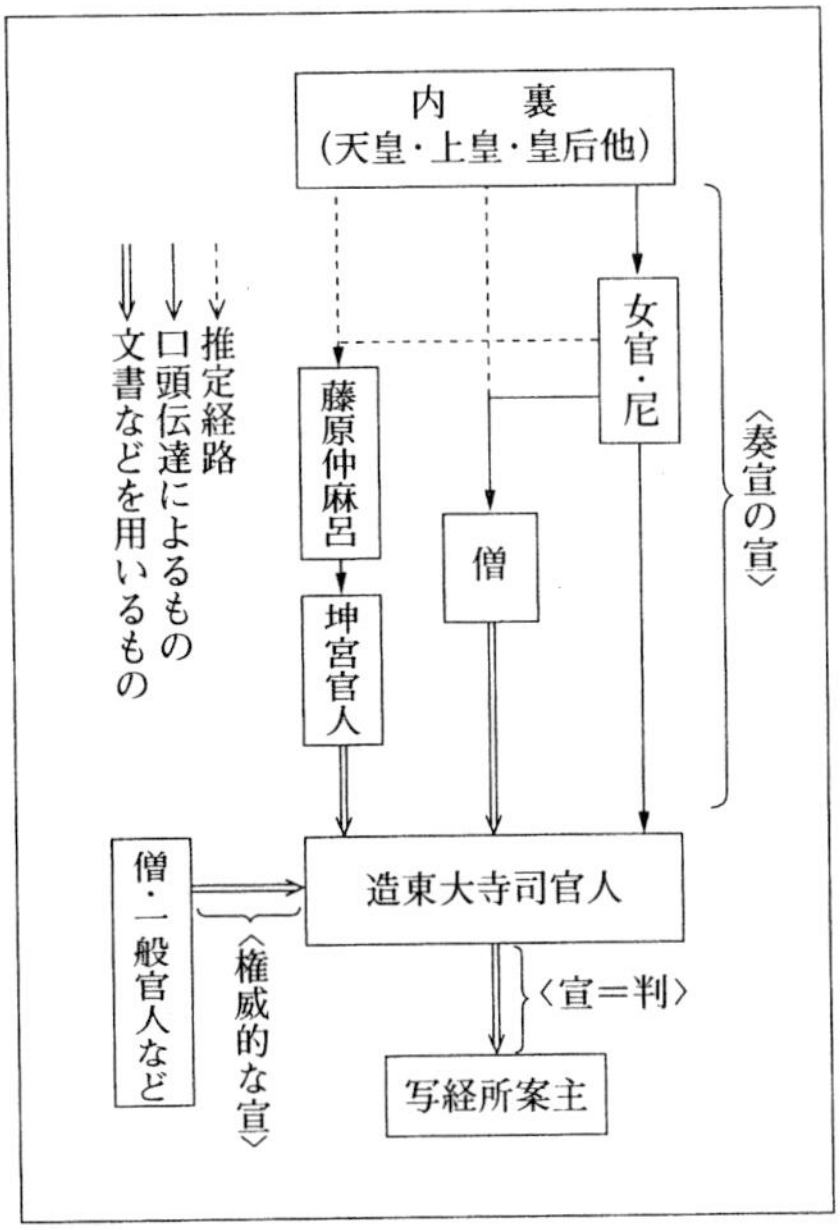

しかし、僧や一般官人の発した内裏と無関係、あるいは官司の正規の運用と関係のない宣は、〈宣＝判〉〈奏宣の宣〉のいずれにも解消できない。それは、権威や縁故によって写経や経典奉請を請願・命令するものと理解する以外にないものである。従って、ここに〈権威的な宣〉という第三の範疇を設ける必要が出てきたといえる。〈権威的な宣〉は、奏宣や官司内の事務決裁などの律令官僚制の公的・本来的な運用とは一線を画した宣である。(54)

〈宣＝判〉〈奏宣の宣〉〈権威的な宣〉が相互に如何なる関係にあったかを、伝達経路・方法も含めて表示したのが、図9である。この図を以て、本節の結論としたいと思う。

3　宣と判

本節では、官司内部の宣と事務決裁の関係について、更に考察を深めたい。出発点となるのは、官司内部の宣が、判文そのものであったり、「～判」と言い換えられたりするという、第1節・第2節で明らかにした事実である。何故、官司内の決裁が「宣」と呼ばれるのか。それを知るために、判とは何であるかという点から検討を始めたい。

(一)　唐の判

判は、律令条文に多出する用語である。奈良時代の判を考える場合、当然この律令の判との関係を考慮する必要がある。そこで、まず日本律令の母法たる唐律令における判について、その内容と運用の実際を確認しておきたい。

唐の判は、明らかに官司の事務決裁を指す語である。周知の如く、唐では、官司の事務決裁は判官―通判官―長官の三段階の判を経る必要があった。(55)これを「三判制」と称するが、所謂四等官制とは、この三判制に基づいて各官の職務分担を定めるとともに、それに即応した形で公務上の稽失の責任を負わせる制度にほかならない。(56)従って、三判制・四等官制の運用を知れば、判の実態もある程度明らかになるのである。

唐の四等官の職掌のうち各官司に共通する職掌＝通掌は、『通典』『六典』『旧唐書』『新唐書』などからある程度窺われる。しかし、これらの史料は原史料の職員令を正確に引用している訳ではなく、また開元度の職員令であるため日本令との比較も十分には行なえない。ところが、敦煌発見の東宮諸府職員令[57]は永徽度の令の原文であることが確実であり、唐の四等官制を令文に基いて検討し、かつ日本との比較を行なう際には有効な史料と言える。この史料から四等官の通掌を抽出したのが、表11である[58]。

表11　唐の四等官の通掌

長　官	総判X事
通判官	通判X事
判　官	分判X事
勾検官一	付事・勾稽・省署抄目・監印・給紙筆
二	受事発辰・検稽失
主　典	受事上抄・行署文案

それでは、唐の四等官の職掌はそれぞれ如何なる行為を指すか。この際、種々の制度史料や字句解釈よりも雄弁にその実際を語るのが、西域発見の「案巻[59]」、即ち官庁の案件処理の帳簿である。内藤乾吉の貴重な業績[60]に依拠しつつ、代表的な事例を紹介したい[61]。

次頁に示した【史料⑧】は長大な巻子の一部と思われ、現在三紙三五行からなるが首部の一紙を失っているらしい。八行目までが董文徴の牒(A部)。百姓の衣類の自給を奨励するための方策を敦煌県に進言したものである。これを受け、長官＝県令の弁は担当司への下付を命じた(B部)。C部は勾検官の記事。まず、録事が文書を受理した日付を記す。勾検官二の「受事発辰」である。次に主簿が文書を担当官たる司戸へ付し、更にこの受・付記事に印を捺した。即ち、勾検官一の「付事」「監印[62]」である。C部は、公事の遅延を検出するためのものである。なお、『令集解』職員令神祇官条の唐令私記によれば、案巻とは別に主典が受・付を記録していたらしい(「受事上抄」)。次にD部。司戸の尉＝判官の沢は、決裁の準備を命ずる。そこで史＝主典の汜藝は紙を張り継ぎ、案を検した旨を沢に報告した。

この後、三判が行なわれる（E部）。まず、担当司の判官たる沢が「毎季点検」とすることで牒を採択したき旨を書し、上司の判断を仰ぐ。通判官＝丞と思しき余□はこの判による旨を書し、更に長官の判断を待つ。長官の弁も同意の旨を書し、かくして三判は終了する。なお、他史料では判する官が三人でない例、通判官・長官が判官の判を修正した例も見られる。唐の官制では、判官以下がそれぞれ違った案件を担当したり、更には別局に分かれて実務を行なうという〈分判―分曹〉制をとるのが原則である(63)。判官や別局がおのおのの案件を「分判」「判」し、複数の判官・別局の判について通判官が「通判」し、更にその上に長官が「総判」するのが、三判制の基本的なあり方なのである。しかも、各官は案巻に自筆で判辞を書き記していた点に注意する必要がある。

F部は、決裁に基いて発給された敦煌県符の控え。符の末尾の文言・日付・署名を移録したものと見られる。注目すべきは署名者が判官と主典であって、長官・次官の署名がない点である。それは案巻に三判が記録されたことと表裏の関係にあったと言える。文書内容の責任分担は案巻に明示され、施行文書の署名はかかる役割を果さなかったのである(64)。さ

区分	【史料⑧】
A	家奴客須着、貧児又要充衣。相学霍望和糴、穀麦漫将費尽。和糴既無定准、自惧即受単寒。豈唯虚喪光陰、赤露誠亦難忍。其桑麻累年勧種、百姓並足自供。望請検校営田官、便即月別点閲縈子及布。城内県官自巡、如有一家不絹績者、罰一廻車駄遠使。庶望規模递洽、純朴相依。謹以牒挙、請裁、謹牒。 長安三年三月　日録事董文徹牒
B	付司。弁示。 一日
C	三月一日録事　受 尉摂主簿　付司戸
D	検案。沢白。 一日 牒。検案、連如前。謹牒。 三月　日史汜藝　牒
E	准牒下郷、及傍示村

て、この後に稽失なき旨が記され、(65)さらに案全体の標目が付けられる(G部)。これが勾検官の「勾稽」「検稽失」である。(66)ここで一件が落着し、次の案件が貼り継がれていくことになる。

以上、周知の事実を長々と書き連ねたが、案巻に見られる事務処理のあり方は中央官庁でも同様であったと見てよく(後述)、唐の三判制・四等官制の運用はほぼ明らかになったであろう。繰り返し言えば、唐の判とは、判官—通判官—長官が各自の役割と責任において行なった自筆の決裁なのであり、それは判辞として案巻に残され、施行文書の基礎となるものであった。こうした自筆の決裁であれば、判は官吏個人の政治能力と文才を如実に示すものとなる。唐代において、判が官吏の試験科目の一つであり、また文学上の一つのジャンルとなっていたのも、(67)蓋し当然ではあった。

坊、使家々知委、毎季
点検、有不如法者、随犯科
決、諮、沢白。
二日
依判、諮、余□示。
二日
依判、弁示。
二日

下十一郷、件状如前、今以状下、郷宜准
状、符到奉行。
長安三年三月二日
佐
史汜藝
尉
F

三月一日受牒、二日行判、無稽。
録事張　検、無稽失。
尉摂主簿自判
牒、為録事董徹牒勧課百姓営田判下郷事
G

(二)　日本の判と宣

それでは、日本の判とは如何なるものであったか。

正倉院文書には西域の案巻の如き帳簿は残されていない。従って日唐の案巻の比較はできないから、日本の判

表12　日本の四等官の通掌

長官	総判X事
次官	同長官
判官	糺判X内・審署文案・勾稽失・知宿直（勘校○○・△△・監印）
主典	受事上抄・勘署文案・検出稽失・読申公文（行△　挙問○○・△△△△）
史生	繕写公文・行署文案（○○　△△　）

（　）内は大宝令。○は確実に存在した語句。△は存在が推定される語句。

の実態は主に四等官の通掌の比較を手がかりに行なわねばならない。そこで、大宝・養老の職員令に見える四等官の通掌を示せば、表12の通りである(68)。表11・表12から日唐の四等官の通掌を比較すると、主に三つの相違点が検出される。

第一に、勾検官である。日本令には勾検官は置かれず、勾検事務は判官と主典が担当する。また「付事」「受事発辰」「給紙筆」なる職掌が除かれ、「監印」も養老令で削除された(69)。

第二に、通判官である。「通判官」なる官名は、日本律令では「次官」に書き直された。これと並行して、職掌の表現も改変されている。唐では複数の判官や別局の事務を「通」じて「判」するという点が明らかであるが、日本の次官の職掌は単に長官と「同ジ」なのである。

第三に、主典である。唐の主典の「行署文案」は、日本では史生にも使用されている。また、主典に「読申公文」なる職掌が付加されているが、かかる職掌は唐代の法制文献には見出せないようである。

結局のところ、長官以外の全てについて変更がなされている訳である。問題の判について言うなら、日本令では長官（更に言うなら次官も）の「総判」と判官の「糺判」の違いが不明確であり、古代の明法家にも明瞭な相違点は認識されていなかった(70)。

では、四等官制の変更の原因は何か。その一つは、〈分判―分曹〉制を部分的にしか継受しなかったことであろう。日本の律令官司制では、本局四等官に対する別局として品官が存在するとされる(71)。しかし、本局の判官―

主典―史生に比肩する官職構成を有する品官は、弁官(太政官)・監物(中務省)・判事(刑部省・大宰府)・防人司(大宰府)程度に過ぎず[72]、他の品官は唐の別局とは比較にならない。むしろ日本の官制では、一司内で本局―別局という構成をとるよりも、省―職・寮・司といった所管―被管の別官司として別局を独立させることを選んだようである(職・寮が省と同様の四等官構成をとることを見よ)。また、判官分曹も見出すことができない。つまり、日本の官司は複数部局を持たない、よほど単純な構成になっていたのである[73]。従って、第二等官は判官分曹や別局の判を「通判」する必要がなかったし、勾検官の「受事」「付事」なども意味がなかった。

しかし、これと関連するもう一つの原因がある。それは、案巻という決裁のシステムが継受されていなかった点である。即ち、ある案件が提出されても発辰や搽印は行なわれず、また三判のような自筆の判辞の積み重ねもない。そして、決裁終了後に勾検がなされることもない。――このような官司事務しか日本律令制定者は構想せず、現実にも案巻システムは行なわれていなかったと推測されるのである。以下、それを詳述する。

先に西域の案巻を紹介した際に、そこに見られる官司業務は中央官庁でも同様であったろうと推測した。その根拠のひとつは次に掲げる『六典』の記事である[74]。

【史料⑨】

凡内外百司、所受之事、皆印其発日、為之程限。一日受、二日付。其事速及送囚徒、随至即付。小事五日程、中事十日程、大事二十日程、獄案三十日程。其急務者不与焉。小事判勾、経三人以下者、給一日程。四人以上、給二日程。中事毎経一人、給二日程。大事各加一日程。内外諸司、咸率此。若有事速、及限内可了者、不在此例。其文書受・付日、及訊囚徒、並不在程限。

【史料⑩】

凡文案既成、勾司行朱。訖皆書其上端、記年月日、納諸庫。

簡単に解説を加えると、史料⑨は『唐令拾遺』[75]によって字句をやや修正したが、案の処分の程限を規定したもの。また、⑩は施行文書と案の完成後に行なわれるべき、勾検官の朱筆によるチェックと案の保管法についての規定である。⑨と⑩の述べるところが、案巻に見られた官司の事務決裁の実際とまさに一致する点に注目せねばならない。

さて、史料⑨は唐公式令の条文を移録したものと考えてよく、しかもそれは日本令にも継受されていた。ところが、史料⑨を藍本とする養老公式令受事条では、——部を簡単に「受事」とするのみであり、更に三判・勾稽に関する-----部は完全に削除されている。一方、史料⑩は公式令の取意文と考えられるが、これを継受したと見られる養老公式令案成条は、

【史料⑪】

凡案成者、具条納目。目皆案軸。書其上端云、某年某月某司納案目。毎十五日、収庫使訖。其詔勅目、別所案置。

というもので、案の「納目」のあり方は『六典』より明確であるが、ここにも「勾司」の勾検事務は全く規定されていないのである。勿論、日本に勾検官は存在しないが、判官・主典の勾稽は職掌に明示されているから、⑪では案巻に見られるような勾検事務自体を想定していないと考えねばならない（大宝令でも同様であろう）。

こうして、史料⑨〜⑪から、日本律令の制定者には案巻システムを導入しようという意図がなかったことが判明した[76]。正倉院文書に案巻が遺存しないのは、そもそも案巻が日本になかったからなのである。従って、案巻に残されるべき判官—通判官—長官の自筆の判辞は、日本では当初から存在しようがなかった。このため、個々の

官人の判断は記録に残らず、一官司全体の最終的な意志決定に対する賛同のみが、署名によって文書や帳簿に表されるという方式が採用されることになる。唐とは異なり、日本の公文書に四等官の全てが署名した原因は実に(77)ここに存すると思われる。案巻・三判制を持たない日本の四等官制は、文書への署名如何によって責任が問われる連帯責任の体系に化していたのである。

それでは、唐の案巻システム・三判制と異なる、日本独自の庁務決裁システムとは如何なるものであったか。これを解く鍵は、主典の通掌たる「読申公文」である。この「読申公文」は、先述の如く、日本の職員令独自の語句と思われる。その内実は判然としないが、文字の意味から見て、判を行ない得る判官以上の官（複数でもよい）に対して、決裁を求める公文を口頭で「読ミ申ス」ことで判断を仰ぐ、というものであったと考えられる。とすれば、こうして読み上げられた公文への決裁もまた、やはり口頭で指示されたのではあるまいか。私は、これこそが、官司内の「宣」にほかならないと考えるものである。即ち、自筆の三判が案巻に書き連ねられる唐の方式とは異なり、主典の口頭の「読申」に対して判官以上が口頭による判＝宣を与える、という方式を想定するのである。そして、判＝宣を受けた主典はこれを文章化し、処分者の名を記すことで一件が落着したのであろう。また、更に文書が発給される場合には、基本的に全員の署名が据えられるのである。

この読申↓判（＝宣）の実態は、九世紀の太政官の「政」に見出すことができる。(78)

まず、『弘仁式』には次の二つの規定が存したと思われる。(79)

【史料⑫】

凡内外諸司所申庶務、弁官総勘、申太政官。其史読申、皆依司次。……

【史料⑬】

凡庶務申太政官、若大臣不在者、申中納言以上。其事重者、臨時奏裁。自余准例処分。……

また、『延喜式』では次の規定が追加された(80)。

【史料⑭】

凡諸司諸国申政之時、史読申已訖、弁判曰云々。畢即史仰云縦読曰与志。

⑫は、弁官の太政官への申政に関する規定。弁官の「総勘」の後、太政官主典の史が「読申」する。一方⑬では、奏上するに及ばない事項について、「申」を受けた中納言以上＝長官・次官が「処分」することを記す。また、⑭は⑫の「弁官総勘」部分、即ち官西庁政に見られる作法と解されるが、この場合も主典の史が判官の弁へ「読申」し、それに対して弁は「判」を「曰」う。このように、史の読申は弁・中納言以上と二段階にわたった。中納言以上への読申に対する「処分」の方法は⑫⑬からは不明であるが、『西宮記』『北山抄』『江家次第』の記述からは(81)、外記政における史の読申と、上卿(＝中納言以上)の宣「与之《ヨシ》」が確認されるのであり、かかる口頭処分は九世紀に遡らせて大過ないと思われる。また、官西庁政における弁の口頭での指示は、石川名足の事例から、八世紀にまで遡ることが確認される(82)。

以上、九世紀の太政官の「政」における読申→判(＝宣)を確認した。「政」の次第は八世紀でも同様であったと推測されるが(83)、上の考察結果から考えて、これは三判制が形骸化したものでは全くなく、日本律令の制定者が想定していた政務決裁の方式そのものであった。しかも、それは太政官に限られたものではなく、各官司に共通する決裁システムと考えるべきものなのである。

こうして律令国家の官司事務決裁システムが明らかになった以上、正倉院文書の〈宣＝判〉の意味も明白であろう。造東大寺司でも一般の官司と同様、口頭による処分が行なわれていたのである。処分即ち〈宣＝判〉は命を受けた官人が文章化し、処分者の名を明記する(署名が行なわれる場合もある)ことで責任の所在を明らかにした。そしてこれが「宣」「判」と呼ばれたのである。(84) ただし、造東大寺司の場合、宣＝判を記録するのは主典とは限らない。主典が〈宣＝判〉の主体である場合さえあり、史生・案主も一定の役割を果している。(85) かかるあり方は他官司でも同様かも知れず、更に検討が必要である。

さて、以上のような日本の官司の決裁方法は、唐の案巻システムに比べれば確かに未熟なものであった。日本の「文書行政」は官司内の案巻を置き去りにして官司間の文書のみを発達させたものとも言い得るのである。しかし、中国とて、案巻に見るような決裁システムをどれほど古くから発達させていたであろうか。居延漢簡などに案巻的なものが見られないことから推しても、それは紙の使用法に習熟し、複雑な官制が成立して以後のことに違いない。中国における三判―案巻システムの成立史は、今後深めるべき課題である。

尤も、日本独自の決裁システムにも一定の歴史的前提があったと思われる。例えば、東野治之の提唱した「三等官制」論、即ち四等官制以前の官司は、長官とそれを補佐する次官、及び書記官からなっていたという説(86)は魅力的であるが、かかる官制には読申↓判(＝宣)なる決裁方法はまさに適合的である。また、各官司の構成員が官司の判断を独断せずに「共知」するべきだという政治規範を、十七条憲法以来のいくつかの史料に見出すことができるが(87)、これは各官吏が個々の判辞を連ねる唐の案巻システムよりも、むしろ〈宣＝判〉へ署名によって同意するという日本の決裁方法に近しい。即ち、律令制の決裁システムがそれ以前の方式を継承したものである可能性を、十分考慮すべきなのである。こうした点を踏まえ、官司機構の運用という観点から律令官僚制・公文書制の成立史を辿ってみるのも、興味ある研究課題であろう。

結　語

三節にわたって奈良時代の宣について検討してきた。既存の研究よりも幾分具体的に、宣の実体や文書行政との関係を明らかにできたかと思う。

しかし、問題もいくつか残っている。何より、現在知られる奈良時代の宣の大部分が、写経所関係のものである点が問題である。造東大寺司―写経所という機構が一般の官司と如何なる点で相違し、如何なる点で共通していたかを、別の観点から明らかにする必要があるのである。なぜなら、〈宣＝判〉はよいとして、〈奏宣の宣〉がここまで多数かつ直接的に現れるのが、一般の官司でも同様であったとは考えにくいからである。平安時代の内侍宣との関係を見据えつつ、奈良時代の女官・尼の宣の一般的状況を更に考えたい。

また、右の点にも関連するが、本稿では議政官の宣＝上宣が扱えなかった。この問題も〈奏宣の宣〉〈宣＝判〉の両側面から考える必要があると思われるが、他日を期したい。

更に贅言を費やすなら、案巻の考察で示したように、同じ様な公式令を持っていても日本と唐では「文書行政」の運用がやや異なっていた。これは律令国家の「文書行政」を、より実態に即して考察すべきことを示している。古代古文書学は、公式令に規定された文書の分析・紹介だけで事足れりとしていてはならないのである。また、宣＝判についても、それを和訓にするとノリ＝コトワリということになるが、実に両者とも「法」を表す語であることは興味深い(88)。かかる観点から、古代の法の観念を摘出することも、或いは可能かも知れない。いずれにせよ、本稿の論点をさらに広い目で再検討し、日本古代官僚制研究をさらに深めていきたいと考える。

注

（1）土田直鎮「内侍宣について」（『日本学士院紀要』一七―三、一九五九年。同『奈良平安時代史研究』、吉川弘文館、一九九二年、所収）。

（2）今江広道「内侍宣・口宣案」（『日本古文書学講座』三、雄山閣、一九七九年）。

（3）武光誠「奈良・平安時代の太政官政治と宣旨」（『奈良平安時代史論集』下、吉川弘文館、一九八四年）。

（4）このほか、塩田陽一「「内裏宣」について」（『続日本紀研究』一四二、一九六八年）がある。なお旧稿発表後、早川庄八『宣旨試論』（岩波書店、一九九〇年）で理解が深められた。

（5）吉田孝「律令時代の交易」（『日本経済史大系』一、東京大学出版会、一九六五年。同『律令国家と古代の社会』、岩波書店、一九八三年、所収）。

（6）用途別の宣の個数を述べる場合、本来は一覧表を示して宣者・事由・出典などを明示すべきであったが、表が巨大なものになるので割愛せざるを得なかった。また、今後新たに得られた知見によって史料の解釈を訂正する必要が生じ、その結果、本稿に示した数字に若干の変更をみることも予想される。従って、本稿の数字は現時点での目安と考えていただきたい。なお、本稿では宣の個数を数える単位として「通」を用いる。

（7）写経に付随する、用度勘注や装潢を命ずる宣なども含めた。

（8）福山敏男「奈良朝に於ける写経所に関する研究」（『史学雑誌』四三―一二、一九三二年。同『福山敏男著作集』二、中央公論美術出版、一九八二年、所収）。なお、この写経所を直接管轄した機構については、福山前掲論文、岸俊男「東大寺をめぐる政治的情勢」（『ヒストリア』一五、一九五六年。同『日本古代政治史研究』、塙書房、一九六六年、所収）、栄原永遠男「初期写経所に関する二三の問題」（『日本政治社会史研究』上、塙書房、一九八四年）を勘案して次のように理解しておく。

皇后宮職　（～天平十二年四月）
福寿寺造物所　（天平十三年閏三月～十四年五月）
金光明寺造物所　（天平十四年六月～二十年七月）

造東大寺司　　　　（天平二十年七月～）

また、以下の叙述の中で「造（東大）寺司」「造（東大）寺司官人」と記す場合、造東大寺司成立以前については右の機構・官人を指すものとする。ただ、金光明寺造物所は「所」であるから、関係官司の官人の集合体として機能しており、この点で四等官制の形をとる造東大寺司とは異なっている。従って、第3節で述べる四等官制と判の問題については、造東大寺司成立の前後での違いを考慮すべきかも知れない。

(9)　一切経以外の臨時の写経を「間写」と呼ぶことについては、福山敏男「再び奈良朝に於ける写経所に就いて」（『大和志』二―九、一九三五年。前掲『福山敏男著作集』二、所収）を参照のこと。「間写」とは「依間仰給奉写」する経典であるが（薗田香融「南都仏教における救済の論理（序説）」〈『日本宗教史研究』四、一九七四年〉）、この「仰給」とはまさに「宣」のことであろう（例えば九―二五四と九―二四九、一一―二八四と一一―二八七を比較せよ）。従って、宣の全てが内裏と関係するわけではない以上、薗田説の如く「間写」を「皇室の宗長の仰せ」による写経に限定する必要はないと思われる。

(10)　天平宝字四年の坤宮官御願一切経の書写。一四―三〇八・三九三・四一一。

(11)　例えば、天平十七年二月の阿弥陀経（二四―一七五）、十八年七月の某経（九―六六）、天平勝宝三年二月の弥勒経（一一―四七二）、など。

(12)　写経所の帳簿や上申文書に経典名を記し、その注記として「依〇〇宣奉写」などの形で宣を受けた事実を示すものが多い。これは奉請を命ずる宣についても同様である。

(13)　内藤乾吉「正倉院古文書の書道史的研究」（『正倉院の書蹟』、日本経済新聞社、一九六四年）。

(14)　造東大寺司牒で借用している例もある（三―三二九・五一〇など）。なお、この三―三二九の牒によって借用された解深密経疏は、一一―四〇では「阿刀史生宣」によって奉請されたとあり、宣による一切経底本奉請の珍しい例か。ただ、ほとんどの場合、一切経書写は願主の明白な継続事業であるから「宣」を明示しなかったのであろう。

(15)　「間本納返帳」（九―五九八～六一七）には、本経の借用を命ずるかに見える宣が四例現れるが、うち三例（六〇四・六〇八×2）までが写経を命ずる宣と解され、残る一例（六一〇）も同様かも知れない。また、天平十九年に二例見える四分律六巻抄の本経借用の宣（九―三二八・三六四）も、写経を命ずる宣（九―六七）と一連、あるいは同一のものと見られる。

(16)　一切経・間写経の底本も含まれるか。

(17) 奉請に関連する、写経所への経典の留置を命じたものなども含めた。
(18) 僅か二例ながら紙を納入する際の宣が存在するが(一一—三四二、三—六〇四＝四—一)、本旨は紙の使途の指示ではなかろうか。また、間写に際して紙の納入を行なう宣が見られるが、この場合は写経の宣に含めてよかろう。
(19) 一五—一三四、一六—三四〇。前者は物品売却の直銭を納入するもので、銭の使用の宣と解するのが妥当か。後者の「先日宣」は前行の「先日仰給」の言い換えと思われ、そうであれば綿の価直を定めたものと見られる。
(20) 経典奉請の宣も、経典という高価な物品の移送を命ずる宣にほかならない。
(21) 双倉北物用帳・延暦六年曝涼帳・双倉北継文に現れる。これらの史料については、福山敏男「東大寺の諸倉と正倉院宝庫」(『美術研究』一六六、一九五二年。同『日本建築史研究』、墨水書房、一九六八年、所収)、柳雄太郎「正倉院北倉の出納関係文書について」(『書陵部紀要』二七、一九七六年)、同「東大寺献物帳と検珍財帳」(『南都仏教』三一、一九七三年)を参照。
(22) a〜cのなかにも議政官や官司の宣は存在する。
(23) 福山敏男「奈良時代に於ける石山寺の造営」(『宝雲』五・七・一〇・一二、一九三三・三四・三五年。同『日本建築史の研究』、桑名文星堂、一九四三年、所収)、岡藤良敬『日本古代造営史料の復原研究』(法制大学出版局、一九八五年)。
(24) 福山敏男「石山寺・保良宮と良弁」(『南都仏教』三一、一九七三年。前掲『福山敏男著作集』二、所収)。
(25) 一五—四五六。なお、この時期にのみ、(天皇・上皇)—(女官・良弁)—造石山寺所—造東大寺司、という伝達経路が成立している ようである。
(26) 土田直鎮「上卿について」(『日本古代史論集』下、吉川弘文館、一九六二年。土田前掲『奈良平安時代史研究』所収)、早川庄八「上卿制の成立と議政官組織」(同『日本古代官僚制の研究』、岩波書店、一九八六年)。
(27) なお、正倉院伝世の木簡で『大日本古文書』に収録されていないものの中に「大保宣」を記すものが存在する(『木簡研究』一)。また、紫微内相の宣が『令集解』神祇令神戸条・『類聚三代格』昌泰三年十二月九日太政官符に見える。
(28) 一—六〇一、四—一八一、四—二五九＝二六〇、一四—二〇八＝二〇九。
(29) 太政官宣—『類聚三代格』、『延暦交替式』。官宣—『類聚三代格』、『令集解』考課令内外初位条・応考之官条、『日本三代実録』元慶八年五月二十九日戊子条、『西宮記』巻五、十一日奉幣。弁官(口)宣—『類聚三代格』、『令集解』職員令造兵司条・儀制令祥瑞条、『政事要略』巻二九、年中行事十二月下、宝亀四年二月二十五日太政官符(『寧楽遺文』上巻三三六頁)、『古語拾遺』。民部省口宣―『出雲国風土記』。玄蕃寮宣―天平勝宝八歳八月二十二日東大寺三綱牒（『寧楽遺文』下巻七七〇頁）、弾正台口宣―平城宮跡出土木簡（『平城宮発掘調査出土木簡概報』一六、『木簡研究』五に再収）。
(30)　早川庄八「公式様文書と文書木簡」（『木簡研究』七、一九八五年。同『日本古代の文書と典籍』、吉川弘文館、一九九七年、所収）、鷺森浩幸「奈良時代の僧綱の展開」（『日本史研究』二九四、一九八七年）。
(31)　①②の宣を別のものとする早川庄八の解釈（前掲「公式様文書と文書木簡」、同『宣旨試論』〔前掲〕にて再説）はとらない。
(32)　表10に二例を指摘しておいた（天平十八年二月・宝亀十年十二月の事例）。
(33)　本稿で使用する〈判〉関係の概念を次のように定義しておく。
　判　署―他の文書に許可の意味の署名（または名の明記）を加えたもの
　判　文―他の文書に裁可文言と署名（または名の明記）を加えたもの
　判　辞―中国における判の文言
　「判」――史料上に「～判」と記されるもの
(34)　前注で「署名（または名の明記）」と記したように、判署や判文署名に官名の据えられた官人全てがそこに自筆署名を行なう訳ではなく、単に責任の所在の明記にとどまる場合も存する（ただし最下位の官人は判文を書き、署名する）。例えば表6の七例では、全員署名が四例、最下位署名が三例である。自署のない者が宣者とされる例もあるから、官名の据えられた官人は自署の有無に関係なく決裁の責任者と見てよいと思われる。ただし、判文を基に他官司への文書が発給される場合には、基本的に全員の署が要求されるのではなかろうか。
(35)　序で触れたように、武光誠は宣が単独決裁と関係するとしたが、それではこの二名の宣という現象は理解できない。
(36)　表8の天平勝宝四年十一月の事例。
(37)　第3節の表10も宣の伝達を表すものであり、これを含めれば一〇四例になる。
(38)　造東大寺司―写経所は、一つの官司とその中の作業単位と考える。
(39)　藤原仲麻呂の宣も同様の性格を有しているようである（第2節第(二)項）。なお、ここで「女性の宣の大部分」と記述したのは、女官・尼の宣の中にも内裏と無関係な宣が存在するからである。例えば、私願経らしき経典書写に関する犬養命婦の宣（三―一九二）や、法華寺への経典奉請に関する善光尼の宣（一三―一九八、大平聡「善光朱印経の基礎的考察」〔『神奈川地域史研究』六、一九八七年）参照）など。

（40）早川庄八は「公式様文書と文書木簡」（前掲）において宣を伝える下達文書に言及し、比喩的にではあるが「奉書」「御教書」と称している。本稿では「宣」を明記する点が中世の奉書・御教書と異なることを強調したいので、「宣文」なる用語を用いる。ただし、史料にかかる語が現れる訳ではない。類似の語に「宣状」なるものがあるが（一八―一〇七、一九―一二二）、実体が明らかでないので使用しなかった。

（41）なお、宣文に類似したものとして、宣者が自らの「宣」を追記したと思しきものがある。二―一六九と三―一九六に見えるが、ともに文書の内容に対する上級者の判断を取り次いでいるもの。官司内の〈宣＝判〉の一端が窺われる。

（42）鈴木茂男「宣旨考」（『続日本古代史論集』下、吉川弘文館、一九七二年）。

（43）例えば『類聚符宣抄』には約四七〇通の宣旨が収録されているが（官宣旨は除く）、うち四一〇通余りが単立型で、残りの五〇通余りは申文や定文に追書したものである。

（44）宣旨にも「奉宣」と注記するものがある。『顕戒論縁起』所収延暦二十四年八月二十七日内侍宣がそれで、「奉宣式部少輔和気広世」と記す。

（45）一般官司で内裏の意向を伝える宣文が広範に使用されていたとは考えにくい。しかし、〈宣＝判〉や〈権威的な宣〉（後述）を伝える宣文はかなり存在したのではあるまいか。

（46）旧稿発表後、早川庄八『宣旨試論』（前掲）は私の「宣文」の解釈を正面から批判し、「宣文」は宣旨ではなく奉書の起源だと論じた。奉書＝施行文書と、宣旨＝受命記録を分別する早川説には確かに納得できる点が多く、本稿の「宣文」理解はやや修正する必要が出てきた。しかし、①「施行文書」と「受命記録」を截然と区別し得るか（例えば史料⑦を早川は「典型的な奉書」とするが文面上は「受命記録」とも解し得る）、②区別できたとして後者のみを「宣旨」と呼ぶのが正しいか（例えば平安時代の「宣旨」には官宣旨のような施行文書が含まれる）、という基本的な部分での疑問がなお残る。私見によれば、「宣旨とは基本的に上級者の仰せ（宣）、あるいはそれを文字化したものであり、施行するものとしないものを含む。ふつう宣旨と呼ばれる宣旨書は本来は後者であった」と見るのが穏当な理解ではないかと思われ、とすれば宣文がその起源であってもかまわないことになる。また、早川の太政官政務に関する理解にも問題が多く、これは太政官の関与する「宣旨」理解にも直結すると思われる。早川説の吟味は、個々の史料解釈から始めて詳細に行なう必要があるので、これを今後の重要課題としておきたい。

(47)　このほか『大日本古文書』には「奉事木工大属従六位下貴室虫万呂」なる表記が見られる(三―五五九)。「安宿王家牒」の位署らしいが、王の意向を承った者との意味に解釈できる。また、平城宮跡出土木簡の中に「奉」注記と解し得るものが二例ある。

① 「三月一日事受葛木梶嶋」(『平城宮発掘調査出土木簡概報』一一)

② 「又十二日宣受史生土×」(同『概報』一六、『木簡研究』五に再録)

(48)　「真深女」は「因幡中村」に書き換えられている。因八麻中村の別称とも思えず、あるいは中村の宣を伝えた下級女官の名か。もしそうであれば、女官は必ずしも造寺司官人に直接宣せず、介在者が存在した場合もあったことになる。

(49)　進膳令史高屋赤麻呂・主蔵令史田辺足麻呂の例から類推すれば、令史小野国堅は春宮坊某監の令史であろう(「所」は四等官制をとらないから、写経所や政所の令史というものはありえない)。こう考えれば「石川大夫」は春宮坊関係者(例えば春宮大夫、或いは「大夫」＝五位以上の坊官)かと想像され、天平十八年十一月時点でこれに該当する石川朝臣を求めるなら、春宮員外亮で正五位上の石川年足が浮かび上がるが、もとより確証はない。なお、この史料(九―二〇八)の解釈については、若井敏明「再び造東大寺司の成立について」(『続日本紀研究』二五〇、一九八七年)を参照のこと。

(50)　本文では春宮坊と造寺司の関係を捨象したが、皇太子発願の写経事業はこの写経所で活発に行なわれており(大平聡「皇太子阿倍の写経発願」『千葉史学』一〇、一九八七年)、また東宮機構の官人が写経事業に深く関与していた(渡辺晃宏「造東大寺司の誕生」『続日本紀研究』二四八、一九八七年)。宣については伝達経路eが注目される。これは〈春宮坊政所→進膳令史高屋赤麻呂→写経所〉のルートで東宮の意向が伝えられたことを示す。また前注で述べた如く、経路iは〈春宮員外亮→某監令史→造寺司(写経所)〉なるルートかも知れない。ただし間写の宣では、赤麻呂のほか尼・市原王・良弁・式部大輔藤原八束(かつての春宮大進)・皇后宮少進茨田枚麻呂らが「令旨」を伝えている(皇太子令旨も含まれるであろう)から、複数の伝達経路を想定する必要はある。

(51)　『続日本紀』天平宝字二年八月甲子条。

(52)　『続日本紀』天平宝字二年八月甲子条。

(53)　佐伯今毛人とともに二名の宣の宣者として現れること(表8)も、良弁の位置と関係があるのであろうか。

(54)　もちろん私願経や私的な奉請を命ずる宣については、女官・尼・造寺司官人の宣とて、この〈権威的な宣〉の範疇に含めて考えるべきである。

(55) 中田薫「養老令官制の研究」(『国家学会雑誌』三二─一、一九三七年。同『法制史論集』三上、岩波書店、一九四三年、所収)、利光三津夫「奈良時代における官司制について」(『法学研究』四二─九、一九六九年)、滋賀秀三『訳註日本律令』五・名例律四〇条訳註(東京堂出版、一九七九年)。

(56) 注(55)各論文のほか、池田温「律令官制の形成」(『岩波講座世界歴史』五、岩波書店、一九七〇年)、時野谷滋「日唐の四等官」(『律令制の諸問題』、汲古書院、一九八四年。同『飛鳥奈良時代の基礎的研究』、国書刊行会、一九九〇年、所収)。

(57) *Tun-huang and Turfan Documents 1*(1978, 80)。土肥義和「永徽二年東宮諸府職員令の復原」(『国学院雑誌』八三─二、一九八二年)も参照のこと。

(58) 後述の如く唐の官制は〈分判─分曹〉制を基本とするから、四等官の通掌は本局について見る必要がある。ただし、四等官の揃った最初の本局である門下坊(左春坊)は欠失部にあって検討できないので、典書坊(右春坊)と家令寺から通掌を抽出した。

(59) 唐長孺氏の用語による。池田温「中国における吐魯番文書整理研究の進展」(『史学雑誌』九一─三、一九八二年)。

(60) 内藤乾吉「西域発見唐代官文書の研究」(『西域文化研究』三、一九六〇年。同『中国法制史考証』、有斐閣、一九六三年、所収)。

(61) 大谷探検隊発見二八三六号文書(前掲内藤論文、『大谷文書集成』一(法蔵館、一九八四年))。

(62) 『六典』巻一、左右司郎中によれば施行公文への捺印も「監印之官」が行ない、印は夜になると宿直官(在京諸司)・当処の長官(在外諸司)に送付された。在外諸司では印の最終管理責任は長官にある(『唐律疏議』職制律長官使人有犯条)が、日中の業務では勾検官が印を監したのであろう。なお、『令集解』職員令太政官条「兼監官印」の令釈は、印そのものを長官が、捺印行為を少納言が監掌すると述べ、日本の「監官印」は唐令の「監印」とは監掌の意味が異なると論ずる。即ち令釈は、唐の「監印」は捺印行為の監督ではなく、印そのものの監掌だと見ているようであるが、的を射た解釈ではあるまいか。

(63) 『六典』に記された唐の官制は複雑であるが、官司の職務の分掌という点に注目して整理すると、次の四つの類型を見出すことができる。

①長をもつ別局を構成するもの(括弧内は別局の主典より上位の官)

尚書都省──六部(尚書─侍郎─郎中)

秘書省・殿中省・内侍省・太子左春坊——局(令・郎—丞)

九寺・五監・太子三寺——署(令—丞)・監(監—丞)

②判官以下が別々の曹を分掌するもの(仮に「判官分曹」と称する)

尚書六部、左右十六衛、左右羽林軍、太子左右諸率府、府州

③主典のみが別々の曹を分掌するもの……県

④曹には分かれないが判官の分掌が明瞭なもの

中書省(「六人分押尚書六司」)

大理寺(「六丞判尚書六曹所統百司及諸州務」)

本文の表11からは複数の判官の「分判」に対して、通判官が「通判」することが明瞭であるが、判官の「分判」にはいろいろな方式があった。まず、右の①のような官司の本局では、特定の案件には決まった判官が当たるということはなく、自由に「分判」していたようである。次に、やや専門化したのが④と思われ、更に案件の種類別に担当判官が固定したのが②と思われる(③はその簡略形であろう)。いずれにせよ複数の判官の存在こそ「分判」の前提であり、判官分曹は「分判」を職務内容によって固定化したものと評価し得るであろう。

それでは、①の別局を如何に考えればよいか。少なくとも、別局が本局と同様の官職構成を持つものでないことは確かである。何故なら、尚書六部を除くほとんどの別局では四等官制が貫徹しておらず、長(令・郎・監)—丞—主典のみが置かれるからである。別局には勾検官もまず置かれない。ここで、東宮諸府職員令に見える別局を検討すると、長の通掌は「判X事」、丞の通掌は「検校X事」らしいことに気付く(典膳局など)。つまり、長は「総判」せず、また丞は「判」を行なわないのである。また、別局の長の官品は本局の次官より低いこと、つまり本局の判官と同等であることも注目される。これらの点を総合すれば、別局とは本局と同様の「官司」ではなく、むしろ判官分曹に補佐職の丞が加えられ、作業単位として強化されたものと理解することが可能である。事務決裁の上では、複数の別局の「判」に対して本局の通判官が「通判」し、長官が「総判」すると見られるのである。また本局の勾検官は、別局に対しても「付事」や「勾稽」を行なうのであろう(制授・奏授告身式における尚書都省左司郎中の「付某司」を見よ)。

このように、本稿では別局を判官分曹の発展形態と理解する。そして、判官の「分判」→判官分曹→別局、のすべてを〈分判

―分曹〉制と称したいと思う。

本局―別局について付言する。唐の公式令は別局の存在を前提にした文書様式を規定している（図10）。その具体的内容は、敦煌発見の開元年間の公式令断簡によって知ることができる（仁井田陞『唐令拾遺』〔東京大学出版会、一九三三年〕公式令。ただし一部に誤りがあり、前掲の *Tun-huang and Turfan Documents 1* に依るべきである）。まず、「関」は「内外諸司、同長官而別職局者」間、つまり別局間の文書である。また、「牒」は尚書都省から省内諸司に対する文書であるが、それは「応受刺之局、於管内行牒」の場合も同様であった。つまり、本局から別局へは「牒」が、別局から本局へは「刺」が使用されるのである。一方、本局間では符（下達）・解（上申）・移（互通）が使用された。このように、唐の官司文書は四等官をもつ「官司」間の文書と、「官司」内の文書の二本立てになっていたのである。判官分曹では「官司」内文書は恐らく不必要であろうし、「案巻」への決裁と「官司」内文書が如何なる関係にあったかは未詳であるが、ともかく別局が四等官をもつ「官司」と次元の異なるものであったことは確かなようである。なお、日本の官司制には別局が発達していないから（後述）、刺・関などの文書は存在せず、かかる牒の使用もほとんど見られない（例外は『延喜式』巻一一、太政官の少納言局・弁官局間、および同巻二九、刑部省の刑部省・判事間の「牒」、ただし相互に牒する）。また、律令官司の所管―被管関係や官人考課についても、こうした日唐の官司構造の差異を踏まえて論を立てる必要があると思われる。

（64）　敦煌発見の開元公式令（前掲）では、移・符において、郎中（判官）と主事・令史・書令史（主典）の署がなされたことが確認される（別局関係文書の関・牒でも同様）。また、唐の過所が近江園城寺に伝えられているが、そこでも判官と主典が署している（内藤湖南「三井寺所蔵の唐過所に就て」〔『桑原博士還暦記念東洋史論叢』、一九三一年。『内藤湖南全集』七、筑摩書房、一九七〇年、所収〕、参照）。

図10　唐の官司内文書

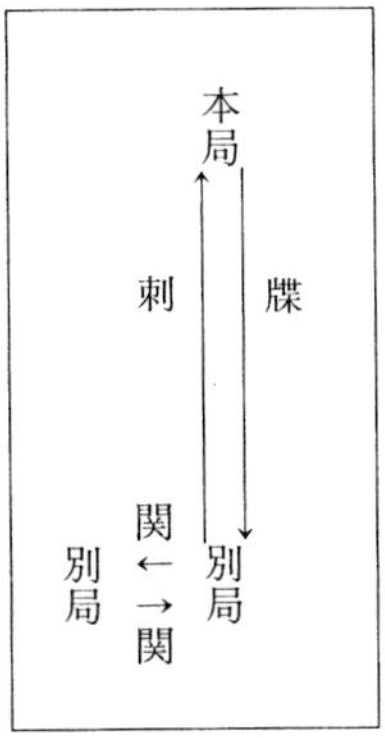

（65）　旧稿では、G部を勾検官によって記されたものとしたが、一九九二年秋に文書原本を熟覧するに及び、史氾藝の筆であることを知った。実はこの点はすでに内藤乾吉が明確に指摘していたのであり、旧稿ではこれを見落としていた。G部が主典の筆となると、この部分は主典が勾検官の決裁をあらかじめ書いておき、自署を待ったものと理解されよう。しかし、実際には勾検官の自署も為されておらず、また判辞を他人が書くというのも

やや理解しがたいことではある。同様の状況は二八三六号文書でも見られるのだが、これを一般化してよいかは、さらに考えたいと思う。

(66)　勾検官の「省署抄目」については、山下有美「計会制度と律令文書行政」(『日本史研究』三三七、一九九〇年)、参照。

(67)　市原亨吉「唐代の「判」について」(『東方学報』京都三三、一九六三年)。

(68)　『令集解』職員令神祇官条・太政官条。大宝令における通掌については、砂川和義他「大宝令復原研究の現段階」(一)(『法制史研究』三〇、一九八一年)を参考にした。

(69)　太政官においては少納言に「兼監官印」の職掌が残された。ただし、『令集解』職員令太政官条の古記によれば、大宝令の太政官の「監印」は左大弁の職掌とされていたようである。なお、大宝公式令天子神璽条に規定する外印の使用法が養老令と異なっていたことも想起され(弥永貞三「大宝令逸文一条」『史学雑誌』六〇―七、一九五一年)、太政官・諸司の「監印」については唐令継受の問題などから更に検討が必要である。吉川「外印請印考」(本書第二部第五章)、参照。

(70)　中田薫「養老令官制の研究」(前掲)。

(71)　中田薫「養老令官制の研究」(前掲)。

(72)　大・中・少の区分(大内記・中内記・少内記など)は、日本令では大納言・少納言以外は、四等官の別の等級にあることを示さないようである。

(73)　職員令画工司条の「判司事」や家令職員令一品条の「検校家事」に示された通掌、更に各「司」の三等官構成などに別局制継受の痕跡が窺われる。しかし、特に文書行政のあり方などから見れば、「司」に職や寮とは異なった別局としての運用が想定・実施されていたとは考え難い。なお、天平宝字年間の造東大寺司では、判官・主典などが「別当」として各「所」の職務を分担していた(五―一八八～二〇一)。ある官人が複数の「所」の別当である点などはやや異なるが、判官分曹との類似性が注目される。造東大寺司の「所」の性格については、鷺森浩幸「天平宝字六年石山寺造営における人事システム」(『日本史研究』三五四、一九九二年)も参考になる。

(74)　『六典』巻一、左右司郎中。

(75)　仁井田陞『唐令拾遺』(前掲)公式令復原第三八条。

(76)　利光三津夫「奈良時代における官司制について」(前掲)が日唐の「判文」の違いについて簡単に触れている。

(77) 大宝令では、解・移・過所には長官〜主典が署名したらしい(日本思想大系『律令』〔岩波書店、一九七六年〕公式令移式条・過所式条補注)。養老令では移式が長官・主典、過所式が次官・主典の署に変更されたが、これとて判官・主典の署が据えられた唐の官司文書とは異なり、大宝令制を簡略にしたものと見なし得る。なお、符は例示が太政官になっているため判然としないが、長官と主典の署であるのが令意らしい(前掲『律令』公式令符式条頭注)。

(78) 太政官の「政」については、橋本義則「「外記政」の成立」(『史林』六四―六、一九八一年。同『平安宮成立史の研究』、塙書房、一九九五年、所収)、森田悌「太政官制と政務手続」(『古代文化』三四―九、一九八二年)、吉川「申文刺文考」(『日本史研究』三八二、一九九四年。本書第二部第三章)。

(79) 『延喜式』巻一一、太政官、第一・二条(「弘」「弘カ」の標目あり)。

(80) 『延喜式』巻一一、太政官、第六条(「延」の標目あり)。

(81) 『西宮記』巻七、外記政、『北山抄』巻七、外記政、『江家次第』巻一八、外記政。

(82) 『続日本紀』延暦七年六月丙戌条。大隅清陽「弁官の変質と律令太政官制」(『史学雑誌』一〇〇―一一、一九九一年)、参照。

(83) 橋本義則「「外記政」の成立」(前掲)。なお、平安時代の南所申文・陣申文では口頭による読申は行なわれず、上卿は文書を見て処断＝宣を下した。

(84) 天平勝宝元年八月の「大納言藤原家牒」に対し、造寺司は

「判許　　判官安倍朝臣　　申上福物」

なる判文を追記している(三―二七三)。福物は川村福物と見られ造寺司四等官ではないが、ここに「申」→「判」なる関係が見られるのは注目される。このような「申」は他にも見出すことができる。なお、全ての判が口頭処分と関係する訳ではなく、書面上の手続きだけで済んだものも当然あったと思われる。

(85) 利光三津夫「奈良時代における官司制について」(前掲)。

(86) 東野治之「四等官制成立以前における我国の職官制度」(『ヒストリア』五八、一九七一年。同『長屋王家木簡の研究』、塙書房、一九九六年、所収)。

(87) 『日本書紀』推古十二年四月庚辰条(十七日)、『続日本紀』天平二年十月甲子条・天平十四年五月庚午条など。

(88)　吉田晶「古代における法と規範意識」(『日本の社会史』五、岩波書店、一九八七年)。

第三章　申文刺文考
――太政官政務体系の再編成について

序

『類聚符宣抄』巻六、外記職掌に次の宣旨が収められている。

右大弁藤原朝臣伝宣。右大臣宣。承前官史、未申政之前、不申文刺文。(1) 自今以後、宜改前例、且令申之者。

宜依宣行之。

天長十年(八三三)正月十三日　大外記島田朝臣清田奉

これまで弁官の史は申政以前には文刺の文を申していなかったが、今後は申政までにとり急いでこれを申させよ、(2)の意であるが、この「申文刺文《シンブンシブン》」とはいかなる作法であろうか。

文刺は文挟・文夾・文杖・書杖などとも呼ばれ、「貴人に文書を奉る時に用ふる具。……其の製、長さ五尺ばかりなる木の杖の、端に鳥の嘴状に作りて之を鳥口といひ、其の嘴の間に文書を挟む。普通白木の杖なれども、殿上に用ふるは黒塗なり」と説明される。(3) 近世の殿上の文刺(奏杖)は「黒漆塗の四角柄の先端に金銅の鳥口をつけ」るもので、「鳥口は幅の狭い板金を重ねて、中央でふくらし端で文書を挟むようにつくられ」、寸法は鳥口が長さ五寸四分、柄が長さ四尺五寸二分、断面一寸一分半×七分八厘のやや平たいものであったという。(4) かかる文刺に文書を挟んで上申するのが、申文刺文であった。

それでは、史の申文刺文とは誰に何を申したか。天長十年宣旨の意義は奈辺にあるか。上申作法という微細な問題ではあるが、これを論ずることにより律令官僚制・太政官制の変化とその意味を明らかにしたいというのが、本稿の意図である。

1　申文刺文の作法

平安時代の太政官政務には文刺を用いるものがいくつかあった。本節では主として『西宮記』(5)及びその異本と推定される『官奏事』(6)によって、申文刺文の作法と意味を考えたい。

a　官　奏

官奏は諸司諸国の上申文書を大臣が奏上する政務である。(7)(一)覧文、(二)奏上、(三)伝宣の三段階の儀から構成され、その全てが申文刺文の形態をとっていた。

まず最も重要な、(二)奏上儀から検討する。これは清涼殿において大臣が直接、天皇に文書を奏上する儀であるが、おおむね次のように執り行なわれた。

① 大臣は御座の前に進み、文刺(奏杖)に挟んだ文書を天皇に奉る。
② 天皇は一通ずつ披見し、全てを見終ればまとめて大臣に返給する。
③ 大臣は文書を一通ずつ開き、これを「結《カタ》ね申す」。

④　天皇が勅裁を下すと大臣は称唯し、その文書を巻く。
⑤　全文書について③④を繰り返す。
⑥　大臣は全文書を巻き束ね、文刺に添えて退出する。

このうち③の「結ね申す（結申）」とは文書を結ぶことではなく、文書の事書を決まった作法で読み上げることであった。(8) 結申の作法を述べれば、まず開かれた文書を押し合わせ（両手を合わせて折りまげる？）、また少し開く。次に「本解ノ小状」、即ち上申文書の事書を読む。その際には「美濃ノ国ノ司ノ申セル／鎰給テ不動ノ倉／開キ検ヘムト／申セル事」の要領で息を継ぎ、「申セル事」の部分は声を「頗ル指シ上ゲテ高ク」する。読み終わるとまた文書を押し合わせ、ひそかに天皇の気色をうかがった。(9)

このように文刺を用いて文書を奉り、まとめて下給された文書を一通ずつ結申して天皇の裁断を仰ぐのが、奏上儀における申文刺文の作法であった。大臣から天皇への上申であるから、最も厳格な形式がとられていたのではないかと一応推考される。

次に、(三)伝宣儀を考える。奏上を終えた大臣は、射場（弓場殿）において文書と文刺を史に手渡す。ついで大臣は陣座に戻り、史に勅裁を伝えた。この時には史が文書を再び奉り、天皇の意を体した大臣が決裁を宣するという形態がとられていた。(10) その次第は、

①　史は奏された文書を文刺に挟み、大臣に奉る。
②　大臣はまず一通を披見し、すぐさま史に給う。
③　史は文書の「本解」部分を開き、(11) 大臣の気色を窺う。
④　大臣が奏報の詞を仰せると、史は称唯。(12)

⑤　全文書について②③④を繰り返す。
⑥　史は文一枚を開いて押し合わせ、「成レル文〇枚」と申す。返答はない。
⑦　史は全文書を巻き束ね、文刺に添えて退出する。

このように伝宣儀も申文刺文の形態をとったが、その作法は先に見た奏上儀とはやや異なり、結申が行なわれなかった。奏上儀では全文書が一度に下給されるから、結申によって文書を特定しつつ決裁を請わねばならなかったのに対し、伝宣儀ではそもそも文書が一通ずつ下されるから、そのつど決裁を承ればよく、結申の必要がなかったのである。これは奏上儀に比して簡略な作法ではなかったかと推されるが、まだ論断する段階ではない。

さて、伝宣儀⑥では史が文書の枚数を申しているが、同様のことは(一)覧文儀でも行なわれていた。覧文儀は官奏の冒頭に、これから奏上する文書を大臣が閲覧する儀であり、陣座において以下の要領で進められた。

①　史は奏すべき文書を文刺に挟み、大臣に奉る。
②　大臣は一通ずつ披見し、終わるとまとめて史に下給する。
③　史は文一枚を開いて押し合わせ、「候フベキ文〇枚」と申す。返答はない。
④　史は全文書を巻き束ね、文刺に添えて退出する。

大臣はこのあと官奏を行ないたき旨を奏し、射場で史から文書と奏杖を受け取って御前に赴くのである。一見して明らかなように、覧文儀は申文刺文ではあっても決裁を受けるための上申ではなく、奏上すべき文書の内容と枚数を確認する儀であった。伝宣儀⑥では披閲がすんでいるため再び文書を奉ることはないが、基本的に同じ作法がとられている。

以上、官奏における申文刺文の作法を概観し、そこに三つの型式を見出した。儀の順序に戻して再確認するな

ら、

(一)覧文儀……内容と枚数の確認

(二)奏上儀……結申をともなう決裁

(三)伝宣儀……結申をともなわない決裁(+枚数の確認)

ということになる。本稿では、それぞれを申文刺文の〈確認型〉〈結申型〉〈無結申型〉と呼称することにしたい。

b 南所申文・陣申文

諸司諸国の上申文書は、最も重要な案件については官奏で勅裁を受けたが、それ以外は上卿が決裁すればよく、また官奏に入れるべきか否かも上卿が指示した。[13] 上卿へは弁官局が取り次ぐのが普通で、これを弁官申政という。『西宮記』の成った一〇世紀中後期には外記政の庁申文が衰退し、弁官申政は主に南所《ナンショ》(侍従所)か陣座で行なわれ、それぞれ南所申文・陣申文と呼ばれていた。[14] この南所申文・陣申文でも申文刺文の作法が用いられた。

最初に南所申文について述べる。[15] 南所申文は大臣に上申する場合と大中納言に上申する場合とがあり、ともに文刺を用いるものの、それぞれの作法は大きく異なっていた。南所に公卿が着く時の舗設は図11の如くである[16]が、大臣儀の場合、申文を行なう史は南東階から母屋に昇り、大臣に文刺文を奉って階上の円座に戻る。大臣はそのままの姿勢で文書を披見する。一方、大中納言儀の場合には史は北東戸から入り、上卿に文刺文を奉って戸西腋の床子に戻る。このとき上卿は、南から西に向き直して文書を披見した。[17] つまり大臣は他の公卿に顔を、

図11　南所図

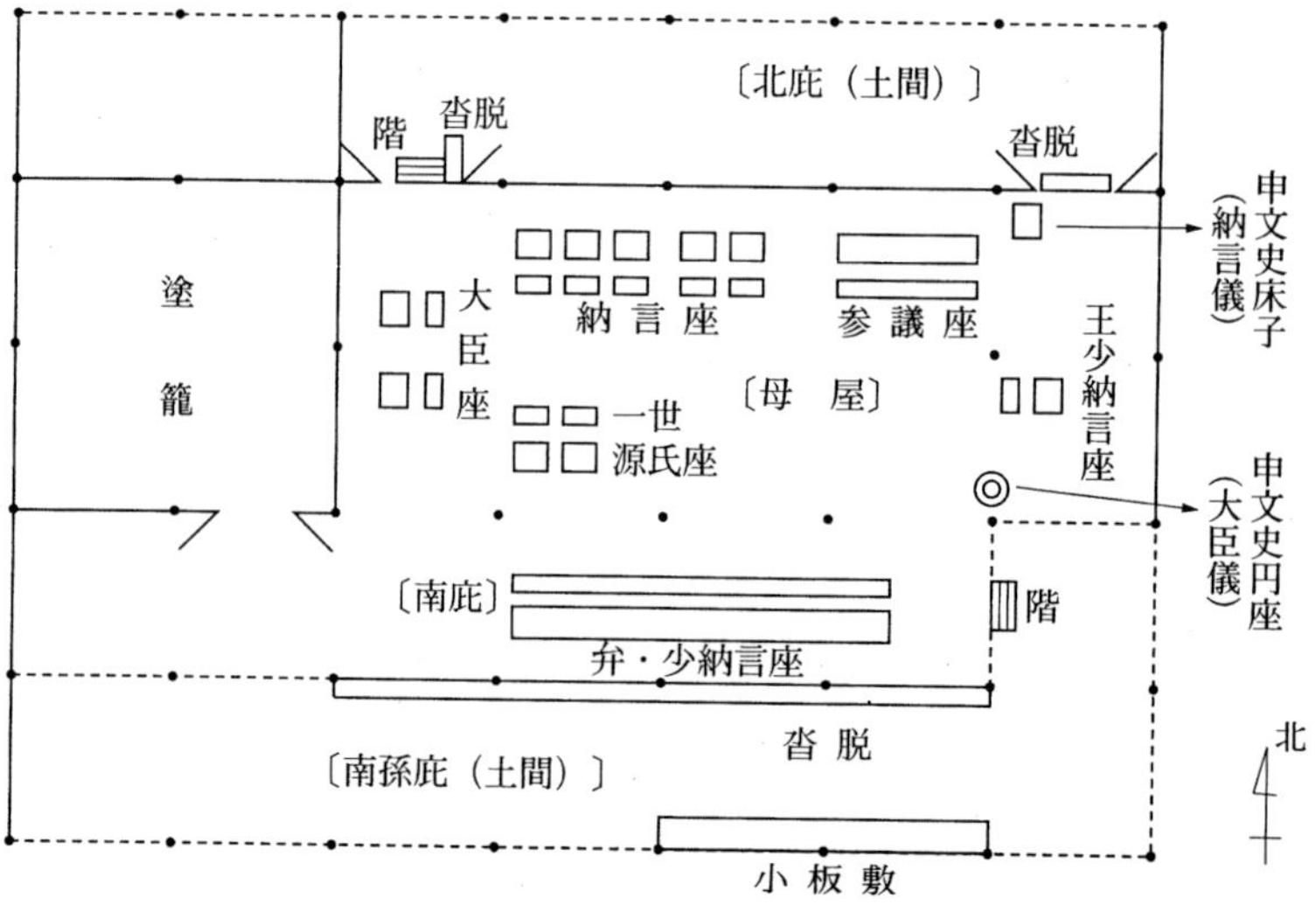

図12　陣座図

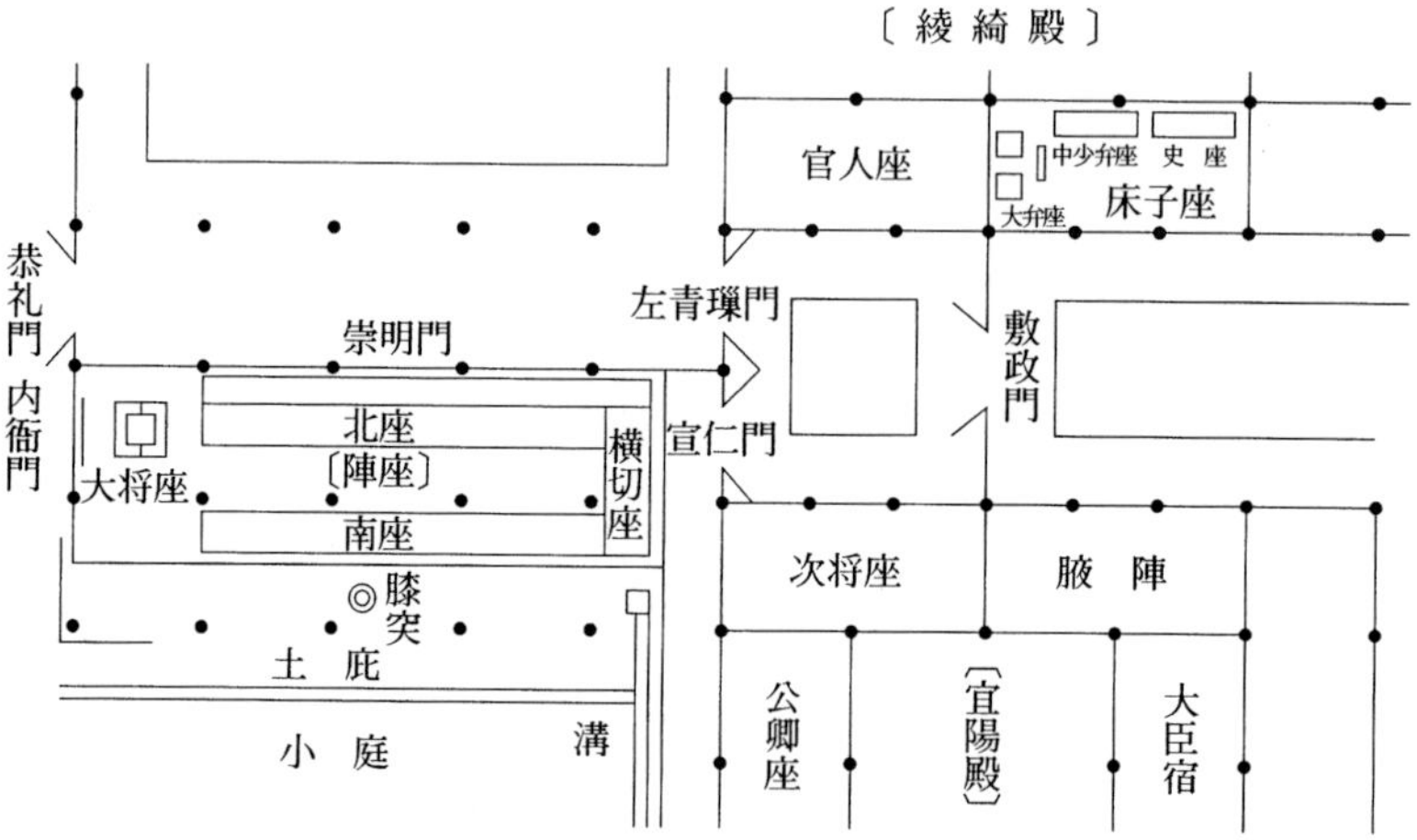

大中納言は背を向けて上申文書を見たことになる。しかし更に重大な相違点は、同じ申文刺文であっても大臣儀は〈結申型〉を、大中納言儀は〈無結申型〉を用いたことである。即ち大臣儀では、披見が終わると大臣は文書をまとめて机に置き、これを史がとって一通ずつ結申した。一方の大中納言儀では、披見が終われば上卿は文書を一通ずつ史に給い、史は結申せずに決裁を承ったのである。決裁の詞は大臣でも大中納言でも基本的に変わりなかったようであるから、要は〈結申型〉か〈無結申型〉かという上申作法の違いであった。

次に陣申文を検討する。[18] 陣座にはコの字形に畳が敷かれ、南座に一大臣、北座に中納言以上、横切座に参議が着いたが[19]（図12）、申文に際しては上卿が一大臣ならそのまま、それ以外なら北座から南座に移って文刺文を披見した。つまり大臣儀でも大中納言儀でも南座が用いられ、南所のように申文の場所が変わることはなかったのである。しかし申文刺文の作法を見るなら、『西宮記』が「上卿、文ヲ以テ一々ニ之ヲ給フ（大臣ハ一度ニ給ヒ、史高声ニ結ネ申ス）」と述べるように、陣申文でも大臣儀は〈結申型〉、大中納言儀は〈無結申型〉とされ、両儀が明確に区別されていたことが知られる。建築に制約される座法の差異よりも上申作法の共通性を重視すべきは言うまでもなく、南所申文と陣申文は基本的に同一の申文刺文作法をとっていたと見定めたい。なお、南所申文・陣申文の結詞はともに「…コト」であったと考えられ、[20] 官奏と同じく文書の事書を読み上げたと解される。

では、両申文において大臣儀に〈結申型〉、大中納言儀に〈無結申型〉が用いられたのは何故か。これを理解するためには、それぞれの上申場面を想像してみればよい。〈結申型〉では史が高声で文書の事書を読み上げ、大臣が決裁を仰せた。従って、参会している他の公卿も文書の詳しい内容こそ知らないものの、如何なる案件に如何なる決裁が下されたかを聞くことができる。しかるに〈無結申型〉では事書が読まれないから、決裁の詞は聞こえてきても案件そのものを他の公卿が知ることは絶対にできない。つまり、〈無結申型〉は上卿と史だけが内容を関知し得る、閉鎖的な上申・決裁方法であったと判断される。南所申文ではこれが座法にも反映し、〈無結申型〉の上卿は他公卿に背を向けても平気なのであった。尤も〈無結申型〉とて、わざと内容を隠したのではあるまい。むしろ〈結申型〉は他公卿にも広く決裁が知られるべきであったから作法も開放的であり、〈無結申型〉はその必要がなかったから簡略な作法でよかった、と見たほうが事実に近いと思われる。大臣は大中納言よりも重大な案件を決裁していたから[21]、他の公卿もそれを知り得る型式、簡略ならざる〈結申型〉が要求されたのであろう。

先に官奏の検討において、〈結申型〉は〈無結申型〉よりも厳格な作法であろうと推測したが、南所申文・陣申文の考察を経てほぼそれは立証し得たと考える。さらに、傍聴の可否という別の意味を見出すことができた。

c　結　政

結政は外記庁南舎、結政所で行なわれた弁官局の執務。外記政のための文書の整理などと抽象的に説明されるばかりで、舗設・次第・作法などが詳論されたことはない[22]。結政においても申文刺文が見られるので、上申作法を軸にやや丁寧な叙述を試みたい。

舗設は図13のように復原できる[23]。建物の西から入ってすぐの所が結政の場で、母屋に弁座、南庇に史座が設けられ、大弁が南面、左中少弁が東面、右中少弁が西面、史が北面、つまり全員がロの字形に向き合って着座した。膝突は大弁の座の前に置かれる。侍従所の下部が毎朝舗設を勤め、外記政の刻限（第3節で詳述する）になると弁・史が参着した。

次に結政の次第であるが、大略、(一)着座、(二)庁申文のための結文、(三)申文、(四)文書加署、(五)南所申文のための結文、(六)退出、の順に行なわれた。[24]

(一)史、ついで弁が着座する。史はそれぞれ持参した文書の束を解く。次に座頭史が「荒文」を竹竿に挟み、法申する。これは大弁が参会していない時、中弁以下に遅参者がある時などに「結文ナシ」と報告する作法である。法申は庁申文がない日にも行なわれたから、ここで言う「結文」とは(二)庁申文のための結文ではなく、(五)南所申文のための結文を指すものと考えられる。[25]次に下臈の史が文刺を召し寄せ、大弁への申文を挟んだ。[26]

(二)式日(朔日・四日・十六日)には庁申文に入れるべき文書を結ねる。座頭史が庁申文を下し、左少史が座に着いたまま「結文」した。詳細は不明であるが、[27]左少史は何らかの詞を申したらしい。これを聴くのは大弁でも中少弁でもよいが、弁は何も返答せず、史も称唯しない。文刺を用いた様子は全くなく、申文刺文作法をとらなかったと考えられる。

(三)次に大弁への申文と、中少弁への申文が行なわれる。諸司諸国の上申文書を弁官局段階で審議する政務である。大弁へは膝突から文刺を用いて、中少弁へは史座から竹竿を差し出して文書を奉るが、ともに申文刺文の〈結申型〉をとり、史が一通ずつ

図13　結政所図

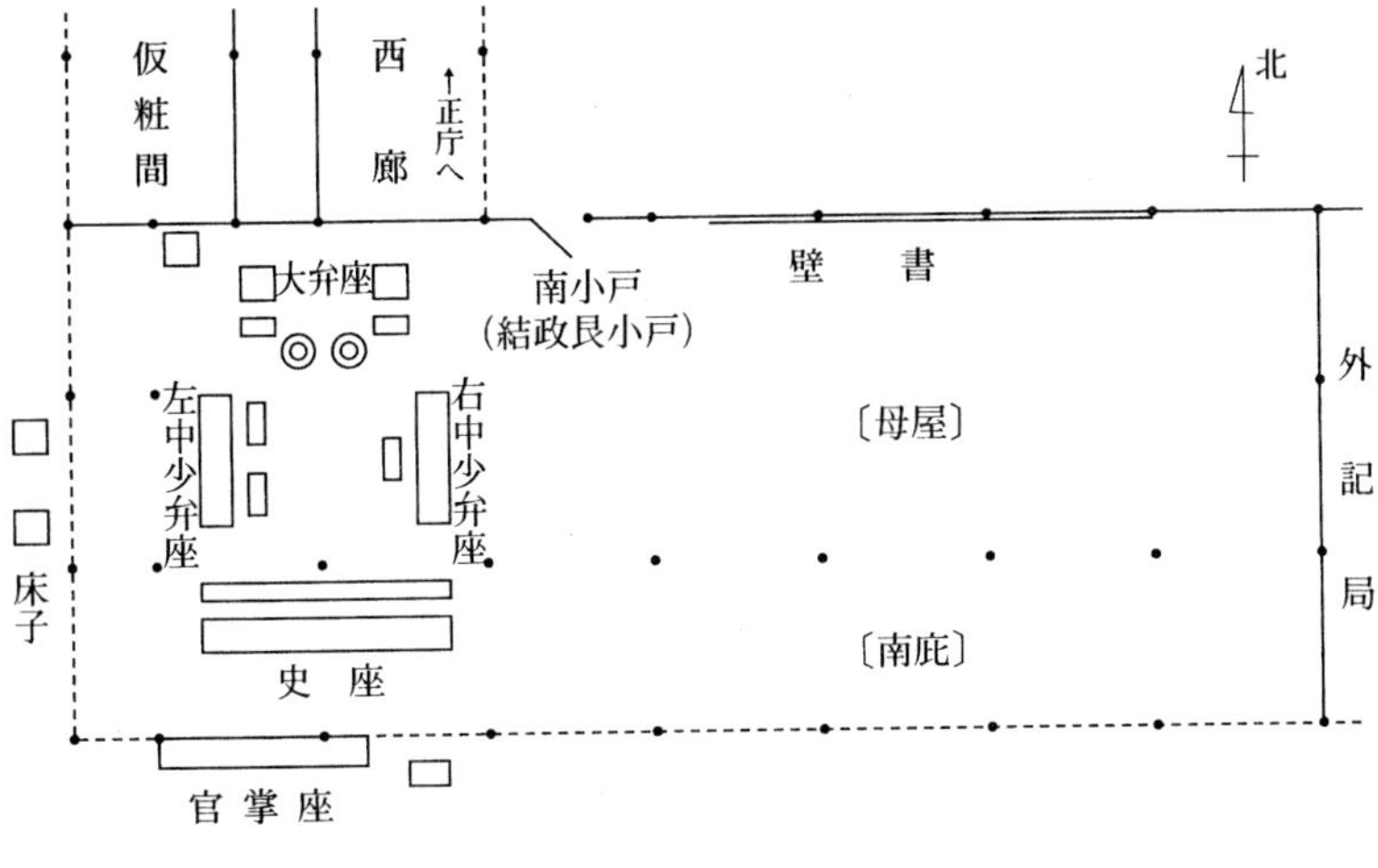

「…コト」と事書を読み上げて弁の決裁を受けた。[28] 史は各自が文書を持参し、内容にふさわしい弁に上申したが、一つの上申文書は二段階の審査を経たらしい。即ち文書はまず中少弁に申される。これは「荒文」と呼ばれたことからも判るように、問題が発見される可能性があった(＝難書)。難書には然るべき仰詞(難文ノ詞)が宣され、史は文書の端に横点を付して区別した。そして後日、今度は大弁に同じ文書が申され、南所申文・陣申文に向けて最終判断がなされる。この時には難書も判明していたから、それには「…カクマウセリ」という特別の結詞を用いて大弁の注意を喚起した。

(四)申文に続いて、施行文書(官符・官牒・官宣旨)への加署が行なわれる。「行署文案」を職掌とする史生が、申文を聴き終えた弁の許に参って署名を請うた。誰が署名するかは文書の内容や、決裁した政務での役割によって決まることになっていた。[29]

(五)公卿が南所に着く日には、最後に南所申文のための結文がなされる。まず座頭史が南所に申すべき文書を集めて座の前の長打床子に置く。そして「南ニ申スベキ文。ソノ文、ソノ文、……」と「結申」し、終わると文一枚を取り上げ、押し合わせて「申文○枚」と申す。大弁がこれを聴くが、返答した様子はない。最後に文書は南所申文を行なう史に下された。このように結文は申文刺文の形態をとらない。着座したまま南所申文に入れるべき文書を確認し、枚数を申すのである。「ソノ文、ソノ文」という申詞は(三)の結詞と異なっていた可能性が高いが、文書を特定していることは間違いなく、ために申文と同じく「結申」と呼ばれるのであろう。「結文」とはこの結申と枚数上申の総称で、特に結申に重点をおいたものと考えられる。(二)庁申文の結文もこれと同様の作法をとったのではあるまいか。

(六)史は文束を収め、竹竿を畳む。次に弁・史が退席し、外記庁西門外で出立儀を行なう。このあと弁・史は南所、あるいは内裏の床子座に向かった。

結政の次第・作法は右の通りである。申文儀と結文儀の双方に「結申」があり、ともに「文書を特定するための読み上げ」という意味を含むが、作法や目的は全く異なっていた。申文儀の結申が申文剌文の一部分で、決裁を請うための所作であったのに対し、結文儀の結申は文剌を用いず、文書を確認するために行なわれた。そして「結政」とは、申文儀の結申が他の政務でも見られた以上、結文儀(あるいはその結申)を指しての名であるに相違なく、しかも(一)の「結文ナシ」が南所申文の結文についての法申らしいことからすれば、「南所に申す文書を結文する政務」というのが結政の本義ではなかったかと考えられる。

ともあれ結政は主として申文儀と結文儀からなり、申文剌文は申文儀のみに用いられた方式であったことを確認しておきたい。


以上の検討で、申文剌文に〈結申型〉〈無結申型〉〈確認型〉の三類型を見出した。〈無結申型〉が〈結申型〉の略儀であったことはほぼ確実と思われるが、両者はともに決裁を請うための作法である。これに対し〈確認型〉は単に文書の枚数を申すだけであり、決裁者も何ら返答しない。つまり、同じ申文剌文ではあっても、〈結申型〉〈無結申型〉と〈確認型〉は大きく性格を異にしていたと言わねばならない。

〈結申型〉はいくつかの政務で見られた。a官奏奏上儀、b南所申文・陣申文、c結政申文儀などであるが、これらは案件決裁の三段階に相当する。諸司諸国の上申文書はまず弁官局で審査され(c結政申文儀)、次に公卿の決裁を受け(b南所申文・陣申文)、更に重要なものは天皇の裁断を仰いだ(a官奏奏上儀)。即ち『西宮記』の時代には、申文剌文〈結申型〉による政務体系が構築されており、相互に有機的な関係を保ちつつ運用されていたと判断されるのである。

これに対して申文刺文〈確認型〉は補助的な儀であった。結政結文儀も同じ意味をもち、公卿・天皇の決裁を請う前と、天皇による最終決裁の後の各時点、つまり〈結申型〉政務体系の結節点で行なわれ、文書そのものを再確認するという別の役割を担っていた。

2　読申公文の作法

太政官政務には、もちろん文刺を用いないものもあった。律令に言う「読申公文」の形態である。本節ではこの読申公文の作法について略述し、申文刺文の意味を別の側面から明らかにしたい。

a　少納言尋常奏

少納言尋常奏は、その名の如く少納言が日々行なった上奏である。『内裏儀式』に詳細な儀式文が収められ、天皇が紫宸殿で聴政するのが普通であった九世紀前期には日常的な政務であったと思われるが、(30) 一〇世紀以降は旬政の一要素、庭立奏として形式化した姿をとどめたに過ぎない。(31)

尋常奏に際しては、まず闈司奏が行なわれた。(32) 少納言が上奏したいと申している旨を闈司が伝奏し、勅許を受ける儀である。闈司は「奏案」を託されて内裏南庭の版位に就き、「少納言〇〇が申シ給ヘントスル政ノ案文奉ラント申ス」と奏上、紫宸殿に昇って天皇に見せる。天皇は披閲を終えると「申サシメヨ」と勅し、闈司がこれを伝宣した。

そこで少納言は延政門から入閤し、南庭の版位にて上奏する。『内裏儀式』によれば「太政官奏サク」という詞に続き、①駅鈴・伝符の進上、②駅鈴・伝符・内印の請求、③毀符の申請、④季禄・位禄・馬料の請求、⑤諸国調物数の報告、以上五種の奏を行なったが[33]、③以下は案件がある時だけで、通常は②のあと内印押捺を行なって儀は終了した。時には①〜⑤以外の内容が奏されることもあり、日常的で軽微な上奏は全て尋常奏の形で処理されていたと考えられる[34]。上奏の作法は、①を例にとるなら「○○国○○使ラノ進レル○刻ノ鈴○口、○刻ノ伝符○枚、進ラント申ス」と奏すると、天皇は「収メヨ」と勅し、そこで少納言が称唯する、というものである。②以下でも同じように〈奏上→勅答→称唯〉が繰り返され、奏詞は「…ト申(奏)ス」で結ぶのが原則であった。

このように少納言尋常奏では文書は遣り取りされなかった。確かに天皇は事前に「奏案」を披閲したし、少納言もこれに対応する文書＝「奏」正文を読み上げたと推されるが[35]、「奏案」はあくまで補助的な手段と言うべく、政務の根幹は音声による意志伝達にあった。奏詞が「…ト申(奏)ス」で結ばれたのも口頭で申したことの反映であり、官奏における大臣の結詞が「…コト」で結ばれ、それが文書の事書の読み上げであったことと鮮やかな対比を見せる。文書を直接遣り取りしないから文剌は必要なく、天皇と少納言が遙かに離れていても意志は伝わった。

尋常奏に見られる少納言の上奏形態は、律令制以前にまで遡るものであろう[36]。推古朝の小墾田宮では、男官は女官の取り次ぎなしには入閤できず、少納言の前身たる大夫もこの手続きを踏んで上奏したと考えられる。平安宮の内侍(殿上)—闈司(南庭)に似た女官の奏宣分掌は小墾田宮でも確認され、殿上での奏宣は近侍の上級女官に限られていたらしいので、大夫の奏は大王のいる殿舎の南庭からなされたものと推測される。文書制度の未成熟を思えば、それはやはり口頭のものであったに相違あるまい[37]。

大夫の奏はやがて納言の奏として律令制下に受け継がれ、軽微な奏請（便奏）は少納言、重大な論奏・奏事は大納言が担当することになった。少納言の奏は上述のように口頭での奏上を第一義としていたが、大納言についても告朔を大極殿南庭から奏したことが判明しており[38]、同様の上奏形態をとったと考えられる。この際、『令集解』額説[39]が「凡ソ大納言ノ諸奏事ハ、皆版位ニ立チテ奏スベキノミ」と述べていることは看過されるべきでない。つまり納言の奏はみな、天皇が出御した殿舎の前庭版位に立ち「…ト申ス」と口頭で上申するのが基本形態であり、それは殿上で文書そのものを奏覧する官奏とは全く異なる、伝統的な太政官奏の作法だったのである。このように考えてくれば、公式令に定める太政官奏三種のうち、奏事・便奏において奏者たる納言が奏文の奥に勅答を書き込んだ事情がよく理解でき[40]、宸筆による裁可（御画聞）を要した論奏の特異性もより明確になるであろう。

b　外記政

外記政は外記庁で行なわれた公卿聴政で、主に庁申文と外印請印という二つの儀から構成されていた[41]。外記政が制度的に確立したのは弘仁十三年（八二二）に降るが、太政官曹司庁での聴政（官政）とは構成・作法・内容をほぼ同じくし、曹司における奈良時代以来の太政官政務のあり方をよく継承していると見られる[42]。

まず、庁申文儀を検討する。諸司諸国の上申事項を公卿（上卿＋参議）が決裁する儀であるが、通常は弁官が取り次ぎ、諸司諸国に代わって上申した（弁官申政）。

① 公卿が外記庁に着く。外記が法申（儀に異例がある場合の報告）を行なう。
② 上官（少納言・弁・外記・史）が庭中の版位に立ち、召しを受けて庁座に着く。
③ 上臈の弁が「司々ノ申セル政申シ給ヘント申ス[43]」と言う。上卿の返答なし。

④　史が立って、案件を読申する。上卿が決裁の詞を宣すると、弁・少納言、ついで史・外記が称唯する。三人の史が、一人一件ずつ読申する。

⑤　上官が順々に退出する。

なお、弁官を経ない「三省申政」があれば、①②の間に三省(中務・式部・兵部)官人が座に着き、自ら読申することになっていた。[44]

さて、④の上申作法であるが、史は座から口頭で読申し、文書そのものは遣り取りされなかった。申詞は『北山抄』が「詞ノ終ヲ『申シ給ヘント申ス』ト申サバ、上宣ハ『ヨシ』。詞ノ終ヲ『給ハラント申ス』ト申サバ、上宣ハ『給ヘ』」と述べるように、[45]内容に関わらず「…ト申ス」で結ぶきまりであった。上申を受けた上卿は口頭で決裁を下し(上宣)、そこで上官たちは称唯する。つまり少納言尋常奏と同じ上申作法が取られ、申文刺文の形態をとる南所申文・陣申文の作法とは全く異なっていたことになる。[46]

庁申文の口頭による上申・決裁は、律令制以前からの伝統的な作法であったと推考される。日本律令の編纂者が「読申公文」→宣(＝判)という独自の政務決裁方式を構想したのはかかる伝統に基づくものに相違なく、しかもそれは現実に広く運用されていた。[47]太政官は曹司における聴政(官政・外記政)だけでなく、朝政(朝座政)でも読申公文の作法を用いていたが、[48]発生史的には旧来の朝政の作法がやがて曹司に移植されたものであろう。なお、外記政における三省申政の申詞は判然としないが、朝政での申詞から類推して「…ト申ス」であったと考えておきたい。

庁申文儀の作法でもう一つ注意すべきは、④で上官全員が称唯している事実である。[49]弁官局からの上申である庁申文に少納言局の官人(少納言・外記)が参会し、称唯したのは何故であろうか。思うに、彼らは太政官本局の事務官人として庁申文儀を傍聴し、記録(または記憶)する役割を果していたのではあるまいか。この点は第3節で詳述したいが、そうであったとすれば、参会者全員が上申・決裁の内容を平等に聞き知ることができる読申公文形態こそが、少納言局のこうした役割を支えていたと言えるであろう。

次に外印請印儀を見ることにする。これは官符・省符等に外印(太政官印)を押捺する儀で、庁申文に続いて、次の要領で行なわれた。

① 少納言が座に着く。外記が文書を入れた筥を、史生が印を持参する。

② 外記が筥文を上卿の机に進める。上卿は文書を披閲し、返給する。

③ 史生が「巻文〇巻、枚文〇枚、印刺ス」と申す。(50) 上卿は「刺セ」と宣する。

④ 史生が文書に捺印する。外記は傍らでこれを監視する。

⑤ 史生が「印刺シツ」と報告する。上卿が「給へ」と宣すると、少納言が称唯。

⑥ 史生(印を持つ)、外記(筥文を持つ)、少納言が順に退出する。

外印請印儀の主要部分は二段階に区別される。第一段は外記の文書進覧と上卿の披閲(②)、第二段は史生による捺印(③④⑤)である。第一段で外記は文書をまとめて上呈するが、これは文書それぞれについて捺印許可を請うものであり、上卿は一通ずつ点検して、難書があれば取り除くよう命じ、(51) それ以外には捺印を認めた。次に第二段では、史生が上卿の指揮を受けて外印を捺す。③の申詞は捺印に先立って文書の総数を確認するものであり、個々の文書は閲覧されない。言わば捺印行為について承認を求めたものである。ちなみに二省請印位記儀などでは、捺印申請と捺印行為は時間的にも完全に切断されていた。(52)

従って外印請印儀の上申作法は、第一段の外記進覧と第二段の史生申詞を別個に考える必要がある。まず外記進覧では、文書が遣り取りされたことが注目される。請印にあたっては発給文書そのものが検査されねばならず、当然の作法ではあるが、これは庁申文儀には見られない点であった。文筥を使う、難書以外にはまとめて判断を示すなどの相違点はあるものの、申文刺文との類縁性が指摘できる。一方、史生申詞では文書は進覧されないが、申詞を「…ト申ス」で結ぶこともない。枚数を申して確認しているのが特徴的で、申文刺文〈確認型〉に似た所作があったことが想起される。結局、両段階の作法とも申文刺文に通ずる性格を有していたことになる。

かかる外印請印の作法がいつ生まれたかは明確でない。④の外記の監視位置が定められたのは弘仁十二年であり[53]、請印作法の基幹部分は少なくとも九世紀初頭には成立していた。外印は大宝令の施行によって始用された可能性が強く、養老四年(七二〇)から一般の施行公文に押捺されるようになったが[54]、或いは請印作法もこの頃に遡るものかも知れない。ともあれ外印請印儀では、伝統的な読申公文形態をとった庁申文儀とは異なり、文書行政に即応した新しい上申作法が用いられていた。

c　官西庁政

『西宮記』巻一〇、朝庁事には、太政官曹司庁の西庁(図14)[55]における弁官の執務が述べられている。この政務は毎月朔日・四日・十六日の「式日」のほか、恐らく政始や弁官着座などに際して臨時に開催された。早朝に行なわれたため「朝庁」と呼ばれたが、政務名称表記としては落ち着かず、朝政(朝堂政)や官政とも紛らわしいので、本稿では「官西庁政」と呼称したい。官西庁政には弁官の本来的な執務形態が色濃く残されており[56]、古くは日常的な政務であったと推測される。

まず記事が最も詳しい臨時儀について、その次第を述べる[57]。

①　弁・史以下が西庁座に着く。
②　民部録が版位に立ち、廩院米の出倉を請う。弁が許すと、録は称唯して退出。
③　民部省官人が参入、文書を史に付して版位に立つ。史は文書を読申する。弁が「ヨシ」と決裁すると、史はこれを省官に伝える。省官は退出する。
④　史は他官司が来ていないことを確認して、弁に上申。弁はこれを承認する。
⑤　史が「上結申」する。弁が返答すると、史は称唯する。
⑥　史が「日高クナヌ」と言う。弁が揖して儀は終了、全官人が退出する。

朔日儀・四日儀・十六日儀では、諸司申文のほかに告朔文・要劇文などが申されたが、儀の骨格は臨時儀と同じであった。

官西庁政の中心をなすのは③、諸司諸国からの案件の審議である。宝亀年間（七七〇～七八〇）に石川名

図14　太政官曹司庁図

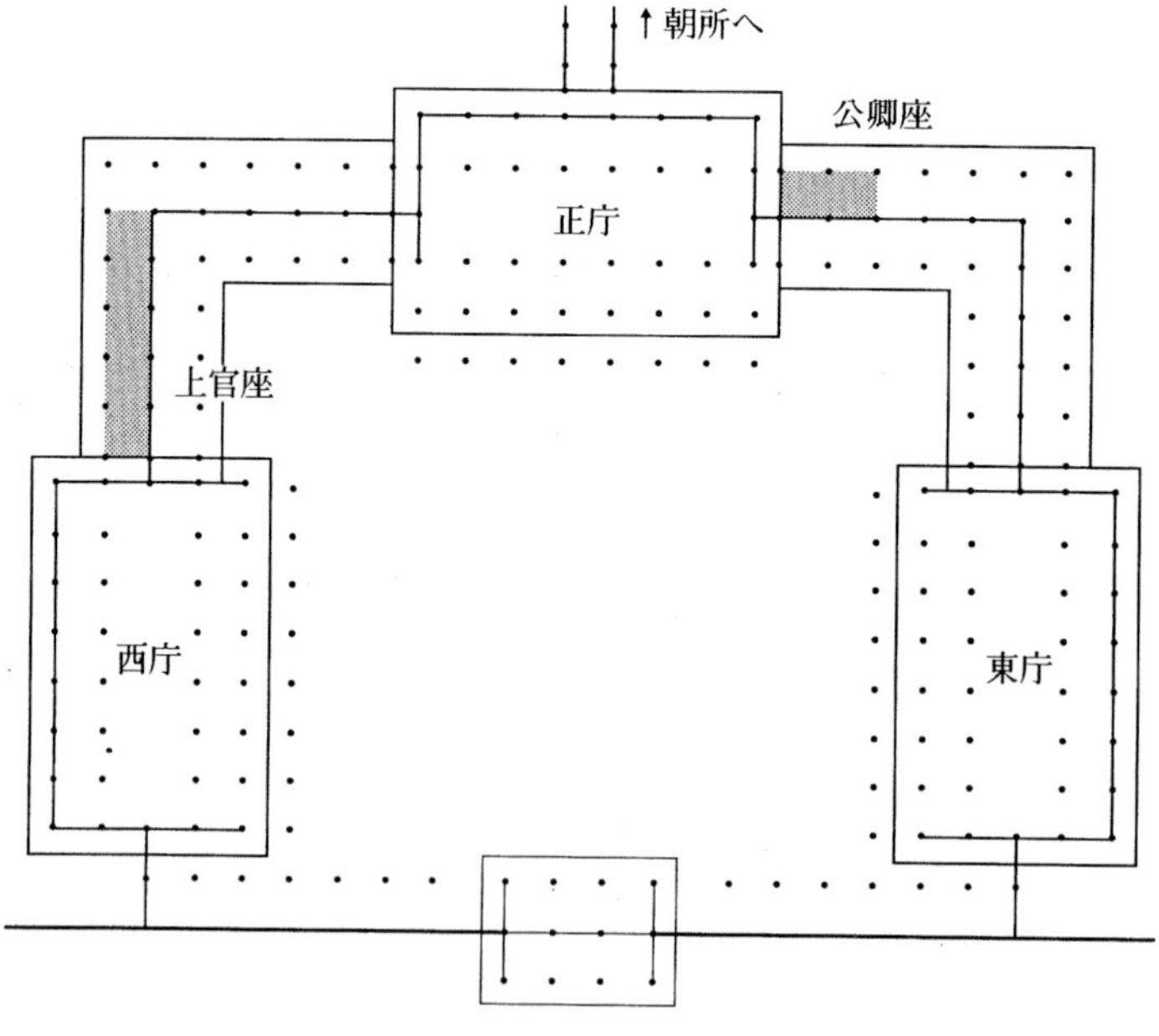

足が厳しい諸司推問を行なったというのも、具体的にはこの政務でのことであったろう。[58]『西宮記』はこれを「申文」と呼んでおり、結政の申文儀と同じ内容・目的をもつ政務であったと考えられる。作法の特色としては、第一に諸司官人の眼前で史が上申を代行すること、第二に上申にあたっては読申公文の形態をとること、の二点が挙げられる。結政の申文儀では諸司官人は参会せず、また上申には申文刺文の形態が用いられた。同じ「申文」ではあっても、作法については官西庁政と結政では截然たる相違があったのである。なお③の申詞は判然としないが、②での民部録の詞から推して、やはり庁申文と同様「…ト申ス」であったと考えるべきであろう。

さて、④で申文の終了が確認されると、⑤「上結申」儀に移る。「上結申」については、史の申詞が「窮声ニ似タリ、詞ハ詳ラカ也」とされ、弁がこれに「申シ給へ」（尋常儀では「ヨシ」）と返答したことが知られるのみで、詳細は明らかでない。[59]しかし、官西庁政が外記政当日の早朝に開催されたことからすれば、「上結申」が庁申文に向けての最終確認であったことは容易に推測でき、結政の結文儀と同じ目的をもつ儀であったと考えられる。しかも両儀は作法面でも、申文刺文の形態を取らない、他司官人を交えないなどの共通性を有していた。[60]官西庁政「上結申」儀と結政結文儀はほぼ同じ政務なのであり、両者には直接の系譜関係を想定できるであろう。

このように官西庁政は主として申文儀と「上結申」儀からなり、結政とほぼ同じ構成と内容を持つ政務であった。しかし申文儀の作法が相違していたことは、官西庁政と結政に一定の断絶があることを示唆する如くである。

本節で取り上げた三種の政務はみな奈良時代、或いはそれ以前からの政務の系譜を引き、その作法にも古い様相が残存していた。特徴的なのは文書そのものを遣り取りせず、口頭で「…ト申ス」と読申して決裁を仰ぐ読申公文の作法が、a少納言尋常奏、b外記政庁申文儀、c官西庁政申文儀、に共通して見出されたことである。これらは『西宮記』の時代には儀礼的・形式的な政務と化していたが、しかしかつては日常的な案件の大部分が、官西庁政(弁官)→外記政・官政(公卿)→少納言尋常奏(天皇)、という三段階で審議・決裁されていた時代があったに相違ない。つまり、古くは読申公文による政務体系が存在したと考えられるのである。前節で述べた申文刺文の政務体系は、みな『西宮記』時代に実質的な内容を持つ政務であったから、読申公文の体系に比して新しく成立し、これを凌駕していったものと評価できよう。つまりは〈読申公文から申文刺文へ〉という、政務体系の総体的な重心移動が想定されるのである。

しかし、読申公文の形態をとらない儀もあった。外記政の外印請印儀、官西庁政の「上結申」儀などである。ともに案件決裁ではなく、文書を検閲したり、まとめて確認する政務であった。これらは読申公文の時代にも同じ作法で運用されていたと推測され、文書行政に密着した作法として、申文刺文に先行する位置にあったと評価すべきであろう。

3　申文刺文の成立

(一)　天長十年宣旨の意味

第1節・第2節の論述によって、申文刺文の作法やその歴史性をひととおり明らかにした。そこで冒頭に掲げた天長十年(八三三)宣旨を改めて検討し、その意味を考えることにしたい。念のため、宣旨の本文を読み下して再掲しておく。

右大弁藤原朝臣伝へ宣《ノタマ》ハク。右大臣宣ハク。承前官史、未ダ政ヲ申サザルノ前ニ、文刺ノ文ヲ申サズ。自今以後、宜シク前例ヲ改メ、且《カツガ》ツ之ヲ申サシメムベシ、テヘレバ、宜シク宣ニ依リテ之ヲ行ナフベシ。

この宣旨で問題となっている政務は何か。申文刺文形態をとる政務のうち、大臣が上申主体となる官奏は一応除外し得るから、公卿への申文(『西宮記』で言えば南所申文・陣申文)か、弁への申文(同じく結政申文儀)かのいずれかと考えねばならない。これを判断するために、まず『西宮記』の時代における、外記政前後の政務の流れを概観しておきたい(61)。

刻限(三月~七月は辰三点、九月~正月は巳二点、二月・八月は巳一点(62))になると、公卿は内裏建春門の左衛門陣座に着く。この刻限は弁官局も同じで(63)、弁・史は結政所に参着して結政を行なった(庁申文結文儀・申文儀・加署儀)。普通は一刻ほど参会者を待ち受けてから、公卿は外記庁の座に着く。そこで弁・史も結政を終了し、少納言・外記とともに庁座に着く。外記政が始まると最初に庁申文があり、弁・史・少納言・外記がみな参加した。次に外印請印であるが、これには少納言局官人だけが出席し、弁・史は原則として結政所に戻った。請印がすむと外記政は終了、その連絡を受けた弁官局は南所申文の結文を行なう。ついで出立の儀があり、五位以上官人は南所に向かう。全員が着座すると史が南所申文を申し、その後に食事となった。

このように『西宮記』の時代=一〇世紀中後期には、外記政までの間、公卿は何もせずに時の移るのを待っていたのに対し、弁官は独自に結政を執り行なっていた。ここから推せば、天長十年宣旨にいう申政以前の申文刺文とは公卿への申文ではなく、弁への申文であったと判断せざるを得ない。しかし、『西宮記』に述べる政務の流れがどれほど九世紀前期に遡り得るかについては、慎重な吟味が必要であろう。そこで次に、九世紀前期において外記政までの時間がどのように経過していたかを、やや詳しく述べることにしたい。

外記政の刻限は、承和三年(八三六)四月二十七日宣旨[64]で定められた。同宣旨によれば、それまでにも申政時刻に関する規定はあったらしいが、仮文(欠席届)を出していない公卿が当朝になって出席できなくなった場合、その旨を申政時刻までに届けられるとは限らず、外記政がしばしば遅延したという。当時は出席予定の公卿がみな揃うまで待つというのが、外記政開催の原則だったのであろう。そこで承和三年宣旨では新たに厳格な刻限を定め、仮文の有無とは関係なく、その時点で参会している中納言以上に申政することとした。平安中期の外記政は当日参会した公卿が聴政する例で、その上首(中納言以上)を「日上《ヒノショウ》」と称したが[65]、宣旨を正確に解釈する限り、かかる方式は承和三年四月に成立したと考えねばならない。刻限制と日上制は表裏一体のものだったのである。

さて、問題の天長十年宣旨は刻限制の成立以前のものであるが、承和三年宣旨が述べたような状況はすでに生じていたはずであり[66]、刻限制がとられていない分、待機時間は余計に必要だったに違いない。従ってその間に史が文刺文を申すことは十分に可能であった。

それでは公卿や弁官はどこで待機したか。一〇世紀中後期には公卿は左衛門陣座、弁官は結政所で時を待ったが、結論的には、これは天長十年宣旨の段階でも同様であった可能性が高い。まず参考のために官政の着庁作法を一瞥しておくと、出仕した公卿はまず東廊(北東廊)座に、上官は西廊(西北廊)座に着き、刻限になるとそれぞれに揃って正庁の座に着いた(図13参照)[67]。一般的に官政の作法には古い要素が濃厚に伝えられ、外記政はそれをよく継承していた。従って『西宮記』に述べる外記政の着庁作法、つまり公卿と上官は別の場所で待機し、それぞれに揃って着庁するという方式も、官政から受け継いだ伝統的な規律正しい作法と考えられ、外記政成立当初からそうであった可能性が高いのである。ではそれは何処であったか。

まず弁官の待機したのが外記庁南舎であったことは、ほぼ確実であろう。『西宮記』裏書の引く九記によれば、すでに貞観年中（八五九〜八七七）には結政所が存在し、外印請印が行なわれることもあった。(68)これが結政所の初見である。しかし結政所のあった外記庁南舎は、少なくとも天長初年には存在していた。

中納言清原真人宣ハク。尋常ノ政ヲ申ス儀、雨時ニハ版ニ就カズ、直ニ座下ニ進ミ、召シニ応ヘテ之ニ就ク。行フコト尚シト雖モ、儀然ルベカラズ。須ク進ミテ二列ニシテ廊下ニ立チ、東面北上、召シニ応ヘテ座ニ就クベシ。

天長三年九月廿日　少外記都広田麻呂奉

右の宣旨（『類聚符宣抄』巻六、外記職掌）は尋常政雨儀の列立法を定めたもので、これは一〇世紀の外記政にも継承される。官政であれば雨時は西庁東庇に列立するので、宣旨に述べる「尋常政」とは外記政を指し、「廊下」とはのちの西廊にほかならない。西廊があるからには、正庁と結ばれる南舎も存在したと考えるべきで、正庁―西廊―南舎という外記庁の基本構造はすでに天長初年、さらに言えば外記政確立の当初から存在したと推定されるのである。(69)とすれば一〇世紀以降と同じく、弁・史が外記庁南舎を控所として用いていたことは十分に想像がつく。南舎は本来、少納言局の執務空間であったが、朝堂院暉章堂や官西廊座の利用法から推せば、弁官局と少納言局が同一の殿舎を利用するのは異様なことではない。外記法申や版位列立の準備を思えば、上官がみな揃っていたほうが便利であったろう。弁・史が九世紀前期から、外記庁内にあって便利な南舎を待機場所としていたと考えて、何ら不自然な点はないのである。

次に公卿の待機場所であるが、これについては全く手がかりがないものの、外記庁に面した左衛門陣座以上の場所は見出し難い。別の場所であった可能性もあるが、少なくとも外記庁正庁や南舎でなかったことだけはこれまで述べたところから明らかであろう。

このように天長十年の段階でも、公卿は恐らく左衛門陣座、弁官は外記庁南舎に着き、それぞれに外記政までの時を過ごしていたと想定される。そしてここまで考察を深めれば、天長十年宣旨の申文刺文が弁への申文、即ち結政申文儀であったことは、もはや論断してよかろう。仮に公卿への申文だとすれば、弁・史は自らの控所から公卿の控所へ赴かねばならない、遅参した当日の上首には申文しにくい、などの問題点が発生する。やはり天長十年宣旨で結政申文儀が外記政以前に行なわれるようになり、それが後代まで継承されたと考えるべきなのである。

それでは、天長十年正月十三日宣旨が出された理由は何か。宣旨によれば、それまでは申政の後に申文刺文が行なわれていたという。具体的には、弁官は外記政までは何もせずに待機し、庁申文を終えてから、少納言局の外印請印に並行して結政申文儀を行なったということであろう。外印請印にはかなりの時間を要したから、その間に弁官が独自の政務を行なう余裕は十分あり、そう考えれば弁官の執務は(①庁申文の結文儀→)②庁申文→③結政申文儀→④南所申文の結文儀→⑤南所申文、と自然な順序となる。ところが天長十年宣旨では②と③を入れ替えてしまった。推考するに、その原因は参議の不参にあったのではあるまいか。公卿の懈怠はこの時代にはすでに問題化しており、先述の日上制もその対応策の一つであったが、参議にもやはり不参が目だち始めていたことであろう。外記政は上卿がいなければ開催できないが、参議も列席するのが原則であり、その不参は大きな問題であった。そこで注目されたのが参議大弁である。参議大弁は弁官局執務の責任もあって精勤の者が多く、彼を聴政側に加えれば簡便な解決策になる。そこで外印請印と並行する結政申文を着庁以前に終えさせ、参議大弁を弁官の業務から離れやすくすることが意図された、と解されるのである。現に一〇世紀には参議大弁が聴政にまわることが多く、その時は④の結文も手早く済まされ、庁申文の間に参議大弁は庁座に着いた。恐らくこうした理由から、結政申文儀は「かつがつ」済まされねばならなくなったと考えられる。

(二) 申文刺文の成立時期

天長十年宣旨からは当時の政務体系が透視できる。何よりそれは申文刺文の初見史料であり、結政や南所申文が九世紀前期に遡及するという新たな事実も明らかになる。本項では申文刺文を用いる政務の成立を論じたい。

a 南所申文の成立

天長十年宣旨で取り上げられた弁への申文(結政申文儀)は、それに続く公卿への申文のための準備作業であった。この公卿への申文刺文としては南所申文と陣申文をまず想定すべきであろうが、陣申文の確立は一〇世紀前期のことと考えられるので(詳細は後述)、やはり南所申文を第一候補としなければならない。それでは当時、南所は申文を行なうにふさわしい場であっただろうか。

一〇世紀中後期、南所は太政官の食事所として機能していた。外記政が終わると公卿と弁・少納言は和やかな雰囲気のなかで食事をとったが、南所はその場所として用いられ、他の用途には使われなかった。南所申文はかかる共食儀式に織り込まれた政務である。しかし南所の正しい名は「侍従所」であり、本来は侍従・次侍従を中心とする五位以上官人の侍候所であったと考えられる。九世紀には侍従所はしばしば彼らの宴飲の場として用いられたが、日常的にもここで侍候・食事・宿侍がなされていたと見て大過あるまい(70)。太政官の食事もこうした侍従所機能の一環にほかならず、だからこそ史・外記など六位以下官人は食事から排除され、時には中務省官人が上日の記録にやって来たのである(71)。やがて侍従・次侍従制が衰退すると、太政官の食事だけが実質的な機能として残り、「侍従所」は外記庁の「南所」へと変貌していった。

問題はいつから南所が太政官の食事所として利用され始めたかであるが、それは外記政の制度的確立の時点、弘仁十三年(八二二)四月と考えられる。論拠となるのは同年正月に侍従厨家の公文、七月に侍従厨の物品について、それぞれの勘勾が外記史生に命じられている事実である[72]。侍従厨家が南所の舗設・供給を任としたことは言うまでもないが、弘仁十三年の時点において南所での食事を軌道にのせるべく、太政官は厨家を直接監督しようとしたのであろう。政務と食事が不可分のものとすれば、外記政創始にあたって食事の場を隣接地に求めるのはむしろ当然であり、侍従所はそれにふさわしい施設であった。

南所での食事が外記政確立の当初に遡るとすれば、多数の公卿が参会し、外記庁よりも堅苦しくないそうした場において、新しい申文刺文作法を用いた政務がかなり早い時期から行なわれ始めたことは、十分に推測できる。天長十年宣旨から想定される公卿への申文は、やはり南所申文であったに相違ない。しかも同宣旨からは申文刺文がそれまで安定的に運用されてきたことが読み取れるから、僅か一一年前の外記政の確立時までこれを遡行させるのはさして困難ではなく、かくして外記政の確立とともに南所申文も成立したという結論が導かれることになる。更に憶測を重ねるなら、外記政に南所申文が伴うというあり方は、これも官政から継承したものであろう。太政官曹司庁においても官政―朝所《アイタンドコロ》食という形で政務と食事の一体的関係を見出すことができ、これを古い儀式を伝えるもの、外記政―南所食の原型と評価できるからである。恐らく南所申文の起源は「朝所申文」として、八世紀段階まで遡及し得るのではあるまいか[73][74]。これまで南所申文の成立時期は全く不明とされてきたが、九世紀前期には確実に、そして八世紀段階にもその前身形態が存在したと考えられるのである。

b　結政の成立

先述の如く、外記政確立の当初から外記庁南舎は弁官局の控所として用いられ、天長十年宣旨以前には外印請印に並行して、宣旨以降は外記政までの待機時間を利用して、ここで結政申文儀が行なわれたと考えられる。それでは結政の成立はいつまで遡るのであろうか。それを知るためには、結政のもう一つの要素、結文儀を検討しておかねばならない。

結文儀には、①庁申文の結文儀と、②南所申文の結文儀があった。このうち、②南所申文の結文儀は、結政申文儀の成立に伴ってその取りまとめ作業として同時に創始されたものと見てよかろう。一方、①庁申文の結文儀であるが、これが官西庁政「上結申」儀と直接の系譜関係を想定できることは第2節で述べた。しかも官西庁政と外記政が緊密な関係にあったことからすれば、庁申文の結文は本来、全て官西庁政で行なわれるべきものであり、それが「上結申」儀であったと考えられる。ところが早晩から始まる官西庁政は、弁官や諸司官人が少しでも緩怠に傾けば開催できなくなる。そこで官西庁政から「上結申」儀を切断し、外記政の直前に済ませる便法として①庁申文の結文儀が始まったのではないだろうか。結政の本義が「南所申文を結文する政務」らしいことから見ても、①は結政本来の構成要素とは見なしがたく、その成立は②より遅れるものと解しておきたい。

このように南所申文のために申文儀・結文儀を行なうのが結政の本質的部分であり、官西庁政や庁申文とは別のものであったと考えられる。とすれば結政は南所申文とともに成立したことになり、外記政確立の当初から外記庁南舎で行なわれていたと推断することができるのである。しかも本稿では、南所申文の前身形態として「朝所申文」を想定し、それを八世紀段階にまで遡上させるから、結政についてもその起源を外記政前代、官政の時代に求めるべきことになる。当然それは弁官の控所、即ち太政官曹司庁の西廊座で行なわれたはずであるが、恰もそれを裏付けるかのように、『西宮記』は西廊座を「官結政座」と呼び、同座における結文に言及している[75]。つまり西廊座はこの点についても結政所の前身であって、恐らくは八世紀段階から、官政後の申文刺文＝「朝所申文」の準備を行なう場であったと考えられるのである[76]。結政の起源はこの「西廊座結政」にあり、八世紀においても、官西庁政―官政という読申公文形態の政務と、「西廊座結政」―「朝所申文」という申文刺文形態の政務が並存していたと推測される。やがて外記政の確立とともにそれぞれは、官西庁政―外記政、結政―南所申文、へと移行していったのであろう。

最後に二点ほど補足する。第一に、官西庁政―官政のさらに前段階として想定すべきは、朝堂(後の暉章堂・昌福堂)における弁官政―公卿聴政である。朝政の作法から推して、この段階の政務は全て読申公文形態をとり、申文刺文はまだ行なわれていなかったと思われる。換言するなら、曹司での政務が主流になってから申文刺文形態が出現すると推測されるのであり、かかる観点からすれば、申文刺文の成立は八世紀段階とは言え、曹司が充実してきた八世紀中葉以降に求めるのが妥当であろうと考えられる[77]。

第二に、結政の申文儀と結文儀は弁官の日常業務を全面的に継承したものではない。結政はもともと申文刺文による政務体系の一環に過ぎず、弁官の職務はこれ以外にも多々あったからである。外記政の確立によって結政の場が外記庁南舎に移ってからも、弁・史はやはり太政官曹司庁で執務を続けており、やがて曹司庁の職務が縮小・変質することによって初めて、結政所が主要な執務場所となったのであろう。弁官の執務場所が太政官曹司庁から結政所へ直線的に移行したとする観点は、改められねばならない[78]。

c　陣申文の成立

もう一つの公卿への申文刺文である陣申文はいつ如何なる理由で成立したのであろうか。これについては『類聚符宣抄』巻六、雑例に収める次の宣旨が最も示唆的である。

右大臣宣ハク。今朝事アリ、公卿ハ早ク内裏ニ参入シ、更ニ侍従所ノ座ニ就クベカラズ。弁官申ス所ノ政、宜シク左近ノ陣ニテ申サシムベシ、テヘリ。

元慶八年(八八四)五月九日　少外記大蔵善之奉

公卿が早朝に参内したため侍従所で申文ができず、便法として陣座で行なわせたというものである。注意すべきは、庁申文ではなく南所申文の代わりに陣申文が行なわれ、それを「政」を申すと表現していることである。南所申文と陣申文はともに申文刺文形態をとったが、両者は相互に通底しあう「弁官申政」なのであった。とすれば天安二年(八五八)の文徳崩御、元慶四年の清和崩御に際して外記政が停止され、陣座で弁官が「政」を申したというのも、(79)現実的には外記政停止によって南所申文が行なえなかったことが問題で、代替措置として陣申文が行なわれたものと解釈できる。(80)本来、陣申文は南所申文の便法・補完措置に過ぎず、それは九世紀中後期を通じて同様であった。

しかし、一〇世紀になると状況は一変する。既に藤原時平の大臣執政期(八九九〜九〇九)には尋常の日に陣申文を行なった事例が見られ、(81)やがて『西宮記』の時代になると内容的に南所申文を凌駕するに至った。(82)つまり、一〇世紀前期を陣申文の分化・発展期と把握できるが、その理由は次のように考えられる。

南所申文は外記政と不可分一体の政務であった。南所申文の決裁者は「日上」、つまり外記政の刻限に参会していた最上位の公卿である。外記政の刻限は南所申文をも制約していたことになる。一方の陣申文は「衙後」、つまり外記政—南所食の終了後に行なわれる。遅く始まる分、内裏侍候のためだけに出仕した公卿も参会しやすく、その上首は南所申文より上級の公卿となりがちであった。内裏儀式が深夜化し、公卿が朝に弱くなれば益々かかる傾向は強まったことであろう。しかも陣申文は外記政がなくとも開けたから、南所申文のように外記政闕怠の影響を受けることはほとんどない。このように外記政から相対的に独立していたことが、陣申文の上卿の上位性や開催の便などをもたらし、それが陣申文上昇の要因となったと解されるのである。

陣申文の分化・発展と関連すると見られるのが、弁官の「床子座」の成立である。床子座は内裏敷政門外の北腋に設けられた弁・史の候所であるが、ここで直弁への官奏文進覧、陣申文のための結文儀、弁から史への下宣旨などが行なわれた(83)。恐らくこれは、陣座が陣申文や公卿からの下宣旨などに日常的に利用されるようになってから、候所として設定されたものであろう。下弁官宣旨の本格的使用は一〇世紀以降であり(84)、これはおおむね陣申文の盛行とも対応しているのである。床子座の成立は、弁官が内裏に吸引されたことの指標でもあったと言えよう(85)。

敷政門外南腋、床子座に相対する位置には外記の座があった(腋陣)。これは天長六年に設けられたものであり(86)、弁官に先立って外記が内裏に吸引されたことを物語る。下外記宣旨が下弁官宣旨に先行するのもこれと関連するのであろうし、逆にここから九世紀前期における床子座結文―陣申文の未自立を看取することもできるであろう。

以上、憶測を重ね過ぎた感もあるが、申文刺文形態をとる政務の成立を論じた。結論としては、結政―南所申文は外記政の確立とともに生まれたが、その前身的形態(「西廊座結政」―「朝所申文」)は官政の時代、恐らく八世紀後半に成立していたということになる。床子座結文―陣申文は、一〇世紀前期にそこから派生・発展した政務であった。

なお、申文刺文が一つの政務体系を構成していることからすれば、残されたもう一つの政務＝官奏についても、八世紀後半まで遡ることが予想される。しかし、これについては別方向からの検証も可能であるため、詳細は別稿に譲りたい。(87)

(三) 申文刺文成立の意義

最後に申文刺文の成立が律令官僚制・太政官制の変化といかに関連していたかを述べ、その歴史的意義を明らかにしておきたい。

a 政務体系の再編成

律令国家の政務は、本来は「読申公文」なる口頭政治を基本としていた。(88)「公文」は確かに用いられるものの、それを読み上げ、かつ口頭で決裁を与えるところに特色がある。これは文書をほとんど使用しなかった時代の政務方式が継承されたものであろう。ところが新しい「申文刺文」の政務では、文書は文刺に挟んで決裁者に奉られ、その閲覧を経ることになった。つまり文書は上申者が音読するものから、決裁者が黙読するものへと変化したのである。黙読は記された内容を正確に理解することを可能にするが、政務の場でこれが一般化したのは、律令国家の支配者集団が文書・文字の使用に習熟したことの反映であろう。太政官においては、結政―南所申文―官奏という形で政務体系全般に申文刺文形態が出現し、読申公文形態の政務を形式化・儀式化して行政の実質面から駆逐して行った。決裁者(天皇や公卿)が文書・文字という新しい媒体に習熟し、声よりも文字に信を置くようになり、その結果みずから文書に目を通そうとするようになったことが、太政官の政務体系を再編成させたのであった。

しかし、申文刺文という形態で上申がなされる時、それは案件を提出する諸司諸国の側の問題でもある。律令行政の発達とともに複雑多岐、非定例的な内容を持つようになった文書が、時には何通も太政官に上申されるようになれば、従来の読申公文形態が不十分で非能率的なものと化したのは当然のことであろう。つまり諸司諸国における文書行政の進展、その複雑化・大量化こそが、太政官への上申作法の変化を根本的に規定していたと考えられるのである。とすれば、申文刺文政務の浮上がすでに八世紀段階から起こっていたとしても、何の不思議もない。正倉院文書の如き膨大な文書・帳簿群を基盤とする八世紀の官司業務の総体が、太政官における申文刺文形態の政務を生み出したのである。かくして大局的に見るならば、八世紀前半は諸司諸国で文書行政が急速に発展し、太政官政務に圧力を加えつつあった時代、八世紀後半〜九世紀前期はそれが申文刺文として全面開花し、読申公文を凌駕していった時代、と評価できるのではないだろうか。弘仁十三年、外記政は制度的に確立したが、その時には政務の重心は大きく申文刺文に傾いていたことであろう。読申公文形態をとる庁申文は成立時点ですでに形式的な過去の遺物に他ならず、公卿聴政の実質は申文刺文形態をとる南所申文に移っていたと考えられるのである。

b　弁官の機能強化

公卿聴政に先立ち、弁官が諸司諸国から上申された案件を審査・受理するのは、律令規定に基づくものであった。そして官員令（職員令）の原則からして、これが読申公文形態の政務であったことは疑いなく、官西庁政にその具体的な作法を見ることができる。ところが公卿聴政の中心が申文刺文に移行していくと、弁官の政務もやはり同じ推移をたどり、しかもそれによって弁官の機能が著しく強化されたと考えられるのである。

第一に、審査・受理機能である。申文刺文によって上申文書の内容を詳しく検討することができるようになり、厳格な審査が可能となった。もちろん読申公文であっても、参会した諸司官人に対して推問がなされていたが、申文刺文ではこの推問手続が省略され、脱人格化・抽象化された文書の内容そのものが検討されるようになったのである。口頭による推問と書面による審査を比較した場合、後者の方がはるかに正確かつ詳細に内容を検討でき、先例との適合性如何を判断しやすい。しかも結政申文儀では、同一の案件について中少弁と大弁の二段階で審査が行なわれていた。弁が一堂に会して上申を聴く読申公文形態では多段階審議はほとんど望めず、申文刺文が審査の厳密性をもたらしたと評価し得よう。[89]また、弁官の審査・受理機能の強化は副産物を生み出した。「続文」である。[90]公卿が見る「本解」の端（袖）に貼り継がれ、決裁の参考となった先例や勘文であるが、これが庁申文で用いられた形跡はなく、南所申文・陣申文（および官奏）のみで使われていたものらしい。続文の作成・貼付は、弁官が公卿聴政の前段階で文書に即した審査を行なっていたことの延長上にあると言え、公卿（および天皇）の決裁に厳密性・一貫性を付与したものと評価できるであろう。

第二に、記録機能である。そもそも庁申文と南所申文・陣申文の決裁は、誰がいかにして記録していたのであろうか。まず申文刺文形態をとる後二者であるが、「南所申文目録」「陣申文目録」が決裁の記録であった。ともに史が作成し、決裁した上卿と弁・史の名、および案件の事書と決裁内容が簡潔に記される。[91]史料上の初見は南所申文目録が正暦二年（九九一）、陣申文目録が長徳元年（九九五）に降るが、[92]実際にはもっと早くから作成されていたものであろう。ここで注目すべきは、他の申文刺文形態の政務、つまり官奏や結政申文儀でも同じような「目録」型の決裁記録を史が作成し、それぞれ「奏報」「結政申文目録」と称されていたのに対し、読申公文形態の政務ではこうしたものが見られないという事実である。[93]「目録」型決裁記録は申文刺文形態の政務でのみ作成されたらしいのである。それでは、読申公文形態ではどのような記録がなされたか。まず考えられるのは、読み上げた文書への書き込みである。奏事や便奏がそうであり、正倉院文書の「宣文」にもこうしたものがあり、[94]また八世紀前半には上申文書に「官判」を追記した形式の法令が見られる。[95]全て、読申者が決裁＝宣を文書に書き込んだものである。もう一つの記録は、他の参会者の記録（記憶）である。第2節において庁申文には少納言局官人が参会し、彼らが公卿の決裁を傍聴して記録（記憶）する役割を担ったらしいと述べたが、音声による上申・決裁であれば、他の参会者でもそれを記録（記憶）することが可能であった。公卿聴政について言えば、少納言局官人が文書の形で記録した可能性も否定できないが、そうしたものが存在した徴証はなく、やはり皆で聴いて確認・記憶するという文書行政以前の方式が踏襲されていたと解するべきであろう。とすれば、一定の様式をもつ決裁記録というものは、申文刺文に伴う弁官局の「目録」をもって嚆矢とすることになる。「目録」がどこまで遡るかについては更に考究を要するけれども、申文刺文の進展につれて決裁記録が開発され、官符・官牒を発給する際の根拠となり、また太政官の基礎帳簿として集積されていったと考えられるのである。

このように弁官の執務は、上申文書の審査→上申文書の進覧→決裁記録の作成→下達文書の発給と、全て文書に密着した厳格かつ能率的な方式で進められることとなった。弁官が範をとった唐尚書都省の業務は文書処理を主体としていたが、直接的な諸司統括を行なっていた八世紀前期の弁官にはまだそうした機能は未熟であり、やがて申文刺文の成立・発展によって、文書処理の機能が強化され充実していったのである。[96]これが律令国家における文書行政一般の進展を反映していたことは、改めて言うまでもなかろう。

c　「参議」「共知」理念の変容

中文刺文の進展は太政官政務に厳格化と能率化をもたらしたと考えられるが、一面では旧来の政治規範に深甚なる変化を生ぜしめた。それは「参議」理念の変容である。

職員令太政官条に規定された職掌を観察するとき、左大臣に「総判庶事」、大納言に「参議庶事」、左大弁に「受付庶事」という一連の語句を検出することができる。これは弁官が諸司諸国の「庶事」を受理・上申し、大臣がこれを「総判」するが、その時には大納言が「参議」する、という関係を表現したものである。大納言の「参議庶事」は唐の宰相の呼称(かつ職掌)である「参議朝政」を継受したもので、この点から見れば天皇の下問に応えて太政官が合議するという職掌を指すことになるが[97]、職員令そのものの論理では、太政官独自の決裁に参画する職務を表示したものなのである。「参議」の二面性と言ってよいが、やがてこれは中納言や参議の職掌にも継承されることになった。さて、決裁参画としての「参議」の具体的なあり方は、朝政や庁申文など、旧来の読申公文形態をとる公卿聴政に見出すことができる。即ち、決裁者(原則として大臣)以外の議政官の役割は、基本的には口頭でなされる上申・決裁の内容を傍聴、確認することにあった。時には決裁者の要請をうけて具体的な意見を述べることもあったろうが、しかし聴政の場に参会し、決裁を傍聴し、無言の同意を形成することこそが、日常的な「参議」の実態ではなかったかと考えられるのである。

ところが中文刺文形態をとる公卿聴政、即ち南所申文・陣申文ではこうしたことは困難となった。なぜなら申文を受ける上卿だけが文書を閲覧できる特権的な位置を与えられ、他の参会公卿とは情報面で格段の差がつけられたからである。しかも〈無結申型〉になると事書の読み上げがなされなかったから、決裁者以外の公卿は上申内容を知ることさえできなかった。議政官全員が案件について同等に関知することがなくなれば、決裁者以外の「参議」の重みは当然ながら低下するはずであり、彼らの参集はほとんど形式的なものに堕していったことであろう。[98]このように音声・口頭政治によって支えられていた日本律令の「参議」理念は、文書閲読に基づく政務＝中文刺文の進展とともにその実を失ったと考えられるのである。中文刺文は政務の厳格化・能率化をもたらした一方で、聴政における議政官の連帯感をはなはだ損なった。すでに九世紀前期に公卿の解怠が目だち始めていたのも、むしろ自然な成りゆきではあった。

「参議」理念の崩壊と表裏の関係にあったのは、公卿別当制である。これは案件の内容、具体的には案件を上申してくる組織ごとに公卿が決裁を分担する制度であり、単独決裁を基本とする点で律令の「参議」とは真正面から対立するものであった。官司・寺院に公卿別当が置かれた時期には幅があり、早いものでは九世紀前期に遡るが、[99]一つの有機的な制度としては一〇世紀初頭、所充の開始をもって成立の指標となし得よう。[100]日上制と別当制は相補いつつ太政官の政務処理を支え、やがて行事上卿の制も発達してくるが、これらを貫く原理は「分掌」なのであった。そして、分掌体制を新たに統合する場として、公卿議定制が機能し始めたのではなかろうか。もちろんこの議は宰相会議としての「参議」を継承するものであったが、公卿は言うなれば各自が分掌する組織・行事の実状を踏まえてこの場に臨み、意見を開陳したのである。[101]同じく宰相の議としての「参議」と言っても、奈良時代と平安時代中期とではその性格にかなりの違いがあったのではあるまいか。

さて、同様の事態は諸司諸国においても想定することができる。太政官の「参議」は、諸司諸国の「共知」に相当すると考えられるからである。「共知」は十七条憲法以来の官司運用の原則と考えられ、要するに官司構成員はみな独断してはならず、一官司全体としての合意を重んじよというものであった。[102]これは読申公文という音声的な決裁方式にふさわしい規範と言えるが、しかし諸司諸国でも太政官と同様に、いやむしろ太政官に先行する形で文書行政が進展し、素朴な政務は後退していったに相違ない。そして、事務処理に即応した官司内部の分掌・分局化、それを束ねる長官（あるいはそれを代行する次官）の特権化が徐々に進み、ついに「共知」理念は崩壊を見たものと考える。諸国においては受領、寺院においては寺家別当の突出という形態をもたらしたこの変化は、濃淡の差こそあれ律令官司一般に通じる現象であったと見るべきであり、その根底には文書・帳簿処理の合理化、能率化があったのであろう。音声の世界に半身を埋めた政治規範は、文書・文字に圧伏されていったのである。そうした中から文書の扱いに練達した実務官人層が形成され、それを決裁する上級官人との分離が進行したと考えることも、決して不可能ではない。

このように律令官司制全般において「参議」「共知」といった理念が変容・崩壊し、官司の構造もまた変化していった。中文刺文はこの意味でも、律令官僚制の変質・再編と密接に連動していたと言わねばならない。

結　語

本稿では、天長十年正月十三日宣旨に見える「申文刺文」という上申作法を手がかりに、太政官政務の変化とその意義を論じた。「口頭政治から文書行政へ」というのは、一般的にも想定しやすい図式であり、本稿で述べたことも基本的にはここに包摂されると言ってよい。しかし、大まかな変化の方向を明らかにしたことが重要なのではない。より強調したいのは、第一に文書・文字への習熟によって律令官司の構造や、その運営理念・方式に深刻な変化がもたらされたこと、第二にその変化が大宝律令施行直後ではなく、八世紀後半に起点をもち、九世紀前期までに全面的に進行したと考えられること、この二点である。律令国家本来の政務は旧来の音声的な読申公文形態をとっていたが、そこから二次的に文書そのものに即した申文刺文形態の政務が生まれ、発展していった。『西宮記』が語る一〇世紀中後期の太政官政務はその完成された姿を示しているが、遡源的に見れば、その構造の大枠は九世紀前期には確実に存在していた。文書・文字への習熟は古代日本の「文明化」の一指標に他ならず、[103]それはまさに律令制の日々の運用のなかから現実化し、新たな政治システムを構築せしめたのである。

もちろん本稿の考察にも誤りはあろうし、やや大胆な推測を試みた部分もある。また、読申公文と申文刺文とでは扱われる案件にいかなる違いがあり、それが歴史的にどう推移したのかという、政務の内容面に関する検討が不十分であったことは自覚している。定例的案件から臨時的案件へ、単純な内容から複雑な内容へ、帳簿から文書へといった事態は一般的に予想できるが、その詳細については重要な研究課題として後考に委ねたい。本稿の方法が政務の次第や作法、即ち形式面を問題とするというものであったため、こうした問題点が残されたのであるが、しかしこの方法を貫徹することによって、内容面の分析では扱いにくい事象に光を当てられたこともまた確かではあろう。「政治の形式」に関する研究は、その所作の意味の解明にいたるまで、いっそう丁寧かつ全体的に推進されねばならない。

注

（1）　新訂増補国史大系は「申文剌文」を「申文判文」と誤読した。「剌」の異体字「刾」は少しくずせば「判」、特に「判」と書いたものに紛れやすいが、底本となった宮内庁書陵部所蔵『類聚符宣抄』（保安二〜三年書写）の写真を検する限り「申文剌文」と読める。「申文判文」では全く意味をなさない。この誤りは塙保己一校訂版本・旧輯国史大系本から継承されたものであるが、宮内庁図書寮編本は底本通りに「申文刺文」と読んでいた。

（2）「且」を「かつがつ」と訓じて、かく解釈した。単純に「かつ」と読み、「あらかじめ」と訳してもよい。『日本国語大辞典』「かつ」「かつがつ」の項を参照のこと。

（3）『増訂有職故実辞典』「ぶんぢやう」。他の国語辞典、古語辞典類もほぼ同様。

（4）島田武彦『近世復古清涼殿の研究』（思文閣出版、一九八七年）、十九　殿上間。平たいから文刺は「枚」で数えた。

（5）『西宮記』のほか『内裏儀式』『内裏式』『儀式』『北山抄』『江家次第』などは全て新訂増補故実叢書本を用いる。

（6）『官奏事』は前田育徳会尊経閣文庫所蔵。永正本『北山抄』と一具をなす室町時代の写本で、外題を「北山抄」、内題を「官奏事　北山抄」とする。古くより『北山抄』ではないと考えられてきたが（和田英松『本朝書籍目録考証』〔明治書院、一九三六年〕）、ちかごろ所功はこれを否定、藤原公任が晩年に自著『北山抄』を補訂したものとした（『平安朝儀式書成立史の研究』〔国書刊行会、一九八五年〕第一篇第四章）。しかし、私は所の新説を疑問とし、『官奏事』は「西記目録」に見える異本『西宮記』の臨時巻第一にほかならないと考えるものである。両者ほぼ同一の構成をとることが何よりの論拠であるが、内容的にも特に私見と矛盾する点はなく、寛和以後の状況（公卿分配）や永延の例を述べた部分もあるが（後年の補入ならん）、むしろ全体として古い要素をよく残した記文である。「西記目録」に見える異本『西宮記』は、これまで臨時巻第二の伝来が知られるだけであったが（北啓太「西宮記の書誌」〔『西宮記研究』一、一九九二年〕参照）、私見が認められれば更に一巻が追加されることになる。『官奏事』は前田育徳会尊経閣文庫編『尊経閣善本影印集成9　北山抄三』（八木書店、一九九六年）に良好な写真が公表された。なお、その主要部分は所前掲書二七一～二九六頁、「西記目録」は同一八八～一九二頁に翻刻があり、また『官奏事』は『洞院家部類』巻一〇にも収められている。詳論は後日を期したい。

（7）『西宮記』巻七、官奏。『官奏事』、官奏事。官奏は大臣が上奏するのが原則だが、大納言の場合もあり、九世紀には中納言も許されていた（山本信吉「平安中期の内覧について」〔『続日本古代史論集』下、吉川弘文館、一九七二年〕）。大臣と納言の作法が同一であったことは、『小右記』正暦四年六月十七日条が詳述する。

（8）従来、結申については結政と関連づけて言及されるばかりであったが、それが読み上げる行為である点は正しく認識されてきた。例えば『古事類苑』政治部一、政治総載の総説（一九〇九年）、土田直鎮「かたなし」（『国史大辞典』三、一九八三年）。

（9）『玉葉』安元二年三月二十五日条。

(10)　下宣旨も同様の作法を用いたが、結申を行なう。蔵人↓上卿の儀(陣座)については『侍中群要』巻二、下書事・下宣旨事、上卿↓弁の儀(陣座)および弁↓史の儀(床子座)については『西宮記』巻一〇、宣旨下時事。

(11)　官奏や申文に際しては本解の端(袖)に先例や勘文が貼り継がれ、決裁の参考とされた。これを「続文《ツギブミ》」と言い、本解を開く時には「繆《ク》る(蛇腹状に折りたたむ)」(『北山抄』巻三、結文事、『新任弁官抄』、結文事)。

(12)　『江家次第』巻九、官奏。

(13)　上奏すべき案件としなくともよい案件については、一〇世紀中期にはリストが整っていた(『九条年中行事』、『官奏事』、『北山抄』巻七)。それぞれ「奏」「上宣」と表現されるが、「奏」が即ち官奏事項であると看破したのは橋本義彦「貴族政権の政治構造」(『岩波講座日本歴史』四、一九七六年。同『平安貴族』、平凡社、一九八六年、所収)である。

(14)　曽我良成「王朝国家期における太政官政務処理手続について」(『王朝国家国政史の研究』、吉川弘文館、一九八七年)。

(15)　『西宮記』巻七、(南所)申文・大臣着儀、『官奏事』、外記庁作法事・南申文事。

(16)　『大内裏図考証』巻二一、侍従所を参考にしつつ、同書の図(新訂増補故実叢書本三―一八二頁)を『西宮記』巻一九、所々座体類、侍従所などの記述に即して修正した。

(17)　『山槐記』長寛二年三月二十七日条が「上卿西向ニ居リ直スノ後、左顧」と明記する。鷹司本『年中行事絵巻』巻七(『日本絵巻物全集』二四所収)第三段には、西向きに座った上卿が文書を披見する場面が描かれている。西向きに座るからこそ、床子に戻った史を見る作法は「左肩ヲ見ルガ如」くになり(『北山抄』巻七、外記政)、北壁の縁長押に文書束の表紙を置く作法は「座ノ右ノ長押ノ上ニ置ク」と記された(『西宮記』等)。

(18)　『西宮記』巻七、陣申文。

(19)　陣座の舗設については、『西宮記』巻一九、所々座体類、左近陣座廊。京都大学文学部博物館図録第5冊『公家と儀式』(思文閣出版、一九九一年)には、勝田至と吉川が作成した寛弘二年四月の陣定復原図を収載している。

(20)　申文刺文の結詞は『朝野群載』巻六、太政官に代表的なものが収められている。南所申文独自のものとして「陣中ニ入レズ」(『西宮記』巻七、陣申文)とされた「不与状結詞」、陣申文独自のものとして「不堪田結詞」「大粮米」が挙げられる。それ以外の「条事結詞」等は、実例から見て南所申文・陣申文双方に用いられたと考えられる。

(21)　注(13)に述べた史料は、同時に大臣と大中納言の決裁案件のリストでもあり、案件の軽重を知ることができる。

(22) 結政については土田直鎮「かたなし」(前掲)が詳しいが、誤解がいくつか見られる。

(23) 基本史料は『西宮記』巻一〇、結政所作法、装束。北壁の柱間や戸などは田中本『年中行事絵巻』別本巻二、外記政始が参考になる。『大内裏図考証』巻二一、結政も有益だが、結政所の復原図を示さない。弁・史の座をこの位置とするには、西廊に出る戸が「結政ノ艮ノ小戸」と呼ばれたこと(『西宮記』巻七、外記政)が力強い論拠となる。

(24) 本文では最も整った、外記政の日の次第を叙述するが、これは以下の史料から復原的に構成した。『西宮記』巻一〇、結政所作法「大弁着儀」(一〜三)、同「中弁已下着儀」(一〜三)、同「政日事」(二・五・六)、『結政初参記』(一〜四、六)、『左経記』長元八年(一〇三五)正月十五日条(一〜五)。このほか『官奏事』、外記結政所事や、『西宮記』巻一〇裏書「佐忠私記」および『権記』『左経記』などの実録記事を参考にした。なお、外記政のない日にも弁官局官人は結政所に赴き、申文儀を行なった。この申文は内裏陣腋の床子座で結文され、陣申文として上申されることになるらしい(『西宮記』巻一〇、結政所作法)。官奏文を弁官が覧ずる儀も、結政所または陣腋床子座で行なわれた(同巻七、官奏事)。

(25) 更なる論拠。①中少弁への申文である「荒文」を持って法申したこと。②庁申文の結文には大弁・中少弁がともに参会する必要はなかったこと。

(26) 竹竿と文刺はともに申文刺文に用いられるが、別のものである。竹竿は長さ一丈余、畳んで史座に置かれていた。史は座に着いたまま中少弁に文書を奉ったので、長い竹竿を文刺として使う。一方、大弁に上申する場合には膝突に着き、長さ五尺ほどの普通の文刺を用いる。これは官掌座の西辺に立てておき、申文に際して召し寄せた。

(27) 『左経記』長元八年正月十五日条にやや詳しい記述があるが、明快に解釈できない。

(28) 「…コト」と読み上げたことは、『官奏事』、官奏事が「結奏ノ詞(=御前での大臣の結詞)、官史結政ノ詞ニ准ズト雖モ、但シ上卿・弁官及ビ史等ノ詞、疎密ニ各皆差別アルベシ」と述べることから推測できる。「疎密」とは声調。

(29) 『西宮記』巻一〇、署官符宣旨事。

(30) 『内裏儀式』、少納言尋常奏式。『日本三代実録』貞観十三年二月十四日庚寅条によれば「承和以往ハ、皇帝毎日紫宸殿ニ御シテ政事ヲ視」たが、太政官奏について言えば、天皇は官奏と少納言尋常奏を決裁したと考えられる。これは旬政の次第から類推されるところであるが、仁寿元年四月八日の記文(『西宮記』巻六、旬、裏書)によって九世紀中期、そして恐らく「承和以往」にも両奏がともに行なわれていたことが知られる。官奏を九世紀末の成立とし、少納言尋常奏が「承和以往」の主要な太政官奏だったとする佐々木宗雄「十〜十一世紀の政務執行と王権」（『史学雑誌』九九―六、一九九〇年。同『日本王朝国家論』、名著出版、一九九四年、所収）の所説は成立しない。

(31)『西宮記』巻六、旬、など。

(32)闈司奏については、吉川「律令国家の女官」（『日本女性生活史』一、東京大学出版会、一九九〇年。本書第一部第三章）。

(33)これらはおおむね弁官局・少納言局間の牒（請牒と返牒）の内容と一致する。『延喜式』巻一一、太政官にその書式が規定されている（返牒の標目に「弘」とあり）。

(34)佐々木宗雄「十〜十一世紀の政務執行と王権」（前掲）の表Ⅰに少納言の奏聞事項が集成されている（事項に重複があり、また日蝕奏と薨奏が落ちているが）。

(35)『西宮記』に見える一〇世紀の庭立奏では「内案」が奏上され、少納言は版位で「文ヲ披キテ」奏詞を述べた。この「内案」とは、内印請印に際して奏上される内文（捺印すべき官符等）の案文のことである（『西宮記』巻七、内印など）。少納言の「披文」では上奏内容全てを記した「太政官奏」正文を開き、冒頭部分を読み上げたと解されるから、その案文である「奏案」は、やはり「内案」とは別のものだったと見るのが自然であろう。この「太政官奏」正文こそが便奏に他ならず、つまり便奏や奏事は「読み上げるための文書」だったのかも知れない。

(36)吉川「律令国家の女官」（前掲）。

(37)尤も儀礼的に文書自体が奏上されることはあった。『日本書紀』推古十六年八月壬子条に見える隋使の国書奏上がその例であるが、国書を机に載せていることに注目したい。物品を机に載せて奏上することは御暦奏・氷様腹赤奏・御弓奏・卯杖奏・菖蒲奏・御薬奏・御麻奏などに見られ、みな闈司奏を経る古式の奏であるが、国書もこれらと同様、貴重な物品として扱われたと言えるのではないか。同様に文書を机に載せる奏として告朔があげられ、やはり儀礼的・象徴的な奏上であった。文書の上奏は当初は物品として儀礼的に扱い、やがて内容を問題にする段階に移ったと考えられる。机については、新川登亀男「文書と机と告朔儀礼」（『史艸』二五、一九八四年）も参照のこと。

(38)橋本義則「朝政・朝儀の展開」（『日本の古代』七、中央公論社、一九八六年。同『平安宮成立史の研究』、塙書房、一九九五年、所収）。

(39)『令集解』公式令論奏式条、「大納言位姓名」朱説所引額説。

(40) 八世紀には論奏も同様であったらしい。吉川「律令太政官制と合議制」(『日本史研究』三〇九、一九八八年。本書第一部第二章)。
(41) 『西宮記』巻七、外記政、『官奏事』、外記政。
(42) 橋本義則「「外記政」の成立」(『史林』六四―六、一九八一年。橋本前掲『平安宮成立史の研究』所収)。『類聚符宣抄』巻六、外記職掌、弘仁十三年四月二十七日宣旨で、外記政が制度的に確立したとされる。
(43) 申詞は『官奏事』が「司々乃申世る政申給へ止申寸」とするのによる。『江家次第』巻五、十一日列見事でも「司々乃申政申給申須」。ただし、前田家巻子本『西宮記』巻十乙裏書には「立申文時、五位上臈弁申上之詞、官サ官サノ申セル政コト申シ給ヘレムト申ツ」と見え、「申」「ツ」に上・平の声点が付されている。これは『朝野群載』巻六、太政官の「官中政申詞」(官政・外記政の申詞を列挙したもの)が全て「申津」で結んでいることと対応し、諸司諸国の上申の取り次ぎだから「申ス」でなく「申シツ」と申したとも考えられる。本稿ではさしあたり「申ツ」を「申ス」の訛と考えておくが、今後の検討によっては「申シツ」を是としなければならないかも知れない。
(44) 吉川「律令官人制の再編」(『日本史研究』三二〇、一九八九年。本書第一部第一章「律令官僚制の基本構造」)。
(45) 『北山抄』巻七、外記政。『西宮記』は「民省ノ申セルニハ『ヨシ』ト云ヒ、宮内省ノ申セルニハ『給ヘ』ト云フ」とするが、『朝野群載』の官中政申詞によれば民部省の文を「給ラント申津」と読申することもあり、正確でない。
(46) 武光誠「摂関期の太政官政治の特質」(『ヒストリア』一〇六、一九八五年)は「南所申文、庁申文は陣申文の略儀に過ぎない」とするが、とうてい従い難い。
(47) 吉川「奈良時代の宣」(『史林』七一―四、一九八八年。本書第二部第二章)。
(48) 『儀式』巻九、朝堂儀、『延喜式』巻一八、式部上、朝堂座条(新訂増補国史大系四七〇頁)。
(49) 外記政に少納言局官人が参会し、この点が陣申文と異なるという「事実の確認」は佐々木宗雄「十～十一世紀の政務執行と王権」(前掲)が行なっている。
(50) 『江家次第』巻一八、外記政。
(51) 『西宮記』に「上卿、難ノ旨ヲ仰ス。外記、称唯ス」とあり、口頭で問題点を指摘して捺印から外させた。
(52) 『西宮記』巻三、請印位記事、同巻七、二省請印位記事、『官奏事』、二省請印位記事。なお、朝政で捺印申請した場合には捺印行為は太政官曹司で行なわれ、空間的にも切断されていたと考えられる（吉川「外印請印考」（本書第二部第五章））。
(53)『類聚符宣抄』巻六、請印事、弘仁十二年二月二十二日宣旨。
(54)鈴木茂男「日本古印をめぐる二、三の問題」（『書の日本史』九、平凡社、一九七六年）、吉川「外印請印考」（前掲）。
(55)『大内裏図考証』巻二〇、及び「太政官図」（新訂増補故実叢書三八）によった。
(56)大隅清陽「弁官の変質と律令太政官制」（『史学雑誌』一〇〇―一一、一九九一年）。
(57)『西宮記』巻一〇、朝庁事。難読箇所も「了靴」「了摩靴」を「广靴（摩靴）」の誤写と見れば意味が通じる。「摩靴」は詞や揖の前に「三度右足ヲ踏出シテ、我方様へ靴鼻ヲ以テ地ヲ掻キ鳴ラス」ことで威儀を正す作法（『薩戒記』応永三十三年七月二十七日条）。
(58)『続日本紀』延暦七年六月丙戌条。『延喜式』巻一一、太政官にも「凡ソ諸司諸国政ヲ申スノ時ハ、史読ミ申シ、已ニ訖ラバ弁判シテ曰ク、云々。畢ラバ即チ史仰セテ云ク『ヨシ』」と規定する。大隅清陽「弁官の変質と律令太政官制」（前掲）、参照。
(59)『西宮記』巻七、裏書所引天慶九年六月二十二日小一条記は結申を「挙結」と記す。「アゲカタヌ」と読めば「上結」と同訓となるから、「上結申」とは「結申」（この場合は結文を指す）とやはり同じものか。
(60)尤も官西庁政「上結申」儀では弁が返答したが、結政結文儀では返答しなかった。
(61)『西宮記』巻七、外記政・出立・着南所・（南所）申文、および同巻一〇、結政所作法・政日事を時間軸に沿ってまとめた。
(62)『延喜式』巻一一、太政官、時刻条（三二三頁）、『北山抄』巻七、外記政。
(63)『結政初参記』。
(64)『類聚符宣抄』巻六、外記職掌。
(65)土田直鎮「上卿について」（『日本古代史論集』上、吉川弘文館、一九六二年。同『奈良平安時代史研究』、吉川弘文館、一九九二年、所収）。
(66)『類聚符宣抄』巻六、外記職掌、天長八年五月九日宣旨も、中納言以上は仮文を当日になって提出してはならぬと命じている。
(67)公卿については『西宮記』巻七、着官政并政了着侍従所事、『北山抄』巻七、官政。上官については『西宮記』巻一〇、官結政座事。
(68)『西宮記』巻七、裏書。『九暦』承平八年五月二十五日条の逸文である。

(69)『日本三代実録』貞観八年四月二十五日己亥条には外記庁の「南廊」が顚仆したとあるが、これは正庁から南に続く廊の意、つまり「西廊」と同じものと考えるべきである。

(70)所京子「「所」の成立と展開」(『史窓』二六、一九六八年。『論集日本歴史』三、有精堂、一九七六年、所収)は一〇世紀初頭までの侍従所が「侍臣のための講義室でありかつ宴会の場所」であったとするが、従えない。史料に現れにくいものの、侍従所の日常的機能は侍臣の内裏侍候の場所たることにあり、酒食はその反対給付であったと考えるべきである。侍従所母屋の西端二間が塗籠となっているのも、侍臣の止宿所に用いるためであろうか。侍従や内舎人の上日は侍従所で記録されたが、侍従・次侍従の時服支給の基準は「夜ヲ計ル」(=上夜)とされ(ともに『延喜式』巻一二、中務省)、侍従所における宿侍数も併せて記録されたと考えられる。

(71)『官奏事』、中務省渡日事。

(72)『類聚符宣抄』巻一〇、可給上日人々、侍従厨、弘仁十三年正月二十日宣旨・同年七月二十六日宣旨。前者は「十箇日許」、後者は「暫」の臨時的措置であった。天長元年六月以前から置かれていた侍従厨別当(『類聚三代格』巻五、交替并解由事、天長八年十二月九日太政官符)とは別のものと考える。

(73)外記政―南所食が確立すると、官政についても食事とそれに伴う申文刺文は南所で行なわれるようになった(『西宮記』巻七および『北山抄』巻七の官政記事)。しかし、列見と定考には朝所(朝食所・朝膳所)での食事が残され(『西宮記』巻三、十一日列見、同巻五、定考)、しかも太政官曹司庁で申文刺文が行なわれている。これは朝所での酒饌のあと、座を官正庁に戻して行なわれた宴座・穏座に伴う見参申文であるが、申文刺文形態をとり、大臣儀は〈結申型〉、納言儀は〈無結申型〉という区別を有する点が注目される。通常の官政には宴座・穏座がないから、こうした食事に伴う申文刺文があれば、当然ながら朝所で行なわれたことであろう。内容・場所が異なるとは言え、この申文を「朝所申文」の盲腸的残存物と見ることは不可能ではない。

(74)南所食は侍従厨が弁備したが、朝所食については『延喜式』巻一一、太政官、考定条が「厨家、酒饌ヲ儲ク」と明記し、『西宮記』の列見・定考記事も同様に述べる。恐らく外記政確立以前、官政―朝所食が日常的であった時代には、日々の官政ごとに太政官厨家が食事を調理・提供していたものと思われる。

(75)『西宮記』巻一〇、官結政座事。

(76)一〇世紀には、西廊座では官政申文の結文のみが行なわれた。列見・定考後の申文刺文は官正庁「東壁外」で、一般の官政後の申文刺文は南所「北庇西戸外床子」で、それぞれ大弁の披見を経た。従って「西廊座結政」は申文刺文と無関係であった可能性もあるが、『西宮記』の述べる官政は〈外記政—南所食・申文〉が普通になっていた時代のもので、こうした状況下では「弁への申文刺文」は結政所で執り行なわれるのが原則となり、「西廊座結政」はほぼ形骸化して、さしあたり必要な官政申文の結文だけが残ったと考えられる。

(77)　橋本義則「朝政・朝儀の展開」(前掲)は発掘調査の成果を総括して、「平城宮では奈良時代の中ごろ、天平末年を境として官衙が整備され、宮城内は大きくその様相を変えることになる」と指摘する。

(78)　大隅清陽はかかる観点から結政所成立を九世紀末~一〇世紀初に求めたが(前掲「弁官の変質と律令太政官制」)、論拠に乏しい。

(79)　『日本三代実録』天安二年十二月十三日庚子条、同元慶四年十二月十九日戊戌条。

(80)　文徳・清和とも崩御後一年間は諒闇とされていた。諒闇時は音奏や警蹕など高声を発することを避けるが、外記政にも制約が加わり、庁申文では「読申公文」の代わりに文筥に入れた文書を進覧し、外印請印では史生が「請印ヲ申サズ、事ヲ調ヘ」た(『西宮記』巻一二、外記平座政)。この外記平座政で注目されるのは、申文刺文が読申公文の代用とならず、文筥を用いる「申文筥文」が行なわれたことである。文筥は通常の外印請印でも用いられ、歴史的に見て文刺に先行する器物だったと言える。とすれば、『日本三代実録』の陣申文は南所申文の代行措置ではなく、庁申文が陣座において「申文筥文」の形で行なわれたものかも知れない。しかし、外記政のもう一つの要素の外印請印は決して陣座では行なわず、停止されていたはずであるから、庁申文も同様だったと見るのがやはり穏当であろう。

(81)　『左経記』万寿三年(一〇二六)正月二十七日条、『大鏡』上、左大臣時平伝(笑癖の段)。また『別聚符宣抄』延喜七年(九〇七)二月十六日宣旨の「奏ニ候フノ日、陣頭ニテ雑事ヲ執リ申スコトヲ得ズ。他日モマタ復シテ此クノ如クセヨ。モシ急事アラバ此ノ限ニアラズ」は種々の解釈が可能であるが、本稿では「復」字に着目して、当時は官奏の日にのみ陣申文が止められていたが、更に以前の方式に戻し、急事ある時以外は陣申文を全面的に禁止した、と解釈しておく。つまり延喜初年には官奏の日以外には陣申文がある程度行なわれるようになっていたと見られるが、それを制限したこの宣旨とて効力は全く疑問で、「急事」の特例がやがて一般化していった。

(82)　『官奏事』、南申文事、『北山抄』巻七、外記政によれば、「事ノ疑ヒアル文」「慥ニ弁決スベキ文」は南所申文での決裁を保留し、陣申文に再提出された。また日上よりも上臈に申すべき案件は「上ニ申セ」と宣し、恐らく陣申文に入れた。陣申文の上位性が一〇〜一二世紀の諸記録によっても証されること、曽我良成「王朝国家期における太政官政務処理手続について」（前掲）を見よ。

(83)『西宮記』巻七、官奏、同巻一〇、結政所作法・宣旨下時事。「直弁（ぢきのべん）」とは当日床子座に侍候した中少弁の意ならん。少納言・弁に「直日」が定められていたことは、『類聚符宣抄』巻六、可勤行外記政事、安和二年（九六九）二月二十八日宣旨に見える。

(84)早川庄八『宣旨試論』（岩波書店、一九九〇年）。

(85)大隅清陽は「九・十世紀の交に結政所が成立し、弁官の内裏への吸収が完了した」とし、下弁官宣旨の成立と関連付けたが（前掲「弁官の変質と律令太政官制」）、従えない。

(86)『類聚符宣抄』巻六、外記職掌、天長六年十一月十六日宣旨。

(87)吉川「上宣制の成立」（本書第二部第四章）。

(88)吉川「奈良時代の宣」（前掲）。

(89)『延喜式』巻四四に見える勘解由使の政務は、主典・判官・次官が順に「勘判」し、長官が「勘判ノ得失ヲ定」め、後に検校が「覆勘」するという、唐の三判制にも比すべき厳密な方式を採っていた。弁官局の政務を更に進めたものと評価し得る。

(90)谷口昭「続文攷」（『法制史研究』二三、一九七三年）及び本章注(11)参照。なお、平安時代の続文の実例を京都大学文学部所蔵壬生家文書や、「楢の朽葉」所収東大寺文書などに見出すことができたので、機会を得てその詳細な検討を行ないたい。

(91)実例としては、『山槐記』仁安二年（一一六七）三月一日条・二日条所載のもの。

(92)『類聚符宣抄』巻七、諸長上事、正暦二年十月八日南所申文目録、『西宮記』巻七、裏書、長徳元年二月三十日陣申文目録。

(93)奏報の実例としては、『西宮記』巻七、官奏、勘物の応和三年（九六三）・天暦元年（九四七）・承平五年（九三五）のものが古い。結政申文目録は、宮内庁書陵部所蔵『雑々記』（F10-696）に引用されたものがあり、全文を紹介しておく。

承久三年四月廿三日結政申文
大和国司申請被給鈎匙開検不動倉事
伊豆国司、、、、、、、、、

少外記清原仲信申請馬料韓櫃捌合事
右少史小槻為景

一方、「庁申文目録」なるものは史料に見えないが、実際に存在しなかったことは、例えば注(91)の『山槐記』において、庁申文・南所申文・陣申文を聴いた中山忠親が、後二者の申文目録だけを受け取っていることが論拠となる。『山槐記』安元元年（一一七五）十二月二十五日条、『勘仲記』正応元年（一二八八）五月十六日条なども同様。

(94)　吉川「奈良時代の宣」（前掲）。

(95)　早川庄八「太政官処分について」（『日本古代の社会と経済』上、吉川弘文館、一九七八年。同『日本古代の文書と典籍』、吉川弘文館、一九九七年、所収）。

(96)　大隅清陽は九世紀に弁官の受付・処分機能が衰退したという評価を行なったが（前掲「弁官の変質と律令太政官制」）、史実は恐らく逆であろう。

(97)　吉川「律令太政官制と合議制」（前掲）。

(98)　尤も儀式書などからは窺われないような、例えば日上が参会公卿の意見を求めるような事態も、早い時期にはあったかも知れない。

(99)　別当制については、さしあたり下向井龍彦「べっとう」（『平凡社大百科事典』一三、一九八五年）を参照のこと。

(100)　殿上所充の初見は『貞信公記』延喜九年五月二十九日条。下向井龍彦「ところあて」（『平凡社大百科事典』一〇、一九八五年）の記述が簡にして要を得る。

(101)　ただし、一〇世紀後期以降、官奏・申文などの基本的な太政官政務が衰退すると、別当や行事所上卿などによる分掌体制だけが存続し、天皇・摂関との連絡のみによる処断が本格化・一般化した。ところが、この時期には公卿議定制もほとんど形骸化したから、分掌制と議定制が組み合わされた国政処理が機能したのは、比較的短い期間であったと言えそうである。吉川「天皇家と藤原氏」（『岩波講座日本通史』五、一九九五年。本書第三部第二章「摂関政治の転成」）、参照。

(102)　吉川「奈良時代の宣」（前掲）。

(103)　原秀三郎「日本列島の未開と文明」（『講座日本歴史』一、東京大学出版会、一九八四年）。読み書きと文明化の関係については、グディ『未開と文明』（吉田禎吾訳、岩波書店、一九八六年）。

附論　左経記

宇多天皇の皇子に敦実親王という人がいた。醍醐天皇の同母弟で、六条式部卿親王、出家後は仁和寺宮と称したが、諸芸に通じた才人として名高く、特に和琴、笛、催馬楽、神楽などに堪能であった。その楽才と曲目は子の源雅信から孫の時中へと伝えられ、時中の後裔が「源家音曲」を相承していくこととなる。さて、親王の子の左大臣源雅信は名臣と謳われた、よく完成された貴族であったが、彼には時中のほかにも何人かの子女がいた。このうち四男の扶義は、華やかな芸能に秀でた兄とは対照的に、実務一筋の人物であった。長く弁官として政府の枢要にあり、謹直に行政を処理していくのが彼の本領だったのである。やがて扶義は参議に昇進し、いよいよその手腕をふるうかに見えたが、長徳四年(九九八)の秋、あっけなく世を去ってしまった。

『左経記』の記主・源経頼(九八五〜一〇三九)は、この扶義の子である。経頼もまた、恪勤なる実務派官人であった。それは父の気風を受け継いだものであろうが、同時に父とよく似た官歴の然らしむるところでもあった。すなわち、経頼は寛弘二年(一〇〇五)の玄蕃頭をふり出しに、少納言、和泉守を経て、長和三年(一〇一四)に左少弁に任じられる。そして、長暦三年(一〇三九)に参議正三位左大弁として薨ずるまでの二五年間、左少弁→右中弁→権左中弁→左中弁→右大弁→左大弁と、一貫して弁官の任にあり続けたのである。経頼が参議に昇ったのは四六才の時で、確かにかなり遅かった。しかし、それは宇多源氏のふるわない時勢や、父を早く失う不運などによるもので、彼が太政官の行政実務に通じた、精勤かつ有能な官人であったことは疑いようがない。

『左経記』は、こうした経頼の履歴や人格をよく反映した日記である。経頼が弁官として携わった朝廷の政務・儀式に関する記事がその多くを占め、個人的な事情や感懐が記されることはめったにない。面白味に欠けるのは否めないが、それが『左経記』の個性であり、また一一世紀前期の朝廷政治、特に太政官政務の実態を研究する上では、藤原行成の『権記』や藤原公任の『北山抄』などと並ぶ第一等史料なのである。もっとも、弁官の職務に関することばかりが記されている訳ではない。受領（近江守・丹波守）、内蔵頭、蔵人・殿上人・蔵人頭、中宮亮・権大夫など、兼官としての活動を具体的に示す記事も豊富である。また、平忠常の乱（長元元年〔一〇二八〕・四年）や斎王託宣事件（長元四年）など、著名な事件の処理過程が記されているのも興味深い。しかし、この時期の太政官の日常の政務について実に多くの情報を与えてくれることこそ、他記には見られない、『左経記』独自の価値と言わねばなるまい。

現在、『左経記』のまとまった本文は、凶事記事を抜粋した「類聚雑例」を含め、長和五年から長元九年までのものが伝わる。道長政権の後期から頼通政権の前期にかけて、経頼が左少弁から参議右大弁に至る時期であり、弁官として執務を続けた時期の記録の多くが残されていることになる（逸文は寛弘六年〜長暦三年のものが数十条発見されている）。ただ、現行文には記事の脱落、あるいは省略などがあるとされており、一応注意を必要とする。しかし、さらに問題なのは、現在流布する「史料大成」の本文が、校訂・句読の点で不備が少なくない点である。古写本に乏しく、新写本に誤りの多いことがその根本原因と言えようが、われわれが『左経記』を用いて太政官行政を研究しようとするなら、まずは「史料大成」を補訂し、正しく本文を読むことから始めねばならないのである。さいわい、近年は政治制度の研究が進み、『大日本史料』第二編も少しずつ刊行されてきているから、条件は徐々に改善されつつある。

一例として、寛仁三年（一〇一九）十二月七日条を検討してみたい。まず本文を掲げる。

参結政所。左大弁被参着。頃之侍従中納言・右衛門督被参着左衛門陣。依無少納言可被退出之由云々。仍左大弁以史致任被申於上卿。依諸国催申、早可申南所之文等有其数。而依無少納言可御出之由云々。為之如何者。御返事云、着庁令結申之後、可着南所者。頃之召使引戸。上卿着庁。官掌申云、申文。大夫史奉親云、申文無之。官掌行外記方、申無申文之由帰本座。外記進庁申云、大粫火司申之給不政無之。印欲給、少納言遅久万宇久。即帰入。次奉親結南申文。次官掌云上御出之後、大弁以下次第着南所。余召大舎人。事了別参陣。有官奏。余候。次右衛門督於左仗、被行申文。及晩各退出。

文字は「史料大成」を底本に、『大日本史料』第二編之十五を参考にして、校訂案のみを示した。句読は私案による。次に読み下し文を掲げる。（　）内は注記である。

結政所に参る。左大弁（源道方）参着せらる。頃之《しばらくして》侍従中納言（藤原行成）・右衛門督（藤原実成）、左衛門陣に参着せらる。少納言無きにより退出せらるべきの由と云々。仍て左大弁、史（津守）致任を以て上卿に申さる。「諸国催し申すにより、早く南所に申すべきの文等その数あり。しかるに少納言無きにより御出すべきの由と云々。これを如何せん」てへり。御返事に云はく、「庁に着き結ね申さしむるの後、南所に着くべし」てへり。頃之召使、戸を引く。上卿、庁に着く。官掌申して云はく、「申文」と。大夫史（但波）奉親云はく、「申文無し」と。官掌、外記の方に行き、申文無き由を申して本座に帰る。外記、庁に進み申して云はく、「大粫火の司（＝弁官）申し給ふ政無し。印を給はらんと欲するに、少納言遅く参来」と。即ち帰り入る。次に奉親、南申文を結ぬ。次に官掌、「上御出」と云ひし後、大弁以下次第に南所に着く。余、大舎人を召す。次事了りて別して陣に参る。官奏あり。余候ふ。次に右衛門督、左仗において申文を行なはる。晩に及びて各退出す。

まず解釈の前提として、当時の太政官の政務を略述しておく。太政官の政務の中心は内裏の東、外記庁で行なわれた「外記政」である。外記政は二つの要素からなっていた。一つは諸司・諸国の上申を決裁する「庁申文」、もう一つは施行文書に太政官印を捺す「外印請印」である。ともに上卿(中納言以上)がこれを聴く。申文の準備作業としては、弁官が「結政」(文書の閲覧・確認)を行なった。さて外記政が終わると、上卿・参議・少納言・弁は外記庁の南隣に建つ侍従所(南所)に移り、そこで食事をする。南所申文と言って、この食事の際にも申文がなされることが多かった。食事の後、公卿は参内する。内裏では公卿は陣座(紫宸殿東北廊)に控える。時には陣座で申文が行なわれることもあり(陣申文)、また諸司・諸国の申請を天皇に上奏したり(官奏)、天皇の諮問をうけて公卿会議が開かれることもあった(陣定)。

この日の『左経記』では、右の政務のうち、陣定以外のすべてが登場する。それによれば、左衛門陣(建春門、外記政までの公卿の詰所)に着いた二人の上卿は、少納言がいないのを理由に、外記政を開かずにそのまま参内しようとした。少納言は申文にも請印にも関与する、外記政に欠かせない人員であり、不在であれば外記政は成り立たない。上卿の判断は妥当なものであった。ところが左大弁が申し出る。何人もの受領が催促していますから、南所申文を行ないたいと存じます。上卿に退出されては困ります、と。そこで上卿はある解決策を示し、それに沿った形で外記政、さらに南所申文と食事が行なわれた(配膳役の大舎人が見える)。参内後はこれも年末とて、受領の交替に差し障りがないように、官奏と陣申文が続けて行なわれ、左少弁経頼が多忙をきわめた一日は終わった。

さて、この記事で興味深いのは、上卿が提示した解決策である。上卿は外記庁に着き、南所申文を結ねさせると言っている。それは具体的には、少納言が欠席していない形にすることであった。つまり、不参ではなく遅参扱いとし、それによって外記政を成立させ、南所申文を可能としたのである。外記政の儀に異例がある場合、「法申」といって外記が報告する作法があるが、この日は、①申文を行なわない、②請印したいが少納言が遅参している、の二点を法申している（法申の詞については『西宮記』巻一、外記政や『権記』長保四年（一〇〇二）四月九日条を参照）。この報告を受けて、「遅刻した」少納言を待つ間に、南所申文のための結文（文書確認）が行なわれることになった。ふだんであれば南所申文の結文は外記政に並行して行なわれるが（庁申文の前と請印の後）、この日は庁申文も請印もなかったから、結局は結文だけのために外記政が開かれたことになる。やがて「少納言を待ちかねた」上卿は南所に移動し、官掌からその連絡を受けた弁官も同じく南所に着き、申文と食事が行なわれた。

われわれはこの『左経記』の一条から、南所申文の性格について有益な示唆を受ける。本条から見れば、南所申文は外記政と不可分一体の政務であった。外記政無くして南所申文無し、が大原則らしいのである。では何故そうなのか。それは外記政の間に結文が行なわれるからという、表面的な理由にもとづくものではあるまい。根本にあるのは、政務と食事の緊密な関係であろう。緊張した政務の後に、ややうちとけた雰囲気で食事が行なわれる。食事の際には軽い言談も許されていたといい、こうした中で官司の共同性、人的一体性が保たれていたと考えられる。南所の食事には「侍従所」ゆえの制約があったが、政務と食事の関係は、太政官以外の諸司でも基本的には同様であったろう。このように外記局での「政」と南所での食事は、場所こそ違え、実はひと続きの儀式なのであり、後者に申文が割り込んだのが南所申文だったと見られるのである。それゆえ、外記政が開かれなければ食事もなく、それにともなう南所申文も行なえないのであった。さらに言えば、右の記事では、受領の解文が南所申文の形で上申されることが述べられており、外記政の庁申文は無視されている。これは庁申文が形式化して特定の案件のみを扱うようになったためであり、本来は便法であったはずの南所申文が主要な政務と化しているのである。つまり、南所申文は庁申文から分化・発展したものと言うべきであり、ここにも外記政と南所申文の不可分性が確認できる。南所申文の成立・発展の理由や、もう一つの申文＝陣申文との関係についてはさらに考究を要するが、右の点を認識しておくことはあながち無駄ではあるまい。

寛仁三年十二月七日、南所申文開催のための解決策を示した上卿の一人は、藤原行成である。この日の行成らの対処は、政務の形式を壊さずに受領のさしせまった要請に応えた、見事なものであった。左少弁として直接それを見聞した経頼も、恐らくは深く感じ入り、後々の参考とするため自分の日記に詳しく書き記したのであろう。実は『左経記』には、儀式作法についての行成の意見を書き留めた部分がいくつもある。藤原行成が『権記』の記主であり、『権記』もまた太政官の政務を知るうえでのよき史料であることはすでに述べたが、行成は経頼の公卿学の師とも言うべき存在であり、その説は経頼に深い影響を与えたのである。経頼が行成の女を妻に迎えたことも、二人の関係を密にしたことであろう。行成の死後、遺された彼の蔵書に関与している経頼の姿は印象深い（『左経記』万寿五年〈一〇二八〉二月二日・十六日条）。

経頼の公卿学のもう一つの源泉は、『西宮記』であった。『西宮記』は言うまでもなく源高明の著した儀式書であるが、同じ源氏ということもあってか、経頼はその説に高い権威を認め、研究に余念がなかった。やがて彼の研鑽は『青縹書』（西宮抄勘物）として結実し、そこに盛られた膨大な先例は『西宮記』に新たな命を吹き込んだのである。

しかし、行成にも高明にもまして経頼の師となったのは、やはり現実の政務・儀式そのものではなかったか。朝廷の職務を謹直にこなしていくうちに経験を積み、実務派官人としての力量を備え、公事に関する見識を身につけていく。そうした日々の記録が、『左経記』なのであった。したがって、『左経記』を子細に読みとくことは、経頼の職務を追体験することであり、また彼の公卿学の生成を目にすることでもある。平安後期、朝儀に深い関心をよせた藤原頼長、中山忠親といった人々は、『左経記』に自らの拠り所を求めた。われわれも古代の政治制度を深く知るためには、経頼の経験を正しく読み取り、彼の生きた世界をリアルに認識しようとつとめねばならない。いくら頑張ったところで経頼には遠く及ばず、得られた知見は彼から見れば未熟の至りであるにしても。

＊『左経記』および源経頼に関する先行研究としては、清水潔『類聚符宣抄の研究』（国書刊行会、一九八二年）が最も詳細で、本稿も依拠する点が多かった。

第四章　上宣制の成立

序

律令国家の行政命令の多くは、その器として太政官符という文書様式を用いていた。太政官符は遅くとも大宝公式令には規定があったが、しかし後世に継承される様式が確立したのは八世紀後半のことである。それは例えば次のようなものであった。(1)

【史料①】

太政官符　民部省

収献四天王寺田応班給位田并百姓口分田事

合田一百七十町　夾名帳一巻

右、得播磨国解偁、「依太政官去神護景雲三年六月十五日符、献入四天王寺田替、収入々位田、班給百姓口分」者。被右大臣宣偁、「奉　勅、宜遣彼国守正四位下佐伯宿祢今毛人、令班給」者。省宜承知、依　勅施行。符到奉行。

従五位下守左少弁小野朝臣石根　　左大史正六位上会賀臣真綱

宝亀四年二月十一日

この文書では、右大臣が勅裁を奉じ、それを弁官に宣して太政官符を作成・発給させたことが文面から明らかである。このような議政官の宣を「上宣」と称し、奉勅のものと非奉勅のものがあったことは周知のところであろう。上宣を官符に引くことは八世紀後半から一般化し、平安時代になると宣旨や官宣旨にも適用され、永く太政官発給文書の原則となった。本稿では、上宣を太政官発給文書に明記する制度を「上宣制」と呼びたいと思う。

上宣制については、これまでにも数多くの検討がなされてきた。その端緒となったのは、土田直鎮の研究である。土田は、上宣制を「公事を奉行する行事の上卿」の制度の一環と考え、それが太政官の「政（多くは外記政）」と密接な関係を有することを論じ、「官符や官宣旨を下す上卿」（いわゆる「宣者」）について次の三原則を見出した。(2)

（一）参議は官符及び官宣旨を下す権限を持たない。

（二）官符・官宣旨の命令内容が、即ちそれを下した上卿個人の意志や政策を表したものとは認められない。

（三）官符や官宣旨を下す上卿は、政務に練達した一部の公卿に集中する傾向がある。

さらに土田は一〇世紀初頭までの宣者の変遷を検討して、右の所論を裏付けるとともに、それが「平安時代初期の政情分析に関する一資料」たり得ることを示した。(3)このように土田の上宣制論は、①政務との関連、②宣者の変遷、という二本柱から成っていた。

もっとも、上宣制がいつ・なぜ成立したかという点については、土田は何も述べるところがなかった。そこで以後の研究は、土田説を共通基盤として考察を深めつつ、この問題についても論及することになる。特筆すべきは、早川庄八と森田悌の研究である。早川は宣者の変遷をさらに綿密に追究し、それを政治史解釈に連結させ、八世紀後半における議政官組織の没落を論じた。(4)一方、森田は奏請を中心とする太政官政務を詳しく分析し、そこから太政官発給文書の様式を説明した。(5)ところが上宣制の成立時期に関しては、早川は八世紀後期の光仁朝、森田は律令制当初から、と大きく判断を異にしている。両者は土田の二つの視角をそれぞれに発展させたのだが、方法の違いが結論の違いをもたらしたことは、林陸朗・早川万年・坂上康俊の研究を見ても明らかであろう。(6)一方、上宣制の成立要因については、政務手続の明記(早川庄八・森田悌)、奏宣官重視の明確化(坂上康俊)、口頭伝達による政務処理の反映(早川万年)などと評価は様々だが、弁官機能の確立との関連を論じる早川庄八を除けば、太政官政務本来の特質が顕現し、言わば上宣が「示されるべくして示された」とする考え方が大勢を占めているように思われる。

しかし、これらの見解にはなお従い難い点が多い。とりわけ問題なのは、八世紀の文書の実例分析に比べて、同時期の太政官政務に関する検討が手薄なことである。むろん困難は大きいのだが、土田が示した二つの視角を統合するためには、文書と政務を同レベルの精度で分析し、突き合わせることがどうしても必要である。こうした方法的課題に取り組み、上宣制成立の過程と要因について新たな認識を得ること、それが本稿の目的である。

1　太政官政務と上宣

本節では、上宣がいかなる太政官政務において下されたかを論じ、その歴史的変遷を述べることによって、上宣制の成立時期を考えたい。(7)

(一)　一〇世紀の政務と上宣（その一）

まず、一〇世紀における太政官政務と上宣の関係を検討する。『西宮記』には一〇世紀中期の太政官政務が詳述されているが、上宣に関しては次の記事が最も参考になる。(8)

【史料②】

一、官奏。…。有摂政之時、弁於摂政亭・宿所等申之。准御前儀。作官符之時、引本申文上卿宣。安和天皇御悩間、左大臣直下奏文。…

官奏は通常であれば上卿自らが天皇に奏上したが（御前儀）、摂政が置かれている時には奏者弁が摂政に奏し、その決裁を受けた（摂政儀）。史料②の割注によれば、摂政の決裁を施行する際には、「モト申文セル上卿ノ宣」を官符に引用したという。この短い特例記事から、上宣一般について明確な認識を得ることができる。

第一に、通常の官奏ではかかる特例をとらず、官奏を奏した上卿の奉勅宣が太政官符に引かれたと考えられること。御前で勅裁を承った上卿は、陣座に戻ってこれを史に伝宣した。史は「奏報」に上卿の名と決裁内容を記録し、これを基に奉勅上宣官符を作成したと考えられる。ところが摂政儀では、摂政は天皇に代わる決裁主体（勅の発出主体）であるから、史に伝宣する上卿がいない。そこで便法として、当該案件を官奏に入れるよう命じた南所申文（または陣申文）の上卿(9)の奉勅宣という形で、摂政の決裁を官符に引いたのである。摂政儀では奏報にも上奏者＝伝宣者の名は記されなかった。(10)

第二に、勅裁を仰ぐに及ばない軽微な案件は申文＝公卿聴政で決裁し、その上卿の宣が官符に示されたと考えられること。一〇世紀には外記政の庁申文は形骸化し、南所申文と陣申文が実質的に機能していた。申文の上卿と決裁内容は、史によって「南所（陣）申文目録」に記録され、さらに太政官符に非奉勅上宣として引かれたと考えられる。史料②に見える便法としての奉勅上宣を可能としたのは、このような申文の記録であったが、それは本来的には非奉勅上宣を書きとめ、官符発給の基盤となっていたのである。

以上要するに、一〇世紀には通常の場合、
（イ）①官奏を行なった上卿の伝宣・②南所(陣)中文を聴いた上卿の決裁を、
（ロ）①奏報・②南所(陣)中文目録という形で史が記録し、
（ハ）①奉勅上宣・②非奉勅上宣として官符の文面に示した、
と判断される。これが諸司諸国の上申案件を天皇・議政官が決裁し、その結果が上宣として官符に明示される過程である。官奏と南所(陣)中文はともに「申文剌文」形態の政務であり、一〇世紀中期頃まで日常的かつ実質的な政務として運用されていたから[11]、上宣の多くはこうした局面において発せられたものと考えられる。

㈡　一〇世紀の政務と上宣（その二）

一〇世紀の上宣は、より簡略な手続きで発せられることもあった。その典型として、陣座・床子座における下宣旨を検討したい。

天皇の意向が宣旨として弁官に下されるには、三段階の政務を必要とした[12]。

第一段、天皇から上卿への伝宣。陣座の上卿のもとに蔵人が参って宣旨を捧呈し、「宣旨ノリタマヘ」と仰す。この「宣旨」とは解文・名簿等の上申文書に天皇の意志が付着したものであるが[13]、上申を契機としない勅命発出の場合は、文書実体をもたずに口頭命令にとどまったと推測される。

第二段、上卿から弁への宣。上卿は弁を陣に召して宣旨を給い、「宣旨ノ詞」を仰す。第一段の伝宣者が蔵人弁や殿上弁の場合、同一人物が改めて上宣を奉ずることになる。

第三段、弁から史への宣。弁は敷政門外の床子座に就き、史を召して宣旨を給う。仰詞を仰せ終わると、史が

「上(カミ)」と問うので、弁は上卿の名を告げた。

史へはこのように宣旨が下されたが、下外記宣旨の場合は、直接外記を陣に召して仰せたものであろう。勅意によらない宣旨ではもちろん第一段を省き、上卿の意志が非奉勅宣旨として史や外記に伝えられたと考えられる。いずれにしても宣旨は、上宣という形で史・外記が奉ずることになる。彼らは上申文書に付着した命令ならば文書の奥に、そうでなければ新しい一紙に、上卿の名(史なら伝宣した弁の名も)と仰せの内容を書きとめた。これが通常目にする「宣旨書」である。(14)宣旨書は単なる記録ではなく、証書や請文としても機能したと考えられるが、弁官の場合はここからさらに太政官符や官宣旨に作り成すのが原則であった。なお、下宣旨も基本的に「中文刺文」形態の政務である。

陣座や床子座の利用は一〇世紀になって本格化したようだが、それ以前からも上宣は簡便な形で発されていた。例えば、官奏の場で天皇が「雑宣旨」を下すことがあったが、これを上卿が史・外記に宣下したことは当然想定できるし、結政において大弁が史に「雑事」を仰せたというのも上宣伝達と解し得る。(15)ともに必ずしも諸司諸国の上申を契機としない上宣であったと考えられるが、このように官奏―南所申文―結政という正式の政務に組み込まれた形で、簡略な奉勅・非奉勅上宣が下されていたのである。

やがて官奏と南所(陣)申文が衰退し、これと反比例して公卿別当制や行事上卿制が発達すると、受領功過定に関わる案件以外は概ね簡便な手続きで処理されるようになった。上卿が私第において勅を受ける、宣する、あるいは書状で上宣を伝達するなど、方法も多様化していく。一〇・一一世紀の古記録に頻出する蔵人・殿上人の伝宣行為はかくして浮上し、中世に受け継がれていったのである。(16)従って、規範的な太政官政務が維持された一〇世紀中期頃までは、蔵人・殿上人の奏宣機能を余りに過大評価してはならない。

㈢　八・九世紀の政務と上宣

一〇世紀中期までは、上宣の多くが官奏―南所(陣)申文という太政官政務の場で発され、九世紀にはそれがさらに顕著であったという私見が正しいとすれば、官符・宣旨に見える宣者はこれらの政務を主宰した上卿と一致するはずである。八・九世紀の宣者についてそれを検証したいと考えるが、その前提として、当時の太政官政務において誰が主宰上卿となったかを確認しておかねばならない。

まず南所申文について。南所申文は外記政と一連の政務であったから、その上卿は外記政の上卿と同一人であった。外記政の上卿は「日上」、即ち当日外記庁に出仕した公卿の上首がつとめるのを原則としたので[17]、南所申文の上卿は同じく日上だったと判断してよい。ただし、日上制は承和三年(八三六)四月二十七日宣旨[18]によって創始されたと考えられ、それ以前には公卿全員(仮文を出した者を除く)が参会するまで待つ習慣であったらしい。つまり承和三年四月までは筆頭公卿が外記政―南所申文の上卿となるのが原則であり、不都合があった場合のみ仮文を出して次位の者に譲ったと推測される。なお陣申文は一〇世紀前期に南所申文から分化・発達した政務であるが、日上制との関連は見出されず、陣座に参った最上位の公卿がこれを聴いたものと考えられる。

次に官奏であるが、これについてはやや詳しく検討しておく必要がある。

一〇世紀の官奏には、天皇の指名を受けた大納言以上が奏するという原則があった。これを官奏候侍制と呼び、寛平九年(八九七)七月に創始された[19]。『菅家文草』巻九、「上太上天皇請令諸納言等共参外記状」などによれば、宇多天皇は譲位に際して官奏候侍者を藤原時平と菅原道真とに限定し、官奏の場で新帝醍醐の教導に当たらせた。官奏を奏する人物は、助言や諫言という形で天皇の意志形成に容喙し得たのであり、その職責の大きさが知られる。なお、時平・道真は自ら官奏を行なったのであるから、官奏文を事前審査する内覧に任じられたという『公卿補任』以来の通念は、全くの誤りであろう。

候侍制以前の官奏の上卿については、次の史料[20]が貴重な知見をもたらす。

【史料③】

寛平四年四月廿六日、中納言已上当日上、官奏之後触史、書出奏報覧大臣云々。又申大弁云々。

これは官奏に日上制が導入されたことを示す史料と推断される。[21]割注部分はもともと本文だった可能性があり、奏報制度の整備を命じた史料とも読めるが、その場合も日上制と連動した施策と見れば同じことである。要するに、外記政—南所申文の上卿がそのまま官奏を行なうことを定めた法令と考えられ、同年五月十日に大納言源能有が「先例無此事」という官奏を行なったのも、③に則った行為だったのであろう。[22]こうした制度があったからこそ、五年後に時平・道真が官奏候侍者に指名されたとき、他の公卿はそれと連動した外記政の上卿となるのを無用のこととし、出仕を見合わせたのではあるまいか。

それでは、日上制以前の官奏はどのようなものであったか。外記政の日上制から類推するなら、外記政の刻限までに出仕するしないにかかわらず、当日の仮文を出していない最上位の公卿、従って原則として筆頭公卿が官奏を行なう慣例であったと考えられる。筆頭公卿が仮文を出して職務を委任しない限り、彼が参内するまで官奏が遅延することもあったであろう。こうして承和三年以降、外記政と官奏の上卿が別人である可能性が生まれたのだが、天皇聴政の迅速化を図ってであろうか、寛平四年、上位公卿の参内を配慮せず、外記政—南所申文の上卿にそのまま官奏を行なわせるようにしたものと推測される。[23]

論がいささか煩瑣にわたったが、以上の考察をまとめると次のようになる。

承和三年四月まで　官奏・南所申文とも原則として筆頭公卿
承和三年四月制　官奏は原則として筆頭公卿、南所申文は日上
寛平四年四月制　官奏・南所申文とも日上
寛平九年七月制　官奏は指名候侍者、南所申文は日上

『弘仁式』太政官には「凡庶務申太政官、若大臣不在者、申中納言以上。其事重者、臨時奏裁。自余准例処分」という規定があり、そのまま『延喜式』に継承されるが、この「中納言以上」＝上卿は右のようにやや複雑な変遷をたどったと考えられるのである。(24)

(四)　宣者の変遷

次に太政官符・宣旨の宣者の変遷を概観する。既に土田直鎮・早川庄八・林陸朗によって詳細な検討がなされているので、(25)それらを要約しつつ若干の補説を行ないたい。

【天平宝字八年(七六四)まで】　上宣の初見史料は天平十年(七三八)十月七日太政官符で、宣者は右大臣橘諸兄である。それからしばらく上宣は姿を消すが、天平勝宝年間(七四九〜七五七)には官符に大納言藤原仲麻呂の宣が五例現れる。(26)ところが天平宝字年間になると再び上宣は消滅し、仲麻呂専権期には全く目にすることができない。

※上宣はまだ安定していない。諸兄の宣は全くの孤例と言うべきであるし、仲麻呂の宣も、彼が紫微令であったことを十分考慮に入れる必要があろう。

【天平宝字八年(七六四)〜天応元年(七八一)】　仲麻呂が敗死すると、その直後の天平宝字八年十一月から上宣が復活し、ここから間断なく続いていく。翌天平神護元年(七六五)まで大納言藤原永手のみが宣するが、天平神護二

年～神護景雲三年（七六九）には右大臣（～左大臣）藤原永手・大納言（～右大臣）吉備真備の二宣者制が成立する。これは宝亀二年（七七一）～八年の右大臣大中臣清麻呂・内臣藤原良継、その後天応元年までの右大臣大中臣清麻呂・内大臣藤原魚名による二宣者制へと継承されていった。

※仲麻呂乱後の過渡期を経て、二宣者制が一五年ほど続く。称徳朝の宣者は〈右大臣―大納言〉か〈左大臣―右大臣〉であったが、宝亀年間に入ると〈右大臣―内(大)臣〉体制がとられたことが特徴的である。

【天応元年（七八一）～天長三年（八二六）】　右大臣清麻呂が致仕すると、藤原魚名のみが左大臣として宣する。この単独宣者制は延暦年間（七八二～八〇六）に受け継がれ、若干の例外はあるが、大納言（～右大臣）藤原是公、右大臣藤原継縄、大納言紀古佐美、大納言（～右大臣）神王が、順に宣者として現われる。大同元年（八〇六）～弘仁三年（八一二）の右大臣内麻呂、弘仁三年～九年の大納言（～右大臣）藤原園人、弘仁九年～天長三年（八二六）の大納言（～左大臣）藤原冬嗣もほぼ同様である。

※土田の言うように、「太政官の筆頭者が圧倒的多数を宣下し、次位者がまま代行する」状況が顕著である。なお、早川は弘仁四年正月二十八日宣旨から中納言宣の出現を説くが、失考だろう。中納言宣は早く壱志野王の例があり、また弘仁四年・五年の中納言宣は、右大臣が自らの建議に対する勅裁宣下を回避したものである。[27]

【天長三年（八二六）～斉衡三年（八五六）】　藤原冬嗣の薨後、右大臣藤原緒嗣が筆頭公卿となるが、彼の宣は全く見えず、中納言（～大納言）良岑安世・中納言（～権大納言）清原夏野の二宣者制となる。その後の変遷は、

天長七年（八三〇）～十年　　権大納言（～右大臣）夏野の単独宣者制

承和元年（八三四）～四年　　右大臣夏野・大納言藤原三守の二宣者制

承和五年（八三八）～七年　　右大臣三守の単独宣者制
承和七年～嘉祥元年（八四八）　大納言（～左大臣）源常・権中納言（～右大臣）藤原良房の二宣者制
嘉祥二年～斉衡三年（八五六）　右大臣良房の単独宣者制

と概括される。なお良房は、承和二年（権中納言時代）から早くも宣者として出現する。

※土田は「太政官の筆頭者が必ずしも多数の官符を宣下していない」としたが、良房の宣を除けば、単独宣者制と二宣者制が交互にとられた時期と認められる。緒嗣の宣がないのは、彼が実務に関与しなかったためである。[28]良房は中納言末席の時代から宣を発したが、天安元年（八五七）に太政大臣になると姿を消した。[29]

これ以後も、藤原基経の早期台頭、官奏候侍制の宣者への反映などといった事象は見られるが、宣者は基本的に同じようなパターンで推移した。早川庄八は二宣者制、林陸朗は単独宣者制に注目して上宣制の成立を論じたが、[30]むしろいずれの形態でも取り得たことを重視するべきではなかろうか。また、良房・基経が上位公卿をさしおいて宣者となり得たメカニズムを、制度面から説明することも必要かと思われる。

(五)　上宣制の成立過程

ここまでの考察を基礎にして、政務と文書を突き合わせることにしたい。(四)で概観した宣者の変遷は、太政官政務によってうまく説明し得るであろうか。

まず、二宣者制と単独宣者制の交替について。これは一見、二つの方式があったかのようであるが、実はそうではない。宣者の官職を注視するなら、二宣者制とは筆頭公卿と次位公卿が主として宣者になる体制、単独宣者制とは筆頭公卿が大多数の宣を発する体制であることが知られ、筆頭公卿の宣を基本とする点では、両者に差はないと考えられるからである。筆頭公卿の政治的立場・力量・意欲、あるいは健康状態などによって、ほとんどの場合に筆頭公卿が宣するか、ある程度を次位者(時には次々位者以下にも)に譲るかが選択され、それが二つの方式として現象しているのであろう。その意味では、二宣者制か単独宣者制かは、少なくとも筆頭公卿の専権度をはかる指標にはなる筈である。(31)

ただし、これには例外的な時期があった。第一に、筆頭公卿が致仕・籠居・病気などで政務を執らなかった時期である。㈣で取り上げた期間で言えば、左大臣藤原緒嗣がしばしば辞表を提出し、朝廷に出仕しなかった天長三年(八二六)～承和十年(八四三)がこれに当たる。こうした時期には、次位公卿が事実上の筆頭公卿、次々位公卿が事実上の次位公卿となり、彼らによる二宣者制・単独宣者制が見られるのであるが、本来の筆頭公卿が宣者を委任したと見るなら、「筆頭公卿の宣を基本とする」原則は崩されていないと言うべきであろう。第二に、天平勝宝年間(七四九～七五七)および天平宝字八年(七六四)～天平神護元年(七六五)、すなわち上宣の出現期である。この時期には筆頭公卿でなく、次位以下の大納言による単独宣者制が見られるが、これは上宣の成立そのものに関わる現象と考えられるので、後に論及することにする。

宣者の変遷をこのように理解するとき、それが太政官政務の上卿のあり方とよく符合することは、もはや明らかであろう。日上制以前には、官奏も南所申文も筆頭公卿がそれぞれの上卿をつとめるのが原則であり、不都合があれば仮文を提出して次位公卿以下にそれを譲った。この委任がほとんど行なわれなければ単独宣者制、しばしば行なわれれば二宣者制、恒常化すれば緒嗣のような事態になったと考えられ、繰り返しになるが、それは筆頭公卿の政治的立場・力量・意欲や健康状態によって左右されたと推測されるのである。

日上制についても、こうした観点から理解されるところがある。承和三年(八三六)四月、外記政に日上制が導入されたのは、前年から権中納言藤原良房の宣が見え始めることと関係するように思われるのである。中納言最末席の良房が宣したのは、上位公卿六人をさしおいて官奏や南所申文の上卿をつとめたことを意味するが、具体的に想像するなら、権臣良房の登場により他公卿が遠慮するか、或いは意欲を失って、外記庁への出仕を控えたため、時おり良房にも主宰上卿がまわってきたのであろう。しかしこうした状況により、すでに目立ち始めていた公卿の不参・遅参がさらに増加し、外記政開催に支障をきたすことになったため、厳密な刻限制＝日上制が採用されたと推考されるのである。藤原基経がその台頭期にしばしば宣者となった際にも、太政官政務において同様の事態が発生したと考えられる。(32)

とすれば、一〇世紀の太政官政務と上宣の関係は、基本的に八・九世紀まで遡上させても問題ないということになる。それではそれはいつ成立したか。

「筆頭公卿の宣を基本とする」という点に注目するなら、この原則は天平神護二年から連続している。天平勝宝年間の宣者藤原仲麻呂は、紫微令兼大納言であって筆頭公卿ではなかったし、天平勝宝九歳に彼が筆頭公卿になると上宣は見られなくなる。さらに天平宝字八年〜天平神護元年の宣者藤原永手は大納言で、その上位には右大臣藤原豊成と大臣禅師道鏡がいた。天平神護元年閏十月に道鏡が太政大臣禅師に昇り、翌十一月に豊成が薨ずると、永手はついに筆頭公卿となり、(33)二年正月には右大臣に任じられたのである。従って、平安時代の政務と上宣の関係は、天平神護二年初頭には認めることができるであろう。(34)ただし、仲麻呂の乱以後、還任右大臣の豊成と僧侶である道鏡がどれほど太政官政務に関与したかは、ほとんどわからない。両者が全く太政官政務を執らず、乱直後から永手が事実上の筆頭公卿であった可能性も否定できないのであり、その場合には上宣制の成立は天平宝字八年末ということになる。少なくとも永手の宣は、八年十一月から連続している。本稿ではこうした観点から、若干の幅をとって、上宣制の成立を称徳朝初年に求めたいと考える。

(六)　上宣制成立の要因

最後に、上宣制がなぜ生まれたかについて、ごく一般的な推論を行なっておきたい。

孝謙朝（七四九～七五八）の藤原仲麻呂の宣と、称徳朝（七六四～七七〇）の藤原永手の宣を比較するとき、そこには筆頭公卿の宣であるか否かという違いを見出すことができる。同じく上宣を明記しても、その意味には原理的な転換があったように思われる。

そもそも上宣制では何故、上卿の宣が明記されたのであろうか。恐らくそれは、上宣と結びついた太政官政務の作法＝「申文刺文」と関係があると考えられる。別稿で述べたように[35]、伝統的な「読申公文」形態の庁申文では、参会者が同等に案件内容を知り得たのに対し、「申文刺文」形態の南所申文・陣申文では、主宰上卿だけが他公卿の知り得ない詳しい案件内容を把握し、決裁した。上奏でもそれは同様であった。旧来の太政官奏（読申公文形態）では公卿全員の署名が据えられ内容が周知されたが、官奏（申文刺文形態）においては主宰上卿が単独で解文を覧じ、奏し、宣した。しかも官奏候侍制で確認したように、官奏の上卿は自らの意志を勅裁に反映させ得たのに対し、他公卿は何ら関与できなかったのである。このように主宰上卿（原則として筆頭公卿）が国家意志の形成・表明という局面において特権的職能を行使し、他公卿にない重い責任を担ったからこそ、申文刺文形態の政務では誰が上卿であったかに重大な意味が認められ、決裁記録（申文目録・奏報）や施行文書（太政官符・宣旨）にその名が明示されたと考えられるのではないだろうか。言わば、議政官組織の共同責任から一歩踏み出した立場に立ったが故に、筆頭公卿（またはその権限を委譲された次位以下の公卿）は記録・文書の文面に姿を現すことになったのである。また以上のように理解するなら、一〇世紀の庁申文が上宣制と関係していなかったのも、庁申文が形骸化していたためではなく、「読申公文」作法が本来的に上宣制になじまないものであったからだと考えられよう。

藤原仲麻呂の宣の意味も、ここから演繹して考えることができる。彼は恐らく紫微令として勅を伝えたと考えられるが、それを官符に作りなして施行する際には、議政官の一員である大納言として弁官に下命したと見るのが自然であろう。ところが、それは上級公卿をさしおいた、議政官全体の意を体さないものであったため、特に責任者として名が記されたと推測されるのである。むろんそれにより議政官組織が「骨抜き」[36]にされるようなことはなく、だからこそ仲麻呂は専権確立とともに議政官に拠点を移したのであるし、今度はその共同性を総括・領導していったため、彼の宣は消滅したのであろう。

称徳朝になって筆頭公卿の宣が現れた要因としては、このように申文刺文形態の太政官政務（官奏および朝所申文（私が想定する南所申文の前身形態））の存在を考えることができる。ただ今の段階では、まさに称徳朝初年の時点で申文刺文が成立した、と断定することは困難である。別稿では申文刺文が八世紀後半に遡ると推測したが、始期を絞り込むことはできなかった。だから、申文刺文はもう少し前―例えば仲麻呂の時代―から行なわれていたが、称徳朝初年にそれを文書に明記する方式が確立した、と見ることも可能なのである。むろん律令制初期に遡るようなことはまず考えられないが、若干の時間のずれはあったかも知れない。この点については、次節でもう一度論じたいと思う。

ただ、一つ確実に言えそうなことがある。いずれにせよ上宣制は新しい政務形態が文書様式に反映したものと考えられるから、その成立の原因は申文刺文と同じく、八世紀前半における「諸司諸国における文書行政の進展、その複雑化・大量化」に求めるべきだということである。従って、「口頭伝達による伝統的政務処理の形が律令官僚機構の中での行政文書に反映していった結果[37]」などという評価には、とうてい従うことができない。

2　公式令文書体系の再編

上宣制の成立は、公式令に規定された文書体系の再編をもたらしたと思われる。本節では、太政官奏を主な分析対象としてこの再編の様相を明らかにし、さらに進んで上宣制成立の直接的な要因を推測することにする。

(一)　太政官奏の変化

『類聚三代格』等に収められた太政官奏を年代順に並べてみると、顕著な特色を見出すことができる。それは太政官奏に付される天皇の裁可文言が、八世紀後期に一変するという事実である。

八・九世紀の太政官奏のうち、裁可文言が判明するものは、表13のとおりである。まず大勢として、八世紀の「奉勅」形式から九世紀の御画聞(「聞」)形式へ、という変化が確認できよう。八世紀にもNo.10のような御画聞形式(No.3もこれに準ずる)、九世紀にも天皇代替り前後にNo.38・39・48のような「奉勅」形式の太政官奏はあるが、数量的に見て、あくまで例外と考えるべきであろう。次に変化の画期に注目するなら、八世紀の「奉勅」形式は天平宝字三年(七五九)まで連続し、九世紀の御画聞形式は延暦八年(七八九)から連続している。ただし神護景雲年間(七六七〜七七〇)にはまだ「奉勅」形式が主流だった可能性が強く[38]、その後延暦初年までの移行期を経て、長岡宮段階で御画聞形式が確立したものと見られる。

従来、こうした事実はほとんど注目されてこなかった(39)。それ故、八世紀の「奉勅」形式は奏事の実例、九世紀の御画聞形式は論奏の実例として扱われるのが普通であった(40)。確かに御画聞形式の太政官奏には論奏と呼ばれたものが七例あり、「奉勅」形式にはそれが一例もない。しかし、だからと言って、八世紀中期まで論奏がほとんど行なわれなかったと考えるのは、やはり無理であろう。八世紀の太政官奏の内容は、ほとんどが「律令外応論」（大宝公式令論事奏式条）または「律令外議応奏」（養老公式令論奏式条）と見てよいものであり、格となるような重大案件であることからしても、それらが論奏でないとすれば余りに不自然だからである。従って、八世紀中期までは論奏と奏事とを問わず、太政官奏には「奉勅」形式の裁可文言が記されていたが、そうした慣例が八世紀後期に変更され、御画聞形式が普通になったと考えるのが穏当であろう。

㈡　奏抄と太政官三奏

太政官奏の裁可文言は、なぜ変化したのだろうか。この問題を考えるためには、やや迂遠ではあるが、そもそも太政官奏とは如何なるものであったかを知っておく必要がある。そこでまず、公式令に規定された太政官奏について基礎的な事実を確認しておきたい。

公式令太政官奏（論奏・奏事・便奏）については、これまで様々な考察が試みられてきた(41)。研究史の焦点は論奏にあったが、裁可文言について考えるのなら、三つの太政官奏の書式をそれぞれに分析しなければならない。その際には、唐公式令の継受という観点が不可欠であるが、まず結論から述べれば、太政官奏三種の藍本となったのはすべて唐の奏抄であったと考えられる。

唐永徽公式令の奏抄式は次のように復原される(42)。

表13　八・九世紀の太政官奏裁可文言

No.	年月日	内容	裁可文言	出典	格抄頁・御画聞	他出典	備考
1	和銅四年五月七日	(帳内資人選叙事)	(奉勅…か)	抄一〇	一〇・無	続紀五月辛亥条	
2	霊亀二年五月一七日	〔応講師衆僧及国司檀越対勘寺家田園雑物事〕	奉勅依奏	格一一六	一六・無	要三九八	
3	養老三年七月一九日	按察使訪察事条事	聞	格二八五	六・有		太政官奏ではない
4	養老五年六月一〇日	〔按察使記事禄施事〕	奉勅…	格二二二	一一・無		
5	養老五年六月一〇日	按察使并記事給職田及仕丁事	奉勅依奏	格四八二	二五・無		
6	養老六年二月二三日	停止位袋事	奉勅依奏	集七四〇			意見→勅旨→太政官奏
7	養老六年七月一〇日	(禁制僧尼巧説罪福事)	奉勅依奏	格一三七	一六・無		
8	養老六年八月二九日	(向京国司聴乗駅事)	奉勅依奏	格五七九	三一・無		
9	神亀五年三月二八日	内外五位不合同等事	奉勅…	格二二八	七・無		
10	天平二年三月二七日	(定文章博士官位事)	聞	抄一二	一二・有		格二二三に引用あり
11	天平三年四月二七日	(国司出挙之日不須長頭一人専当事)	奉勅依奏	交二一七			格四一六に引用あり
12	天平三年一一月一日	(武官医師使部等考選事)	(奉勅…か)	抄二八	二八・無	続紀十一月丁未条	
13	天平六年一一月二〇日	応令度者闇誦法華最勝両経事	奉勅依奏	格七五	一六・無		
14	天平八年一一月一一日	国司借貸大税事	(奉勅依奏)	交六・三二一			申、太政官奏ではない
15	天平九年三月一〇日	請抽出元興寺摂大乗論門徒一依常例住持興福寺事	奉勅依奏	格五五	一五・無		申
16	天平一八年一二月一五日	諸国軍毅兵士事	奉勅依奏	格五四三	三一・無		
17	勝宝六年一〇月一四日	禁断双六事	奉勅依奏	格六一三	三三・無		
18	勝宝九歳八月八日	諸司長上禄法宜差事	奉勅依奏	格二五五	一一・無		
19	宝字三年七月二三日	陸奥国鎮守府給公廨事力事	奉勅依奏	格二六六	二二・無		
20	景雲二年七月三〇日	応改孔宣父号為文宣王事	(奉勅依奏)	格三五五	一二・無	集四四五	申、太政官奏ではない
21	宝亀一〇年閏五月二七日	(博士医師兼国者以六考遷替事)	(画聞既訖)	格二〇六			
22	宝亀一一年八月二八日	加増府官及管内諸国司相替年限事	聞	格二三二	七・有	集一五八	
23	延暦二年五月一一日	(外記官位相当改張事)	奉勅依奏	格二二四	一一・無		
24	延暦五年四月一九日	(国郡司黜陟条例事)	奉勅依奏	格二八七	一七・無		勅をうけて
25	延暦八年五月一八日	応良賎通婚所生之子並従良事	聞	格五二二	三七・無		
26	延暦九年二月二五日	民部主計及越前肥後二国増官員事	聞	格一五三	四・有	集九三・九六	
27	延暦一四年一一月二二日	応廃防人以兵士充辺戍事	聞	格五四八	三〇・有		
28	延暦一六年四月一四日	応停土師宿祢等例預凶儀事	(画聞既訖)	格三六四・五二一			論奏
29	延暦一七年四月五日	応以坊令准初位官事	聞	格二二八	八・有		
30	延暦一七年四月五日	応給職田坊令事	聞	格四八一	二五・有		
31	延暦一七年六月二八日	定陸奥国官員事	聞	格一九八	六・有		
32	延暦一八年四月一三日	〔畿内郡司居内考事〕	聞	抄八	八・有		
33	延暦一八年四月二三日	(廃置内蔵寮大蔵省官員事)	聞	格一五一	三・有	集六八・一一二	

34	延暦一八年四月二三日	(定四衛府官位事)	聞	格二二〇	二六・有	集一四四	
35	延暦一九年四月一〇日	応蔭四位孫事	聞	集五一七	七・有		
36	延暦二一年六月八日	秀才明経更開叙法并加減明法算生員事	聞	集五〇五	八・有		申
37	延暦二四年一一月一〇日	応停減雑色等事	聞	格一八七	二八・有		
38	延暦二四年一二月七日	備後国八郡調糸相換鍬鉄事	奉勅依奏	格三三〇	一七・無		
39	大同元年八月二日	応行勅旨并内侍移文事	奉勅依奏	格五三二	一・無		申
40	大同二年一二月一五日	擬定(内侍司)位階事	聞	格二二一	一・有	集六六三	
41	大同三年五月一六日	省大宰府監典各二員置筑前国司事	聞	格一九六	六・有	集一五八	申
42	大同三年七月二〇日	廃省官員并減定人数事(衛府)	聞	格一八四	二七・有	狩、集一四二	
43	大同三年七月二六日	加置官員事(大舎人・内蔵・大蔵・大膳)	聞	格一五二	三・有	狩、集一一二・一一三	
44	大同三年七月二六日	加置官員事(隼人)	聞	格一五七	二八・有	狩	論奏
45	大同三年一〇月一九日	応賜位封依令条事	聞	格三四七	二一・有	集六六五	論奏
46	大同三年一一月一〇日	内外五位位禄准拠令格事	聞	格二五三	一一・有	集六六六、要一五三	
47	大同四年二月一九日	(佐渡隠岐国置掾一員事)	聞	格二〇〇	六・有		
48	大同四年六月二三日	応賜無品親王内親王食封事	奉勅依奏	格三四七	二一・無	集六六四	
49	弘仁三年正月二六日	応増陸奥出羽両国按察使位階事	聞	格二二三	一一・有		
50	弘仁四年三月二〇日	赦書出三百六十日後不可原免事	聞	格六三〇	三二・有	交五一	
51	弘仁四年六月一三日	加減弾正台官員事	聞	集一三七	四・有	狩	
52	弘仁一〇年四月一五日	応停欠損進壙外国事	(見えず)	格四一七	二三・有		
53	弘仁一二年八月二九日	増減官員事	聞	格一五三			
54	弘仁一三年三月一四日	(応運進近江国穀事)	(画聞既訖)	格三五二			論奏
55	弘仁一三年一二月一八日	郡司初擬三年後乃預銓例事	聞	格三〇五			
56	弘仁一四年二月三日	割越前国江沼加賀二郡為加賀国事	聞	格一九五			論奏、申
57	弘仁一四年二月二一日	応令大宰府管内諸国佃公営田事	聞	格四三四			論奏、申
58	弘仁一四年一一月一三日	加減弾正台官員事	聞	格一五四			
59	天長元年九月三日	停多祢島隷大隅国事	聞	格一九七		文七九	論奏、申
60	天長七年閏一二月二六日	増加出羽国官員事	聞	格二〇〇			申
61	承和二年七月三日	諸国守介四年為歴事	聞	格二三一			
62	承和七年九月二三日	(廃置品官事)	聞	格二一〇			申
63	仁寿三年六月八日	加増駿河安芸紀伊三箇国目各一員事	聞	格二〇一			或本承和三年、前本承和五年
64	貞観七年三月九日	加置諸国介掾事	聞	格二〇二			
65	寛平八年八月二九日	応併置諸司并省官員事	(画聞既訖)	狩			

〔凡例〕　出典の略称は次のとおり。数字は新訂増補国史大系の頁数を示す。抄＝弘仁格抄、格＝類聚三代格、集＝令集解、交＝交替式、狩＝狩野文庫本類聚三代格、要＝政事要略、文＝本朝文粋。また、備考欄の「申」は上申をうけての太政官奏であること、「論奏」は他史料に論奏と明記されていることを表す。

【史料④　唐永徽公式令奏抄式】

尚書某司謹奏　某々事
左僕射具官封臣名
右僕射具官封臣名
某部尚書具官封臣名
某部侍郎具官封臣名等言、云々。謹以申聞謹奏。
年月日　某司郎中具官封臣姓名上
給事中具官封臣姓名読
黄門侍郎具官封臣姓名省
侍中具官封臣姓名審

聞御画

奏抄は尚書省二十四司（その筆頭は日下に署名する郎中）が上奏主体であり、所管の六部尚書・侍郎と左右僕射が文書に名を連ねた。ついで奏抄は門下省に送られ、判官（給事中）・通判官（黄門侍郎）・長官（侍中）の審査を受けて、問題がなければ上奏される。[43] そして、皇帝は「聞」字を文書の奥に書き入れ、これを認可した。奏抄では二十四司の権限内の事項が奏されたから、御画聞を得るのはまず当然のことであった。

こうした理解を基礎に、日本養老公式令の太政官奏三種の書式を見てみたい。

【史料⑤　日本養老公式令論奏式】

太政官謹奏　其事

太政大臣位臣姓名
左大臣位臣姓名
右大臣位臣姓名
大納言位臣姓名等言、云々。謹以申聞謹奏。
年月日
聞御画
大納言位姓

論奏で注目すべきは、奏文の日下および奥に署名がない事実である。論奏の上奏主体はあくまで太政官(議政官)であって八省ではなく、また門下省の審査にあたる政務も想定されていないのである。また、論奏事項には権限外にわたる内容や建議などが含まれ、従って御画聞は自明ではなかった(44)。要するに論奏とは、議政官が多様な案件を自ら上奏するために用いられた文書であり、奏抄とは全く性格を異にしていた。しかし、議政官の署名位置、書止文言、御画聞などは明らかに奏抄の書式を模倣したものであり、律疏で「奏抄」を「論奏」に改めた部分もあるから(45)、継受の事実そのものは動かない。

【史料⑥　日本養老公式令奏事式】
太政官謹奏
其司位姓名等解状云々。謹以申聞謹奏。
年月日
太政大臣位臣姓

左大臣位臣姓
右大臣位臣姓
大納言位臣姓名
奉勅依奏。若更有勅語須附者、各随状附、云々。
大納言位姓

奏事の書式は、一見すると奏抄と無関係のようだが、実はそうではない。奏抄の左右僕射・尚書六部の位署と「等言」を「其司位姓名等解状」に替え、門下省の位署を議政官のそれに替えれば、ほぼ奏事の文面が完成するのである。書式上、奏事は議政官が諸司の上奏案件を取り次ぐ(むろん議政官による審査も想定しなければならない)ものであり、その点で尚書二十四司の案件を奏する奏抄に近い。従って、奏事もまた奏抄を継受した文書と言えようが、しかしあくまで議政官の奏とされていること、天皇の裁可が御画聞でなく「奉勅」形式になっていることなどには、独自の性質を認めねばなるまい。

【史料⑦　日本養老公式令便奏式】

太政官奏
其司所申其事云々。謹奏。
年月日
奉勅依奏。若不依奏者、即云、勅処分、云々。
少納言位姓名

便奏は、明らかに奏事式の書式を簡略にしたものであり、その意味で奏抄からの間接的な継受関係が認められる。しかも皇太子監国時には、上啓にあたって唐では奏抄、日本では便奏を準用する規程であった。便奏も奏抄の機能の一部を承けているのである。

このように太政官奏三種は、奏抄の書式を少しずつ継受していた。ただし、公式令には奏事は「論奏外諸応奏事」、便奏は「小事」に用いよと明記されているから、論奏・奏事・便奏の違い（使用区分）は上奏案件の大・中・小によると見るのが妥当であって、諸司上申を表示するか否かは本質的な問題ではなく、(46)奏抄式をどのように継受したかによって表面的な差異が生じただけのことであろう。従って論奏と奏事は書式上、議政官の署名部分が異なるのみであり、刈り込まれて格文に仕立てられれば全く判別できないのである。(47)先に八世紀には論奏・奏事とも「奉勅」形式の裁可文言が用いられたと推測したが、案件が大か中かという曖昧な基準で両奏が使い分けられていたとすれば、こうした慣例も決して不自然とは言えまい。

(三)　平安時代の太政官奏

公式令太政官奏は、八世紀後期の変化を経て、平安時代にも存続した。ここでは九・一〇世紀における太政官奏の運用を観察し、変化後の様相を明らかにしたい。

まず、平安時代の論奏について検討する。(48)『西宮記』巻一三、論奏には「廃置山陵、公卿依病、随時繁多也。大略顕一端」、また『北山抄』巻六、論奏事には「廃置山陵、増減官職、公卿依病不上、公卿断流罪以上等類也」と見え、論奏が用いられた案件を知ることができる。このほか『続日本後紀』『日本三代実録』等によれば、年終断罪奏を始めとして、国忌廃置、封禄削減、儀式変更、立太子等の奏請が論奏で行なわれ、祥瑞慶賀の上表も「論奏」と呼ばれていた。かかる状況は概ね九世紀前期に発生し、一〇世紀に受け継がれたと考えられている。多種多様な案件が奏された八世紀とは異なって、上奏内容がほぼ固定し、儀礼的な運用がなされるようになったのである。

しかも、これらすべてに公式令論奏式が用いられた訳ではない。先述の如く、論奏と奏事は議政官の署名位置によって見分けることができるが、実例を検すると、「公卿依病不上」奏は年月日の奥に署名をもつ奏事式に則っていた(49)。もちろん「省国忌論奏」のように確かに論奏式によるものも存在し(50)、また「増減官職」奏・年終断罪奏・封禄削減奏はそれぞれ論奏式の「増減官員」「断流罪以上及除名」「支度国用」を承けたものと考えられるから、論奏の多くが論奏式に則っていたことは疑いない。しかし、わずか一例とは言え、奏事式による論奏が確認されたこと、また立太子・祥瑞慶賀の上表も論奏と呼ばれたことはやはり重要であろう。平安時代の論奏は言わば「広義の論奏」であり(51)、議政官全員が署名して総意を表す丁重な上奏の意であったと考えられる。このように平安時代の論奏は固定化・儀礼化しただけでなく、その語義にも変化が生じていたのである。

次に奏事に目を移したい。奏事に関しては不明な点が多いが、その一部は上述の如く論奏に吸収され、また成選擬階奏のように形式的に存続するものもあったらしい(52)。しかし史料上に奏事、もしくは明らかに奏事に相当する太政官奏はほとんど見ることができないのであり、やはり平安時代に入って衰滅したと考えるのが妥当であろう。

なお、論奏(年終断罪奏)と奏事(成選擬階奏)については、ともに大臣が参議以上を引率して上奏に赴いたことが明らかにされている(53)。これは儀礼化した太政官奏にふさわしい上奏形態かと思われるが、一方で律令制当初からの作法が保存されている可能性もあり、この点についてはさらに検討が必要である。

最後に便奏であるが、少納言の奏は平安時代にも少納言尋常奏(庭立奏)として生き残った。『内裏儀式』には駅鈴・伝符の請進、内印請印、鎧符申請、季禄・位禄・馬料の請求、諸国調物数の報告が例示され、軽微で日常的な案件にはみな尋常奏が用いられたと考えられる。[54] しかし、公卿聴政で決裁できないような諸司諸国の上申事項が少納言奏に入れられ、勅裁を受けたことを示す史料は、三省申政関係のものを除けば見ることができず、やはり上奏内容は便奏式以来の「小事」に限られたと解するべきであろう。その書式に関する史料は少ないが、元来は少納言が奏したことがほぼ確実な薨奏では、書出が「太政官謹奏」、書止が「謹以申聞謹奏」とされており、[55] 論奏・奏事の影響を看取することができる。

以上の考察をまとめると、次のような図式が得られる。

特定の論奏・奏事　↓　広義の「論奏」（奏事も一部残存）
一般の論奏・奏事　↓　消滅
便奏　↓　少納言奏

もともと「奉勅」形式で勅裁を得ていた論奏・奏事は、八世紀後期に御画聞形式に改められ、それが「広義の論奏」につながるが、内容的には固定化と儀礼化が始まり、国政処理の第一線から後退していったのである。

(四)　官奏の成立

太政官奏の裁可文言が変化した理由について、ようやく推断を下すべき段階に到達したようである。本稿の推論はごく単純なものであって、官奏が成立し、奉勅上宣官符が生まれたことによって、公式令太政官奏に変化が起きたと考える。

むろん我々が知り得るのは、次のような歴史的事実の序列だけである。

（一）称徳朝初年　奉勅上宣官符の成立
（二）八世紀後期　太政官奏の裁可文言の変化
（三）九世紀前期　太政官奏の固定化・儀礼化

しかし、奉勅上宣官符の成立の背後に、官奏という新しい政務形態の成立を想定することによって、これらを因果関係をもった一連の事象として把握することができる。即ち、官奏という簡便な上奏形態が生まれたことにより、従来の公式令太政官奏は徐々に後退し、特に重要な案件のみに用いられるようになる。これに伴い、公式令太政官奏は勅裁に宸筆（御画聞方式）を用いて重みを示すこととなったが、さらに時代が降るにつれてその使途はいっそう限定され、儀礼化・形式化を強めていった、と考えられるのである。

太政官奏の裁可文言については、「奉勅」形式が上宣制に吸収されたと評価することもできる。太政官奏の「奉勅…」（多くの場合「奉勅依奏」）は、太政官符の「奉勅…」（多くの場合「奉勅依請」）に受け継がれたと解されるからである。ただしその場合、「奉勅」形態の変化には留意する必要があろう。太政官奏では「奉勅」は奏官である大納言が行ない、奏文の奥にそれを書き込んだ（あるいは外記に書かせた）が、太政官符では原則として筆頭公卿（大臣）が「奉勅」し、史に伝宣して文字化させた。この〈大納言から大臣へ〉という変化は、大納言が奏宣官としての役割を失うことを意味し、告朔においても同様の事態が指摘されている[56]。大臣は大納言の奏宣機能を吸収し[57]、単独で議政官組織を代表して、日常的かつ頻繁に「奉勅」内容を宣下するようになった。これこそが公式令太政官奏の機能低下をもたらしたと見られるのである。なお、こうした観点に立つ時、上宣制成立期に藤原永手が大納言として宣者歴を開始したことは、些か示唆的ではある。

第1節末尾において、中文刺文形態の政務（官奏もその一つである）と上宣制（奉勅上宣官符もその重要な一部である)が、必ずしも同時に成立したとは限らないと述べた。しかし、右のように考えてくると、官奏の成立は八世紀後期からさほど遡るものではなく、奉勅上宣官符の成立と一体のものであった可能性のほうが強いように思われる。

従来、官奏の成立については大きく二つの考え方があった。第一は、官奏の成立を九世紀末に求め、公式令太政官奏に替わるものとする説である(所功、佐々木宗雄)[58]。しかし、先述の如く、官奏は少なくとも九世紀前半に遡る政務と考えられ、宇多朝の成立とする論拠は薄弱である。所は官奏以前の主要な上奏形態を奏事、佐々木は口奏(便奏に準ずる少納言奏)と考えたが、公式令の書式から奏事のみを「諸司・諸国の官人等から上申されたものが多かった」として官奏に連結させるのは無理があろうし、また口奏説も論奏・奏事をほぼ捨象する、九世紀における官奏との並存を説明しにくい、といった問題がある。第二の考え方は、官奏が律令制当初から存在し、公式令太政官奏と並存したとする説である(森田悌)[59]。論拠は八世紀に奉勅上宣官符が見られることであるが、それが「律令当初」から存在したことは何ら証明されておらず、官奏の上奏作法の新しさも看過されている。そもそも公式令太政官奏と官奏の選択基準が「よく判らない」ところに、森田説の問題点が露呈しているのである[60]。やはり官奏は公式令太政官奏を代替するものであり、その出発は恐らく八世紀中期末、称徳朝初年のことだったと考えるのが妥当であろう。

㈤　公式令文書体系の再編

官奏の成立は、公式令太政官奏に深刻な影響を与えたと考えられるが、それは詔書・勅旨についても同様ではなかったろうか。

官奏は大臣の上奏行為であるが、これによって日常的に天皇と大臣が対面し、意志を疎通させるようになったことの意味は大きい。第1節第(二)項で述べたように、官奏の場で天皇が「雑宣旨」を仰せることがあったらしいが、これは簡便な形でミコトノリが発出された状況を示すものである。大臣に直接「勅」が示され、内侍・内記・「受勅人」(公式令勅旨式条)を介することなく「奉勅」が可能となっているのである。こうした事態が頻繁に発生すれば、煩雑な作成・施行手続を必要とした詔書や勅旨が、特殊な文書と化していくのは必然的だと言えよう。つまり論奏・奏事と同じく、詔書・勅旨も最も重要な案件のみに用いられ、儀礼化していく方向に進んだと考えられる。

かくして奉勅上宣官符は、「勅」―天皇の発意であれ、上奏を契機とするものであれ―を簡便に伝達する文書として確立していった。八世紀中期までの格の多くが詔勅や太政官奏であったのに対し、八世紀後期〜末には官符がこれに取って代わり、格の数自体も激増したことは、『類聚三代格』所収法令を編年順に並べれば即座に看取できるだろう。(61) また、八世紀には上宣を持たない奉勅官符がかなり発給されていたが、これも八世紀後期に衰退し、天長元年(八二四)八月二十日官符(『貞観交替式』)を最後に姿を消す。作成方法などには不明な点が多いが、勅符の系譜を引くと思しきこの文書も、(62) 結局は上宣制に吸収されてしまったのである。なお、非奉勅の上宣官符も、すでに宝亀四年(七七三)には多用されていたことが実例から明らかである。(63) このように上宣制の成立から半世紀ほどの間に、公式令の文書体系が総体として再編され、旧来の詔勅や太政官奏は儀礼化・固定化し、通常の行政命令は上宣をもつ太政官符に一元化されていった。そしてそれは太政官発給文書の基本形として、前近代を通じて踏襲され続けることになる。

この変化は、太政官政務における申文刺文形態の発生・浮上と一体の関係にあった。従ってここでも、八世紀における文書行政の進展が、文書体系そのものを再編成させたと評価することができよう。大宝公式令の素朴な文書制度は、養老令でやや修正の手が加えられたが、根本的な変革は古代日本人の文書・文字への習熟を待たねばならず、それは八世紀後半になって大きく進行したと考えられるのである。

(六)　上宣制成立の直接的要因

上宣制が成立した直接的な要因についても、現時点での試論を述べておきたい。

まず考えるべきことは、次の二点である。

①中文刺文形態の政務体系と、上宣制は同時に成立したか。

②上宣制でも、奉勅上宣と非奉勅上宣は同時に成立したか。

このうち①については、官奏と奉勅上宣官符の成立が恐らく一体であったことをすでに述べたし、②についても、宝亀四年(七七三)には両者は並存していたから(これも先述)、かかる状況を数年遡らせて称徳朝にも同様であったと考えても、さほど無理はなかろう。とすれば、一定の先駆的状況はあったかも知れないが、八世紀中期末の称徳朝初年に、中文刺文形態の政務体系と上宣制が一挙に成立したと考えるのが、最も妥当ではあるまいか。

もし右のような考え方が認められるとすれば、「文書行政の進展によって生じた政務簡素化への圧力」といった一般的状況に加えて、称徳朝初年という時期に即した上宣制の成立要因を、さしあたり次のように推測することができる。

称徳朝は藤原仲麻呂乱の終息とともに始まった。動乱の余韻がいまだ残る天平宝字八年(七六四)十一月に、藤原永手を宣者とする最初の奉勅上宣官符が確認される。仲麻呂政権の瓦解によって議政官組織の構成員はがらりと入れ替わり、称徳に忠実な者たちが顔を揃えることとなったが、こうした状況を踏まえて、称徳は自らの意志を簡便かつ急速に発令すべく、議政官組織がほとんど関与しない新たな奏宣形態を採用したのではなかろうか。議政官の代表者一人が天皇と対面し、上奏と奉勅を行なうこと。上奏する場合には文書を直接奏覧して確実を期し、勅裁後は即座に官符に作り成すこと。(64)こうした政務処理方式は諸司ではすでに行なわれていたかも知れないが、国政の頂点たる天皇聴政で採用されることによって、議政官や弁官の執務にもすぐさま影響が及んだに違いない。かくして中文刺文形態の政務が上から下へと波及して伝統的な執務体系を凌駕しはじめ、同時に上宣制も奉勅・非奉勅の両面で定着していったと考えられるのである。文書行政の圧力という時代状況に取り組む運動の発火点、それは他ならぬ称徳の王権だったのではあるまいか。

思うに、称徳天皇は八世紀において最も専制的な君主であった。彼女は自らの高貴な血統のみに依拠したのではなく、強大な軍事力を用いて前政権を倒壊させることにより、前後に類を見ない専制権力を獲得したのである。それは仲麻呂による権力集中の延長上にあるが、称徳は王権そのものを一気に上昇させ、議政官を意のままに動かして政治を行なった。彼女は在位六年にして死ぬが、その権力は光仁・桓武に受け継がれ、(65)平安初期の政治を推進する原動力となっていくだろう。

恐らくは称徳が創始した、天皇と議政官代表者が直結する政治形態。それは天皇の政治的力量が大きい場合には、確かに議政官組織を操る手段となり得よう。しかし、無力な天皇が出現すれば事情は一変する。今度は天皇が単なる勅裁機関と化し、議政官代表者によって権力の源泉として利用されることになるからである。そして、現実の平安政治史はやがて後者の方向に進んでいった。摂政・関白の中核的職能がいずれも官奏の決裁に関わるものであったことは、(66)それを雄弁に物語っている。

結語

推測にわたる部分も多かったが、上宣制の成立過程とその要因について私見を述べてきた。今一度結論を繰り返すなら、上宣制は称徳朝初年に、申文刺文形態の政務と一体のものとして成立したと思われる。その背景としては、八世紀前半における文書行政の進展という状況があったが、称徳天皇の専制権力が新しい政務形態の導入をもたらしたと推測される。上宣制の成立によって、公式令文書体系は大きく再編され、前近代の太政官発給文書の基本形態が九世紀前期までに定まっていった。

右の所論は、平安時代の政務の遡源を試み、それを文書様式の変化と突き合わせるという方法によって得られたものである。しかし、史料上の制約が大きいために証明はなお不備を残しているし、奈良時代独特の政務形態が遡源法では見逃された可能性もある。今後、この方法の一層の錬磨を期さねばならない。

ただ、平安時代の政務・文書の基本形態が奈良時代後期に起源を持つ、という結論が得られたことはなお強調しておきたい。近年、光仁・桓武朝を新時代の始まりとして強調する見解が有力となり、そのすぐ前代、つまり四字年号時代の意義は看過されがちである。しかし私見によれば、平安時代特有の政治的・文化的事象と見られるものの多くが、この時代に発生しているのである(67)。奈良時代と平安時代の段階差に配慮しつつ、両時代を連続して捉える視点を獲得すること、これもまた今後に残された大きな課題であろうと思われる。

注

(1) 九条家本『延喜式』紙背文書。『寧楽遺文』上巻三三三頁。

(2) 土田直鎮「上卿について」(『日本古代史論集』下、吉川弘文館、一九六二年。同『奈良平安時代史研究』、吉川弘文館、一九九二年、所収)。

(3) 土田直鎮「類聚三代格所収官符の上卿」(『仏教史研究』四、一九六九年。土田前掲書所収)。

(4) 早川庄八「古代天皇制と太政官政治」(『講座日本歴史』二、東京大学出版会、一九八四年)、同「上卿制の成立と議政官組織」(同『日本古代官僚制の研究』、岩波書店、一九八六年)。

(5) 森田悌「律令奏請制度の展開」(『史学雑誌』九四―九、一九八五年。改題して同『日本古代の政治と地方』、高科書店、一九八八年、所収)、同「太政官発給文書」(『金沢大学教育学部紀要』三五、一九八六年。森田前掲書所収)。

(6) 文書の実例分析から出発する林陸朗「桓武朝の太政官符をめぐって」(『日本古代の政治と制度』、続群書類従完成会、一九八五年)は桓武朝、同じく早川万年「公式令と太政官行政」(『歴史人類』一六、一九八八年)は光仁朝に上宣制成立を求める。一方、政務方式を論じた坂上康俊「詔書・勅旨と天皇」(『中国礼法と日本律令制』、東方書店、一九九二年)は、奉勅上宣官符が日本公式令の「受勅人」「奏官」規定と「発想の根幹を同じくする」とし、かなり早い時期の成立を想定している如くである。

(7) 本節の太政官政務に関する叙述は、吉川「申文刺文考」(『日本史研究』三八二、一九九四年。本書第二部第三章)を前提としている。史料的根拠や細かな論証などについては、右別稿に依られたい。

(8) 『西宮記』巻七、官奏。重要な一点で、新訂増補故実叢書の句読を改めた。

(9) 本稿で「南所申文の上卿」などといった表現をとる場合、それは「南所申文を主宰する上卿(左右大臣～大中納言)」という意味で用いており、通説のように「上卿」それ自体に「行事を主宰・奉行する」という属性を認めている訳ではない。私見によれば、儀式書や古記録に見える「上卿」の語義は、基本的に①「上級の公卿」(一人でも複数でもよい)であって、具体的には左右大臣・大中納言を指し、参議は排除される。また派生的に、②「最上位の公卿」や③「上達部(参議を含む公卿)」を意味することがあった。「一上」や「上宣」は①、「日上」は②に基づく語で、『御堂関白記』が③を多用することはよく知られている。史料に即して説明するなら、例えば『西宮記』巻三、十一日列見は「上卿云、式乃省・兵乃省召セ」などと表現し、公事の主宰公卿を「上卿」と呼んでいるように解釈されがちであるが、実は「左右大臣または大中納言（の一人）が」と言っているに過ぎず、それは『儀式』巻九、二月十一日列見成選主典已上儀が同儀を「大臣宣、喚式部・兵部」と述べることと、記述態度としては差がないのである。九世紀の史料で「大臣」と記されたものの多くが、一〇世紀以降は「上卿」という表現に変化したと考えられる。ただ「入眼上卿」「春日祭上」といった用法もあり、それぞれ「入眼を行なう上卿」「春日祭を主宰する上卿」の意味と考えられるから、「南所申文の上卿」などの表現は用いるが、曖昧な部分については「主宰上卿」というやや熟さない語を特に使うことにしたのである。なお、山本信吉「一上考」（『国史学』九六、一九七五年）は、「上卿の本来の語義は太政官の庶政の執行に当る職事の公卿の謂であったと思われ、具体的に大臣、大・中納言の総称であったと推測される」と述べており、私見に通じる部分がある。

(10) 『西宮記』巻七、官奏、勘物、承平五年十二月十三日奏報。これを直前に引かれた天暦元年十二月二十八日奏報（御前儀）と比べれば、書式の特異性が明らかである。

(11) 吉川「摂関政治の転成」（本書第三部第二章）。

(12) 『侍中群要』巻二、下書事・下宣旨事、『西宮記』巻一〇、宣旨下時事、『新任弁官抄』、腋床子座事など。

(13) 佐々木恵介「『小右記』にみえる「勘宣旨」について」（『摂関時代と古記録』、吉川弘文館、一九九一年）。私の書評（『古代文化』四五―七、一九九三年）も参照のこと。

(14) 早川庄八『宣旨試論』（岩波書店、一九九〇年）。なお、天皇の命令は蔵人も記録していた（宣旨目録）。非奉勅の場合、上卿の命令も同様に記録されたらしい（第三段に先立ち「目録」を作成する）。高田義人「御目録・奏書目録について」（『国史学』一五八、一九九五年）、同「宣旨目録と奏書目録」（『書陵部紀要』四八、一九九七年）、参照。

(15) 『西宮記』巻七、官奏、同巻一〇、結政所作法。

(16) 富田正弘「口宣・口宣案の成立と変遷」（『古文書研究』一四・一五、一九七九・八〇年）。

(17) 土田直鎮「上卿について」（前掲）。

(18) 『類聚符宣抄』巻六、外記職掌。

(19) 山本信吉「平安中期の内覧について」（『続日本古代史論集』下、吉川弘文館、一九七二年）。

(20) 『官奏事』、官奏事。所功『平安朝儀式書成立史の研究』（国書刊行会、一九八五年）の翻刻ではこの部分が脱落しているので、前田育徳会尊経閣文庫編『尊経閣善本影印集成9　北山抄三』（八木書店、一九九六年）に依られたい。なお、『西宮記』巻七、官奏にもほぼ同文が見えるが、割注部分を欠き、しかも直後に勘物が貼り継がれたため、文意が捕捉しにくくなっている。

(21)　佐々木宗雄「十〜十一世紀の政務執行と王権」（『史学雑誌』九九―六、一九九〇年。同『日本王朝国家論』、名著出版、一九九四年、所収）。ただし、この史料をもって官奏の成立を認める考え方には従えないし、「外記政の担当公卿たる日上が、聴政した事項を直接官奏することを定めた」という叙述にも問題が多い。

(22)　『公卿補任』、寛平四年条（源能有）。これを『大日本史料』第一篇之二は、初めて大納言が官奏を奏した記事と解する如くである。しかし、例えば元慶五年（八八一）には、藤原基経は関白太政大臣で上奏主体にはならず、左大臣源融はずっと出仕していなかった（土田直鎮「類聚三代格所収官符の上卿」（前掲））ため、官奏は大納言源多以下が行なったと見るほかなく、かかる見解は成立しない。なお、吉川「申文刺文考」（前掲）で述べたように、官奏は少なくとも「承和以往」、恐らく八世紀後半から存在したと推測されるが、その確実な初見は仁寿元年（八五一）に降る。ただし、『政事要略』巻八四、糺弾雑事に引く弘仁十年十一月十一日伊賀国百姓解には「右大臣奏了、左大史住吉氏継三月十三日」という外題が付されていた。この解文上奏は弁官の三審が終了した直後の弘仁十四年（八二三）三月に行なわれた可能性が高いと考えられるが、外題の書式から見れば、それが官奏であった可能性は十分にあると思われる。

(23)　誰が仮文を出しているかは外記政冒頭に外記から報告がなされたから、日上より上位の公卿が参内する可能性は、外記政―南所申文の時点ですでに判明していた。

(24)　早川庄八「上卿制の成立と議政官組織」（前掲）は、官符等の発給にあたって「公卿のなかから一人の上卿が任命され、この上卿が天皇の意志すなわち勅を奉って宣するか、あるいは太政官（議政官・公卿）の合議の結果を宣することによって、弁官に対しそれらの行政命令書の作成・発給を命じた」と述べるが、①上卿が任命される、②太政官の「合議」結果を宣する、の二点で正確な記述とは言えない。

(25)　土田直鎮「類聚三代格所収官符の上卿」、早川庄八「上卿制の成立と議政官組織」、林陸朗「桓武朝の太政官符をめぐって」（いずれも前掲）。これらの論文で出典を明示しつつ一覧表が作られているので、本稿では考察結果のみを示す。

(26)　天平勝宝九年四月十四日「内臣宣」（『類聚三代格』巻二、経論并法会請僧事、昌泰三年十二月九日官符）は、仲麻呂が同年五月二十日に紫微内相（＝内大臣。本書第一部第四章「藤原氏の創始と発展」参照）になったことと齟齬するので、さしあたり検討から除外した。

(27) 土田直鎮は「建議の当人が上卿として宣下する事は…厳重に回避されている」ことから、「官符・官宣旨の命令内容が、即ちそれを下した上卿個人の意志や政策をあらわしたものとは認められない」という第二原則を導いた(前掲「上卿について」)。

(28) 土田直鎮「類聚三代格所収官符の上卿」(前掲)。

(29) 太政大臣が宣者にならない慣例も、土田直鎮が発見した(前掲「類聚三代格所収官符の上卿」)。

(30) 早川は「中納言以上であればだれもがなりえて、特定の一人の公卿に集中するものではない上宣の制を、本稿では、太政官符等の発給における上卿制と称する」と述べたが(前掲「上卿制の成立と議政官組織」)、依拠したところの土田第三原則を明らかに曲解したものである。早川説に対する林の批判はある程度当たっているが(前掲「桓武朝の太政官符をめぐって」)、逆に初期の二宣者制のほうを説明できなくなってしまった。

(31) もちろん議政官組織内における専権度であって、天皇の意志をどこまで制約しえたかという点を直接に知ることはできない。

(32) 官奏への日上制の導入理由については、なお断案がない。しかし、基経の薨後一年余を経た時点で行なわれたことからすれば、主体性を強めた宇多天皇による施策であろうことは容易に想像できる。

(33) 太政大臣が宣者にならないのは上宣制の通則であるから(注(29)参照)、この時点で永手は事実上の筆頭公卿になったと見るべきであろう。ちなみに早川庄八は、道鏡とその腹心の宣が全く見えないことから、道鏡は太政官組織を制圧できなかったと論じたが(前掲「上卿制の成立と議政官組織」)、道鏡が宣者になっていないのは、藤原良房や基経と同様、太政大臣として天皇の意志形成に直接関与しており、勅を奉じて施行させるような立場になかったからであるという理解も十分可能であろう。天平宝字四年正月以降の藤原仲麻呂(大師＝太政大臣)についても同じことが言える。

(34) 天平十年(七三八)の橘諸兄の宣の意味については、孤立した事例であるため解釈が難しいが、現在のところ二つの可能性を想定している。第一には、諸兄が筆頭公卿でなかったと見ることである。右大臣諸兄の上臈には、知太政官事鈴鹿王がいた。鈴鹿王は天平九年九月に知太政官事となったが、諸兄の右大臣就任は十年正月である。知太政官事は大臣と同格であり(虎尾達哉「知太政官事小考」〔『日本古代社会史研究』、同成社、一九九一年〕)、太政官の「長官」と認識されていたことを明示する史料もある(『続日本紀』天平二年六月甲寅条)。第二には、天皇家の財産に関わる特別の立場にあって宣を発したと見ることである(鷺森浩幸「八世紀における王家の家産」(『日本史研究』四〇五、一九九六年)。確かに藤原仲麻呂の宣にもそうした性格が窺われる(五例のうち四例が官奴婢に関するものである)ので、決して無理な想定とは言えない。

(35)　吉川「申文刺文考」(前掲)。

(36)　早川庄八「上卿制の成立と議政官組織」(前掲)。

(37)　早川万年「公式令と太政官行政」(前掲)。

(38)　『続日本紀』神護景雲二年三月乙巳条は、東海道巡察使の建議を太政官が「官議奏聞」したもので、「奏可」と「奉勅依奏、其…」という二種の裁可が見える。また、『類聚三代格』巻一〇、神護景雲二年七月三十日太政官符では、式部省解に基づき「官議奏聞」し、「奉勅依奏」なる勅答を得てそれを施行している(表13 No.20)。さらに『続日本紀』神護景雲四年七月癸未条は、「太政官奏」に対して「奉勅依奏、但…」という裁可があったと記す。いずれも公式令太政官奏を用いたものと考えられる。

(39)　吉川「律令太政官制と合議制」(『日本史研究』三二〇、一九八八年。本書第一部第二章)で簡単に触れたことはあり、坂上康俊「詔書・勅旨と天皇」(前掲)はこれを引いて「奉勅」形式が諸司の決裁方法に近いことの論拠とした。

(40)　今や太政官奏に関する通説になったとも言える、飯田瑞穂「太政官奏について」(『日本歴史』三八一、一九八〇年)においてさえ。

(41)　石母田正『日本の古代国家』(岩波書店、一九七一年。『石母田正著作集』三、岩波書店、一九八九年、所収)、早川庄八「律令制と天皇」(『史学雑誌』八五―三、一九七六年。早川前掲書所収)、飯田瑞穂「太政官奏について」(前掲)、森田悌「律令奏請制度の展開」(前掲)、吉川「律令太政官制と合議制」(前掲)、坂上康俊「詔書・勅旨と天皇」(前掲)、など。

(42)　復原は、仁井田陞『唐令拾遺』(東京大学出版会、一九三三年)、大庭脩「唐告身の古文書学的研究」(『西域文化研究』三、法蔵館、一九六〇年)、大津透「唐律令国家の予算について」(『史学雑誌』九五―一二、一九八六年)によった。

(43)　『唐律疏議』名例律同職犯公坐条疏議によれば、給事中の「読」以前に門下録事が「勘」した。なお、内容に過誤があれば門下省が駁正する。

(44)　吉川「律令太政官制と合議制」(前掲)。

(45)　職制律稽緩詔書条・詔書施行違条疏。

(46)　飯田瑞穂「太政官奏について」(前掲)。この点で、酒井芳司「八・九世紀の太政官奏」(『文学研究論集』五、一九九六年)

の所論には従えない。

(47) 八世紀の太政官奏のうち、署名部分まで含めた書式が知られるのは、天平宝字二年八月二十五日論奏(『大日本古文書』四巻二九二頁。古代学協会『土車』一二、参照)のみである。ただし同文書は三条長兼『政抄』から抄出したものであるため、書出文言が「太政官」と不十分で、裁可文言を欠き、また本文も全文を伝えるものではない。

(48) 芦田妙美「平安時代における論奏」(『古代文化』四三―一一、一九九一年)。

(49) 『政事要略』巻三〇、論奏事、天禄三年九月二十七日太政官奏。

(50) 『西宮記』巻一二、国忌に例示された太政官奏。

(51) 飯田瑞穂「太政官奏について」(前掲)。飯田は「或いは公式令にいふ論奏・奏事をひきくるめたものが広義の「論奏」と呼ばれてゐた可能性もある」と論じた。

(52) 『吉記』寿永元年七月六日条所引寿永元年六月日太政官奏。

(53) 森田悌「律令奏請制度の展開」(前掲)。

(54) 吉川「申文刺文考」(前掲)。

(55) 『西宮記』巻一二、薨奏、および同裏書。

(56) 橋本義則「朝政・朝儀の展開」(『日本の古代』七、中央公論社、一九八六年。同『平安宮成立史の研究』、塙書房、一九九五年、所収)。

(57) 坂上康俊「詔書・勅旨と天皇」(前掲)も奏官と宣者の連続性や、大臣による大納言機能の掌握を論じている。ただし、後者の発生を「奈良時代の極く初期」に求める点には賛同できない。

(58) 所功「「官奏」の成立と儀式文」(『律令制の諸問題』、汲古書院、一九八四年。同前掲『平安朝儀式書成立史の研究』所収)、佐々木宗雄「十～十一世紀の政務執行と王権」(前掲)。

(59) 森田悌「律令奏請制度の展開」、同「太政官発給文書」(いずれも前掲)。

(60) 森田悌「律令奏請制度の展開」(前掲)。なお、森田は「非公式令官奏(官奏のこと―吉川注)では法・処分として完結せず、官符等となって定着するのであるが、官符作成指示に当る公卿を明らかにする必要があり、奉勅上卿が宣下することになる」と述べ、「太政官発給文書」(前掲)では非奉勅上宣官符についても同様の説明を試みている。しかし、上卿は「官符作成指示」のためではなく、天皇・議政官の意志を弁官に示すために宣したのである。官符作成はその記録を基礎にして行なわれる二次的な行為である。またそもそも、宣者（森田によれば官符作成の指示者・責任者）が明記されれば、なぜ官符が法・処分としての形式を満たすことになるのか、私にはよく理解できない。森田は上宣が明記された理由を説明しようとして、わずかに的をはずしたのではなかろうか。

(61)　森田悌「律令奏請制度の展開」（前掲）に簡明な統計表が示されている。

(62)　吉川「勅符論」（『古代・中世の政治と文化』、思文閣出版、一九九四年。本書第二部第一章）。

(63)　宝亀四年太政官符案（九条家本『延喜式』紙背文書、『寧楽遺文』上巻）。一二通の官符のうち、奉勅上宣官符は七通、非奉勅上宣官符は四通である。

(64)　これを容易にする条件として、公卿の日常的な内裏侍候を挙げることができるが、その確立は概ね八世紀後期のことと考えられる。吉川「律令国家の女官」（『日本女性生活史』一、東京大学出版会、一九九〇年。本書第一部第三章）、参照。

(65)　むろん官奏という政務方式も継承され、定着の度を増したと思われる。ちなみに、『続日本紀』宝亀二年二月己酉条には光仁天皇から藤原永手への弔賻宣命が見えるが、そこに「悔しかも、惜しかも。今日よりは大臣の奏したまひし政は聞し看さずや成らむ。明日よりは大臣の仕へ奉りし儀は看行はさずやならむ」（訓読は新日本古典文学大系『続日本紀』による）という文言がある。この「大臣の奏したまひし政」とは、永手が行なった官奏そのことを指すのであろう。

(66)　吉川「摂関政治の転成」（前掲）。

(67)　吉川『四字年号時代』（青木書店から刊行の予定）。

第五章　外印請印考

序

日本古代の公印については、これまで数多くの研究が積み重ねられてきた。試みにそれらを分類するなら、第一に古代の文書に捺された印影を収集し、形状や捺印位置などを考察した古文書学的研究[1]、第二に律令をはじめとする法制史料や六国史などを用いて、公印制度の特質や変遷を論じた制度史的研究[2]、の二種に大別しうる[3]。ここでそれぞれの現状を見ると、前者については一応信頼に足る印影の集成がなされ、研究の基礎が固められているのに対し、後者にはまだ未開拓の分野が多い。個々の印がいつ始用され、いかに使い分けられていたかについては概ね明らかになっているが、それらがどのように鋳造・施行され、またいかに押捺されていたかといった点になると、本格的な研究はほとんどないのである[4]。特に捺印手続の検討が放置されているのは問題である[5]。それは公印制度の内実をより深く理解する手がかりであるとともに、文書に捺された印影を観察する際に不可欠の知識となるからである。

そこで本稿では、外印(太政官印)の押捺手続を考えてみることにしたい。平安時代、外印は「請印」という政務において文書に捺されていた。外印請印儀は多くの史料に恵まれ、次第や作法を細部にわたって知ることができる。本稿では儀式書の記事を詳解することにより、外印請印の構造や、それを貫く原理を明らかにしたいと考える。一方、平安時代の政務がいかに形成されたかという視点も重要である。日本律令で官印の運用がどのように規定され、それがいかに平安時代の政務に継承されたかが明確にされねばならない。そこで律令規定の特質と現実運用の変化を併せて分析しておきたい。外印という限られた素材の検討ではあるが、律令官司制研究への一視角ともなればと考える。

1　日本律令における外印

本節では、日本律令の外印に関する規定を検討する。唐制との比較を併せ行なうことによって、外印運用の特質を析出し、のちの請印に通じるものを見出したい。

(一)　大宝・養老公式令の外印

日本律令において、公印の大きさや用途は公式令天子神璽条に規定されていた。周知の如く、同条は大宝令と養老令とで大きな違いがあった[6]。最初に、両令における印の種類と用途を掲げておく（実際に用いられない天子神璽は除く）。

〔大宝令〕

内印………「下諸国公文、則印事状・物数及年月日。亦印鈴刻伝符署処」

外印………「太政官及諸司案文、則印之」

諸国印……「上京公文及案、調物、則印之」

〔養老令〕

内印………「五位以上位記及下諸国公文、則印」

外印………「六位以下位記及太政官文案、則印」

諸司印……「上官公文及案、移牒、則印」

諸国印……「上京公文及案、調物、則印」

まず大宝令について考えたい。大宝令の原則は、後述の位記をひとまず措けば、中央政府と諸国との間で取り交わされる文書とその案文に印章が用いられることであった。中央政府からの下達文書は詔勅・官符・諸司符のいずれかの形をとるが、それらには全て内印(天皇御璽)が捺された。詔勅の案文がどう扱われたかは詳らかでないものの、官符と諸司符の案には外印が捺される。(7) 一方、諸国の上申文書とその案には諸国印が踏印された。ここには諸国への指令はすべて天皇が内容を把握し、天皇の裁可が内印押捺という形で示されるべきだという趣意を読み取ることができる。外印はその案文にのみ用いられる、副次的な公印に過ぎなかったのである。(8) ただし、案文への外印踏印によって太政官が文書内容を把握することの意義も、また認められるべきではあろう。

養老令ではいくつかの改変がなされたが、諸国への下達文書には全て内印を捺すという原則は堅持された。新たに置かれた諸司印の規定にそれは明らかであって、諸司印は「上官公文」すなわち解と、移・牒に押捺されるものであり、諸司符に諸司印が捺されることは令文上あり得なかったのである。この点は外印についても恐らく同様で、内印に関する規定が最優先され、諸国への太政官符に外印は捺されるべきでなかったと見てよかろう。外印・諸司印の使用は、依然として厳しく制限されていた。

しかし、養老令の新しい面を見落してはならない。それは在京諸司間の公文に、それぞれの官司の公印が捺され始めた点である。第一に、外印が官符・官牒に用いられるようになった。これは大宝令と養老令の字句の違いを見れば一目瞭然である。大宝令の「案文」はあくまで施行文書の控えに過ぎないのに対し、養老令の「文案」とは施行文書(文)とその控え(案)の総称であり、両者の意味内容は全く異なるのである。(9)第二に、諸司の「公文及案」に諸司印が用いられるようになった。「公文及案」が「文案」の丁寧な表現であることは言うまでもなく、諸司印は当初から施行公文に押捺するものとして成立したのであった。こうして多数の施行文書に公印が用いられることになったが、恐らくそれに即応して、大宝令で内印規定に含まれていた捺印箇所に関する字句が、新たに行公文皆印条として独立した。外印について再説すれば、それは内印の補助印たる位置から一歩を踏み出し、太政官が独自に用いる印章としての性格を強めたのである。

通説によれば養老律令は養老二年(七一八)に完成し、天平勝宝九歳(七五七)にいたって全面施行されたが、その一部は単行法令として早くから用いられていた。(10)諸司印に関する規定もその一つである。奏宣という特殊な職務に関わる中務省印・内侍之印がまず置かれ、(11)ついで養老三年十二月に式部・治部・民部・兵部・刑部・大蔵・宮内・春宮の印が一斉に頒下された(『続日本紀』同月乙酉条)。ここに至って主要な諸司印が揃ったことになるが、これらを正しく用いるためには養老公式令が必ず参看されねばならない。しかも諸司印は他の公印と密接に連携しながら使用されるのであるから、諸司印規定だけが独自に施行されることはあり得ない。つまり、養老三年末の時点で天子神璽条全体が大宝令から養老令に切り替えられ、内印・外印・諸国印も、これ以後は養老令文に則って運用されることになったと考えるべきなのである。(12)そうした観点に立つとき、翌養老四年に出された印章に関する二つの法令が注目される。まず五月に次の制度変更があった(『続日本紀』同月癸酉条)。

太政官奏。諸司下国小事之類、以白紙行下、於理不穏。更請内印、恐煩聖聴。望請。自今以後、文武百官下諸国符、自非大事、差逃走衛士・仕丁替、及催年料廻残物、并兵衛・采女養物等類事、便以太政官印印之。

奏可之。

諸国に宛てた諸司符(省符)のうち大事には内印を、小事には外印を捺せという趣旨で、諸国への文書には全て内印を用いる大宝令以来の原則を崩したものである。[13] この制度変更は直前に施行されたと見られる養老公式令天子神璽条を踏まえ、しかもそれさえ修正するものであった。天子神璽条の切り替えによって外印・諸司印も施行文書に捺されるようになり、内印の独自性は後退したが、このことが小事であれば内印以外、具体的には外印を用いてもよいという発想を生んだのであろう。しかし、養老令でも外印・諸司印の使用は在京諸司間の文書に限定されていたから、養老四年五月太政官奏は外印の役割を大きく広げ、内印に準ずる位置を与えたものにほかならない。なお、この法令は省符への捺印を述べているが、太政官符もやはり同様と見て誤りなかろう。かくして外印は養老令規定からさらにその使途を拡大し、広い範囲の施行公文に用いられる公印としての地位を確立した。かかる外印の性格はその後も改められず、やがて『延喜式』や諸儀式書の細密な捺印案件規定[14]を成立せしめることとなる。

養老四年八月の法令は、右の制度変更と深く関連するものと思われる(『続日本紀』同月丁亥条)。

詔。諸請内印。自今以後、応作両本。一本進内、一本施行。

内印を請印する文書は同じものを二通作成させ(もちろん印は捺されていないだろう)、うち一通は捺印して施行し、残る一通は案文として内裏に保管するとの内容である。平安時代の内印請印儀(次節参照)に見られる「内案」を成立せしめた詔であるが、同儀では内案には内印も外印も押捺されず、この点は養老四年から同様であった可能性があろう。少なくともこの法令によって、内印押捺文書の案文に外印を捺すという大宝令以来の原則が崩されたことだけは確実である。これは五月に外印が施行文書に捺されることになったことの延長上に理解でき、施行公文（内印）—案文（外印）という原則が改められ、大事（内印）—小事（外印）という新方式に置換されたことの一環であろう。ここに至って、外印は「施行公文へ捺す印章」という性格をいよいよ強化したのである。

以上、施行公文への捺印について論じてきたが、最後に位記の印にも触れておきたい。公式令天子神璽条では養老令に五位以上位記・六位以下位記にそれぞれ内印・外印を捺すべしとの語句が見えるが、大宝令では何の言及もない。しかし、『令集解』同条古記が「上条五位以上位記。以内印々之」と記すことから、恐らく勅授位記式に内印押捺規定があったと見られる。また、『続日本紀』和銅四年（七一一）十二月壬寅条には外印を偽造して勝手に位階を与えたという事件が見え、外印が位記に捺されたことが推測される。つまり大宝令でも五位以上位記には内印、六位以下位記には外印が用いられたと考えてよい。位記の場合、内印と外印は位の高低によって使い分けられ、施行公文のように全く違った局面で用いられるということはなかった。事の大小によって両印を使い分けるという養老四年の措置は、あるいはこうした位記印の用法の影響を受けたものかも知れない。

（二）　外印の監印

外印に関する律令規定には、大宝・養老令間でもう一つ顕著な違いがあった。それは外印を監掌する官の変更である。すなわち、大宝官員令太政官条では左大弁が「監印」するきまりであったが、[15] 養老職員令の同条では少納言が「監官印」する規定に変更されたのである。太政官別局の判官たる弁官から、本局判官の少納言に職掌が移されたことになるが、[16] これはいかなる事情によるのであろうか。それを考えるためには、まずは「監印」という職務の意味を知っておかねばならない。

監印とは、唐律令の語句を継受したものである。唐の律令官司においては、監印は勾検官の職掌の一つであった。長官—通判官—判官—主典からなる四等官が案件処理・決裁を職務とするのに対し、勾検官は四等官の業務が正当に行なわれたかを監督するために置かれていた[17]。官司の実務を略述すれば、①案件が到来すると勾検官が受理し、担当部局に付託する(受・付)、②担当部局で調査と決裁がなされ、さらに通判官・長官の上級決裁を受ける(三判)、③担当部局で文書が作成される、④勾検官が発給文書と決裁帳簿を検査し、問題なければ文書を施行する、という過程を経た。しかも、そのすべては「案巻」なる帳簿に記録されていた[18]。

唐の決裁・監察システムでは、二度にわたって官司の印が使用された。まず①で勾検官が案巻の受・付記事に捺印した。これは決裁が日限内に終了したか否かを検査するとき、受・付の日付が問題になるので、不正を防止するために行なう。二度めの捺印は、④文書を発給する際においてである。『六典』巻一、左右司郎中条には次のようにある。

凡施行公文、応印者、監印之官、考其事目、無或差謬、然後印之。必書於暦、毎月終納諸庫。其印、毎至夜、在京諸司付直官掌。在外者送当処長官掌。

文書を発給する際にはその官司の印が捺されるが、「監印之官」=勾検官が検閲し、稽失なきを確認して踏印したことが判明する。このように唐の文書行政では、官司印はすべて勾検官の「検稽失」という職務に密着して使用された。印は長官を筆頭におく四等官が捺したのではなく、むしろ彼らを監督するために用いられたのである。

この点は官司印の管理形態を見れば、いっそう明らかになる。『六典』前掲文は、印は夜になれば在京諸司では宿直官、在外諸司では当処の長官に移管すべきを述べるが、逆にここから昼間の日常業務では勾検官自身が印を管理したことが読み取れる。また、職制律長官使人有犯条の疏議には、在外長官が銅魚符と印章を「執ル」のが常態であったことが述べられている。つまり印の最終管理責任者は長官であり、『六典』に言う夜間の印章管理がこれに対応することは明白であるが、しかしそうしたことは在外諸司に限られ、しかも日常業務で長官が印を自ら使用することはなかったのである。印は常に勾検官が用い、行政監督の独立性を保証する手だてであった。唐の監印とはかかる官司印を管理・運用するという、勾検官の重要な職掌を指し示す語句にほかならない。

それでは、日本の監印とは如何なるものであったか。何よりも注目すべきは、これが大宝官員令において判官一般の職掌であったのに、養老職員令で削除されてしまったという事実である。(19) 削除の理由は、監印という職務が日本の律令官司制の実態にそぐわなかった点に求められる。周知の如く、律令国家は勾検官を継受しなかった。各官司は四等官のみからなり、勾検官の職掌は判官と主典に割り振られた。(20) また唐の案巻システムも導入されず、主典が案件を読申し、判官以上が宣(=判)を下すという決裁方式が選ばれた。(21) かくして案巻を検閲することで実現されていた勾検官の機能は宙に浮く。判官・主典が稽失を監査するといってもその限界は明らかで、日本では官司内の行政監督はほとんど機能せず、(22) 印章も勾検業務から離れて管理・運用されたと推測されるのである。しかも、諸司印のない大宝令では諸司の監印など全くの空文に過ぎず、かえって諸司印の運用が問題となった時点で、現実に合わないものとして削除されたのであろう。(23)

少納言の「監官印」は養老令に唯一残された、判官の「監印」であった。それが何を意味したか、『令集解』職員令太政官条に引かれた主な明法家の説を聞いてみたい。

(義解)　唯得監視踏印。其印者、依律長官執掌也。

(令釈)　監掌捺印、不掌印実。但印者、長官掌之。若長官无者、次官掌也。見職制律也。唐令監印者、監掌之意、與之不同也。

（穴記）令捺印也。但封治長官掌、无者次官掌耳。今時行事、惣集令印文、少納言給印也。

ともに「監官印」とは捺印行為の監督であるとし、印そのものは少納言ではなく長官＝大臣が管理するのだと説く。特に令釈が日唐で「監掌」の意味が異なると述べているのは興味深く、彼此の監印の違いをはっきりと認識していたかのようである。これら明法家の言が養老令の法意に忠実であるとは限らないが、諸司の監印を特に削除した立法者の認識が令釈のそれに近いものであった可能性は高く、『令集解』諸説は一応信頼に足ると思われる。また太政官にも案巻はなく、少納言は受・付を職務としなかったから、受・付記事に外印が捺されることはなかった。つまり外印の押捺はただ一度、文書の発給に際して行なわれるに過ぎなかったのである。このように少納言の「監官印」とは、官符等の施行にあたって大臣から外印を給わり（つまり「請印」である）、下僚の捺印行為を監視するという職務であったと推定される。外印は少納言が日常的に管理・運用していた訳ではなく、基本的に大臣の管理下にあり、大臣の許可を得て利用されたことを確認しておきたい。

それでは何故、左大弁の「監印」は少納言の「監官印」に改められたのか。そもそも左大弁の「監印」は、唐尚書都事の職掌を継受したものであった。唐の尚書省は都省と六部二十四司から構成され、都省に属する司郎中・員外郎と都事が尚書省全体の勾検官の役割を果していた(24)。これに対し、弁官は議政官と諸司を結ぶ太政官の別局に過ぎず、太政官事務の監察を有効に行なっていたとは考えられない。語本来の意味から言えば、左大弁の監印は死文に近く、この点では諸司判官の監印と同様であった。しかし、実際に外印を有する太政官においては、少納言の「監官印」に見たような独特の職務を想定することもできるのであり、令文改変の理由は別のところに求める必要がある。

ここで注目されるのは、六位以下位記への捺印である。どうやらそれは、大宝令施行後かなり早い時期から少納言局が行なっていたらしい。人事・給与に関する上申は弁官を経ずに、「三省申政」という特殊な手続をとるのが律令制の原則であったが[25]、三省申政は和銅二年にはその存在を推定できる[26]。位記への捺印も同様で、『続日本紀』和銅五年五月丙申条に「太政官処分。凡位記印者請於太政官、下諸国符印者申於弁官」とあるのは、位記印に弁官が関与せず、三省申政を経て太政官(少納言局)が捺印業務に携わったことを物語る。六位以下位記の捺印監督は養老令の「監官印」の一つと言えようが、すでに大宝令制初期から少納言の職務だったと考えられるのである。これに対し大宝令外印のもう一つの使途、案文への捺印は実態がよくわからないが[27]、養老令における施行公文への捺印に直接つながるものではなかろう。文書とその案文とでは、捺印の局面が全く異なるからである。こう考えてくれば、養老令において外印が施行文書に捺されることになったとき、少納言に「監官印」が委ねられたのは、早くから位記の捺印を監督してきた実績に基くのではないかという推測が可能となるだろう。付言すれば、少納言は大宝令でも内印の「請進」にあたっていた[28]。「請進鈴印」と「監官印」とで字面は全く違うが、前者は天皇に内印と駅鈴を、後者は長官に外印を請うことで、実際の業務はほとんど同じである。こうした共通性も、少納言に「監官印」を行なわせた理由の一つであったかも知れない。

こうして養老令では、「監官印」を少納言が行なうこととなった。早くから行なわれていた位記の監印を別にすれば、その始期はやはり養老公式令天子神璽条が施行され、外印の性格が変化したと見られる養老三～四年頃に求めるべきではあるまいか(それまでは弁官が「監印」＝請印を行なっていたと一応推測される)。『令集解』職員令太政官条古記は外印について「今外記主当耳」と述べており、天平十年(七三八)頃には少納言局が外印を監掌していたことが確認される。こうしたあり方は前掲『令集解』穴記の「今時行事」にも見え、やがて平安時代の外印請印儀に受け継がれていくのである。

2　外印請印の次第と作法

本節では、平安時代の外印請印の次第と作法を検討する。外印請印儀がいかなる原理に基いて構成されていたか、それが歴史的にどのように形成されたかを考えたい。

(一)　外記政請印儀

外記政とは内裏建春門東の外記庁で行なわれた公卿聴政で、九～一〇世紀において太政官の行政処理の中心となる政務であった。公卿聴政は本来、朝堂ないし太政官曹司庁で行なわれたが、公卿の内裏候侍の日常化にともなって外記庁での聴政が始まり、弘仁十三年(八二二)に外記政が制度的に確立したとされる。[29] 八世紀以来の伝統をもつ官政(太政官曹司庁での聴政)の儀は、一部は簡略化されたが概ね外記政に継承されたらしく、外記政の次第と作法は曹司における太政官政務の本来的様相を色濃く残している。

外記政は、主として庁申文と外印請印という二つの儀から構成されていた。[30] 前者は案件の決裁、つまり太政官の意志決定であり、後者は施行文書の検閲、つまり意志発動の最終確認である。この二種の読申を上卿が聴くというあり方は、すでに律令において想定されていた。庁申文は読申→宣、外印請印は監官印に相当し、双方において大臣が決定権を有したことも継承されている。恐らく公印をもつ諸司・諸国でも、太政官と同様に二つの読申があり、それが政務の中心だったのではなかろうか。養老令で削除された監印は、実際には長官への請印という形で生き続けたと思われるのである。外記政はそうした政務方式を細部にわたって見せてくれる、貴重な事例

図15　外記庁図

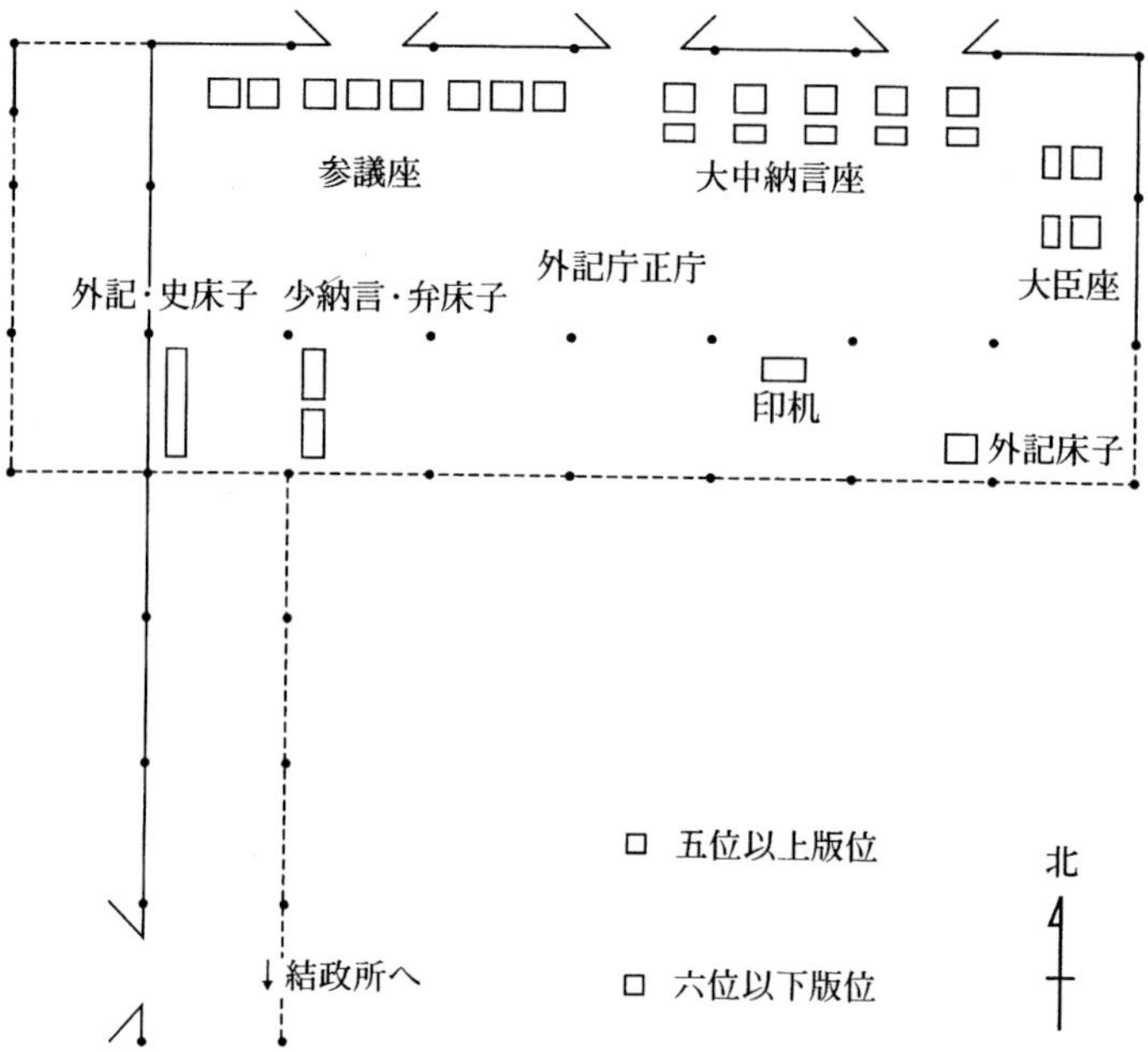

と言わねばならない。

次に、外印請印儀の次第と作法を検討したい。

儀場は図15のように舗設されていた[31]。身舎に公卿の椅子が西向・南向に据えられる。南庇には請印のために床子(東第二間)と印机(東第三間)が設置され、さらに西第二間には少納言・弁の床子、西第一間には外記・史の床子があった。

外印請印は大略、①庁覧内文、②上官着座、③覧文、④読申、⑤捺印、⑥下給、⑦毀符、⑧退出、の順序で行なわれた。註釈を加えながら、それぞれを概観していく。

①　外印請印に先立ち、内印を請う官符(内文)を上卿が閲覧した。あらかじめ外記局で少納言が内印官符・省符を検閲したが、外記政には官符だけが提出された[32]。ここでは外記がすべてを処理

し、少納言は関与しない。

＊上卿はここでは内印官符だけを覧ずるが、省符についても「内案」を披見して、天皇への請印以前に内容を把握した(33)。このように内印公文を大臣が事前に知ることは、『続日本紀』和銅五年(七一二)十二月丁巳条から推して大宝令施行直後に遡ると考えられる(ただし「内案」の成立は養老四年(七二〇)八月である。前節参照)。

② 少納言が床子につくと、外記が文書(官符・省符)を入れた筥を、史生が印櫃をもって入場する。外記は筥を上卿の前の案に置く。史生は印机に櫃をのせて印を取り出し、これを丹盤(印盤)に置く。ついで外記は東第二間の床子に着き、史生は退出する。

＊諸儀式書では官符への請印と記され、省符は見えない(34)。内印請印に準ずるならば省符も外印請印の対象であったはずで、重要な外印省符が少なかったため単に官符と表現されたのだろうか。なお、請印文書は事前に少納言局の検閲を受けた(35)。外印は外記庁正庁東側に建つ太政官文殿に納められていた(『大内裏図考証』巻二一、外記庁文殿)。

③ 上卿は筥を引き寄せ、文を覧ずる。枚文(一紙もの)、巻文、毀符の順に見て、終わったら外記に知らせる。外記は進んで筥をとるが、難書があれば仰せを受けて取り除いた。次いで印机のもとに就き、史生を召して文書を入れた筥を給う。

＊上卿は枚文を開いて見、終わったらたたむ。枚文といっても、折った状態で請印儀に提出され、それに捺印されるのである(36)。外記はこのあと印机の傍らで史生の捺印を監視する。なお、律令制公文書は奈良時代以来、形態的に枚文と巻文に区分され、装丁方法にも明確な差異があった(37)。

④　史生は筥を丹盤の横に置き、文書一枚を印板の上にひろげて鉄尺をのせる。次いで「巻文〇巻、枚文〇枚、印刺ス」と申す。上卿が「刺セ」と宣すると、史生は称唯する。

＊承和六年(八三九)以来、内印文書は五〇枚をこえれば通常の請印(庭立奏)ではなく密奏によることとなった。[38]いつしか外印請印にもこれが準用され、三〇枚が一度の外印請印の上限となった。実際には数十枚あっても、三〇枚と申すのが故実である。なお、位記・度縁の請印があれば、その読申・捺印・下給を先に行なう(次項参照)。

⑤　史生は再び印机に就き、印を捺す。まず枚文、次に巻文の順に踏印する。

＊丹盤には朱が入れられており、これに外印をおけば自動的に朱が付着したものと思われる。丹盤の材質は銅で、捺印されるべき文書の下には緋氈が敷かれたらしい(『延喜式』巻一二、主鈴)。

⑥　捺印がすべて終了すると、史生は「印刺シツ」と報告する。上卿が少納言の方を見てから「給へ」と宣すると、少納言は「摩靴」し、床子に座ったまま称唯した。そこで史生は机のもとに戻り、文書を筥に納めて外記に手渡す。

＊初めて少納言が具体的な行為を見せる。捺印の場から離れていても、彼が外印請印を「監」する主体であり、捺印完了と下給を認める上卿の仰せに返答しているのである。なお、少納言は太政官曹司庁では起座して称唯した。[39]曹司庁での公卿聴政＝官政は「申文請印等儀如常」(『北山抄』巻七、官政)と、外記政と同様の次第で行なわれたが、細部の作法はより厳格であった。[40]

⑦　毀符がある場合、史生は外記に筥を渡してから、机上の印板を脇によける。外記は机に就き、毀符を開いて「文〇枚毀《ヤ》ル」と申す。上卿が「毀レ」と宣すると、外記は称唯し、文書を破いて筥に入れる。

＊毀符とは外印請印後、問題があって破棄される官符の意であろう(41)。印板や筆記具が全く使用されていないことからわかるように、「毀」とは文書に追記・追印することではなく、実際に文書を破ることであった。

⑧　史生は印を櫃に納めて、丹盤とともに印板の上にのせ、これらを持って退出する。次に外記が筥を持って出る。最後に少納言が退出し、外印請印儀は終了する。

以上が外記政における外印請印の大要である。③で外記が全文書を上呈して捺印許可を請い、④〜⑥で史生が捺印するのが、その中心部分であった。ここで少納言局官人の役割をまとめれば、実際に外印を扱い、捺印に当るのは最下僚の史生であった。外記は主として文書を扱い、また史生のすぐ横で捺印を監視した。少納言は彼らを監督するとは言え、実質的な業務はほとんど行なっていないのである。外記が印机の傍らで監視したのは弘仁十二年二月二十二日宣旨（『類聚符宣抄』巻六、請印事）によるが、それ以前にも東第二間の床子などで監視したと推測され、少納言の監督よりもずっと内実を有していた（『令集解』古記が外印は外記が主当すると述べていたのも想起される）。外印の管理・運用権はあげて大臣にあったが、外記はその秘書官的な存在として、奈良時代以来、外印の日常管理や請印監視に重要な役割を果していたのではあるまいか。

㈡　二省請印位記

六位以下位記は外記政において外印が捺され、発効した。毎年四月十一日（式部省、文官）・十三日（兵部省、武官）の成選位記請印のほか、臨時叙位の位記も随時請印される。前節でも少し触れたが、こうした位記請印がある場合、外記政の次第は若干の変更を見た。本節ではやはり『西宮記』によって、二省請印位記儀を検討したい[42]。

外記政の変更は申文と請印の双方にわたった。まず庁申文に先立ち、式部・兵部の二省から読申がなされる。これは人事・給与に関する「三省申政」の一つであり、三省申政はみな弁官からの庁申文の前に行なわれる原則であった[43]。その次第を略述すれば、①式部省の丞・録が外記庁の版位につく、②上卿が召すと丞・録は西第一間の床子に移る、③丞が立って請印の由を申す、④録が立って文書を開き読申する、⑤上卿が「給ハレ」と宣する、⑥丞・録は称唯し退出する、の順に行なわれた。兵部省でももちろん同様である。このように読申にあたっては弁官局も少納言局も全く関与しない。また、位記そのものが上卿に閲覧されるのではなく、口頭による上申が行なわれるのみであった。④の読申の実態は判然としないが、位記を一通ずつ読み上げたとはやや考えがたく、他の三省申政のあり方から推せば、目録様の文書が読申されたと見るのが穏当であろう。

次に請印そのものを見てみたい。二省の読申が終ると続いて庁申文があり、ついで外印請印となるが、ここでも位記は官符・省符に先だって捺印された。その次第は、

① 通常どおり庁覧内文が行なわれる。
② 少納言局官人とともに二省丞・録が参入し、西第一間の床子に着く。
③ 通常どおり外記が官符・省符を覧文に供する。
④ 史生は官符等の筥を受け取り、一枚を開いたところで録に目配せする。録は座を立ち、持参した位記筥を史生に渡す。史生は(開いた文書を筥に返して?)位記を開き、「…(不詳)…ニ印刺ス」と申す。上卿の「刺セ」という宣を受け、称唯する。
⑤ 史生が位記に捺印する。

⑥　位記への捺印が終ると、史生はその旨を申す。上卿が「給へ」と宣すると、少納言が称唯。そこで史生は印机に戻って録を召し、位記筥を手渡す。録、丞は退出する。

⑦　官符・省符の請印に戻り、あとは通常どおりに儀が進行する。

このように通常の外印請印の覧文と捺印の間に、位記請印が挿入された。史生の「開文」方法や読申の詞など、細部については不明の点が多いが、位記に関する読申・捺印・下給をまとめて先に行なったことは間違いない。ここで見落せないのは、位記の覧文が行なわれなかった事実である。これは二省丞の読申で代用されたと見るべきであるが、上卿が文書そのものを閲覧しないのには驚かされる。ただし、成選位記については通常の官符と同様、事前に外記が覆勘したことが知られ[44]、文書検閲が全くなかったわけではない。

二省請印位記儀の次第は以上の如くである。一般の外印請印にも見られた読申(捺印申請)儀と請印(捺印行為)儀の二段階が、時間的にも截然と区別されていることが特徴的である。また、両儀における省官人の役割も異なっていた。前者では丞・録が直接に読申主体となっているのに対し、後者では捺印を太政官史生に委託しているのである。太政官の印なのだから二省が捺印行為に関与しないのは当然ではあるが、捺印の現場に省丞・録が立ち会うというのは省符請印と全く違う点であり、ここにも二省の強い主体性を読み取ることができよう[45]。

なお、治部省からの度縁請印も二省請印位記と同様に行なわれた。女官の六位以下位記は中務省が関知し、『延喜式』によれば式部省・兵部省と同様の手続きが取られる筈であったが[46]、『西宮記』にはもはや何の記事も見られない。

㈢　毀位記

位記請印に関連して、位記を毀つ儀にもふれておく。官人が罪を犯し、その罪が除名・免官・免所居官・官当に該当する場合、位記が没収・破棄された。これについては獄令応除免条に「応毀者、並送太政官毀。式部案注毀字以太政官印、印毀字上」という規定が見え、外印が用いられるべきであった。紅葉山本『令義解』裏書に引く令釈は、その次第を「刑部総収応毀位記、送太政官。々史・元授之司、就少納言座而令注毀字。已了外記自毀。刑部相随耳」と簡明に述べている。(47) さらに実態的史料に目を移すなら、外記政における毀位記儀の詳細を記した最も古い史料は、次に掲げる弘仁式部式である。(48)

内外有位犯官当以上者、刑部処断申官。奏聞訖、刑部移二省五位以上移中務省、并申弁官。太政官預定其日。少納言・弁・外記・史引三省入。三省録各執位記及位案、進就版位、依次就座並如常儀。書毀字捺印。訖以次退出事見儀式并刑部式。

これによれば、刑部の処断が天皇の裁可を得ると、日を改めて太政官で毀位記が行なわれ、それには太政官上官と刑部省に加えて、連絡を受けた式部・兵部両省が参会した。具体的な作業は「書毀字捺印」とあるが、式部省式だから式部官人の行事だけが記されているのであって、実際には太政官や刑部省も重要な役割を果していた。そこで、『儀式』によって毀位記儀の次第をもう少し詳細にたどることにする。(49) 当日の儀は、①着座、②読申、③覧文、④毀位記案、⑤毀位記、⑥退出、の順に行なわれた。

①　尋常政(外記政)が終了すると、少納言・弁・外記・史が式部省と刑部省の丞・録を率いて入場、版位に就く。式部省は位記案を、刑部省は位記を入れた筥を持つ。大臣の召しを受けて、一同は称唯し、座に着く。

＊式部省は文官の場合で、武官なら兵部、女官なら中務が参入する。一同が着座するのは西第二間(五位以上)・第一間(六位以下)の床子であろう。外記史生が印盤を印机に、式部史生が硯筥を丞の前に置き、

それぞれ退出した。

②　弁大夫が「〇〇(官姓名)ガ位記、毀《ャ》ルベキコト申シタマヘント申ス」と上申する。

＊三省申政(引率型)ではこのように弁官が関係する省を率い、最初に申政の旨を申した。弁は事前に刑部から罪人位記を受け取り、検閲して返付していた。

③　刑部録が位記筥を外記に渡すと、外記はこれを大臣に進め、「印盤辺座」に着く。大臣が位記を覧じ終わると、外記はまた受け取って「印盤所」に就く。

＊「印盤辺座」が東第二間床子、「印盤所」が印机の傍らを指すことは明らかであろう。このあと外記は④毀位記案の間、じっと位記筥を持って立っている。

④　式部丞が「位記案ニ毀字書ク」と申すと、大臣は「書ケ」と宣する。丞は称唯し罪人の位記案に「毀」と記す。そこで外記史生が入場、式部丞から位記案筥を受け取り「毀字ニ印捺ス」と申す。大臣が「捺セ」と宣すると、史生は位記案に捺印する。終ると「印捺ツ」と申す(返答なし)。式部録が位記案の筥を受け取り、座に戻る。

＊式部丞は床子座[50]で字を書く。位記案が外記史生に渡ると、硯筥は撤去された。

⑤　外記が「位記〇枚毀ル」と申すと、大臣は「毀レ」と宣する。外記は称唯して、持っていた位記を毀棄する。終わると、刑部録が位記筥を受け取り、座に戻る。

＊破棄する主体は太政官であり、大臣の意を体して外記が行なっている。印や筆記具を使っていないから、位記そのものをびりびりとやぶったのは明らかである。

⑥　外記史生が印盤をもって退出。そのあと六位以下、次いで五位以上が退出する。

このように外印は④で位記案に捺されるのみであった。二省請印位記と比較すると、同じ三省申政の形をとっても弁官が引率しており、また位記案と位記の双方が毀たれるため読申・覧文・下給のあり方に違いが見られる。しかし、式部省が特に立ち会いつつも、作業は外記史生に委ねるという捺印方式は全く同様であった。

さて、この『儀式』の記事は二つの点で重要である。第一に、(一)(二)で見た外記政請印儀が、九世紀にもほぼ同様の形で行なわれていたと推測できること。この史料は施行公文の請印自体を記したものではないから、もちろん類推の域を出ず、また細部に異同があるのは当然であるが、舗設や外記・史生の役割、捺印作法などは『西宮記』の外印請印とかなり一致するのである。さらに言えば、外記政が庁申文と外印請印からなるのが律令に淵源すると推定され、しかも庁申文の申政作法は八世紀に遡るから[51]、外記政請印の次第・作法もかなりの部分は八世紀以来のものと考えてよいのではあるまいか。

第二に重要なのは、古代において施行文書をいかに破棄したかが、かなり明確になること。荻野三七彦もこの史料を用いて、「位記を廃棄するにもそのまま棄てるのではなく、「毀」の字を書き加えて捺印をするのである」と述べ、左京の家地売券に「毀」字を書いて左京職印を捺したものがあることと関連づけた[52]。しかし、これは位記案と位記を混同した議論である。むしろ毀位記儀からは、「正文は破りすて、案文に毀字と印を加える」という原則を読み取らねばならない。左京職による売券破棄は案文に準ずる処置がなされている点が注目されるのであり、それは売券が手継券文として買人のもとに保管されたことに関係するのであろう。

(四)　朝　政

これまで外記庁における外印請印を検討してきた。それらは八世紀以来、太政官の曹司で行なわれてきた公卿聴政のあり方をよく受け継いでいると思われるが、次にもう一つの公卿聴政、すなわち朝政（朝堂での聴政）で外印がいかに扱われたかを考えたい。

結論から言えば、朝政では外印押捺は行なわれなかった。『儀式』によれば朝堂での公卿聴政は、公卿着座→三省申政→弁官申政→退出、の順に行なわれた。ただし同史料の叙述はこの順序によらず、もう少し複雑になっている。(53)その概略を引用すれば、

①（着座法）朝堂座者、昌福・含章・承光・明礼・延休・含嘉・顕章・延禄等堂、皆以北為上。……。其昌福堂、太政大臣、次左右大臣、……。並西面北上。……。

②（諸司常政）開門之後、各行常政。……

③（公卿着座）大臣初入門、式部録称位一度。大納言已下共起座。……大納言先進就昌福堂座。……。中納言已下共称唯、就昌福堂座。……。

④（弁官申政）左右弁官五位已上、行立堂前。六位已下堂西。……。弁一人申云、司司乃申世留政申給止申。史依次読申。毎一事訖、大臣処分。……。

⑤（暉章堂儀）六位已下、先以次退。……。立定、五位已上、依次揖昇就座。六位已下、共升就座訖。左右史一人申云、申世留政。弁命云、任申。……。

⑥（退出）参議已上依次退。少納言・弁・外記・史、又依次退出。諸司乃退。

⑦（三省申政）若引諸司及使申政者、……。諸司及使政畢帰却。弁官乃申尋常政。

⑧（四省請印）若四省有請印者、弁官未申政之前、丞・録先入申。

このように弁官申政が尋常の聴政内容で、臨時に三省申政や四省請印があれば弁官申政の前に行なわれた。四省

請印が見えるから捺印もなされたかと言えば、ことはそれほど単純ではない。四省とは中務、式部、治部、兵部で、それぞれ女官位記、文官位記、度縁・僧綱位記・僧尼位記、武官位記への捺印を求めると考えられるが、このうち勅授位記には内印が捺された。内印請印は少納言が内裏南庭に赴き、庭立奏(尋常奏)の形で行なうのが原則であり、勅授位記は朝堂(＝朝政)においては捺印されない。(54)では、それ以外の位記や度縁には朝政で外印が捺されたかと言えば、これにも否定的にならざるを得ない。一般の官符・省符に外印請印されている形跡が、全くないからである。外記政の次第から推せば、外印請印は弁官申政の後に行なわれるはずであるが、朝政では弁官申政が終るとすぐさま暉章堂儀に移り、同儀が終了すると全員が朝堂から退出する。暉章堂儀に際しては少納言・弁・外記・史はみな同堂に移動したから、弁官局の政務と見られる暉章堂儀に並行して、少納言局が外印請印を行なうようなことはあり得なかった。従って、官符・省符の請印に折り込まれる位記・度縁請印も、また行なわれなかったと考えられる。

ここで外記政の請印位記を振り返ると、それは二省読申と捺印という二段階からなっていた。朝政の四省請印は、この読申段階だけが朝堂で行なわれたものではあるまいか。朝政で裁可を受けたのち、外記政(または官政)において捺印が行なわれ、しかもそれは官符・省符の外印請印の一環としてなされたと考えたい。朝政は読申だけを行なう政務、外記政は読申と請印(捺印)の双方を行ない得る政務、ということになろう。

では何故、朝政では外印押捺がなされなかったか。これはむしろ、外印が朝堂院に運ばれず、曹司で用いられたのは何故かと問題を立て直すべきであろう。本稿なりの解答を示せば、朝堂院はあくまで伝統的な口頭政治の場であり、これに対して曹司は文書処理を中心とする場であったからだ、ということになる。現在の通説では、政治の場が朝堂院から曹司に移っていくと理解されており、(55)確かにこれは申政＝読申について確認しうるのであるが、しかし曹司は単なる朝堂の代用品ではない。曹司にのみ期待される機能が本来的にあり、その一つが文書・記録の処理や保管などであったと考えられるのである。外印押捺はまさに文書そのものに即した職務であり、それゆえ太政官の曹司（外記庁・太政官曹司庁）において行なわれるべきなのであった。

さらに次の史料に注目したい（『続日本紀』天平十六年〈七四四〉九月己丑条）。

詔曰。今聞、僧綱任意用印、不依制度。宜令進其印、置大臣所。自今以後、一依前例。僧綱之政、亦申官待報。

僧綱に関する太政官の監督を強化するため、僧綱印を「大臣所」に置くこと、僧綱の政は太政官の裁可を経ることという二つの方策を定めている。このうち僧綱印の扱いについては、外印に関してとられた同様の措置を想起するべきであろう（同宝亀八年〈七七七〉五月己巳条）。

自宝字八年乱以来、太政官印収於内裏、毎日請進。至是復置太政官。

外印の悪用[56]に端を発した仲麻呂乱以後しばらく、外印は内裏に収めて請進させていた。外印を内印と同じく、天皇の全き管理下に置いたのである。ここから類推すれば、天平十六年詔では僧綱印を外印と同じ扱いにし、大臣が直接管理して、僧綱が必要とするごとに請進させることにしたと考えられる。とすれば外印もまた「大臣所」に収められ、そこで請印されていたことになろうが、宝亀八年に「復置太政官」されたとあるように、「大臣所」とは大臣が日常政務をとる太政官曹司のことであった[57]。外印が太政官曹司において保管・押捺されるという平安時代のあり方は、このように八世紀中期まで遡るものと推測される。一節で述べたように、大臣は外印の管理・運用権を掌握していた。それが実現される太政官曹司は、まさに「大臣所」と呼ぶにふさわしい空間だったのである。

朝政で外印捺印が行なわれなかったこと、それが曹司や外印の本質に根ざすものであったことは、以上の論述でほぼ明らかにし得たと考える。恐らく諸司印についても、同様の事態が想定できるのではあるまいか。

㈤　請印牒と請印目録

最後に、外印請印に関連して作成された二種の文書を取り上げ、少納言局の実務の一端を窺うことにしたい。まず、少納言局と弁官局で取り交わされた文書について。延喜太政官式は、

凡左右弁官、各録入奏并請印文書及請進駅鈴伝符等色目、牒送少納言。少納言・外記録入奏請印及請進駅鈴伝符訖之状、牒弁官。其式如左。

と述べ、続けて弁官局→少納言局、少納言局→弁官局の二種の牒を示す[58]。引用文から知られる通り、前者は弁官局から少納言局への依頼、後者はその履行報告である。牒はともに、①奏上する文書、②請進する駅鈴・伝符、③内印を請印する文書(及びそのために請う駅鈴・伝符)、④外印を請印する文書、の目録であり、依頼と履行報告の内容を一致させて例示している。これらはみな、「奏宣小事(①)」「請進鈴印伝符(②③)」「監官印(④)」という少納言の職掌に関するものである。①〜③は少納言が尋常奏(庭立奏)で申すべき項目と一致し、少納言が独自に行なう「太政官奏」で奏上・請進されたものである[59]。一方、④は外記政で請印される。弁官は官符の作成と施行に携わったが(省符の施行も同様であろう)、外印請印には一切立ち会わなかったから、その結果も少納言報牒でわざわざ告知されたのである。少納言報牒の④の部分だけを、次に掲げる。

下民部宮内等省為給諸司某月公粮事一通
下民部省為応徴免其季課役事一通

右外印二通、某日少納言某監印訖。

少納言報牒が請印の日付と担当者を記し、外印請印を「監印」と表現する点は興味深い。例示内容はともに八省宛の官符になっていて、③内印請印文書の例示が諸国宛の官符・省符であることと対照的である。単に表現の問題かも知れないが、養老公式令の内印・外印の用法に合致していることは一応注目される。位記請印も例示にないが、弁官は位記には関与しなかったから両牒に登載されることはなかったと見てよい。

弁官請牒・少納言報牒の役割は、二局間の事務連絡を厳密に行ない、稽失や詐偽を防ぐことにあった。特に請印については「請印牒」「報牒」として史料に見え、一定の効果を期待されていた。[60]例えば天慶四年(九四一)五月八日宣旨では、急ぎの文書も必ず請印牒・報牒に載せるべきことが定められている。[61]もっとも、この宣旨は一〇世紀中期に請印牒制度が弛緩していたことを明白に語っている。それによれば、外記案主は請印牒に載っていない文書を弁官局から受け取り、外記・少納言もこれを監察しなくなっていた。こうした悪弊がつのって、ついに偽作された文書が請印儀で発見されるに至ったという。急書なる名目が請印牒制度の抜け道になっていた訳であり、宣旨の措置も事後的に載せればよいという妥協的なものであった。とは言うものの、請印牒・報牒に大多数の文書が登載されていたことは認められようし、宣旨においても制度の基本は堅持されていたのである。

いま一つの請印関係文書は、請印目録である。『左経記』長元五年(一〇三二)二月三日条によれば、官文殿使部の中臣時永は、前年十二月二十八日の外記政で讃岐国大粮承知官符を取り籠め、請印させまいとした。雑掌の訴えでこれを知った左大臣藤原頼通が内々に問いただすと、時永は前日の政で請印いたしましたと答え、問題の官符を取り出してみせた。ところが雑掌は、官符は偽物だと主張する。そこで頼通は右大弁源経頼に調査を命じた。

因之、前日召外記史生雅頼、仰云、「去十二月請印目録、讃岐国承知官符等載否之由、可注申之由、可伝仰大夫外記文義朝臣」者。雅頼示文義。即持来彼月請印目録。即見、請印大粮官符等之後、請印承知官符之由不見。大略構作由、一端露了。

この後も調査は続き、時永は官符の数量を加筆して、偽造外印を捺したらしいことが最終的に明らかとなった。

請印目録については、引用文からいくつかの情報が得られる。まず、文字どおり実際に請印された文書を記録したものらしい。保管の責任者は大夫外記であり、記録も外記（あるいはその下僚）が行なったのであろう。また、「去十二月請印目録」「彼月請印目録」などと記すから、一月単位の記録だったと思われる。大粮官符（讃岐国宛）と承知官符（民部省宛）[62]の順から推せば宛先順ではなく、日付順になっていたと考えられる。

管見の限り、請印目録は律令格式を始めとする法制史料に全く見えない[63]。しかし、請印を管轄する少納言局でこうした記録が作成されていたことは、容易に想像できる[64]。請印牒・報牒はあくまで弁官との連絡文書であり、位記請印などが記されないこと、請印の日付順になるとは限らないことなど、事務記録としては不備があった。請印目録は少納言局の文書処理に即した記録であり、実務上、必要不可欠のものであったに相違ない。

請印目録の作成がどこまで遡るかは、もちろん不明である。太政官曹司の文書行政がある程度整備されればこうした記録が現れても不思議ではなく、かなり早い時期から存在したのではないかと、一応考えておきたい。そこで注目されるのは、第1節第㈡項で引用した『六典』の記事である。煩をいとわず、再掲しておく。

凡施行公文、応印者、監印之官、考其事目、無或差謬、然後印之。必書於暦、毎月終納諸庫。其印、毎至夜、在京諸司付直官掌。在外者送当処長官掌。

これによれば、唐の監印官は施行公文への捺印を記録していた。それは「暦」と呼ばれ、月末に庫に納められたから、日付順に書きつがれ、月単位にまとめられた記録であったと推定することができる。とすれば、唐の捺印「暦」と日本の請印目録は、きわめてよく似た構成・内容を持つことになる。この『六典』記事は唐開元公式令（またはその取意文）の可能性が高いが、日本養老公式令に対応条文はない。日本律令の立法者が、何らかの意図によってこの条を継受しなかったのか否かは考究を要するが、ともあれ印章の運用にあたって日唐でよく似た帳簿が用いられた事実は注目すべきである。公式令条文の継受・不継受とは無関係に、唐の官庁の記録・帳簿制度が導入された可能性は十分にあると思われるが、問題を今後に残しておきたい。(65)

3　外印請印の変容

前節で検討したのは、言わば外印請印のあるべき姿であった。本節では、平安時代に外印請印がどのように変容していたかを述べたい。

(一)　庁申文なき外記政とその衰退

外記政の二つの要素、庁申文と外印請印のうち、庁申文は早い時期から形骸化した。庁申文では特定の案件だけが読申されるようになり、公卿聴政の実質は南所申文、さらに陣申文へと移行していった。(66)南所申文はすでに天長年間（八二四―八三四）にはその存在を推定することができ、かなり早い段階から庁申文を凌駕していったと考えられる。(67)その結果、外記政は主として外印請印を行なうための政務と化した。もちろん儀礼的な庁申文は残されていたし、南所申文は外記政の開かれた日にのみ行なわれ、南所申文の準備も庁申文に先立って外記庁結政所でなされていた(68)。つまり、外記政は依然として申文と無関係ではなかったのだが、外記庁における尋常の公卿聴政が外印請印ばかりとなった感は拭えない。外印請印は、庁申文のように南所儀や陣儀に移行しなかったのである。

こうした「庁申文なき外記政」は、少なくとも一〇世紀中期には常態となっていた。『西宮記』は「朔日・四日・十六日、及政初、新初着座上卿着時有申文」と特別の日にのみ庁申文を行なうと明記しているが(69)、外記政はこれら以外の日にも頻繁に開催されていたからである。例えば、天慶五年(九四二)三月・閏三月・四月の各月は、『本朝世紀』に外記政の実態がよく現れていると考えられるが、聴政がそれぞれ一三回・一七回・一一回以上行なわれたのに対し、「申文」記事があるのは三月四日・同十六日・閏三月四日・同十六日・四月四日の各「式日」だけであった。庁申文の衰退に驚かざるを得ないが、それでも外記政はこれだけ開かれ、その多くに外印請印が行なわれたと考えられるのである。かかる事態は恐らく一〇世紀前期に遡るであろうし、九世紀段階でも少なからず発生していたのではあるまいか。

安和二年(九六九)二月二十八日宣旨(『類聚符宣抄』巻六、可勤行外記政事)は、前年正月～九月に外記政が前代未聞に少なく、月あたり三・四回～七・八回しか開かれなかったことを糾弾し、外記政の励行を命じた。しかし、外記政の衰退は一〇世紀後期に急激に進行したと思われ、一一世紀前期の太政官政務を詳細に記す『左経記』になると、外記政は多くて年に二〇回程度という線まで激減している(70)。ところでその日付を見ると、特に式日を選んで開催されている様子はなく、庁申文を存続させようという意欲はほとんど見られない。つまり、外記政は衰退に向かったが、それは「庁申文なき外記政」が大部分という状態のまま衰えていったのである。安和二年宣旨は言う、「大少限リアルノ務、期ヲ延バシ月ヲ累ネ、内外請印ノ文、閣ニ満ツルコトカクノ如シ」。外記政の衰退は、「務」と「請印」の遅滞をもたらした。具体的には前者は南所申文、後者は外印請印と庁覧内文を指すのであるが、このように外記政の衰滅は、儀の主要素となっていた外印請印をも著しく困難にしていったのである。

(二)　結政請印

外印請印では、「急書」について便法が行なわれていた。第2節第(五)項で見た請印牒に登載しないという旧例、或いは事後的に登載してもよい新制もその一つであるが、本節ではもう少し厳格な方法である「結政請印」を検討する。結政請印はすでに『西宮記』にも述べられているが、ここでは最も詳しい『江家次第』を用いたい[71]。結政請印とはその名の如く外記庁南舎、結政所で行なわれた外印請印のことである。結政所は弁官の政務処理の場で、普段であればロの字形に弁・史の座を設けて「結政」が行なわれたが[72]、急書があった場合ここを捺印の場としたのである。北座中央に参議、東座北端に少納言、南座西寄りに外記が着き、また南座の前には印盤が置かれた。

『江家次第』によれば、急ぎであるのに外記政が開けない場合、結政請印に持ち込まれるのは「宇佐使禄官符」「度縁」「流人官符」「斎王帰京屋可作儲由(官符)」などであった。この他、「除夜、受領公文ニ依リ、減省・不堪等官符、皆ソノ例有リ」とあり、急ぎの受領功過定関係の官符も同様であったらしい。

次第を見ると、まず上卿が陣座で覧文する。覧文が終ると、上卿は結政で請印するよう参議に命ずる。そこで参議が結政に向かうと、少納言・外記・史生が従った。請印に際しては外印を出庫せねばならないから、少納言が外記・史生に命じ、結政所の東側に建つ太政官文殿から出させる。そのあと参議以下が着座し、史生が印盤を据えた。いよいよ捺印であるが、参議は覧文を行なわないし、また捺印役の史生も「……印刺ス」「印刺シツ」

などの外記政請印での申詞を申さない。捺印が終ると印が納められ、一同は退出した。——以上であるが、捺印の作法を見れば明らかな如く、請印を許すのはあくまで上卿であり、参議は上卿の代理として捺印行為を監督したに過ぎないのである。請印を急ぐなら陣座に外印を持ってこればよさそうなものだが、外印は太政官の曹司で管理・運用されるべきもの、という規範がやはり生きていたのであろう。申文が陣座でも行なわれた（陣申文）こととは全く対照的であった。外記庁の中でも結政所＝南舎が特に選ばれたのは、そこが公卿聴政の場ではなく、少納言局・弁官局の事務処理の建物であったからで、便法にはふさわしかったと言える。

結政請印の起源は、明確ではない。『江家次第』に引く「九記」には、すでに貞観年中（八五九～八七七）に結政所で請印が行なわれていたことが述べられており、九世紀に遡る儀であると知られる。(73) さらに『延喜式』巻一一、太政官の次の条文に注目したい。

凡式兵二省、請印准蔭成選等位記、先令印廿張已下。後更定日、参議於弁官結政所捺了所須丹膠等物、預先請受。

位記請印が多数に上った場合には、途中から参議が捺印を代行せよという主旨で、参議自身が踏印するとは思われないから、結政所で少納言局の捺印行為を監督する意であろう。急書と位記とで内容は異なるが、結政請印との類似性が注意される。この条文は天長九年（八三二）九月十九日宣旨（『類聚符宣抄』巻六、請印事）によって貞観式で立てられ、補訂して延喜式に収められた。(74) 天長九年宣旨が結政所での請印を想定していたか否かは不明であるが、結政所は当時すでに存在したと思われ、(75) その可能性もあながち否定できない。

いずれにせよ、『西宮記』に初めて詳しい次第が見える結政請印は、九世紀以来の儀であった。急書の場合にせよ、多数の位記の場合にせよ、外記政請印の便法として行なわれたが、請印の場が外記庁を離れることは決してなかった。そして外記政の衰退後も、それに代わり得る儀として一定の役割を果し続けたと考えられるのである。

以上、九～一一世紀の外印請印の実態の一端を見てきた。総じて言えば、一〇世紀中期ころまで外印請印はいちおう正常に運用されていたが、やがて外記政の衰退とともに頻度が落ち、一部は結政請印で代行されたと考えられる。一一世紀中葉以後、太政官符に代わって官宣旨の発給が増加したが、従来から指摘されるように官符への内印・外印請印の煩雑さもその一因ではあったろう。(76) 外印を捺すべき文書は数を減じ、ついには衰滅に向かった。平安末期に成立した『参議要抄』が結政請印のことを「度縁請印事」とのみ呼んでいる事実は、外印請印の終末を暗示する如くである。

結　語

三節にわたって外印請印の次第と作法、その史的変遷を考えてきた。外印運用が基本的に律令規定に基いて行なわれ続けたこと、しかもそれが最後まで太政官の曹司に密着していたことだけは、今一度、強調しておきたい。中文が朝堂→太政官曹司庁→外記庁→南所→陣座と空間的に遷移し、その作法も変化したのとは対照的に、外印請印はきわめて旧守的・固定的であった。本来的に文書そのものを取り扱う政務であったことが、外印請印と太政官の曹司の密着を規定し続けたと考えられよう。

最後に今後の課題をまとめておく。

第一に、内印請印である。天皇の意志発動に深く関与した内印について、その運用を詳しく跡づける必要がある。第1節で内印の「請進」と外印の「監印」は同じ業務を指すと述べたが、内印・外印の運用原理は基本的に同一なのか否か、更に考究しなければならない。また、少納言尋常奏で行なわれていた内印請印が平安時代にいかに変容したか、それは外印の変容とどう違うのかというのも重要な論点である。『西宮記』の庁覧内文・陣覧内文・位記請印・飛駅駅伝儀等を正しく理解し、それぞれの意義が明らかにされねばならない。

第二に、諸司印・諸国印などの運用である。外印は国政上、内印に準じた性格を持つとともに、最上級の官司印でもあった。本章でも何度か言及したが、そうした視角からすれば、外印請印の研究で得られた知見は諸司印・諸国印についても適用できる可能性が高い。諸司印・諸国印の制度を独自に分析して、それを検証するべきであろう。もちろん諸家印や諸寺印に関する史料も少なくない。これら全てを原理的・体系的に分析することなしには、日本古代の印章制度の意義、その後世への影響を正しく理解することはできまい。

第三に、案文・記録・帳簿への捺印行為。公式令の外印は「案」にも捺されるべきであったが、位記案を除いてそうした政務を全く検出することができなかった。果して令文は実行されていたのか否か。されていたとすれば、いかなる政務形態においてであったか。困難ではあるが、興味深い課題である。もちろんそれは諸司諸国の公文についても同様と言える。正倉院文書を表裏とも、公印制度の運用から検討し直す必要を感じる。

残された課題は余りにも多い。本稿は筆者にとって印章制度研究の出発点にすぎず、また基本的には律令官司制論として書いた。それでも古文書原本の調査・研究に何がしか役立つ点があったなら、それは望外の幸せと言わねばならない。

注

（1）　江戸時代に藤貞幹『公私古印譜』、松平定信『集古十種』、穂井田忠友『埋麝発香』などの印譜が作られた。近代になって会田富康『日本古印新攷』（中央公論美術出版、一九四七年）、木内武男編『日本の古印』（二玄社、一九六四年）、同著『日本の官印』（東京美術、一九七四年）などが広く印影を収集し、個別研究としては岸俊男「倉印管見」（『日本歴史』二三四、一九六七年。同『日本古代籍帳の研究』、塙書房、一九七三年、所収）、太田晶二郎「太政官印の顆数」（『古文書研究』五、一九七一年。『太田晶二郎著作集』三、吉川弘文館、一九九二年、所収）、同「智証大師諡号勅書の内印」（『日本歴史』四四六、一九八五年。大田前掲書所収）、服部匡延「内家私印について」（『古文書研究』六、一九七三年）、皆川完一「続左丞抄の原本一通」（『新訂増補国史大系月報』一三、一九六五年）などが有益である。

（2）　早く『古事類苑』政治部十「印」が基本史料を網羅した。戦後の研究としては、弥永貞三「大宝令逸文一条」（『史学雑誌』六〇―七、一九五一年）、同『大伴家持の自署せる太政官符について』（石川県教育委員会、一九五五年。同『日本古代の政治と史料』、高科書店、一九八八年、所収）、早川庄八「制について」（『古代史論叢』中、吉川弘文館、一九七八年。同『日本古代の文書と典籍』、吉川弘文館、一九九七年、所収）、中野栄夫「白紙について」（前掲『古代史論叢』中、一九七八年）、鈴木茂男「日本古印をめぐる二、三の問題」（『書の日本史』九、平凡社、一九七六年）などが重要で、註釈では日本思想大系『律令』公式令補注四〇（岩波書店、一九七六年、以下「『律令』補注」と呼ぶ）や新日本古典文学大系『続日本紀一』補注二―六〇（岩波書店、一九八九年、以下「『続日本紀』補注」と呼ぶ）などが詳しい。

（3）　このほか石井良助『はん』（学生社、一九六四年）、荻野三七彦『印章』（吉川弘文館、一九六六年）、木内武男『印章』（柏書房、一九八三年）などの専著がある。

（4）　なお最近、鎌田元一「日本古代の官印」（『古代・中世の政治と文化』、思文閣出版、一九九四年）が発表され、文献史料と印影の両面から、国印を中心として鋳造・施行に関する知見が深められた。

（5）　『古事類苑』政治部一「政治総載」、荻野三七彦『印章』（前掲）、橋本義彦「しょういん」（『国史大辞典』七、吉川弘文館、一九八六年）に簡潔な説明がある程度である。

（6）　弥永貞三「大宝令逸文一条」、『律令』補注、『続日本紀』補注（いずれも前掲）。本節の論述はこれらによるところが大きい。重大な異見にのみ註記する。

（7）　外印は「案文」に捺されるが、これは文字どおり「案（控え）ノ文」と解するべきである。『令集解』公式令天子神璽条古記に「問。『外印。太政官及諸司案文、則印之』。未知。施行文者用之不。答。於案印二（之ノ誤カ）。故施行文、皆可用之。又問。於案文印之。未知。其限。答。在諸司案、一无不印也」とあり、古記が「案文」を「案」と呼び、「施行文」と対比させていることは明らかである。古記の引く大宝令はまぎれもなく「案文」であり、施行公文に外印が捺された時代においても、それを包含する概念（＝「文案」）とは解されていなかったのである。「案文」を文字どおり解釈した先行研究は少なく、鈴木茂男「日本古印をめぐる二、三の問題」（前掲）、榎本淳一「養老律令試論」（『日本律令制論集』上、吉川弘文館、一九九三年）などを見るのみである。

（8）『律令』補注（前掲）は「大宝令の規定においては、八省以下の在京諸司はその司の印をもたず、しかもこれら諸司の相互に授受する公文はいったん太政官に送られ、外印すなわち太政官印を押印するのが原則であった」と述べるが、「案文」を「文案」と同義に解しており従えない。『続日本紀』補注（前掲）も同様。

（9）「文案」については、『令義解』が職員令神祇官条で「文案者。施行曰文。繕置曰案也」と正しく註釈する。

（10）井上光貞「日本律令の成立とその註釈書」（日本思想大系『律令』（前掲）。『井上光貞著作集』二、岩波書店、一九八六年、所収）。

（11）鎌田元一「日本古代の官印」（前掲）。

（12）諸司印頒布を養老令の先取りとするのは通説であるが、それ以上の言及は従来なされておらず、天平勝宝九歳まで公印運用は大宝令制下ということになっている。

（13）早川庄八「制について」や中野栄夫「白紙について」（いずれも前掲）は「以白紙行下」を当時の実態と解しているが、そうとも限るまい。省符への踏印に複数の可能性が生まれた時点での、外印を選択する理由づけだからである。

（14）『延喜式』巻一一、太政官、『西宮記』巻七、内印文・外印文、『北山抄』巻七、請内印雑事・請外印雑事。

（15）吉川「奈良時代の宣」（『史林』七一―四、一九八八年。本書第二部第二章）。

（16）太政官の四等官構成については議論があったが、森田悌「太政官制と政務手続」（『古代文化』三四―九、一九八二年）により、大臣（長官）―大納言（次官）―少納言（判官）―外記（主典）が本局、弁（判官）―史（主典）が別局であることが確定した。本稿は通例に従い、少納言―外記を「少納言局」、弁―史を「弁官局」と称する。また、第2節以下では「大臣」と「上卿」を史料に即して使い分けるが、上卿（中納言以上）は基本的に大臣の代行と考えてよく、運用上は大差ない。

(17) 中田薫「養老令官制の研究」(『国家学会雑誌』三一―一、一九三七年。同『法制史論叢』三上、岩波書店、一九四三年、所収)。

(18) 内藤乾吉「西域発見唐代官文書の研究」(『西域文化研究』三、一九六〇年。同『中国法制史考証』、有斐閣、一九六三年、所収)。

(19) 日本思想大系『律令』(前掲)職員令神祇官条頭注。

(20) 中田薫「養老令官制の研究」(前掲)。

(21) 吉川「奈良時代の宣」(前掲)。

(22) 山下有美「計会制度と律令文書行政」(『日本史研究』三三七、一九九〇年)。

(23) 大隅清陽「弁官の変質と律令太政官制」(『史学雑誌』一〇〇―一一、一九九一年)も、諸司の監印は「検勾の制度自体が継受されなかったので」削除されたとする。

(24) 『訳註日本律令』五(一九七九年)名例律四〇訳註一二(滋賀秀三執筆)。

(25) 吉川「律令官人制の再編」(『日本史研究』三二〇、一九八九年。本書第一部第一章「律令官僚制の基本構造」)。

(26) 『続日本紀』和銅二年十月甲申条。吉川「律令太政官制と合議制」(『日本史研究』三〇九、一九八八年。本書第一部第二章)、参照。

(27) 注(7)で引いた古記は、外印は諸司案文にも捺すと断言している。これをどこまで養老四年五月制下の実態と見るべきかには、なお問題があるが。

(28) 砂川和義他「大宝令復原研究の現段階(一)」(『法制史研究』三〇、一九八一年)。

(29) 橋本義則「「外記政」の成立」(『史林』六四―六、一九八一年。同『平安宮成立史の研究』、塙書房、一九九五年、所収)。

(30) 吉川「申文刺文考」(『日本史研究』三八二、一九九四年。本書第二部第三章)。本章と重なる部分があるが、論の主旨が異なるので重複を厭わなかった。主要史料は『西宮記』巻七、外記政。なお、『官奏事』、外記政、『北山抄』巻七、外記政、『江家次第』巻一八、外記政などによって補訂したが(読申詞、数量等)、一々註記しない。

(31) 『大内裏図考証』巻二一、外記庁を参考にした(西壁のみ修正)。なお、『年中行事絵巻』別本巻二、外記庁には舗設状況が正確に描かれている。

(32)『江家次第』巻一八、庁覧内文。

(33)『西宮記』巻七、内印、『北山抄』巻七、内印之事、『江家次第』巻一八、庁覧内文。上卿は外記庁で官符の正文(内文)、陣座で官符・省符の内案を覧ずる。やがて両儀が縮約され、陣座で内文のみを覧ずるようになった(陣覧内文)。なお、内案については『西宮記』に「内案小書枚文半紙(内案ハ枚文ノ半紙ニ小書ス)」とあり、施行文書とは形状を異にするものであった。

(34)二省請印位記(第2節第(二)項)、結政請印(第3節第(二)項)に関する諸史料。なお、官符・省符双方に捺印したのが明かな内印請印でも、「官符」と表現されることは少なくない。

(35)『類聚符宣抄』巻六、請印事・外記職掌、延暦十三年(七九四)六月十五日宣旨は、「請印官符」を少納言・外記が請印当日までに覆勘せよと述べる。これは『延喜式』巻一一、太政官に継承されたが(新訂増補国史大系三二七頁)、式文は「請印文書」とする。庁覧内文で述べた官符・省符の検閲がこれに当たることは明らかで、外印請印についても官符と省符の両者を覆勘したと推測される。

(36)この点は古文書の印影からも看取できる。僧職を補任する太政官牒は平安後期に様式が一定し、枚文に外印三顆を押捺するのが通例となるが、管見によれば、それらの印影の中には、紙の折目にかかったため直線状に朱が薄れるもの、または直線状に朱が付着するものがある。そして、この折目と見られる直線部分は、料紙の奥から四分の一の位置に当たるのが普通で、恐らく枚文は四つ(または八つ)に折り畳まれて、外印請印儀に提出されたものと思われる。以上の知見は、東寺文書(流出文書を含む)から得られたものであるが、どこまで一般化が可能であるか、さらに観察と検討を重ねたい。

(37)杉本一樹「律令制公文書の基礎的観察」(『日本律令制論集』下、吉川弘文館、一九九三年)。

(38)『類聚符宣抄』巻六、請印事、承和六年閏正月二十日宣旨。

(39)『官奏事』、外記政に「但於官庁、起座称唯」と見える。

(40)橋本義則「「外記政」の成立」(前掲)。

(41)『延喜式』巻一一、太政官(三二八頁)に「凡毀内印官符者。其請毀之下注事由外印符准此」とあり、官符を毀つことが知られる(省符の扱いは不明)。「請毀」から推測するに、毀符は弁官局から請牒に載せて、少納言局へ送付されたものか。

(42)『西宮記』巻三、請印位記事、巻七、二省請印位記事。このほか、『官奏事』、二省請印位記事、『北山抄』巻七、二省請印位記事などを参照した。

(43) 吉川「律令官人制の再編」(前掲)。
(44)『弘仁式』、式部省、授成選位記、『儀式』巻九、四月十五日授成選位記儀、『延喜式』巻一九、式部下、四月十五日授成選位記。恐らく臨時位記についても同様であろう。
(45) 外印請印に省符が含まれたことは確証できていないが。この際、内印請印のあり方も参考になろう。一般の省符請印には省官人は立ち会わないが、五位以上位記請印には特に中務輔が参会するのである(『西宮記』巻七、内印、巻一、叙位儀など)。
(46)『延喜式』巻一二、中務省(三五一頁)。
(47) 新訂増補国史大系『令集解』第四、令集解逸文、獄令応除免条。『令集解』公式令任授官位条の穴記にも、同様の行事が述べられている。
(48)『弘仁式』、式部省、毀罪人位記。『延喜式』巻一九、式部下、毀罪人位記もほぼ同文。虎尾俊哉『延喜式』(吉川弘文館、一九六四年)に的確な解説がなされている。
(49)『儀式』巻一〇、毀位記儀。『延喜式』巻二九、刑部省(七二二頁)も参考になる。
(50) 式部丞・録は六位以下であるから、西第一間の「壁下床子」に着いた(『官奏事』、二省請印位記事)。ところが紅葉山本『令集解』裏書の令釈は、西第二間の「少納言座」で毀字を書かせると述べている。硯箱が「丞ノ前」に置かれたという『儀式』の記述も気になるところであり、式部丞の筆記作法についてはさらに考えたい。
(51) 橋本義則「「外記政」の成立」(前掲)。
(52) 荻野三七彦『印章』(前掲)。
(53)『儀式』巻九、朝堂儀。『延喜式』巻一八、式部上(四七〇頁)も参考になる。
(54)『内裏儀式』、少納言尋常奏式。
(55) 岸俊男「都城と律令国家」(『岩波講座日本歴史』三、一九七五年。同『日本古代宮都の研究』、岩波書店、一九八八年、所収)、橋本義則「朝政・朝儀の展開」(『日本の古代』七、中央公論社、一九八六年。橋本前掲『平安宮成立史の研究』所収)。
(56)『続日本紀』天平宝字八年九月壬子条。
(57)『延喜式』巻一一、太政官(三四三頁)では「太政官曹司」と「大臣曹司」が明確に区別され、それは長岡京段階でも確認できる(今泉隆雄「長岡京造営と木簡」〔『長岡京木簡』一、一九八四年〕)。この「大臣曹司」が「大臣所」であった可能性もあるが、やはり大臣に止宿のために与えられた私的空間と考えるべきであろう。

(58)『延喜式』巻一一、太政官、牒式(三二三頁)。

(59)『内裏儀式』、少納言尋常奏式。

(60)『類聚符宣抄』巻八、任符事、承和四年(八三七)七月二十七日宣旨にも、その一端が窺われる。

(61)『類聚符宣抄』巻六、請印事、天慶四年五月八日宣旨。

(62) 承知官符については、早川庄八『宣旨試論』(岩波書店、一九九〇年)史料四五の解説を見よ。

(63)『類聚符宣抄』巻六、請印事、弘仁十二年七月十三日宣旨に「捺印并勘返之文」に関与した外記の名を「日記」に載せよとあるが、これは外記日記の意であろう。

(64) 弁官局の政務が結政・官西庁政から比較的よく判るのに対し、少納言局の日常政務がどのように行なわれていたかを示す史料はほとんどない。結政の起源と考えられる太政官曹司庁西廊での「官結政」で、外記使部から外記へ、史生から少納言への「覧文」があったという、わずかな一端が窺われるのみである(『江家次第』巻一八、官結政)。この点は、朝政暉章堂儀の実態的解明と併せて、今後の重要課題としたい。

(65) なお、日本中世の「請印目録」としては、『雑々記』(宮内庁書陵部所蔵壬生家文書、京都大学文学部架蔵の写真版による)所収のものが注目される。

請印目六

可被請印官符弐拾伍通

五通　内親王

六々　叙符

三々　検非違使

五々　僧綱

四々　置阿闍梨

二々　阿闍梨

延応二年六月八日

可被請印官符参拾漆通
六通　叙符
六々　勅符
三々　検非違使
一々　屯田稲
七々　僧綱
一々　法務
一々　法性寺座主
八々　置阿闍梨
四々　阿闍梨
仁治元年閏十月三日
謂之請印目録。政并列見・定考之日、相調官符、相副目録、以下宿使部渡外記方。此官符之内、検非違使符并諸国重任・延任・計歴等符、請印日留外記方、自彼局所令施行也。自往昔以官之芳志、付施行於外記局之故也。

この「請印目録」は、書式・内容（内外印双方を含む）および解説から考えて、弁官の請印牒の後身と考えるのが妥当で、『左経記』に見える少納言局（外記局）の請印目録とは別のものである。いずれも一二四〇年のものであるが、鎌倉時代における請印の内容と実態（請印後の文書施行が収益と結びついているらしい）をよく物語る史料である。

(66)　曽我良成「王朝国家期における太政官政務処理手続について」（『王朝国家国政史の研究』、吉川弘文館、一九八七年）。
(67)　吉川「申文刺文考」（前掲）。
(68)　吉川「申文刺文考」（前掲）
(69)　『西宮記』巻七、外記政。
(70)　吉川「天皇家と藤原氏」（『岩波講座日本通史』五、岩波書店、一九九五年。本書第三部第二章「摂関政治の転成」）。
(71)　『江家次第』巻一八、結政請印。なお『西宮記』巻七、結政請印事、『官奏事』、結政請印、『北山抄』巻七、結政所請印事なども参考にする。

(72)　吉川「申文刺文考」(前掲)。
(73)　『九暦』逸文、承平八年(九三八)五月二十九日条。仁王会とて結政所を僧房に使ったため、食所(南所)で請印したとする。本来は結政所で行なわれるべきだったのである。
(74)　神谷正昌「平安初期の成選擬階儀」(『延喜式研究』六、一九九二年)。
(75)　吉川「申文刺文考」(前掲)。
(76)　相田二郎『日本の古文書』上(岩波書店、一九四九年)第二部第一類第四種。

第三部　平安貴族政治の形成

第一章　律令官人制の再編過程

序

本章では、律令国家の官人制がいかに平安貴族社会に適合する体制に再編されていったかを明らかにしたい。本書第一部第一章「律令官僚制の基本構造」では、律令官僚制を律令官人制・律令官司制の二元的構造をもつものと理解し、律令官人制については〈君恩―奉仕〉の関係を基本とする官人秩序と、位階制・禄制など官人秩序を維持する官人制システムから構成されると論じた。従って、官人制の再編を論じる場合、官人制システムの変化を考察することが有効な方法と言えようが、それには位階制と禄制の双方を取り上げる必要がある。

これまでの律令官人制研究は数々の史実を明らかにしてきたが[(1)]、官人制を位階制・禄制の両面から捉える視点に乏しかった。また、変質論が積極的に展開されることも少なく、一〇世紀以降への見通しは曖昧なままである。一方、官人制研究に密接に関連する官人社会論・貴族社会論においては、近年、王権を中心に据えつつ平安貴族社会の形成を論じる研究が成果をあげている[(2)]。しかし、支配者集団の内部編成の変動と当然関連するはずの制度面の変化は、ほとんど追究されてこなかった。

研究史の現状と問題点が右の如くであれば、律令官人制が総体的・制度的にいかに再編されたか、こそが解明されるべき課題と言える。本章では、政務と文書という「政治の形式」の変化を具体的に明らかにし、官人制再編の実相に迫りたい。

1　叙位制度の再編

本節では、叙位制度の面から位階制の再編を考察したい。

(一)　律令制及び『延喜式』の考叙制度

叙位制度の再編を考察する前に、律令制の考課―叙位の制度を概観しておこう。[3] 律令制の原則は次のようなものである。まず、上日と善・最という基準によって、毎年の考課(勤務評定)が行なわれる。この考課を六回経ることで成選する、つまり位階を与えられる候補者となる。そこで更に検討が加えられ、叙位に預かる官人とそれぞれの新しい位階が決定される。このように叙位の候補となることを「成選」と言い、成選のために毎年の考課が重ねられるのである。ここで注意すべきは、第一に、五位以上(勅授)についても成選叙位が行なわれるということである。六位以下のように機械的に結階されることはないが、考課→成選→叙位という原則は変わらない。第二に、考叙には官職による差別がないことである。最の基準こそ異なれ、ポストの要閑によって考叙に優劣が設けられることはなかった。散位も叙位から決して排除はされない。

『延喜式』に規定された考選・叙位の過程も、概ね律令制の原則に従っている(表14)。即ち、諸司は考文・選文を作成し、式部・兵部に送る。二省ではそれを校勘し、考・選の目録・別記を作成して三省申政の形で太政官に上申する。官は選について校勘し、奏聞を経て位階を与える。以上の手順と日程の大枠は、八世紀に遡って確認されている。(4) しかし式文を一読すれば、それが六位以下の叙位（奏授）のみに関するものであることが知られる。

『延喜式』では、五位以上の叙位（勅授）は正月五日、御所で決定されていた。(5) これを叙位議と呼ぶが、叙位議は成選とは切断されていたと見られる。そもそも式部・兵部で作成される選目録・選別記には、本来は勅授者も記されていたと推測することができ、(6) 叙位議でこれらの成選文書を利用することは可能な筈だった。しかし、成選文書が太政官に送られるのは、表14のように二月十日のことであって、正月五日の叙位議には間に合わないのである。このため、叙位議と成選は没交渉にならざるを得ない。後の儀式書の叙位議には成選文書が現れないが、恐らくそれは『延喜式』段階でも同様だったと考えてよい。このように、『延喜式』では勅授と奏授の考叙法が異なり、奏授のみに律令制本来の方式が残されていたのである。

(二)　成選勅授の放棄

ところが、先述の如く、律令制本来の考叙法では勅授も成選と関係していた。現に、『続日本紀』には八世紀前期に「成選人等ニ位ヲ授ク」といった記事が見え、令制の原則に基いて成選による勅授がなされていたことが知られる。(7) では、『延喜式』の如く成選と勅授が無関係になったのは、何時のことであったか。これは、叙位制度の再編を考える場合の重要な問題であるので、検討を加えたい。

そもそも勅授には、六位以下が五位を授かる「叙爵」と、五位以上が更に昇進する「加階」

表14　延喜式の考選過程（諸司長上官）

日程	～9/30	10/1	10～11	～12/30	2/10	2/11	3～4	4/7・15
選の過程	諸司選文の作成	式部・兵部へ送申	省で校定	選目録・選別記・短冊の作成	目録読申	列見（官の校・唱）	擬階	奏覧、授位
考の過程	諸司考文の作成	式部・兵部へ送申	省で校定・考問・引唱	考目録・考別記の作成	目録読申	—	—	—

とがあった。臨時の叙位は成選とは無関係であるから(後述)、叙爵・加階がどの程度まで成選と関係があったかを知るには、まず正月の定例叙位[8]の実態を調査しなければならない。

表15は加階と成選の関係を示す。各々の官人が何年おきに定例叙位で加階されているかを調べたものである。各個人については、成選の年限は定例叙位に預かった年の間隔として現れる[9]。また、叙爵から初めての定例叙位までの間隔も、成選年限に規定される[10]。この両者を全官人について集計してみた。律令官人は慶雲三年(七〇六)以降、四考で成選することになっていたから、間隔が四~五年、一回飛ばされたとして八~一〇年に集中すれば、成選の原理が加階に作用していることになる。しかし、結果としては七二〇年代頃、ほぼ養老年間までしか、成選による加階は確認できないようである。

表16は、官人がそれぞれ何位から叙爵されたかを集計したものである。六位以下の官人は、成選すれば普通三階の昇叙がなされていたから[11]、叙爵される官人の位階はほぼ六位全体にわたる筈である。八世紀初期の状況がそれにあたる。しかし、全ての官人が叙爵される訳ではないから、徐々に正六位上に留めら

表15　八世紀の定例叙位間隔

西暦	1	2	3	4	5	6	7	8	9	10	11	12	13	14	15~	計
711~715	1	8	6	26	9	1	9	5	5	0	1	0	0	0	0	71
716~720	4	5	4	16	13	1	2	2	5	3	1	2	0	0	0	58
721~725	3	9	11	13	6	3	4	5	3	4	3	1	2	0	0	67
726~730	5	3	6	5	6	5	2	2	2	2	0	3	1	0	4	46
731~735	1	6	4	9	4	1	5	6	1	1	1	1	3	1	1	45
736~740	6	6	3	1	6	4	1	2	0	1	1	1	1	4	2	39
741~745	1	6	7	5	10	4	3	4	1	0	0	2	0	1	7	51
746~750	19	9	12	6	8	6	1	5	4	4	1	2	2	0	6	85
751~755	1	0	4	2	4	5	1	4	0	0	1	1	2	1	4	30
756~760	1	0	9	0	1	10	2	4	6	2	8	1	0	3	5	52
761~765	3	6	4	4	5	6	3	8	1	0	1	1	0	3	14	59
766~770	1	2	2	1	0	0	1	0	1	0	0	1	0	0	1	10
771~775	2	1	1	1	1	3	9	4	6	7	1	2	0	1	9	48
776~780	4	6	6	3	5	2	4	3	4	6	5	2	1	3	9	63
781~785	2	3	8	3	6	3	3	2	0	1	2	3	1	3	8	48

れた官人が増え、叙爵が正六位上に集中していく。こう考えれば、確かに正六位上官人の優遇は目だつが、八世紀中後期のあり方も成選叙爵として不自然ではない。また、嵯峨朝(弘仁年間)には特異なあり方が見られるが、これも成選に忠実に叙爵を行ない、正六位下以下も基本的に排除しなかったためと考えれば理解しやすい。つまり、嵯峨朝まで成選叙爵が行なわれていた可能性が高いと思われる。

このように、定例叙位の実態からは、加階は養老年間まで[12]、叙爵は弘仁年間まで成選と関係があった、との推測しかできない。しかし、もう一つの重要な手がかりがある。それは成選文書が太政官に上申される三省申政の日程である。前述の如く『延喜式』では二月十日に行なわれていたが、それは『貞観式』でも同様であった[13]。しかし、『弘仁式』に遡ると、太政官式が二月十一日、式部式が正月三日としているのである[14]。二月十一日なら十日と大差ないが、正月三日は全く異なり、時代的に先行するものと考えられる。問題はこの正月三日で、これなら五日の叙位議の直前に成選文書が太政官に届けられるから、成選と勅授がリンクし得るのである。では、正月三日という式日は

表16　叙爵者の位階

天皇	年数	(加階)	正6上	正6下	従6上	従6下	正7上	正7下	従7上	従7下	8位	無位
文武	後3	(105)	19	5	11	20	1	1				12
元明	7	(68)	21	18	15	12	4	2		1		16
元正	9	(114)	46	12	5	5						9
聖武	25	(292)	141	11	5	3	1	2	1			27
孝謙	8	(37)	24	1								1
淳仁	8	(93)	82	2	2							13
称徳	5	(37)	54		4	3	1					25
光仁	11	(119)	111	2	3	1						3
桓武	前11	(117)	109	1	1		1		1			8
平城	3	(39)	21									0
嵯峨	14	(190)	150	10	11	13	4	2	1	6	1	4
淳和	10	(235)	140									11
仁明	17	(224)	302									16
文徳	8	(125)	150									10
清和	前11	(231)	217	1				2		1		26
陽成	8	(193)	156	1				2	1	1	1	14
光孝	3	(42)	51	1	1			1	3			11

何時廃止されたのであろうか。

　奇妙なのは、同じ『弘仁式』でありながら、太政官式と式部式で式日が違うことである。ただ、『弘仁式』が複雑な史料であることを忘れてはならない。即ち、『弘仁式』は内容に不備が多かったため、弘仁十一年（八二〇）の奏進後もすぐには施行されず、改訂版が天長七年（八三〇）、再訂版が承和七年（八四〇）に施行を見たのである(15)。選目録上申の式日が二種類あるのも、式の不備、或いは補訂に起因するものと考えるべきであろう。とすれば、正月三日から二月十一日への変更は、『弘仁式』の改訂に関係する時期、つまり弘仁年間から承和初年のこととなる(16)。そこで本稿では、これを天長年間のことと考えておきたい。その根拠は、①成選叙爵のあり方に弘仁年間と天長年間で断絶があること（表16）、②後の叙位除目議で重要な役割を果す外記が、天長年間から補任に関与し始めること(17)、の二点である。恐らく、天長年間に成選文書の上申は叙位議と切断され、六位以下の叙位にのみ利用されるようになったのであろう。成選による勅授は、この時に制度的に放棄されたのである(18)。

㈢　叙位議と叙位関係文書

　それでは、成選と切断された叙位議はどのように行なわれていたのであろうか。

議の次第は『江家次第』などの儀式書に詳しい(19)（表17）。それは、関係文書の準備→叙爵→加階→位記の作成、という順序で行なわれた。叙爵・加階は御前で決定され、申文と外記の勘文が資料とされていた。確かに成選文書は用いられていないのである。

　叙位議における叙人決定のあり方は、資料として用いられる文書、特に勘文を検討することによって判明する。そこで儀式書・記録・文書の実例（宮内庁書陵部壬生家文書）(20)によって、重要な二種類の勘文――十年労帳と外記勘文―の特徴を略述しておく。

まず十年労帳（十年労勘文）は、叙位議の最初に奏覧される文書である。『江家次第』ではそれだけの役割しか与えられていないが、『西宮記』では叙人を「外記勘文及ビ十年労勘文ニ依」って決定するとしている。本来は重要な文書であったため、議の最初に奏上されていたのであろう。そこには諸司の「六位」の「第一労」の者が列挙されていたらしく、[21]叙爵だけのための資料であった。また、文官・武官の区別はないから、外記が作成し進上したものと見てよい。実例【史料①】も上述のとおりの文書のようである。[22]

【史料①】

十年労

太政官

権大外記正六位上中原朝臣師野　　歴『卅四年』

康応元年十二月任権小外記

明徳四年正月転少外記

応永二年三月兼図書頭

同三年九月兼雅楽助

表17　平安時代の叙位議

	内　　容	場所・文書
準備	①外記方筥文の用意（五位以上歴名帳、補任帳、十年労帳、申文） ②蔵人方筥文の用意（申文、外記勘文、十年労帳） ③御前座に着く→十年労帳の奏覧→天皇より外記勘文と申文を下給	※議所 ※御前 ※御前
叙爵	①巡爵　（式部・民部丞・蔵人・外記・史〈・将監〉：毎年各１人） ②氏爵　（王氏・源氏・藤氏・橘氏　：毎年各１人） ③年労叙爵　（内記・大蔵丞・検非違使　：規定の労を経た者） ④諸司労・外衛労（各々を通じての「労第一二者」　：本来各１～２人？） ⑤年爵　（院宮・准三后の推挙者　：毎年各１人）	申文と口頭 申文と口頭 外記勘文 外記勘文 申文
加階	①入内・一加階 ②年労加階　（親王？・公卿・弁・少納言・近衛中少将・諸道博士・諸司長官・八省輔・諸衛佐　：規定の労を経た者）	各勘文 外記勘文
終了	①叙位結果（続紙）の奏覧＝叙位簿 ②入眼（位記の作成）→奏覧→請印 ③下名の作成→奏聞→式部・兵部に付す	※御前 ※議所 ※議所

同十八年閏十月見任
同廿四年三月兼雅楽頭
右大史正六位上高橋朝臣範職　　歴『廿二年』
（中略）
縫殿寮
少允正六位上藤原朝臣末久　　歴『卅三年』
暦応二年二月任
（中略）
右馬寮
少允正六位上藤原朝臣成氏　　歴『卅二年』
明徳二年三月任
応永廿九年十二月十八日（一四二二）

一方、外記勘文は、十年労帳が形骸化した後も、実質的な決定資料であった。[23] 表17に示したように、それは叙爵と加階の双方に関係し、候補者の「労」を勘申するものである。[24] より正確に言うなら、官職ごとに一定年限の「労」があり、その「労」を積んだ官人のみが外記勘文に登載され、加階や叙爵の対象となったのである。また、天皇から執筆に下され、最後にまた返上されるから、天皇の意による文書という性格が強いようである。[25] 実例【史料②】では、候補者の「歴」（＝労）と先例が、加階と叙爵の両方について詳細に記されている。[26]

【史料②】

勘申　加階叙位例事
一、加階例
侍従叙従五位上例
（中略）
左右近衛中将叙従四位上例
（中略）
同少将叙従四位下例
正五位下源朝臣具秀　　歴七年　　少将五年
応永廿年正月叙正五位下　　同廿二年五月任左近衛権少将
正五位下源朝臣持康　　歴六年　　少将六年
応永廿一年三月任右近衛権少将　　同年四月叙正五位下
正五位下藤原朝臣基尹　　歴五年　　少将六年
応永廿一年三月任左近衛権少将　　同廿二年十一月叙正五位下
正五位下藤原朝臣実村　　歴四年　　少将六年
応永廿一年三月任右近衛権少将　　同廿三年十一月叙正五位下
源有賢　　歴四年　　少将四年
寛治元年正月叙正五位下　　同年三月任右近衛権少将
永長二年正月叙従四位下

藤原為家　　歴三年　　少将五年
承元四年七月任左近衛権少将　　建暦二年十一月叙正五位下
建保二年正月叙従四位下
藤原親康　　歴三年　　少将三年
永仁六年正月叙正五位下　　同年六月任左近衛権少将
正安三年正月叙従四位下
一、叙位例
諸司労
治部少丞藤原時重　　　歴十五年
応永十二年正月任
掃部少允源盛豊　　　歴十四年
応永十二年八月任
（中略）
外衛労
右、補任・歴名等帳、所注如件、仍勘申
応永廿六年正月六日　　大外記兼肥後守中原朝臣師胤勘申

以上の二種の勘文のほかに、諸種の申文が決定資料となっていた(27)。注目すべきは、叙爵と加階の多くが「労」を問題としていることである。実はこれこそ、成選と切断された叙位議の中核なのである。節を改めて、叙位制度再編の内実に迫りたい。

(四) 叙位制度の再編とその意義

まず、叙爵の再編について述べる。叙位議の次第が十年労帳の奏上から始まることは先述した。議の最初に奏覧されるのは、候補者を象徴的に天皇に知らせるためと思われるが、[28]とすれば十年労帳はこの任にふさわしくない。何故なら、十年労帳は叙爵のみに関する文書で、加階については資料となり得ないからである。[29]これを如何に考えるべきか。最も可能性の高い解答は次のようなものであろう。即ち、十年労帳の奏上は本来的なものではなく、元は奏上にふさわしい、候補者を一覧にした文書が用いられていた。そしてその本来の文書こそ、式部・兵部の成選文書であった。――つまり、〈成選文書から十年労帳へ〉という変更を想定するのである。そして、その変更が行なわれたのは、成選と叙位議が切断された時点、恐らく天長年間のことであったと考えられる。

この〈成選文書から十年労帳へ〉という変更は、叙爵の候補を各官司の六位の第一労、即ち年功序列の筆頭にいる官人に限定することを意味する。つまり、全ての六位官人が成選年毎に候補になるのではなく、各官司の第一労のみが、しかも毎年候補となるようになったのである。言わば〈位階の上日・成選から官職の年労へ〉という変更が、制度的に行なわれたのであった。

表17に示した平安時代の種々の叙爵制度は、概ね九世紀中後期に形成されたと考えられるが、[30]十年労帳はそれに先だって成立し、大きな意味を担った。即ち、巡爵・年労叙爵・諸司労は全て諸司の第一労を対象にした叙爵制度であるから、十年労帳の存在がその前提となる。一方、十年労帳から排除された官人は特別な機会を得ないと叙爵できなくなるが、それに対応した特権的な叙爵制度として氏爵や院宮年爵が成立したと考えることができ

る。要するに十年労帳は、平安時代の叙爵制度の正反両面での母体となったのである。

さて、〈成選文書から十年労帳へ〉という変化は叙爵のみに関連する。加階はすでに八世紀に成選と無関係になっていたらしい。では、加階に関しては〈位階の上日・成選から官職の年労へ〉という変化は見られないのであろうか。先述の如く、加階の決定には外記勘文が大きな役割を果していた。そして、そこでも候補者の官職の年労が問題とされ、一定期間の「労」を積んだ官人のみが加階の対象となっていた。つまり、年労加階も特定官職の官人だけに適用され、全ての五位以上が加階に預かれた訳ではなかったのである。こうした方式は、九世紀後半の「官人機構の貴族化」(31)に伴って生まれたものかと推測される。(32)尤も成選との関係がなくなってから年労加階が始まるまでの間、加階が如何に行なわれていたかは不分明であるが、(33)ともあれ加階も官職の年労とリンクして行なわれるようになるのであり、大筋として〈位階の上日・成選から官職の年労へ〉という変化は認め得よう。

それでは、叙位制度再編の意義は何か。第一に、勅授が最終的に成選と切断されたことの意味は、やはり大きい。官職の有無や種類に関わらず、全官人がその上日を前提として位階を上げられるという律令制本来の方式は、勅授については放棄された。そして新たに重視されるのが官職の年労である。しかも、徐々に官職による差別が形成されていく。こうして、上日によって示された官人の〈奉仕〉は形骸化し、特定官職の年労のみが評価され〈君恩〉に預かるようになるのである。(34)なお、奏授については不明な点が多いが、六位以下の位階は一〇世紀には形骸化が進んだらしく、(35)〈君恩―奉仕〉関係は実質的に消滅していったと思われる。

第二に、叙位の除目への接近である。官職の年労が評価の基準となるのは、本来任官、つまり除目の原則であった。(36)ところが叙位も官職の年労によって行なわれるようになると、叙位と除目の距離は縮まることになる。現に、平安時代の叙位議と除目議は、その次第や手続文書においてかなり類似している。そして、叙位独自の基準が無くなり、しかも特定官職の年労が有利となれば、除目のほうが重視され始めるのは当然である。このように、〈位階の上日・成選から官職の年労へ〉という変化は、結果的に叙位の除目への接近、叙位自体の意義の低下を招いたのであった。

第三に、官人を把握する機構の変化である。上日・考選に関する複雑な作業が後退し、補任と位階の現状さえ把握すれば叙位が可能になった。これは申文にも対応し得る簡素な体制と評価できるが、そこで官人を把握する機構として登場するのが外記と蔵人所である。申文の内容や勘文のあり方から見て、外記方と蔵人方は作業分担の関係にあったと考えられるが、この両「方」こそ三省に代わる官人把握機構として永く存続するのである。[37]

以上のような、天長年間（八二四―八三四）の十年労帳の成立に始まる叙位制度の再編は、〈君恩―奉仕〉関係の大きな変化の一環と言えるであろう。やがて天暦年間（九四七―九五七）に入ると、『官職秘抄』に記されたような昇進経路のひな型の存在が確認される。[38] また、『叙位略例』なる書も、この頃に勅命により撰述された。[39] これらは叙位除目に関する新たなシステムの確立を示すものと言えよう。叙位制度の再編は、天暦年間にはほぼ完了していたのである。

2　禄制の再編

本節では、もう一つの〈君恩〉である禄制の再編を検討する。

㈠　季禄・馬料・時服料の崩壊

律令官人への代表的な禄は季禄である。[40] 季禄は半年毎に、一定の上日を満たした職事官に対して与えられたが、その財源は調庸物であった。従って、調庸制が変質すれば、当然、季禄の支給にも変化が現れる。既に三善清行の意見封事十二箇条[41]（延喜十四年＝九一四）には、公卿と出納官司以外には季禄がなかなか支給されないという状況が述べられており、九世紀を通じて進行した調庸制衰退の影響が窺われる。しかし、季禄が最終的に消滅するのは、一〇世紀前半のことであった。

天慶九年（九四六）七月五日太政官符は次のように語る。[42] 云く、仁和四年（八八八）、大嘗会行事所の仰せに従わない場合、五位以上は節禄を、六位以下は季禄を拘留せよとの官符が出た。しかし、「年来諸司ノ季禄、給ヒ下スコト已ニ稀」なため、拘留しても罰則にならない。よって代わりに祓を科することとする。――季禄は九世紀末には一応支給されていたらしいが、一〇世紀中葉には「不給之禄」と化していたのである。

ほぼこれと同じ頃、季禄目録に関する三省申政が史料上から消える。[43] 季禄の不給によって上申する意味がなくなったのであろう。そして、馬料目録・時服目録に関する三省申政も続いて姿を消す。[44] 馬料・時服料も調庸物を財源としていたため季禄と同様の運命を辿り、やはり一〇世紀中葉に崩壊したものと思われる。

以上の三種の禄は、支給対象にやや差はあったが、いずれも広い範囲の官人への〈君恩〉であった。特に六位以下はそれ以外の禄を受けなかったので、[45] 支給の途絶は、即ち物質的な〈君恩〉からの疎外に他ならなかったのである。

㈡　節禄の崩壊

しかし、〈五位以上集団〉には別種の〈君恩〉の禄が残っていた。位禄と節禄である。
まず節禄であるが、これは節会への出席者に与えられた禄である。[46] 節会は〈五位以上集団〉と天皇を人格的に結ぶ場であり、節禄は彼らへの特権的な〈君恩〉であった。[47] しかも、支給額は年間を通計すれば季禄に迫るものであったし[48]（表18）、一貫して現物が支給されていたのも大きな利点であった。

承平五・六年（九三五・六）の四通の宣旨[49]では、節禄のために大量の絹と綿を支出するよう大蔵省に指示がなされている。他の史料でも承平年間までは節禄の不給が見えないから、この宣旨は実態をかなり反映したものであろう。注目すべきは、絹と綿の大部分が大宰府の進上物であることである。周知の如く、大宰府は八世紀から中央に綿を（後に絹も）貢進しており、それらは府に集積された西海道諸国の調庸物の一部であった。しかし、京進すべき量は府にとって決して重い負担ではなかったので、大宰府貢綿制は一般の調庸制よりも永く命脈を保ったらしい。[50] 節禄は早くから財源をこの大宰府貢綿制に求めていたようであり[51]、『延喜式』の節禄品目のほぼ全てが貢綿制に関わる絹と綿で占められている。そして、このことが節禄の存続を可能にしたと見てよいであろう。一般の調庸物に依拠しなかったため、承平年間まで現物支給が可能だったのである。

しかし、天慶末年になると事態は一変する。まず、天慶八年（九四五）正月の七日節会では禄が支給されなかった。[52] 節禄不給の初見である。また、天暦五年（九五一）に残菊宴の開催の可否が定められた際、諸節会は「禄物ヲ給ハザルト雖モ、猶ホ之ヲ行フ」ことが「行ヒ来ルコト已ニ久シ」と述べられている。[53] さらに応和

表18　節禄・季禄・位禄の支給額

節禄	1/7（五）　絁４疋＋綿20屯（180束） 1/16（次）　綿20屯（ 60束） 9/9（次）　綿20屯（ 60束） 11/新（五）　絁４疋＋綿20屯（180束） 1/17（五）　布１～16端（15～240束）	次侍従 480束 非侍従 360束 ＋α
季禄	絁８疋＋綿４屯＋布20端＋鍬20口 ＋糸４絇＋鉄８廷	676束
位禄	絁４疋＋綿４屯＋布29端 ＋庸布180常（90段）	1377束

三年(九六一)閏十二月二十八日官符によれば、[54]頃年大宰府は絹・綿の未進や代物輸納をことと し、このため中央では「節会ノ禄、見給既ニ稀ニシテ、諸大夫ノ愁、年ヲ逐テ絶エズ」という状況が生じていたという。

かかる事態は大宰府貢綿制の衰退によって発生したと見てよかろう。大宰府管内でも調庸制は徐々に弛緩してきていたはずで、それが貢綿制衰退の原因であることは疑いない。しかし、より直接的な原因としては、天慶四年の藤原純友乱による大宰府の炎上と府機能の痲痺を考えるべきであろう。[55]また、天暦六年の正蔵率分制が逆効果を及ぼし、調庸が一割(のちに二割)しか京進されなくなったことも、[56]貢綿制の衰退に拍車をかけたと思われる。

このように、節禄は一〇世紀中葉に急速に崩壊した。[57]その後も代物の支給などは行なわれているが、節会の求心力は弱まったらしい。現に大江匡房は、「上古」は「節会ニ預ルヲ以テ大望ト為ス、多クハ禄綿ヲ給ハルニ依リテ也」という状況であったのに、やがて禄綿が支給されなくなったため「節会ニ預ルヲ望ムノ人無シ」という結果を招いたと証言している。[58]〈君恩〉たる節禄の崩壊は、〈五位以上集団〉の維持システムであった節会自体の機能をも低下させたのである。

(三)　位禄定と兼国

位禄は元来は調庸物から支給されていたが、やがて諸国の租穀を現地で給うという方式に変更される。こうした方法は九世紀中期に始まると推測されており、それが定例化されて延喜七年(九〇七)に年料別納租穀制が成立する。[59]いずれにせよ、〈五位以上集団〉の大多数を占める四位・五位の官人はこの特権的な〈君恩〉に預かる存在であった。

ところが、『西宮記』には位禄定という政務が見え、そこでは限られた範囲のみに位禄が宛てられていた。(60) その範囲とは「殿上分」と、キサキ・源氏・特定官職の官人等である。また実例によれば、支給国もかなり限定されていた(61)(表19)。さらに注目すべきは、天皇・院宮・大臣家がそれぞれの「分」(推薦権)を持ち、位禄所の弁による決定を制約していたことである。天皇の「殿上分」もこれら「分」の一にして最大のものであると言えようが、(62) 特に「分」が設けられている程であるから、位禄定は大きな意味を持っていたと考えるべきであり、定に入らなかった官人は位禄を手にできないことが多かったと推定せねばなるまい。(63)

このような位禄定の成立期は明確でない。位禄の支給を国司に命ずる位禄官符は仁和年間(八八五―八八九)には存在したらしく、(64) また延長三年(九二五)に院が位禄定に介入した例が知られるが、(65)「分」の確実な初見は天徳元年(九六〇)に降る。(66) 推測するに、延喜年間に見られる初期の位禄定は全員の支給国を決めるものであったが、次第に国司の「申返」(支出拒否)が頻発したため、定の性格が受給者を限定するものに変わったのではあるまいか。いずれにせよ、限定的な位禄定は一〇世紀前半に成立したと見て大過ないものと思われる。(68)

表19　位禄定の実例

年	殿上分	女御以下	出典
安和2	7国	11国	北山抄
天禄3	7国14具	?	親信卿記
正暦4	7国	11国	小右記
長保3	6国13具	9国25具	江家次第
治安2	5国	10国	小右記
12C初	5国10具	10国	江家次第

さて、『西宮記』によれば、位禄定に預かる官職は外衛督佐・馬寮頭助・二寮頭助・外記史等であったが、そのすぐ上のクラスの弁・少納言・近衛次将は位禄料として諸国の正税を奏請していた。また、受領や兼国を持つ官人も、既に八世紀から当国の正税を位禄料としていた。(69) つまり、別納租穀以外の方法でも位禄は支給されており、全て特定の官職に就いていることが必要なのであった。位禄は〈五位以上集団〉にあまねく与えられるものから、特定の官職に対する給与と言うべきものに

変貌していたのである。そして、これらの官職も除目で任じられたから、ここでも除目の持つ意味が大きくなっていると言える。除目が官人の生計に深く関わるのは、何も受領だけの問題ではなかった。

なお、位禄定に「殿上分」・キサキ・源氏が含まれ、天皇・院宮・大臣家が推薦権を有したことも重要である。ここでは官職の如何に関わりなく特権的に給与が与えられているのであり、叙位除目における年給制度[70]に通じる方式と言えよう。特定官職の優遇とともに、かかる「恩寵」的特権が存在したことも律令官人制再編の特徴と見るべきで、それは叙位除目と給与の双方に作用していたのである。

(四)　禄制の崩壊と縮小的再編

最後に禄制の崩壊・再編をまとめ、その意味を考えておきたい。

まず、六位以下の禄は全て一〇世紀中葉までに崩壊したと考えられる。これは六位以下の位階が形骸化した事実とも対応する。もはや六位以下には物質的な〈君恩〉は与えられなかった。しかし、彼らは諸司で「奉公之労」[71]を積み、少しでも良い官職に就こうとしたし、一方では天皇家を中心とする諸家の「恩寵」を得るために私的な従属関係を結び、日常的奉仕を重ねていた。

一方、一〇世紀中葉には〈五位以上集団〉も解体した。特定官職が優遇され、それ以外、特に散位は排除されることになる。その結果、禄制と除目の関係が強まり、ここでも除目の重要性が増した。また、〈君恩〉が広く与えられなくなったため、種々の「恩寵」に預かることが重要になる。殿上人の地位が上昇するのも[72]、こうした観点から理解できよう。

なお、機構面では、禄制でも本来は三省が官人を把握していたが、三省申政の消滅に明らかな如く、その機能は低下した。そして、除目を扱う外記方・蔵人方が重要な役割を果し始めるようである。

このように、禄制は縮小しつつ新たな原理に沿って再編された。もはやそこには上日による〈奉仕〉も広い範囲への〈君恩〉の禄もなく、特定の官職と「恩寵」に預かる人々のみを優遇する論理が貫徹していたのである。

3　総括と展望

以上、律令官人制の再編を検討してきた[73]。最後にそれを総括し、若干の展望を述べておきたい。

律令制の官人秩序は〈君恩―奉仕〉の関係を基本としており、それを支えるシステムとして位階制・禄制が機能していた。しかし、やがて叙爵では官職の年労が、加階・位禄支給でも特定官職が重視されるようになる。こうして位階より官職が、上日より官職の労が、叙位より除目が重要になっていった。一方、天皇家を中心とする諸家の「恩寵」も制度的に浮上し、種々の主従制的関係が現れ始める。要するに、広い範囲への〈君恩〉が収縮し、特定の官職と「恩寵」に預かる人々のみが優遇を受ける体制が成立したのであった。平安貴族社会が天皇・院宮・摂関を中心とし、公卿とそこに至る特定の官職、更に殿上人などの近臣が重視され、受領や実務官人がそれを支えるという構造を持つものとするなら、再編された官人制はまさにそれに適合する体制であったと言えよう。

また、〈五位以上集団〉の解体も重要である。彼らはすでに政治的な指導層ではなかった。例えば、「公卿」という語は八世紀には〈五位以上集団〉を指したのに、九世紀には参議以上を指すようになっていた[74]。そして、禄の崩壊・偏頗がそれに拍車をかけ、「五位以上」は単なる身分表示に過ぎなくなった。身分の厳守・過差の禁止を定める公家新制は天暦元年(九四七)令を最初とするが[75]、まさにこの頃、政治的な〈五位以上集団〉から身分的な「五位以上」への変化が、その最終局面を迎えていたのである。

一方、六位以下は〈君恩〉から疎外された。彼らはそれぞれの官職で「奉公之労」を重ね、あるいは諸家に属して「恩寵」を期待した。この二つの道は個々の官人においては重なり得るが、国家の体制として見た場合、下級官人が諸司(官職的集団)と諸家(家産的集団)へ帰属する体制として把握し得よう。諸司・諸家における「奉公」「恪勤」というあり方からは、律令官僚制・官人制が単に「私的」な諸家に分解したのではなく、一定の「公」を保ちつつ二方向へ分化したという事実を読み取る必要がある[76]。

さて、官人制の再編は維持機構の再編でもあった。三省申政の衰滅に明らかな如く、律令制本来の三省による官人把握は後退し、外記方・蔵人方が新たに重要な役割を担い始める。この両「方」は人事や給与のみならず、朝廷のあらゆる政務・儀式において官人を把握し、人的側面で朝儀を支えた。そして、両「方」はそれぞれの担当範囲を持つ分掌関係にあり、外記方は諸司の官人(散位等を含む)、蔵人方は諸家の官人(天皇家を含む)を把握していたと見るべきである。三省は文武・男女による分掌を行なっていたが、両「方」はそれを新たな基準で組み替えたのである。

このように考えてくれば、天皇の位置も明確であろう。律令国家の天皇は官人秩序の頂点にあった。たとえ自ら国政を領導し得なくても、天皇が支配者集団の頂点にあることに変わりはなかった。例えば『日本三代実録』によると、清和天皇は政務や祭祀をほとんど自ら行なわず、臣下の手に委ねることが多かったが、一方で節会にはきちんと出席し、君主たることを演出しているのである(表20)。そして律令官人制が再編されても、こうした天皇の位置は根本的には変化しなかった。確かに〈君恩〉の及ぶ範囲ははるかに狭くなったが、天皇はやはり諸身分・「公」の頂点であり続けたように思われる。しかし、天皇家という最大の家の長としての「恩寵」が、制度上に明確になったことも忘れてはならない。平安時代の天皇は、一方で「公」の頂点、他方で最大の家長という二面性を持っていたのである。これが先の外記方・蔵人方の分掌と対応することは言うまでもなく、またこの二面性が分離する時に院政という政治形態が生まれるのであろうか。

振り返れば、以上に述べた律令官人制の再編は、天長年間の外記の浮上・成選勅授の放棄に始まり、天暦年間を中心とする一〇世紀中葉に一応の完成を見た。この間にはいくつかの小画期があり、九・一〇世紀に一定の断絶を見ることもできる。しかし本稿では、むしろ九・一〇世紀の垣根を取り払い、この〈天長から天暦まで〉を同じ方向性を持ったひと続きの時代として捉え、律令官人制の「再編期」と一括することを提唱したい。もちろん、それは貴族社会の「形成期」でもあるのだが、この時代に貴族社会に適合する体制への模索がなされ、様々な先例が集積されていった。そして、これらの先例は一定の規範・システムに成長し、貴族社会・公家社会を永く規定していくのである。「再編期」は新たな規範・システムが成立した時代、『西宮記』の世界を生み出した時代であった。所謂「延喜天暦聖代観」もそうした観点から再評価し得よ

表20　清和天皇の年中行事関与

行事	貞観元	2	3	4	5	6	7	8	9	10	11	12	13	14	15	16	17	18
受朝賀	—	—	—	—	—	○	—	—	—	—	—	—	—	—	—	—	—	—
元日会	—?	○	○	○	○	○	×	×	○	○	—	○	○	—?	○	○	○	○
七日会	—	○	○	○	○	○	○	○	○	○	○	○	○	—	○	○	○	○
踏歌会	—	○	○	○	○	○	×	○	○	○	○	×	○	—	—	○	○	○
擬階奏	×			×	×	×	×	×	×								×	
郡司奏			×	×	×	×	×	×	×	×								×
神今食	×?	×	×	×	×	×	×	—	×	×	×	×	×	×	×	×	×	—
相撲会			○	○	○	○	○		○			○	○	—		○		
重陽会	—	—	×	○	○?	○	○	—	○	○	—	○	—	—	—	—	○	—
新嘗祭	○	×	×	×	×	×	×	×	×	×	×	○	—	×	○	×	×	×
新嘗会	○	○	○	○	○	○	○	○	○	○	○	○	—	—	○	○	○	○
神今食	?	×?	×	×	×	○	×	×	×	×	×	○	×		×	○	—	陽成

(注) ○は出御・親祭、×は不出御・不親祭、—は停止。

う し、「古代の転換期としての十世紀」は官人制の大きな再編の時代でもあったのである。そして、この「再編期」に続いて固定化の時代が訪れる。貴族の家格や家職は一〇世紀末～一一世紀に成立し[77]、貴族社会は固定化・構造化する方向に向かった。藤原道長政権から院政に続く時代はこうした流れの上にあると言える。しかし、その基盤となった制度や規範は、概ねこの「再編期」に形成されたものだったのである。

注

(1) 例えば、野村忠夫『律令官人制の研究』(吉川弘文館、一九六七年)、高橋崇『律令官人給与制の研究』(吉川弘文館、一九七〇年)、など。

(2) 例えば、長山泰孝「古代貴族の終焉」(『続日本紀研究』二一四、一九八一年。同『律令国家と王権』、吉川弘文館、一九九二年、所収)、笹山晴生「平安初期の政治改革」(『岩波講座日本歴史』三、一九七六年)、など。

(3) 野村忠夫『律令官人制の研究』(前掲)、第一篇。

(4) 寺崎保広「考課・選叙と木簡」(『平城宮木簡　四』解説、一九八六年)。

(5) 『延喜式』巻一一、太政官、七日条(新訂増補国史大系三三六頁)。これは儀式書に見えるような御前儀と考えてよかろう。

(6) 天平勝宝元年(七四九)造東大寺司職事選文(『大日本古文書』二五巻八七頁)によれば、諸司選文は目録(「孔目」)部と歴名部からなり、勅授・奏授を区別していない。式部・兵部の選目録・選別記はそれぞれ諸司選文の目録部・歴名部を集成して作られると考えられるから、本来は二省の成選文書にも勅授候補が記されていたと推測することができる。なお、諸司考文も目録部と歴名部からなり、奏聞の要不要による区別はなされていなかった(『政事要略』巻二五、年中行事十月、諸司畿内進奏考選并雑公文等事、天暦五年(九五一)太政官職事考文)。

(7) 『続日本紀』慶雲四年(七〇七)二月甲子条、和銅四年(七一一)四月壬午条、和銅八年四月丙子条。青木和夫「浄御原令と古代官僚制」(『古代学』三―二、一九五四年。同『日本律令国家論攷』、岩波書店、一九九二年、所収)、寒川照雄「慶雲元年正月の「成選叙位」について」(『中央大学文学部紀要』二八、一九八三年)、参照。

（8）定例叙位が正月七日に固定するのは、光仁・桓武朝頃からである。それ以前は定例叙位の見極めが困難なことが少なくない。本稿ではさしあたり正月～五月の多人数に上る叙位を定例叙位と見なしたが、問題も多い。『続日本紀』慶雲二年十二月癸酉条・和銅六年正月丁亥条・和銅八年正月癸巳条・神亀元年二月甲子条・同壬子条・神亀五年五月丙辰条・天平元年三月甲午条・天平十五年五月癸卯条・天平二十年正月戊寅条・天平宝字元年五月丁卯条・天平神護二年正月丁丑条・天応元年十一月己巳条は、疑問もあるが成選者が含まれている可能性も少なくないので、一応採用した。従って、表15はとりあえずの目安にしかならないが、数量から見て統計的に無意味ではなかろう。

（9）『延喜式』巻一八、式部上、挙才叙位条（四九〇頁）。特叙されてもそれまでの考は破棄されず、従って成選間隔は変化しないという規定であるが、この原則は和銅八年に確立した（『令集解』選叙令秀才出身条所引和銅八年四月八日太政官処分）。従って、各官人について「定例叙位年マイナス前定例叙位年」で成選年限が求められる。

（10）『延喜式』巻一八、式部上、五位条（四九〇頁）により、叙爵されるとそれまでの考が破棄されるからである。この原則は和銅三年に確立した（『続日本紀』和銅三年正月壬戌条）。従って、各官人について「初定例叙位年マイナス叙爵年」で成選年限が求められる。

（11）長上官の場合、最も普通の考「中上」を六考（格制四考）重ねれば三階昇叙される。なお、「中上」が機械的に与えられ始めるのは奈良時代後半のこととされるが（寺崎保広「考課木簡の再検討」〔『律令国家の構造』、吉川弘文館、一九八九年〕）、そうであれば八世紀の早い段階ほど厳密な昇進、つまり正六位あたりからの叙爵が多くなる筈である。

（12）ただしこれは成選に非ざる叙位に埋没した感が強く、もう少し後まで行なわれていた可能性がある。また制度的には例えば天平年間に、考選過程で重要な考第の唱示が五位以上についても行なわれていたことが確認できる（『令集解』考課令内外初位条古記今行事）。

（13）『本朝月令』四月七日奏成選短冊事所引「貞観官式」。『儀式』巻九、二月十日於太政官庁申三省考選目録儀も同じ。

（14）『本朝月令』四月七日奏成選短冊事所引「弘仁官式」、同「貞観官式」所引弘仁太政官式、九条家本『弘仁式』、式部省、考選目録申太政官（三頁）。なお、『令集解』職員令太政官条の行間書入に見える「式部式」も「正月三日」としている。

（15）鎌田元一「弘仁格式の撰進と施行について」（『古代国家の形成と展開』、吉川弘文館、一九七六年）。

（16）正月三日は二月十一日に先行する式日と考えられ、かつ貞観式に引用される弘仁式は当然承和七年式と見るべきであるから、少なくとも承和七年太政官式が二月十一日、天長七年式部省式が正月三日とするものであったことは論断し得る。問題は天長七年太政官式の式日であるが、①正月三日、②二月十一日の二つの可能性がある。①とすれば二月十一日は承和七年式による修正、②とすれば天長七年式の不統一となる。そして、①の場合、承和七年式への修正は承和初年までの式日の変更によるものと考えられ（上限は②と同様）、また②の場合でも式部式に旧来の式日が残っていることから、式日の変更はそれほど古くなく、弘仁年間以降と考えるのが穏当であろう。このように、正月三日→二月十一日の式日の変更は、弘仁年間～承和初年の間に押えられると思われるが、九条家本『弘仁式』が何時の式であるかという問題も含め、更に精査が必要である。

(17)『類聚符宣抄』巻六、外記職掌、天長六年三月十三日宣旨、同巻六、雑例、天長八年四月十五日宣旨。

(18)旧稿発表後、早川庄八「成選叙位をめぐって」（『日本律令制論集』下、吉川弘文館、一九九三年）が私見を批判し、勅授は八世紀前期に成選叙位と分離したと論じた。同説は、勅授は結階法によらないから成選叙位とは異質だとするものであるが、成選によって勅授の候補となることと、勅授が機械的な結階法をとらないことは、別の問題である。早川は〈成選による叙位候補入り〉が勅授でも発生する可能性を捨象し、これとは別次元の結階法によって成選勅授を否定している。しかし、正六位上官人がいかにして叙爵候補となるかという点を考えるだけでも、早川説の問題点は明白である。やはり「労」以前は「成選による勅授、ただし結階は議による」という状況を想定するのが妥当であろう。勅授が正月に移行するのは、特別な〈君恩〉として演出され、従来の臨時叙位と同時に行なわれるようになったためと考えればよい。ちなみに、正月叙位に成選勅授者が入っておれば早川説には不利となるが、和銅元年四月の加階者一二人を個々に検討すると、

前回の叙位…和銅元年正月（五年間隔）二人、和銅二年正月（四年間隔）四人

次回の叙位…養老元年四月（四年間隔）三人、養老二年正月（五年間隔）一人

と成選年限との連関が認められ、しかもそれは正月叙位でも同様であった。

(19)『江家次第』巻二、叙位、『西宮記』巻一、正月五日叙位儀、『撰集秘記』巻二、正月五日叙位議事所引『九条年中行事』、『叙玉秘抄』など。

(20)「叙位除目関係文書」（壬―二九三）。この文書群の性格については更に調査が必要であるが、現時点での仮説は本章附論「儀式と文書」で述べておいた。

(21)『西宮記』巻一、正月五日叙位儀、『江記』寛治五年（一〇八七）正月六日条。

(22) 十年労帳については、福井俊彦「労および労帳についての覚書」(『日本歴史』三八〇、一九八〇年)も参照のこと。
(23) このため、院が叙爵に介入する際にも外記勘文への合点という形をとった。例えば、『中右記』長治二年(一一〇五)正月六日条、同長承二年(一一三三)正月五日条など。本章附論、参照。
(24) 例えば、『小右記』治安元年(一〇二一)正月六日条、『江記』寛治五年正月六日条など。
(25) 『江家次第』巻二、摂政時叙位事。『水左記』承暦四年(一〇八〇)正月六日条も参照。
(26) なお、文明八年(一四七六)の外記勘文では「叙位例」の筆頭に「諸司労」「外衛労」以外の項目が挙げられており、「加階例」と同様の書式を持っていたことが判明する。その部分のみ引用しておく。

大蔵丞叙位例
　大江友豊　　歴十年
　　応仁元年三月任
源孝重　　歴六年
　保元三年正月任大蔵少丞　　応保元年正月叙従五位下
清原春教　　歴六年
　明徳三年二月任大蔵少丞　　応永四年正月叙従五位下

(27) 叙位の申文については、玉井力「『紀家集』紙背文書について」(『日本歴史』四三四、一九八四年)。なお、入内勘文と一加階勘文は上述の外記勘文とは別物で、ともに蔵人の催しを受けて外記が作成する、簡略な勘文である。『叙位除目関係文書』のなかから、前者の例を掲げておく。

可入内者
　国宿祢行法
　　明応二年正月叙外従五位下
　　　明応三年正月六日

(28) 除目では、闕官の一覧である闕官帳が議初に奏上される(『西宮記』巻二、除目)。
(29) 旧稿発表後、高田淳「「年労加階制」以前」(『国史学』一五〇、一九九三年)は位階を規準にした「十年労加階」なる慣行が官職における「年労加階」の前提にあったと述べ、「十年労帳の本来の姿が五位以上官人と六位以下官人の一部（諸司判官以上）の年労十年以上の者を列挙したもので、叙爵と加階の双方に関係した文書であった」と想定した。これは「十年労帳」なる名称の由来を説明し得る興味深い考え方であるが、なお想像にとどまる部分も多く、十年労帳と外記勘文の関係などから、さらに検証が必要である。なお、高田説が成立したとしても、〈位階の上日・成選から官職の年労へ〉など、本稿の基本的な論旨に変更の必要はない。

(30)　巡爵は承和年間（高田淳「「巡爵」とその成立」〔『国学院大学紀要』二六、一九八八年〕）、院宮年爵は貞観十三年〜元慶六年（時野谷滋『律令封禄制度史の研究』〔吉川弘文館、一九七七年〕第二篇第一章）、氏爵は九世紀末（宇根俊範「氏爵と氏長者」〔『王朝国家国政史の研究』、吉川弘文館、一九八七年〕、ただし高田淳「「年労加階制」以前」〔前掲〕は承和年間とする）に、それぞれ成立したと考えられている。また年労叙爵は巡爵に準じて考えることができようし、諸司労は『寛平御遺誡』（日本思想大系『古代政治社会思想』所収逸文）に言及があるから、一応ともに成立を九世紀後期と見ておく。

(31)　笹山晴生「平安初期の政治改革」（前掲）。

(32)　旧稿と前後して、玉井力「平安時代における加階と官司の労」（『日本歴史』四八七、一九八八年）、高田淳「加階と年労」（『栃木史学』三、一九八九年）が発表され、それぞれ年労叙位の成立を「九・十世紀の交」「宇多〜醍醐朝（ただし原形は貞観年間に存在）」と推測している。

(33)　本稿で引用した実例【史料②】によれば、外記勘文の先例勘申には一つの特色がある。叙爵には官職の「歴」のみを記すのに対し、加階では位階の「歴」が重視され、官職の年労は候補になる前提に過ぎない点である。つまり、加階では、官職の年労は勘文に登載されるか否かの「足切り」基準であるのに対し、位階の年労は候補者の優先順位の基準となっているのである。年労加階には位階の年労という論理が伏在していると言える。かかるあり方がいつまで遡り得るかは難問であるが、外記勘文は室町時代には既に形骸化しているから、逆に古い様相をとどめている可能性は高い。従って、あるいは官職による年労加階が成立した時、すでに位階の年功序列によって加階するという慣例が存在しており、それが後々まで外記勘文の書式に影響したとも考えられる。とすれば、加階については〈位階の上日・成選→位階の年労→官職の年労〉という過程を経たことになるのであるが、この点については、五位以上歴名帳の検討と併せて今後の課題としたい。なお、高田淳「「年労加階制」以前」（前掲）も、加階の実例分析から本稿とほぼ同様の結論に到達している。

(34) ただし、蔵人や近衛将監など、なお上日が「労」の規準として重視される官職もあった。

(35) 黒板伸夫「位階制変質の一側面」(『日本歴史』四三一、一九八四年)。神谷正昌「平安初期の成選擬階儀」(『延喜式研究』六、一九九二年)も併せて参照のこと。

(36) 『令集解』選叙令応選条古記。

(37) 玉井力「平安時代の除目について」(『史学雑誌』九三―一一、一九八四年)は、除目申文の検討から外記方の機能が蔵人方に集中したとされる。ただ、それでも外記方は存続して申文を受理し、かつ勘申などで重要な機能を果していた。

(38) 『魚魯愚別録』巻一、職事撰申文事所引「平大進抄」。この史料が天暦年間の行事を記していることについては、玉井力「平安時代の除目について」(前掲)、参照。

(39) 『本朝文粋』巻六、菅原朝臣文時従三位申文。

(40) 季禄を始めとする禄制全般については、高橋崇『律令官人給与制の研究』(前掲)。また禄制の解体については、森田悌「律令官司制度の展開と変質」(『日本古代官司制度史研究序説』、現代創造社、一九六七年)が基本的な論点を網羅している。

(41) 日本思想大系『古代政治社会思想』所収。

(42) 『別聚符宣抄』(新訂増補国史大系二五頁)。

(43) 『本朝世紀』天慶八年八月十日条を終見とする。

(44) それぞれ『日本紀略』天暦二年(九四八)七月十日条、同天暦三年十二月七日条が終見史料である。

(45) 月料・大粮・要劇料などの生活給は、季禄・馬料・時服料と異なった申請方式が取られていたから、〈君恩〉の禄からは一応除外する。本書第一部第一章注(18)参照。

(46) 雑令諸節日条、『延喜式』巻三〇、大蔵省、諸節禄法(七三五～六頁)。なお、節禄に関しては竹内理三「律令官位制に於ける階級性」(『史淵』四九、一九五一年。同『律令制と貴族政権』第I部、御茶の水書房、一九五七年)、森田悌「平安中期の大蔵省について」(『続律令国家と貴族社会』、吉川弘文館、一九七八年。同『平安時代政治史研究』吉川弘文館、一九七八年、所収)などの先駆的研究があったが、旧稿を発表した頃から研究が相次いで発表され、理解が深められた。饗場宏・大津透「節禄について」(『史学雑誌』九八―六、一九八九年)、黒須利夫「節禄考」(『延喜式研究』三、一九八九年)、山下信一郎「『延喜式』からみた節会と節禄」(『延喜式研究』九、一九九四年)、など。

(47)　本書第一部第一章第2節。
(48)　従五位について、比較のため畿内禄物価法(『延喜式』巻二六、主税上〔六六三頁〕)で計算した。(五)は節禄の対象が五位以上、(次)は次侍従以上であることを示す。史料は、禄令給季禄条・食封条、『延喜式』巻三〇、大蔵省、諸節禄法。なお、旧稿には計算間違いがあった。私信でご指摘下さった大津透氏に感謝したい。
(49)　『九条年中行事』巻末宣旨様のうち、「大宣旨」「口宣」の各二通。
(50)　平野邦雄「大宰府の徴税機構」(『律令国家と貴族社会』、吉川弘文館、一九六九年)、佐々木恵介「大宰府の管内支配に関する試論」(『奈良平安時代史論集』下、吉川弘文館、一九八四年)。
(51)　大宰府貢綿制により大量の綿が毎年京進され始めたのは神護景雲三年(七六九)のことであり(『続日本紀』神護景雲三年三月乙未条、『類聚三代格』巻八、調庸事、神護景雲三年三月二十四日左大臣宣)、弘仁七年(八一六)から絹の進上が命じられた(『日本紀略』弘仁七年三月庚午条)。一方、節禄が綿・絹から構成されることは『内裏式』(弘仁十二年撰定、天長十年改訂)巻上、正月七日会式を初見とする。このように弘仁年間には大宰府貢綿制と節禄の関係が想定されるのだが、私はその原型を称徳朝最末年まで遡上させ得ると考える。節禄支給対象の中核たる次侍従の史料的初見が『続日本紀』神護景雲四年正月辛未条であることを重視し、前年から京進され始めた大量の綿によって、次侍従を中心に〈五位以上集団〉への給与を創始したという事情を想定するからである。これについては、吉川『四字年号時代』(青木書店から刊行の予定)で詳述したい。
(52)　『貞信公記抄』天慶八年正月七日条。
(53)　『九条殿記』天暦五年十月五日菊香宴記。
(54)　『政事要略』巻五一、交替雑事、調庸未進事。
(55)　『扶桑略記』天慶三年十一月二十一日条「純友追討記」。
(56)　川本龍市「正蔵率分制と率分所」(『弘前大学国史研究』七五、一九八三年)。
(57)　節禄の崩壊時期については、本書第三部第三章注(25)も参照のこと。
(58)　『江家次第』巻一一、被補次侍従事。
(59)　早川庄八「律令財政の構造とその変質」(『日本経済史大系』一、東京大学出版会、一九六五年)。なお、村井康彦「平安中期の官衙財政」(『古代国家解体過程の研究』、岩波書店、一九六五年)は別納租穀の京進を前提に論を立てるなど問題が多い。

(60)『西宮記』巻三、位禄事。土田直鎮「いろくさだめ」(『国史大辞典』一、一九七九年)が手際よく解説している。

(61)出典は『北山抄』巻一、位禄事、『親信卿記』天禄三年(九七二)五月十日条、『小右記』正暦四年(九九三)四月二十八日条、同治安二年(一〇二二)四月二十五日条、『江家次第』巻五、位禄定。

(62)旧稿では、『九暦』天徳元年四月十二日条を、東宮分四具・内(内給分ならん)三具・右大臣家分三具、計十具の「分配文」が史吉柯(我孫有柯の誤か)に下されたと読解し、「分」の総計が「殿上分」であったと推定した。しかし、山下信一郎「平安時代の給与制と位禄」(『日本歴史』五八七、一九九七年)によって明解が与えられ、私見が誤りであることが判明したので、ここに記述を訂正する。また表18の給数についても、これ以外に院宮大臣家分が存在することを考えた上で評価する必要が出てきた。

(63)確証はないが、出雲国正税返却帳(『平安遺文』三巻一一六一号)に見えるような位禄官符の多くは余り実効力がなかったのではあるまいか。なお、同帳では長保三年(一〇〇一)の一二通の官符による支出が勘出されているが、同年の位禄定には出雲国は入っていない。

(64)『小右記』長和五年(一〇一六)三月十六日条。

(65)『西宮記』巻三、位禄事。『撰集秘記』巻九、位禄事の所引文を取るべきか。

(66)『九暦』天徳元年四月十二日条(注(62)前掲)。

(67)『別聚符宣抄』延喜十三年四月二十二日宣旨の「定充給数」など。

(68)旧稿の口頭報告・活字化に前後して、佐々木宗雄「十〜十一世紀の位禄制と不堪佃田制」(『日本歴史』四八九、一九八九年。同『日本王朝国家論』、名著出版、一九九四年、所収)が発表されたが、位禄定で何が決定され、位禄支給がどの程度の実質を有したかという点について、私と全く解釈を異にしていた。旧稿では本文を補足する意味もかねて、位禄定に関する長大な註をつけたが、大筋はともかく、細部においてはいろいろと誤りがあった。それらを修正しつつ、現時点における位禄定の理解を記しておきたい。

『西宮記』巻三、位禄事では、位禄定に際して次の七種の文書が準備されている。①諸大夫歴名、②命婦歴名、③主税寮別納租穀勘文、④官充文、⑤目録、⑥去年書出(一世源氏等)、⑦去年書出(殿上分)、である(『九条年中行事』や『北山抄』巻一、位禄事も同様)。なお、『小右記』治安三年四月二十八日条などでは⑤が消え(後述)、かわりに⑧「出納諸司・外衛佐・馬寮助・諸道博士・大夫史・外記史文」が七種の内に含まれる。位禄定では、一上が筥に入った①〜⑦(⑧)の文書を閲覧し、⑤(ないし④)を奏上した後、当年の⑨一世源氏等書出・⑩殿上人書出を大弁に書かせた。後日、位禄所弁は私家で受給者を決定するが、その際には⑪殿上院宮大臣家分交名も用いられ、恐らく弁は⑫〈歴名型充文〉を作成したと思われる。また、旧年未給者のために⑬充遺勘文が作られた。

さて、位禄は本来、十一月十日の三省申政を承けて「応給人・物数」を記した「総目」が奏上され、大蔵省(および諸国)から支給されるものであった(『延喜式』巻一一、太政官(三三九頁)、『内裏儀式』、少納言尋常奏式)。ところが、延喜七年に諸国年料別納租穀制が成立すると、どの国にどれだけの位禄を充てるかが主要な問題となる。これを決定する政務が「位禄充国」の申文(『九条年中行事』、申一上事、『西記目録』臨時巻一、申一上事などにいう「位禄王禄衣服充国事」。「位禄申文」と呼ぶのが穏当か)であり、大粮申文(同じく「大粮充国事」。『権記』長保元年十一月十四日条参照)から類推すれば、③主税寮勘文を参考にしつつ、④官充文を審査するものだったと考えられる。④官充文は弁官局が起案して「黄反古」に記した一種の勘文で(『小右記』前掲条)、国毎に四位・五位の人数が書き連ねられていた(『御堂関白記』長和二年三月四日条)。一方、③主税寮勘文は『小右記』治安二年四月二十五日条が「主税寮別納租穀足不勘文」と呼ぶように、官充文の内容を根拠づけるものであった。これらによって「給数」を定める政務が、本稿の想定する「初期の位禄定」である。④官充文は申文の後に奏聞されたらしく、『貞信公記』には「位禄勘文」(延喜十二年二月二十八日条抄)・「位禄国充勘文」(天慶四年(九四一)三月十一日条逸文)・「位禄国充文」(天暦二年(九四八)三月十五日条抄)などと見える。これを承け、位禄所弁は私家において、①②の四位・五位全員の歴名を参考にしつつ、各国に割り当てる具体的な人名を決定したのであろう。

「初期の位禄定」は、すぐに国司の申返による位禄未給という事態に直面した。その対策が『別聚符宣抄』に収める二通の宣旨である。まず、「去年過用」を口実にした国司の申返を防ぐため、別納租穀の「用残」を勘申せよとの指示がなされた(延喜十三年四月二十二日宣旨)。勘申の主体は正税帳を扱う主税寮であろうが、宣旨の日付からみて③とは別物らしく、あくまで申返を排撃する資料とされたものであろう。『貞信公記抄』延長五年四月二十八日条には、その具体的な成果らしきものが窺われる。一方、位禄未給者については、奏聞を経た上で、改国・改年という救済措置が取られるようになった(延喜十六年五月十三日宣旨)。ただし、別納租穀の定数以上に支出はできないから、「去年以往料」は当年分の残りがある場合にだけ支給されることになる。これを勘申するのが、⑬の勘文であろう。『西宮記』のように、「充遺」が殿上・官の双方から申請されるのがいつに始まるのかはわからないが、勘文自体は延喜十六年宣旨に起源をもつものと考えられる。

やがて、初期の未給対策も行き詰まりを見せる。そこで正税帳の位禄記載を勘会するという対応もなされたが(『政事要略』巻二七、年中行事十一月、廿二日於大蔵省給春夏季禄事、承平七年十月十六日官符)、最終的に選ばれたのは特定の者の位禄だけは確実に支給させようという施策であり、これが本稿で述べた「限定的な位禄定」である。「限定的な位禄定」の特色は、⑥⑦⑨⑩の「書出」によく表れている。『江家次第』に実例があるが、そこでは限られた国について、それぞれ小人数の位禄が割り振られている。この書式はまさに④官充文のミニチュア版と言うにふさわしく、全受給者の人数を二五国に割り当てた官充文を、特権的受給者だけを特定の国に割り振るよう収縮させたものが⑨⑩の書出なのである。後日、⑩殿上人書出は奏上され、御前で文書の「国下」に「給人姓名」が書き込まれ、位禄所に返給される(『親信卿記』天禄三年五月十日条)。院宮大臣家でもそれぞれの「分」について、同様の措置がなされたらしい(山下前掲「平安時代の給与制と位禄」)。一方、位禄所弁は⑧の勘文をもとに、自ら⑨一世源氏等書出の「国下」を埋めていったことであろう。このように「限定的な位禄定」では、特権的受給者のための「給数」を決定し、それを書出として記録する儀が付加された。一〇世紀中葉以降、書出を奏上すべきか否かがしばしば問題となるのは(例えば『北山抄』巻一、位禄事)、それが重要かつ新しい文書だったからであろう。

ここで疑問として残るのが、『西宮記』等が「限定的な位禄定」について、④官充文と⑤目録を明確に区別し、⑤目録を奏上すると述べていることである。先述の如く、「初期の位禄定」では④官充文が奏上されたし、一一世紀以降の史料でもそれは同様で、たとえ「目録」と書かれても実質は④官充文であった(『御堂関白記』前掲条、『江家次第』巻五、位禄定)。即ち『西宮記』等だけが④官充文の奏上を否定するのであるが、これを如何に考えるべきか。例えば三省申政→太政官奏という位禄申請政務が衰滅し、「総目」奏上が位禄定に組み込まれた時期があったとか、あるいは①~④の内容をまとめた「目録」なるものが一時的に作成されたとか、可能性は種々考えられるが、安和二年(九六九)に「主税寮勘文」が奏上されたという史料もあり(『北山抄』)、なお論断には慎重を期したい。

さて位禄所弁に視線を戻すと、彼は特権的受給者の国充を取りまとめるとともに、従来どおり⑫〈歴名型充文〉を作成し、位禄官符の基礎資料としたと思われる。「限定的な位禄定」に入らなかった者にも、官符は必要だったからである。しかし『西宮記』には、官符請印は殿上分官符、女官符、旧官符の順に行なうとあり(それぞれ殿上院宮大臣家分、一世源氏以下分、充遺分に相当しよう)、それ以外の位禄官符に請印されたかどうかは定かでない。あるいはこういう形で特権的受給者の官符に有効性が付与され、一般受給者との区別がなされていたのであろうか。この点は今後の課題としたいが、いずれにせよ「限定的な位禄定」がわざわざ行なわれている以上、一般受給者の位禄支給がかなり劣悪な条件にあったことを、当然想定せざるを得ないだろう。

以上、推測に推測を重ね、混乱をさらに広げる結果になったかも知れないが、儀式の過程で準備・作成される文書群を、歴史的層序に位置づけ直そうと試みたものである。

(69) 土田直鎮「兼官と位季禄」(『日本歴史』三四、一九五一年。同『奈良平安時代史研究』、吉川弘文館、一九九二年、所収)。

(70) 時野谷滋『律令封禄制度史の研究』(前掲)第二篇。

(71) 位階の上下を問わず、『本朝文粋』『除目大成抄』等の中文に多用される語である。

(72) 橋本義彦「貴族政権の政治構造」(『岩波講座日本歴史』四、一九七六年。同『平安貴族』、平凡社、一九八六年、所収)。

(73) ここで律令官僚制のもう一つの構成要素たる律令官司制の再編についても、簡単に私見を提示しておけば、それは官司制の運用原理であった官司間・官司内階統制の崩壊・再編と概括することができる。

二官八省以下の諸司が樹枝状の統属関係で結ばれる体制は、一〇世紀以降も形式的には存続したが、実際の国政においては新しい統属関係が浮上した。八省の決裁機能が太政官へ吸収され、公卿別当制などの簡便な決裁体制に置換される。そして、八省および被管諸司、さらには諸道など技能官人集団は、それぞれ勘申によって直接に天皇・太政官と結びつくようになった。かかる状況は本章で述べた叙位議や位禄定の文書群のほか、法家の量刑勘申制度(前田禎彦「摂関期裁判制度の形成過程」『日本史研究』三三九、一九九〇年)などによく現れており、これこそが「勘申体制」とも呼ぶべき、二官八省体制に代わる新たな官司間の統属関係なのであった。

一方、諸司内部においては二極分化が進展し、長官と実務官人が明確に分離する。四等官制は形式的に残るが、現実には受領に見られるような新しい官司内秩序が生まれたのである。長官は官司運営について公的には重い責任と権限をもち、私的には援助と資源流用という官司との相互依存関係に入る。その場合、先述の公卿別当が長官の役割を代行することも多い。一方、実務官人層は官司運営の実務を担ったが、次第に遷代が少なくなり、最下層の雑任とともに官司寄生層を形成する。彼らは寺院社会における大衆勢力に比されるべき存在であり、官司は彼らが帰属する社会集団という性格を強めて行ったと考えられる。そして長官(ないし別当)と実務官人層に挟まれた多くの中間官職は実質的意味を失い、名誉的な肩書きとして「散官」化(位階と同質化)した。

最後に、諸司の運営が特定の家に委託されたという「官司請負制」論(佐藤進一『日本の中世国家』、岩波書店、一九八三年)について一言すると、実務官人層は少額の官司収益だけで生活した訳ではなく、諸司・諸家に兼参することによって収入を得ていたと思われ(本書第三部第二章)、また諸司には多様な官司寄生層が発生していたと見るべきであるから、この学説にはなお慎重な検討が必要であろう。

(74) 笹山晴生「くぎょう」(『国史大辞典』四、一九七九年)。

(75) 水戸部正男『公家新制の研究』(創文社、一九六一年)第一章。

(76) 旧稿では、諸司のみを「公」とするような不十分な論述を行ない(それは論全体の主旨からも外れている)、今正秀「王朝国家宮廷社会の編成原理」(『歴史学研究』六六五、一九九四年)の批判を受けたので、この部分を穏当な叙述に改めた。

(77) 佐藤進一『日本の中世国家』(前掲)、玉井力「「院政」支配と貴族官人層」(『日本の社会史』三、岩波書店、一九八七年)。

附論　儀式と文書

(一)　文明八年の叙位議

文明八年(一四七六)正月六日、土御門内裏で叙位議が行なわれた。応仁の乱のために朝廷の諸公事はながく停止されていたが、前年正月に除目議が再興されたのに続き、九年ぶりに叙位議が催されたのである。叙位議が位階の昇叙を、除目議が官職の任命を決定する会議であることは言うまでもない。この日の叙位議は、摂政が置かれていない時の通例として、御前、すなわち清涼殿東庇に公卿を召集して行なわれた。天皇・関白の意を受けて叙位者を決定し記録する者を「執筆」といい、最も重要な役であったが、乱を南都に避けていた内大臣近衛政家がわざわざ上洛し、この日の執筆をつとめたのは耳目を惹いた。議の結果、全部で四四人に新たな位階を与えることが決まった(1)。

文明年間には、このほか九年正月と十一年正月に臨時叙位、十二年三月に除目があり、以後延徳四年(一四九二)まで叙位除目はまた中断する。ではなぜこの時期に叙位除目が集中したかと言えば、それは九代将軍足利義尚の叙任のためであった。義尚は文明五年十二月に元服して左中将・征夷大将軍となり、十二年三月に権大納言に任じられるまで順調に昇進を続けたが、それらは四代将軍義持の叙任をほぼ忠実にたどり、義持と同じ年齢の同じ月に同じ官位につくことを繰り返すものであった。文明八年正月の叙位議も義尚を従三位にするために特に挙行されたもので、費用二万疋は幕府が諸大名に進上を命じている。決して、公家自身による「朝儀復興」ではなかった。そもそも位階・官職は叙位除目で決定されるのが正式であるが、臨時の叙任も少なくなく、個々に宣下する形式をとってもかまわなかった。幕府は義持の「佳例」を踏襲するために、つまり同じ官位には同じ形式で叙任させるためだけに、叙位除目を復活させたのである。叙位議も除目議も支配層をいかに序列づけるかを決める政務であり、本来高い政治性を帯びていたが、この文明年間においては単なる形式に堕していたと言わねばならない。そして、延徳以降の朝廷による叙位除目復興(何度も中断してはまた再興される)も、すでに宣下による叙任が一般化していた以上、同じく形式的性格が強いものであった。

とは言え、形式が形式であるためには、伝統的な次第と作法にそって執り行なわれる必要があった。文明八年正月の叙位議も応仁以前のあり方を継承するものであり、大略以下の順序で行なわれた。まず、候補者のデータが蔵人と外記によって準備・整理される。その上で会議となるが、それは叙爵(初めて五位に叙する)、加階(五位以上の者を更に昇叙する)の順に行なわれ、執筆が手許の続紙に決定者を記入していく。すべて終了すると続紙が奏覧されて正式決定となり、この時点で続紙は叙位簿に変貌する。そこで執筆は叙位簿を別人に手渡し、位記の作成を命じる。位記には天皇御璽が捺され、叙位された人物に交付された。以上が議の次第である。なお叙位儀の結果全体は、叙位簿を写した叙位聞書という文書が作成され、諸人に周知された。

議の翌日の正月七日、公卿たちは幕府に参賀し、義政、ついで義尚がこれに応えた。恐らくこの日、大外記中原師富は叙位聞書を、大内記某は義尚の正三位位記を室町殿に持参し、多額の謝礼を得たはずである。義尚のための叙位議は、ともあれ無事に終わった。

(二)　叙位議と文書

宮内庁書陵部に「叙位除目関係文書」と題する文書群が所蔵されている(壬—二九三)。平安時代から江戸時代に到る叙位除目関係の文書三八八点からなり、明治時代に壬生家から皇室に献上されたものであるが、元来は大外記を世襲した中原氏(押小路家)に伝えられ、江戸時代に壬生官務家に流入した文書群と考えられる。(2) ここに右述の文明八年の叙位議に関する文書が含まれていることは余り注目されておらず、『大日本史料』にも全く引用がない。しかし室町時代の叙位議が如何に行なわれ、それが平安時代の叙位議とどう異なっていたかを考える上で、この文書は貴重な内容を持っている。一瞥してみることにしたい。

「叙位除目関係文書」のうち文明八年のものは、書陵部『和漢図書分類目録』下巻一二四四頁では八点とされている。しかし更に細分すれば全二一通に上り、うち案文五通は同内容の正文があるから、結局一六種の文書が知られることになる。叙位議の順序に沿ってA～Jの記号をふり、簡単に紹介する。

A「叙位筥文」(一通、折紙)。如何なる文書を何通準備するか、どのように筥に入れるか等を記した、叙位議担当の大外記中原師富の心覚え。

B「叙位間事」(一通)。「載勘文輩」「可預巡爵輩」「可一加階者」「可入内者」「氏爵」からなり、「載勘文輩」のみ具体的人名を記す。外記局で勘文を作成するための草案と考えられる。

この二点は、叙位議に用いる文書を準備する段階でのもの。文明八年の叙位関係文書が、一括して大外記師富の手元に残された史料であることを推測させる。

C十年労帳(一通)。太政官以下、一五の官司について叙爵の候補を一人ずつ挙げ、その年労を注進する勘文。議の最初に奏覧される文書であるが、全く形式的なもので、ここから叙された者は一人もいない。

D巡爵申文(四通、案文一通)。式部省・民部省・左右近衛府から、叙爵者を推薦する文書。すべて姓名に合点が付けられており、実際にこの四人は叙爵された。これらの官司は毎年一人ずつ叙爵される枠を持っている(巡爵)。

E氏爵申文(三通)。王氏・源氏・橘氏から、叙爵者を推薦する文書。姓名に合点があり、みな叙爵された。この三氏と藤原氏は叙爵枠を持っている(氏爵)。藤原氏は申文を出さないのが例であり、この年も一人が叙爵されている。

F藤原信子家年爵申文(一通)。嘉楽門院信子が叙爵者を推薦する文書。同様に合点があり叙爵されている。院宮は叙爵者を推薦する権利があった(年爵)。

G外記勘文(正文と案文の二通)。外記が加階と叙爵の双方につき、ある基準を満たした官人を注進する文書。加階については、三人が注進されたが全員叙位されなかった。叙爵については、大蔵丞が注進されたが叙位されず、「諸司労」「外衛労」という定例枠のみ二人ずつ叙爵された(合点あり)。叙位から漏れた四人は、すべてその官司で一定の年労を積んだ官人であった(年労加階・叙爵)。

H入内勘文(正文と案文の二通)。外従五位下から従五位下に「入内」すべき官人を、外記が勘申するもの。首尾よく叙され、合点が打たれた。なお、同様のものに「一加階勘文」なる勘文があるが、本年は作成されなかった。

I加階申文(二通)。加階を望む自薦の申文。ともに落選。

C～Iの七種の勘文と申文は、平安時代以来、叙爵・加階の決定のために用いられてきた文書であり、文明八年には都合一四人がこれによって叙位された。しかし、これらは定例とて恣意の入る余地はあまりなく、しかも加階はほとんど叙されない。年爵を除けば、おおむね形式的なものであったと言うことができる。

J叙位聞書(三通)。正式決定を記録した叙位簿の写。全部で四四人の叙位が決まっており、C～I以外に三

○人（義尚も含まれる）の叙人があったことが判明する。勘文・申文以外の何らかの資料によって、全体の三分の二、そのほとんどが加階という重要部分が決定されたことを知らねばならない。

「叙位除目関係文書」中の文明八年叙位文書は、以上で全てである。「七巻文書」と呼ばれる叙任台帳、叙位簿や位記などが見えないほか、定例以外の叙人三〇人を決定した文書が含まれないのは遺憾である。ところが、幸いにも『親長卿記』同日条には「小折紙」と称する文書が写されており、まさに問題の三〇人をここに列挙していることが知られる。つまり文明八年の叙位は、定例分（主に叙爵）は勘文と申文、非定例分（主に加階）は小折紙によって決定されていた。量的にも質的にも、後者がはるかに重要であったことは言うまでもなく、古代以来の文書が形式化するなかで、小折紙は中世叙位議の主役として重要な役割を担っていたのである。

㈢　叙位小折紙の成立と変遷

とは言え、小折紙はあくまで陰の主役であった。叙位議においては、小折紙は叙爵審議の最終段階で摂関から執筆に下され、叙爵と加階の決定資料とされたが、それは申文や勘文のように堂々と用いるものではなかった。仁治三年（一二四二）の『経光卿叙位執筆別記』[3]によれば、小折紙は摂政の懐中からそっと取り出して執筆に下され、執筆の勘解由小路経光も「秘蔵物」だから他人に見えないように隠し置いてこれを用いたという。申文や勘文に比して、実質的ではあるが正統的ではないという小折紙の性格が、この文書作法に如実に現れている。

申文・勘文と小折紙との性格の差異は、その成立時期に起因する。律令制本来の叙位制度は九世紀中期〜一〇世紀中期に再編が行なわれ、上日（勤務日数）を重視する考課から、その官職での年労（勤務年数）に基づく昇進へと、制度の根幹が大きく変更された。C十年労帳やG外記勘文はこの時期に生まれ、新たな制度を文書の側面から支えた(ただし十年労帳は早く形骸化する)[4]。また、自らの「労」を訴える申文が激増するのも、九世紀中期のことであった[5]。こうして申文と勘文を基礎にした叙位議が成立し、貴族社会に適合した規範的な政務形態として、永く尊重されることとなる。

これに対し、叙位小折紙(叙人注文・折紙)の成立は遙かに遅れ、定例叙位における初見は後白河院政期、仁安三年(一一六八)に下る。もっとも、同様の折紙は除目でも用いられ、この除目小折紙(任人注文・折紙)は鳥羽院政期に一般化したことが解明されており[6]、叙位小折紙ももう少し遡るかもしれない。ともあれ、後白河院政期には、叙爵は勘文と申文、加階は主に小折紙によって叙するという慣例が生まれていた。九条兼実の言によれば、小折紙は後白河院と関白松殿基房の合意によって作成され、また外記勘文にも議に先だって叙人に合点がなされたという[7]。かかる史料は少なくなく、外記勘文と小折紙の双方に院と摂関、特に院が強力に介入している事情を看取することができる。

こうした院の介入方式は、一二世紀初頭にその萌芽が見出せる。長治二年(一一〇五)から三年間、叙位議ごとに『中右記』の記主藤原宗忠は内裏と院を往還した[8]。院に外記勘文を持参し、また年爵や人々の加階について院の意向を聞くのが使命であった。白河院の返事が小折紙であったか否かは別として、叙爵は外記勘文、加階は「御返事」で意向を聞いている点、後白河院政期との類似性が注目される。時は堀河天皇の最末年、彼の死により白河院政が確立すると見るのが近年の通説であるが、院の介入方式という側面においては、この段階ですでに院政特有のものが顔を出していると言える。そして叙位小折紙は、院政の発展とともに、叙位議の中にくっきりとその姿を見せ始めるのである。

では、小折紙はどのように作成されたか。小折紙が登場するまで、加階は外記勘文(年労加階)のほか、Iの加階申文によって決定されていた。申文は職事が整理・選定して「申文目録」をまとめるが、この申文目録に基いて小折紙が作成されるのが、院政期の方式であった。小折紙作成のための折衝は「叙人沙汰」と呼ばれたが、やがて鎌倉時代に入ると、叙人沙汰が申文目録とは全く無関係に行なわれるようになる。(9) 申文の選定は形式化し、叙人沙汰がそこから独立した政務と位置づけられたのである。さらに室町時代になると、人々から院に「所望折紙」なる文書が提出され、院は数十通の所望折紙を審査して小折紙を決定していたことが知られる。(10) 申文の衰退と逆比例して、叙人沙汰のための文書が新たに成立し、その独立性と実質性を基礎づけていた訳であり、こうした状況は恐らく鎌倉中後期まで遡るものと推測される。

院政とともに発達した叙位小折紙は、徐々に加階申文・外記勘文（年労加階）の機能を蚕食し、加階のほぼ全てを覆うようになった。それ故、応永初年に足利義満が朝廷の叙任に介入した際にも、彼は自らの手で小折紙を作成し、それに沿った叙任を強要したのである。(11) この時は親政ゆえ天皇も勅筆小折紙を作成したが、効力は全くなく、関白の懐中で義満の意による小折紙とすり替えられたらしい。(12) 義満の死後、こうした介入は史料上にあまり見えなくなるが、最初に述べた文明八年の叙位議にも室町殿の意向が当然働いていたはずである。戦国期に小折紙が、さらには叙位議全体がどう変貌するか、それは興味深い研究課題として残しておきたいと思う。

(四)　儀式と文書

形式化した叙位議。そこでは古代以来の文書が用いられ、先例故実に則った儀式が進行する。しかし、それ以外の場で「叙人沙汰」なる政務があり、中世の権力構造に即した意志形成と文書作成が行なわれ、叙位議を遠隔操作していた。——論述がやや煩細に過ぎた感もあるが、同じ叙位議の中で用いられた二種の文書、古代的かつ形式的な勘文・申文と、中世的かつ実質的な小折紙を取り上げ、叙位議そのものの変遷を辿ろうと試みてきた。

文明八年の叙位文書は、新旧二層から成っていた。同年の叙位議自体を考える場合、重要なのはその時点で実質的な機能を持っていた文書である。それは小折紙だけではない。A・Bのように外記の職務に即した文書もそうである。また、出席者を記した散状、用途の上納を命ずる幕府奉行人奉書、舗設・諸役などでその用途を支出する際の文書なども、広く叙位関係文書に含めて検討しなければならない。さらに叙位議によって作成された位記や聞書が、形態・機能において古代と如何に異なっていたか、また口宣案との関係はどうか、といった点にも考察を及ぼす必要があろう。儀式・政務(両者は不可分一体である)という面に注目して、群小の中近世朝廷文書を有機的に体系づける作業は、まだ緒に就いたばかりである。

しかし、勘文・申文など古層の文書にも利用価値がある。形式化したからこそ、それらは時代による変化を免れた。従って室町時代の文書とは言え、その様式や利用法には古代以来のものが残されている可能性が高いのである。特にC十年労帳やG外記勘文などは平安時代の遺存例が全くなく、慎重に操作すれば、ここから平安時代の叙位議に関する有益な情報を得ることができる。ことは叙位関係文書に限らない。遺存例の多い中近世の朝廷文書を、古代史研究の史料として十分に活用する道を探るべきであろう。

儀式(政務)と文書の関係は、相互的である。儀式のために種々の文書が準備され、また儀式の結果として文書が発給される。個々の文書の性格を理解する上では、それが儀式においていかなる局面で現れ、いかなる役割を果していたか、即ちその儀式に関する文書総体の中で如何なる位置を占めていたかを知ることが、決定的に重要である。そのためには儀式の流れ・構造を認識しておく必要があり、儀式書や古記録を十分に読みこなさねばならぬ。古代にせよ中世にせよ、儀式書や古記録なしには、そして儀式の上卿を代行する位の気概なくしては、朝廷文書を本当に理解することはできない。旧来の「公家様文書」研究が院宣・綸旨・官宣旨などの施行文書を主要な対象とし、手続文書に言及することが少なかったのは、こうした点も理由の一つであったろう。しかし、新たな研究は着実に蓄積されている。今後、古文書学と古記録学の一層の連携が望まれてならない。

それにしても、古記録の中に現れる文書を追っていくのは、楽しい作業である。煩雑かつ無意味に思えた儀式記事も、文書を処理していく立場で読めば、これほどリアルで有益な史料はない。文書を折るか丸めるか、合点をつけるかつけないか、どの様な声を出して読むか、座のどこに置きどう持って文字を書くか。その一つ一つに合理的、または慣習的な意味が含まれていることは言うまでもなく、これら文書作法にも現代歴史学の光が当てられるべきだと痛感される。また、こうした作業を経た上で原文書に触れれば、文書は必ずや新たな相貌をもって立ち現れるに違いない。

儀式・政務という観点から朝廷文書を検討する場合、このように、

(一)その儀式関係文書の総体を有機的に把握すること

(二)各文書の新旧を層序的に見極めること

(三)個々の文書を扱う作法に注目すること

の三点が肝要かと思われる。もちろん個々の研究者においては、この程度のことは当然自覚されているであろうが、古代から近世までの長い歴史を持つ朝廷・公家の政治的役割とその変遷を知る上では、かかる研究も何らかの意味を持ち得ることであろう。

さて、文明八年の叙位関係文書で、どうしても気にかかる点が残っている。それはG外記勘文に付された合点である。この合点は議場で付けられたものか、または『玉葉』の言うように事前に付いていたものか。些細なこ

とであるが、これも院政期と室町期の叙位議の差異を探る上では一つの問題となる。義尚に与えられた官位の意味も、案外こうしたところから明らかになるかも知れない。

注

(1) この年の叙位議に関する史料は、『大日本史料』第八編之八に収録されている。

(2) 局務家中原氏で作成・保存されたとしか考えられないものが大半であるから、かく判断される。直接の論拠をあげると、「叙位除目関係文書」に含まれる康正二年(一四五六)正月五日の「叙位文書」一巻(第四袋―五〇)は叙位関係文書の正文を巻子に仕立てたもので、巻末に慶安元年(一六四九)にこれを別紙に写したという中原師定の識語をもつが、そのうちの外記勘文を観察すると、先例のうち「外衛労」の部分に湿損が見られる。一方、押小路家本「叙位文書」(内閣文庫所蔵、古一―二四)は、慶安元年に師定が「当家の本」を写したものといい、内容的に右の壬生家文書と完全に一致する。そして、外記勘文の問題の部分は空白になっており、親子関係が明らかなのである。従って、近世初頭には「叙位文書」は中原氏(押小路家)文書だったことになるが、これは「叙位除目関係文書」全体についても言い得るであろう。なお、文書群の下限年期からみて、壬生家への流入は一八世紀のことであったと推測される。

(3) 『大日本史料』第五編之十四、五～一四頁。

(4) 吉川「律令官人制の再編」(『日本史研究』三二〇、一九八九年。本書第三部第一章「律令官人制の再編過程」)。

(5) 玉井力「平安時代の除目について」(『史学雑誌』九三―一一、一九八四年)。

(6) 玉井力「「院政」支配と貴族官人層」(『日本の社会史』三、岩波書店、一九八七年)。除目小折紙を精密に論じた論文で、本稿も多大な示唆を受けた。

(7) 『玉葉』承安五年正月五日条。

(8) 『中右記』長治二年正月六日条、嘉承元年正月五日条、嘉承二年正月五日条。

(9) 『範輔記』嘉禄元年正月五日条、など。

(10)『薩戒記』応永三十二年正月五日条。この「所望折紙」こそが、室町～江戸時代に多数の遺存例をもつ叙位「小折紙」であろう。

(11) 今谷明『室町の王権』(中公新書、一九九〇年)。

(12)『荒暦』応永三年正月五日条、など。

第二章　摂関政治の転成

序　―政所政治否定論―

本章では、平安時代に行なわれた所謂摂関政治について、政治形態としての特質と中世的転成について考察したい。

摂関政治を論ずる際に避けて通れないのが、一九六〇年代以降に通説化した政所政治否定論である。古典的研究では、摂関政治とは摂関家の政所で行なわれた政治であると理解されていた。(1) 政所政治論と称すべきこの見解は、摂関家政所が院庁や幕府政所に発展すると論じた点で、摂関政治を中世的政治形態の先蹤と位置づけたものである。ところが竹内理三は政所政治観に立ちながらも、摂関政治の権力的基盤を天皇家の「ミウチ」としての権威と、太政大臣から派出した摂関という公的地位とに求め、またその経済的基盤は律令的封禄にあったとして、律令政治と摂関政治の連続面を強調した。(2) さらに土田直鎮は、摂関政治においても国政の中心は朝廷にあったと主張して政所政治論を否定し、それが律令政治と本質的に変わるものではないと述べた。(3) やや視角は異なるが、橋本義彦や北山茂夫も同様の見解を提出し、(4) 政所政治否定論は定説としての位置を獲得した。摂関政治は律令政治の最終形態、藤原氏は律令制下から一貫して「ミウチ」性に依拠した官僚貴族という訳である。

確かに一〇～一一世紀の国政が朝廷(内裏・太政官)で行なわれたという土田らの認識は正しい。しかし政所政治否定論＝律令政治連続論には、社会の変化という論点が欠落している。摂関政治の基盤となった社会関係が律令制下と同一とは考えられない以上、政務形態や「ミウチ」的権威の連続性のみを強調するのは問題であって、太政官政務の内実や天皇家・藤原氏の存在形態を、当時の社会と連関させながら具体的に考察することが必要である。(5) 本稿はこうした立場から、政所政治否定論を克服することを目標とする。それは摂関政治の時期区分や律令国家の終末時期の再検討を要請し、天皇家・藤原氏の中世的権門への転成過程の解明にもつながろう。

1　摂関の独立過程

摂政・関白という職能あるいは地位は、太政大臣から派出して成立した。(6) 本稿もその点には全く異論がないが、摂関政治という政治形態を論じる前提として、摂政・関白が如何なる過程を経て太政大臣から独立したかを再確認しておきたい。

天慶四年(九四一)十一月二十六日、朱雀天皇は即位後初めて官奏を覧た。官奏は諸司諸国の解文を天皇自身が閲読して決裁する政務で、八世紀後半まで遡ると推測される日常的な天皇聴政であり、(7) 摂関にとっては叙位除目と並ぶ主要政務であった。この前日、延長八年(九三〇＝朱雀即位)以来の摂政を辞して関白に任ぜられた太政大臣藤原忠平は、里第で官奏を内覧した。内覧を求めたのは大納言藤原実頼で、上卿として解文を奏するに先だち重要なものを忠平に送ったのである。使者となった弁官が解文を上呈すると、忠平は難点のないものを選んで下給した(上奏を許諾した)。そして二十六日、実頼が紫宸殿でこれを朱雀に上奏することになる。(8)

関白が官奏を内覧するのみであったのに対し、摂政は天皇に代わって官奏を決裁できたこと、即ち両者の職掌が明確に違ったことは周知の事実であるが、右の記事はこの認識をさらに豊かにしてくれる。第一に、関白の官奏内覧と摂政の官奏上覧では同様の作法で弁官が解文を上呈したが、関白儀では弁の結申作法(決裁を請う所作)が見られないことである。(9)関白儀と摂政儀は発生史的に密接な関係が推測されるものの、細部の作法には明らかな違いがあった。第二に、忠平の官奏内覧が「仁和の例に准じて関白すべし」という詔を得て開始されたことである。(10)仁和例とは仁和三年(八八七)十一月の宇多天皇詔により、太政大臣藤原基経が「万機の巨細・百官の総己は、皆太政大臣に関白し、然る後に奏下すること、一に旧事の如くせよ」と命ぜられたことを指し、(11)この「旧事」とは基経が元慶八年(八八四)六月に光孝天皇から「奏すべきの事、下すべきの事、必ず先に諮稟せよ」と詔されて内覧を行なったことを言うから、(12)結局忠平は基経の内覧行為を先例としたことになる。関白が基経の時に成立したことが窺われるが、基経も忠平と同様、成年天皇の出現により摂政を辞して内覧行為を始めた。従って関白とは本来、天皇権力を代行しなくなった太政大臣のための職務・地位として案出されたと考えることができる。関白の職務はその成立時の基経時代から、摂政とは明確に区別されていたと見るべきである。(13)官奏内覧の作法も基経時代に生まれたと考えてよく、摂政基経の直廬や里第で弁官が庶政を申した陽成朝の政務を一部改変したものであろう。(14)

従って関白は本来、太政大臣を本官とする地位・職掌だったということになる。それは一〇世紀中期まで不変の原則であった。ところが摂政は事情が異なる。元慶四年十二月、摂政右大臣基経は「帯するところの官は摂政の職に相当たらず」として太政大臣に昇任した。(15)摂政の天皇権力代行は太政大臣の職能に相当するとされた訳であるが、逆に言えば、貞観八年(八六六)に摂政となった藤原良房の時代には両者は一致していたが、右大臣基経が陽成即位に際して「幼主を保輔し天子の政を摂行」せよと命ぜられた時、(16)摂政機能が太政大臣から抽出・分離されたと言うことができる。以来、摂政は必ずしも太政大臣を本官とする必要はなくなった。このように摂政・関白の職能はともに太政大臣から派出したものであり、摂関と太政大臣の関係は基経の時代に定まったのである。忠平は基経の事績に倣ったに過ぎず(儀式作法一般についても同様のことが言える)[17]、忠平時代を摂関政治の成立期と見る説[18]には問題がある。

摂関と太政大臣の関係は別の面からも検証できる。第一に太政官符等に引かれた決裁(上宣)の発出主体である。これを宣者と呼ぶが、太政大臣は決して宣者にならなかったのに対し、摂政・関白は左大臣などを本官としていれば宣者となった。この原則は良房の時代から一貫している[19]。第二に議政官の座次である。太政官曹司庁・外記庁・侍従所(南所)・宜陽殿では、普段は左右大臣座と納言座が隔絶していたが、太政大臣の在任時には左右大臣の座は納言座と同列とされ、南所申文の作法も変更された[20]。これについても摂政忠平は太政大臣昇進時になって基経の先例を参考にしており[21]、摂政・関白の地位が座次と無関係であったことが知られる。このように良房・基経時代から太政大臣は左右大臣と別格の存在であり、摂関の意味は太政大臣より軽かったと推察される。これも摂関の成立経過に起因するものであろう。

基経時代に太政大臣から抽出された摂政・関白の職能は、忠平に継承され官職名として定着した。ところが次の実頼時代から変動が生じる。実頼は康保四年(九六七)に関白左大臣として出発し、わずか半年間ではあったが、初めて太政大臣でない関白となった。なお、実頼は准摂政という先例も開いている[22]。天禄元年(九七〇)には伊尹が摂政となるが、この時も上位に左大臣在衡がいるという異例の事態であった。変動はさらに続く。次の兼通は左右大臣をさしおいて権力を掌握するため、天禄三年に内大臣のままで関白の職能を得た。内覧という地位の初例であり[23]、ここに関白が太政大臣から完全に分離したと言えよう。兼通はしばらくして太政大臣となるが、太政大臣でない関白の例は貞元二年（九七七）に頼忠が踏襲する。ついで寛和二年（九八六）、兼家は無官の摂政の例を開き、ここに摂政と大臣が分離した。さらに道隆もこれを継承し、内大臣として摂関をつとめた後、無官の摂政となった。[24]兼家は頼忠、道隆は為光という実権のない太政大臣の上位に立って実権を握り、摂関と太政大臣の分離を完成させたと言うことができる。

太政大臣の職掌に密着した存在であった摂関は、こうして一〇世紀後期の二十数年間、実頼〜道隆の時代に太政大臣から独立した。忠平時代は前代の踏襲であり、根本的変化は一〇世紀後期に発生したのである。その要因としては、（一）摂関が離脱可能なほど太政官政務が衰退していたこと、（二）摂関が太政官機構を媒介・代表せずに天皇と結合するようになったこと、などが想定される。政争の連続の中から生まれた変化ではあったが、それを可能としたのは権力組織総体の変動だったのではあるまいか。次節以下でこの作業仮説を検証したい。

2　太政官政務の衰退

一〇世紀後期以降、律令太政官政務は大きく衰退し、新たな実務処理方式に置換されていった。

まず公卿聴政であるが、諸司諸国の上申を太政官段階で審査・決裁する政務は、一〇世紀前期までに外記政（庁申文）・南所申文・陣申文という三形態が確立した。[25]外記政と南所申文は一連の政務であるが、九三〇年代に月一〇回以上開催されていたものが一〇世紀末には三回程度に激減し、[26]一一世紀前期の諸記録では年二〇回前後まで落ちている。しかも多くは式日や着座時の儀礼、もしくは受領功過定のための形式的手続であった。また外記政と無関係に開催できる陣申文も一一世紀前期には年一〇回を越えず、もはや日常的政務とは言えなくなった。外記政の励行は安和二年（九六九）に初めて命ぜられているから[27]、公卿聴政の衰退はこの頃に始まり、一〇世紀後期を通じて急速に進行したと考えられる。

南所申文・陣申文を経た解文を天皇が最終決裁する政務＝官奏は、九二〇年代の『貞信公記』には申文より頻繁に見える。官奏と申文の多少については慎重に見定めるべきだが、一〇世紀前期の官奏がかなりの頻度で開催される重要かつ日常的な政務であったことは疑いない。摂政がこれを決裁し、関白が内覧することで政務を掌握できたのは、良房～忠平の時代に官奏が実質的に機能していたからである。ところが申文と官奏は一連の政務であるから、申文が衰退すると官奏も無関係ではおれない。実際、一一世紀前期には官奏は年一〇回以下に激減している。内容的にも不堪佃田・減省・鎰匙にほぼ限定され、受領功過定に向けての多分に儀式的な政務と化していた[28]。官奏の衰退時期を絞り込むことは困難だが、申文との連動から推せば、やはり一〇世紀後期のことと想定できる。官奏を覧るという摂関の本来的職能は、この時期にほとんど意味を失ったのである。

官奏や申文が衰退・形骸化しても、諸司や朝廷行事に関する指揮や決裁はもちろん必要であった。一〇世紀以降、諸司諸寺別当・行事上卿・行事所上卿などの制度が発展し、公卿が各組織・各行事の実務を分掌する体制が整っていった。軽微かつ日常的な事項は別当・上卿各人の裁量で決裁し、重要事項については官奏を経ることなく、ある場合は蔵人や殿上弁を介し、ある場合は直接に天皇や摂関と連絡・調整を行なって処断したと考えられる。かかる政務方式の進展は、基本的な太政官政務の衰退と表裏一体の現象と言うべきであり、やはり一〇世紀後期以降に本格化するのではあるまいか[29]。

奏宣・聴政・合議が律令太政官政務の三本柱であるが、最後に合議について検討する。公卿議定制として著名なのは陣定であるが、一〇世紀末の陣定は最終的な政策決定機関でなく、極めて不活発なものであった[30]。もちろん公卿層の意見が天皇・摂関によって常に無視された訳ではなく、形式的にせよ意見集約の場があったことは軽視できないものの、陣定があったから律令太政官政治が機能していたという議論は、今日ではもはや通用しない。

ところが大きな意味を持つ合議制は存続していた。叙位除目議と受領功過定である。まず叙位除目議は、基本的に天皇の御前で公卿全員が出席して行なわれる政務で、合議の体裁をとっていた。しかし叙位・任官者は天皇と執筆によって決定されたのであり、討議などが行なわれた訳ではない。摂関も叙位除目に強く関与した。摂政がいればその直廬に公卿が参集して行なわれたが、決定は摂政がほぼ専断した。[31]また関白は基経の時代から御前儀に参加し、天皇と執筆の間に座して決定に介入した。[32]受領や顕官の任命、叙位者の決定は貴族社会全体の利害に関わる問題であり、摂関の権力の源泉の一つは、叙位除目に自らの意向を強力に反映させるところにあった。摂関・執筆以外の公卿は形式的に参会したに過ぎず、この点では陣定と同様であった。

一〇世紀後期以降、公卿の議論が交わされ意見統一が行なわれた唯一の合議制が、受領功過定であった。[33]従って受領功過定から合議制一般の重要性を説くこと自体、本末転倒であるが、更に言えば受領功過定における議論が国政的見地から行なわれたかどうかも疑問である。受領統制という諸司・諸家・諸行事に重要な意味を持つ政務だからこそ、公卿たちは各自が分掌する組織・行事、そして何より自分の家政の利害を踏まえて議に参加し、激論を交わしたと見るべきであろう。陣定において国政一般に責任感を示さなかった彼らが、受領功過定の場においてのみ律令官僚の顔をするとは考えがたいではないか。受領功過定は個別利害の集約の場と考えるべきであり、だからこそ有力者の息のかかった受領の特別扱いといった「不正」行為は頻発せねばならなかった。

このように一〇世紀後期以降、太政官政務のうち官奏と申文は衰退し、分掌体制が主要な実務処理ルートとなった。また、公卿の合議も多くの場合さしたる意味を持たなかった（ただし定は院政期までに新たな意味を担って浮上する）[34]。律令太政官政務が形骸化・矮小化するなか、天皇と摂関は重要事項の決定権を依然として掌握しており、旧来の形で太政官を領導する必要を感じなかった。公卿は一般的国政から撤退し、自らの家政や担当組織・行事の利害を第一に考えるようになった（自己利害を優先する点では摂関も同様で、むしろずっと露骨であった）。摂関政治が律令太政官政治と本質的に同じであるという見解は、一〇世紀後期以降においては成り立たないと思われる。

3　天皇の「後見（うしろみ）」

『源氏物語』を政治史史料として分析した倉本一宏は、摂関政治について、天皇・父院（または母后）・摂関が構成するミウチ的「権力核」が国家意志形成を主導する体制であると明快に説明した[35]。確かに国家意志形成に父院・母后・摂関が関与したことは事実であろう。しかし彼らがいかなる関係を天皇と結び、自己の意志を合成し得たかが具体的に明らかにされる必要がある。本節では『源氏物語』に見える「後見（うしろみ）」という語に着目し、摂関と天皇の直接的結合について考えたい[36]。

まず父院について。桐壺帝は退位後も「世の政をしづめさせたまへること」が在位中と同様だったとされ（賢木・二―九〇頁）、父院として国政の実権を掌握していた。ここで注意すべきは、譲位する前に若宮（後の冷泉帝）を皇太子にと考え、「後見」として母君＝藤壺を中宮に据えたことである（紅葉賀・一―四一九頁）。太上天皇が皇太子を自ら「後見」しなかったことが知られるが、同様に父院が天皇を「後見」したという表現も全く見られないのであり、従って父院の国政関与は天皇への「後見」行為として理解すべきでなく、父権によって天皇権力を掌握・代行したものと考えねばならない。父院が天皇や皇太子を「後見」せずに母后に委ねたことは、父院と母后の権力発動の原理が相違したことを推測させるであろう。

さて、冷泉帝の母后の藤壺中宮は病弱なので天皇に侍することができず、しかし「少し大人びて、添ひさぶらはむ御後見は必ずあるべきこと」なので(澪標・二―三一二頁)、斎宮女御に代行を依頼した。これが後に女御の立后の要件とされる(少女・三―二四頁)。母后が天皇を「後見」することの重要性が知られるが、藤壺の「後見」とは内裏で常に冷泉帝を世話する(または世話を指揮する)ことだったと解釈できるから、「後見」とは一般的・理念的な「世話」「後ろ楯」ではなく、直接的かつ日常的な奉仕という意味を強く帯びていたと推察される。(37)『源氏物語』における「後見」には様々な行為・関係が見られるが、夫婦の相互関係、舅から婿への世話、家司・女房から主君への奉仕等もみなそう呼ばれており、「後見」の多くが同居(別棟や曹司での居住を含む)を前提とした直接的・日常的な奉仕と理解できるのである。(38)キサキのうち参内できるのは今上天皇の母后と妻后に限られていたという。(39)母后、そしてその委譲を受けた妻后の「後見」も、内裏後宮殿舎での居住と不可分なのであろう。父院が天皇を「後見」しなかったのも、太上天皇が内裏から退去したことと無関係ではあるまい。そして母后の日常的・直接的な奉仕は、天皇の政治意志形成や政治的行為への補助に及んだ。藤原彰子は「母后専朝」と評されるまで国家意志形成に介入し、儀式においてしばしば後一条と「同輿」したが、(40)それは母后として当然の行為であった。そしてこの延長上に母后の近親、即ち外戚の「後見」があったと見ることができる。

臣下の「後見」を考える場合、冷泉帝に対し、兄であり内大臣である光源氏が行なった輔弼行為が示唆的である。光源氏は「公方の御後見」は言うまでもなく、日常的な細やかな「御心ばへ」を示し、母后・藤壺中宮の信任を得たという（澪標・二―三二一頁）。臣下の公的な国政補佐を「公（方）の御後見」と呼ぶ例は『源氏物語』に少なからず見られるが、先述の「後見」の語義からはやや外れ、派生的な用法かと思われる。そして藤壺中宮にとってより大切だったのは、内裏の日常生活における天皇への配慮・奉仕であった。それは母后の「後見」行為と同質であったからこそ彼女の感動を呼んだのであり、個人的・日常的次元の「後見」と把握できよう。桐壺に直廬を有したことが、光源氏のかかる奉仕を可能にしたと言える（桐壺・一―一二六頁）。要するに光源氏は、①公的な政務補佐、②日常的かつ直接的な奉仕、という二重の「後見」を行なったのである。これを臣下の「後見」一般に敷衍することは恐らく可能なのであって、現実の外戚・摂関も①②の二重の「後見」を自らの権力的基盤としていたと考えたい。

このように天皇の意志形成に介入したと言っても、父院・母后・摂関はそれぞれ関与の形態と原理を異にしていた。摂関政治を考える場合には天皇への日常的な「後見」が重要であり、本節の課題である天皇との直接的結合の問題とも関連する。ではそれはいつ発生したか。

天皇への「後見」が内裏居住と密接に関係するとすれば、キサキや臣下の内裏直廬（曹司・局）の成立が考察の手がかりとなる。まずキサキであるが、皇后宮が内裏に設けられるのは八世紀後期、光仁朝以降のことであった。[41] しかし、「後見」の主体である母后が内裏に同居し始めるのは、九世紀後半のことである。文徳天皇は母の藤原順子と冷泉院で、清和天皇は母の藤原明子と東宮・内裏で同居した。[42] これが藤原良房の政権掌握と並行していることは示唆的で、母后の「後見」が摂関政治と不可分であったことが確認できる。しかも摂政良房は内裏直廬を有し、[43] 日常的「後見」の空間的基盤として活用できた。母后・摂関の内裏居住は、藤原良房の段階で成立したと言える。

しかし摂関の公的執務（官奏や叙位除目など）は、本来内裏直廬では行なわれなかった。まず良房は応天門の変の処断場所から推して、職御曹司で政務を執ったと考えられる。[44]内裏東隣に位置する職御曹司はもともと中宮職の曹司だったと考えられるが、良房の頃より摂関の執務空間として利用され始めた。彼の死後まもなく母后の明子が入り、[45]職御曹司が後宮殿舎に準ずる空間だったことを窺わせる。明子の後には基経が用い、[46]延喜九年（九〇九）八月、時平の死をうけて忠平が職御曹司に移ったのは時平→忠平という継承を示すが、[47]注目すべきは時平・忠平が摂関でなかったことである。職御曹司は、摂関だけでなく藤氏長者によっても継承される「公方の御後見」のための空間だったと言えそうである。忠平は摂関となっても職御曹司で政務を執り、さらに実頼→伊尹→頼忠がこれを承けた（忠平は内裏北東の桂芳坊でも執務したが、これは職御曹司と類似する施設と見てよい。兼通も桂芳坊を用いた）。[48]ところが兼家以降になると、職御曹司は摂関・藤氏長者の執務施設という性格を喪失し、内裏焼亡後や出産時の天皇やキサキの仮御所にのみ用いられるようになった。摂関の儀式空間という規範は残るが、[49]日常的利用は途絶する。そしてこれに対応する形で、兼家の時代から摂関は内裏直廬で執務するようになった。忠平が一時凝華舎を使い、伊尹が淑景舎をよく用いたという先例はあるが、摂関の執務空間が内裏直廬に固定するのは兼家の淑景舎に始まる。以後道隆は淑景舎、道長は飛香舎、頼通は淑景舎で執務した。[50]このように摂関の執務空間は一〇世紀後期、伊尹～兼家の頃に職御曹司から後宮殿舎に移動した。これは摂関の内裏居住の発展であり、天皇との直接的結合の深化と評価できよう。平安宮内裏は天皇家・藤原氏の主要成員が集住する場となったのである。

さて、『小右記』には直衣姿で清涼殿台盤所（天皇付の女房の詰所）から出現する道長・頼通の姿がしばしば見え、[51]天皇と密着できた彼らの立場をよく表すが、清涼殿で直衣（雑袍）を着用し、台盤所に出入するのは外戚の

み に聴された殊遇であった。[52] 本来は殿上人・蔵人の奉仕に付随する特権だったと推測され、[53] それが外祖父・外舅に及んだものらしい。藤原頼忠が外戚でなかったために勅許されなかった事例を初見とするが、[54] 頼忠が職御曹司で執務した(内裏直廬で執務できなかった)最後の摂関であったことは示唆的である。直衣・台盤所特権は天皇への日常的・直接的奉仕と不可分であり、外戚がかかる特権を得たことは天皇への「後見」の深化を反映するものと見てよい。摂関の内裏直廬執務と外戚の直衣・台盤所特権は恐らく一連の現象であって、後者の成立を一〇世紀後期に求めることも無理ではなかろう。

摂関による天皇への「後見」は藤原良房の時代に成立したが、それが一段と発展するのは一〇世紀後期のことであった。この頃から藤原氏の摂関・外戚は日常的に内裏に居住し、天皇との直接的結合を深めたと考えられる。それは摂関の二重の「後見」のうち職御曹司執務に象徴される「公方の御後見」の後退であり、摂関の太政官機構からの離脱でもあった。また、同じく天皇を「後見」するキサキ・女房の体制が変化したのも円融朝(九六九—九八四)前後のことであった。[55] 従来この時期は摂関常置の開始という点で注目されてきたが、摂関政治は質的にも大きく変貌を遂げたと言わねばならない。

4　相互依存関係の展開

平安貴族社会は律令官人社会から生まれた。[56] 律令官人社会は天皇と全官人の〈君恩—奉仕〉の関係を基礎としていたが、官人制システム(位階制・禄制)が九世紀中期～一〇世紀中期に再編され、特定官職での年功や天皇家を中心とする諸家の「恩寵」を重視する体制が成立した。特権層の子弟は昇進ルートにのって高地位につき、封戸・位禄などの収入を手にしたが、中下級官人層は〈君恩〉から疎外され、諸司・諸家に分属して生きることになった。かくして一〇世紀中葉までに貴族社会の規範的枠組みが生まれ、それが一〇世紀後期以降に構造化・固定化することになる。本節では、一〇世紀後期～一一世紀における諸階層の存在形態と、それらの相互依存関係について略述し、摂関政治変質の社会的要因を明らかにしておきたい。

最初に院・后宮・摂関家など、貴族社会最上層を構成した「権門」について考察する。この時代の権門の主要な収入は封戸であった。季禄や節禄など大蔵省支出の禄制は一〇世紀中期までにほぼ崩壊しており、一方で荘園からの収益はまだ副次的であった。『栄花物語』はしばしば封戸を主、荘園を従として権門財政を描いている。[57] 封物の確保は受領の帰順如何にかかっており、封主の政治力や主従関係が大きくものを言った。[58] 封戸は律令制的俸禄という外皮の下に、封主=権門と受領の私的関係を基盤とする収入と化していたのである。上納額も両者の関係に左右されたと見られ、封戸と受領の私的「志」は実態的には連続していた。[59] 従って権門にとっては自分が影響力を及ぼしうる人物が受領であるのが望ましく、除目議に介入して家司・院司を受領にする、受領と主従関係を結ぶなどの方策が取られた。上皇・女院の得分たる院分受領制については、それが国衙上納物を収取するのか、任料を収取するのかで議論があるが、[60] 本稿では院司・宮司（もしくは近臣）受領の任命を公的に保証する制度と考えておきたい。[61] このほかに権門の収益としては年給制があった。年給制は叙料・任料を得るための売位売官制度であるが、推挙者（権門）と被推挙者の関係は多くの場合ドライではなく、日常的な主従関係や友誼関係の維持・再確認という意味を持っていたと思われる。[62] 特に院宮給は藤原氏公卿の叙爵ルートとして確立しており、それが権門間の日常的な関係を基礎にしていたことは言うまでもなく、そうでなければ新たな名簿打ちが必要であった。[63] 以上に述べた封戸（・受領）・年給が権門の主要収入源であるが、その全てが国家的俸禄という制度史的観点だけでは割り切れず、日常的な社会関係を基盤としていたことが重要である。受領の奉仕が基本となっている点からすれば、かかるあり方は徴税体制を強化した「受領らしい受領」の登場する一〇世紀後期に成立したと考えるのが妥当であろう。[64]

権門に奉仕する中下級貴族層は「受領層」と呼ばれる。林屋辰三郎が提唱した「受領層」概念は今日でも有効であるが、[65]彼らは通常は権門諸家の家司・女房、諸司の実務官人として活動したので、ここでは「家司女房層」と把握しなおした上で、その存在形態を略述したい。[66]家司・女房の奉仕が整備強化され、中世に続く体制が成立したのは一〇世紀後期、円融朝～一条朝のことであった。家司・女房の主力は権門の邸宅に曹司を与えられ、住み込みで奉仕する者たちで、居住を基礎とした直接的・日常的奉仕が「後見」と呼ばれた。同一権門の家司と女房には婚姻関係を結ぶ者も多く、家司が父→男、女房が母→女と継承され、累代の奉仕が形作られる場合もあった。そうした中から権門主と乳母・乳父・乳母子との強力な主従関係が生まれたと考えられる。家司が受領に任じられた場合、権門主への奉仕は物質的形態をとったが、そのとき家司の妻(女房であることが少なくない)が任国支配・対権門関係に有効な役割を果たした。家司も女房も一権門に専属した訳ではなく、諸家・諸司への兼参は普遍的な事態であり、このような緩やかな関係が諸家・諸司を結ぶ人的ネットワーク形成と密接に連動していたと考えられる。[67]それは換言すれば、諸家・諸司・諸国による実務官人の共有体制であった。権門の成立と家司女房層の成立は一体の現象であり、両階層は上下の相互依存関係を結ぶことで存立していた。

貴族社会の最下層は家人雑任層と把握される。西山良平によれば、[68]九世紀後半以降、畿内とその周辺の村落上層部は院宮王臣家や諸司と結合し、家人・雑任・舎人などの肩書を得て国郡司に対捍し、在地農民を有効に抑圧した。これは一〇世紀以降も同様で、同一個人が権門・諸司に兼参して奉仕していた。律令禄制は九世紀代に下級官人の俸禄から崩壊し始めたが、家人雑任層と院宮王臣家・諸司の結託はそれと無関係ではない。そして院宮王臣家の「権門」化によってかかる結合は一層強化され、一〇世紀後期から頻発する権門家人どうしの私闘はその発現と見られる。彼らも家司女房層と同様、諸家・諸司を結ぶかたちで活動する一方で、権門が畿内村落を収奪する手足ともなった。『源氏物語』には薫大将家に奉仕する人々が活写されており、彼らによって薫の邸宅が維持され、畿内諸荘園を結ぶ人的関係が形成されていたことが読みとれる。(69) 畿内荘園は権門の収入源としては副次的だが、機動的な物資・労働力徴発には欠かせない存在であり、(70) 各所の「家」を中核に、家人雑任層によって経営されていたのである。それは家人雑任層にとっては村落支配の手段でもあり、ここにも上下方向の相互依存関係を確認することができる。

最後に権門・諸司の横方向の結合を観察したい。一〇世紀末〜一一世紀前期には公卿が五節舞姫献上の「役」を果すために、(71) 家政機関による調達のほか、国家的俸料、受領の「志」、友誼・主従関係による「訪」などの援助体制がとられた。(72) 国家行事に家政機関が関与し、受領や他権門がこれを支えるという基本的関係が読みとれる。これは院政期にも受け継がれ、受領への供出命令が諸国所課として定着したと考えられる。また行幸や神祭における出車・出馬(牛車や馬の供出)も同様の関係を基盤としていたが、出車をめぐる相互依存関係の実態をよく示すのが大嘗会御禊出車である。御禊に女御代・母后が供奉し、そのために車が用意されるのは一〇世紀前期から確認され、(73) 天慶九年(九四六)には女御代の本家・近親・家司・家人が車を調達した。(74) ところが長和元年(一〇一二)になると后宮や他公卿による供出が加わり、出車は極めて華美になった。(75) 同様の事態は寛和二年(九八六)の御禊でも窺われ、(76) 一〇世紀後期から権門の相互扶助体制が進展し、華やかな国家行事遂行を支えたことが判明する。諸権門はまた、諸司の運営を支えていた。藤原実資は右近衛大将として右近衛府・馬寮に様々な財政援助を行なっていたし、(77)御禊出車でも后宮大夫の弁備が大きな意味を持った。衛府と后宮は多数の下級官人や雑任を擁する巨大官司であったが、その財政運営は長官個人の私物供出や政治力発動に依存する面が大きかったのである。もちろん長官は官司の人的資源を私的に運用できたから、権門と諸司もまた相互依存していたと言える。このように権門と諸司は全体として水平方向の相互依存関係を形成していた。それは家司女房層・家人雑任層の兼参関係とも連関していたし、諸家間ではもちろん婚姻や養子も大きな意味を持ったであろう。相互依存関係の本格的な展開は、御禊出車に見るように一〇世紀後期以降のことと考えられ、院政期になって規範的・制度的に定着するようである。

以上、階層化した貴族社会の運動を、権門・諸司を軸とする上下・水平方向の相互依存関係の広範な展開と把握した。(78)道長・頼通の時代に初発的成立を見る貴族の家格(79)はこうした社会関係の固定化であり、最上層において中世に連続する公家権門が生まれた。もちろん律令制下にもかかる社会関係は存在したに相違ないが、国家が公民制―調庸制―禄制を維持している間は前面に現れず、基軸的な関係にならない。律令制の崩壊(80)とともに相互依存関係が社会全体を覆い始めるのであり、その意味で一〇世紀後期は大きな画期だった。そこから一一世紀にかけて相互依存関係は大きく展開し、個別利害を超えた一般的国政という政治理念を後退させ、やがて院政期になると荘園制と結びつき国制として定着したと考えられる。

天皇家と藤原氏の最上層、即ち天皇・院・女院・諸宮と摂関〜公卿家は律令制の枠を脱し、中世的権門への歩みを開始する。彼らは階層的秩序を保ちつつ相互に扶助・依存しあう。婚姻や養子はその主要な契機となったが、それ以外にも多様な支配庇護関係・友誼関係が展開した。摂関家が天皇を「後見」したのも相互依存関係の一端であり、全体の頂点に位置するものであった。藤原氏は律令制下からの「ミウチ」性を自己展開させて天皇家と密着したのではなく、「後見」の深化は一〇世紀後期以降の貴族社会の構造に根底的に規定されていた。

結　語　―初期権門政治―

摂関政治を時期区分する場合、ふつう良房・基経政権を前期摂関政治、道長・頼通政権(及びその前史)を後期摂関政治と呼ぶ。両者は創始―発展の関係、つまり基本的には同質の政治形態と考えられてきた。忠平の時代を摂関政治成立期とする見解も提出されたが、先述のように難点があり[81]、良房～忠平を一連の時代と見て前期摂関政治と称するべきである。一〇世紀後期、天皇で言えば円融～一条朝、摂関で言えば兼家政権期の前後に変化が生じた。摂関は太政官政務から離脱し、天皇との直接的関係を強めた。貴族社会における相互依存関係の進展、それと表裏の関係にある一般的国政の衰退が、政治形態の変化の基本的原因となったと考えられる。同じく摂関政治と言っても後期摂関政治は前期摂関政治と本質的に相違しており、律令制から離陸した中世に続く政治形態と考えるべきだろう[82]。

政所政治否定論が実は律令政治連続論であった以上、もはやそれは破棄されねばならない。しかし政所政治論が復活できる余地も残されていない。摂関家政所が政治的・社会的に重要な意味を持ったのは事実であるが、衰微したとは言え国政の中枢はやはり朝廷にあったからである。そこで本稿では、後期摂関政治を「初期権門政治」と把握することを提唱したい。この時期に中世的権門が初発的に成立し、諸権門・諸司・諸行事間の利害調整を行なうのが国政の主要任務となったと考えるからである。かつて黒田俊雄は中世の政治を「権門政治」と呼んだ[83]。それは権門体制＝荘園制に基づく、権門(公家・寺家・武家)総体のための政治であり、「公私混交」的・

圧力的な国政介入を特色とする。黒田は後期摂関政治を「律令体制の枠内での最大限の権門政治の展開の段階」とし、決定的転換は院政期にあったと論じたが、黒田の後期摂関政治に対する事実認識は本稿に近く(84)、政治形態に限定するなら要は評価の問題である。本稿では、後期摂関政治期の社会関係の展開が院政期に荘園制という形態で定着すると考え、両者の連続性こそを重視したい。寺家も武家もまだ権門として自立せず、諸司・諸行事の意味も大きかったが、すでに政治は天皇家・藤原氏などの権門諸家を基軸に動き始めていた。後期摂関政治を過渡期という消極的評価ではなく(85)、中世権門政治の出発点と理解したほうが生産的であろう。

一方、前期摂関政治は律令政治の最終段階と把握できる。この時期にも母后・摂関の内裏直廬（および「後見」）の成立、下級官人層の律令禄制からの遺棄など、後期摂関政治につながる要素が見出せる。しかし摂関の職能はいぜん律令太政官政務を前提とし、国家機構を運転する五位以上官人は律令制俸禄によって生きていた。律令制の枠を超える社会関係も緩慢かつ着実に形成され、新たな政治規範を生み出しつつあったが、いまだ全面開花して独自の運動を開始するには至っていない。かかる状況は基本的に一〇世紀中期まで続き、天皇家と藤原氏の古代的関係を規定していた。そこから離陸したとき、新しい時代が始まる。藤原道長の望月の歌は古代貴族藤原氏の到達点の表現ではなく、むしろ中世権門政治の開幕を告げるものだったのである。

注

（1）　黒板勝美『国史の研究』（岩波書店、一九〇九年）。

（2）　竹内理三「貴族政治とその背景」（『新日本史大系　古代編』、朝倉書店、一九五二年。同『律令制と貴族政権』第II部、御茶の水書房、一九五八年、所収）。なお、石母田正の摂関政治理解も、荘園制を相対的に高く評価する点を除けば、基本的には竹内と同じ律令政治連続論である。石母田正『古代末期政治史序説』（未来社、一九六四年。『石母田正著作集』六、岩波書店、

一九八九年、所収)第三章第二節、同「古代史概説」(『岩波講座日本歴史』一、一九六二年。同著作集一一、一九九〇年、所収)。
(3)　土田直鎮「摂関政治に関する二、三の疑問」(『日本史の研究』三三、一九六一年。同『奈良平安時代史研究』、吉川弘文館、一九九二年、所収)。土田はこうした立場から、「摂関政治」概念の破棄さえ提唱した(土田直鎮「摂関政治の実体」(『日本史のしおり』九、一九七〇年。同『平安京への道しるべ』、吉川弘文館、一九九四年、所収))。
(4)　橋本義彦「摂関政治論」(『日本歴史』二四五、一九六八年。同『平安貴族社会の研究』、吉川弘文館、一九七六年、所収)、同「貴族政権の政治構造」(『岩波講座日本歴史』四、岩波書店、一九七六年。同『平安貴族』、平凡社、一九八六年、所収)、北山茂夫『王朝政治史論』(岩波書店、一九七〇年)。
(5)　近年の平安時代史研究について、吉川「書評　山中裕編『摂関時代と古記録』」(『古代文化』四五―七、一九九三年)では、「権力構造」論と国家システム論の乖離、両者を含めた国政史と社会史・経済史の乖離、という二重の分裂状態を指摘し、また漢文記録と仮名文学の両者を史料として活用する意欲の欠如を批判した。本稿は、このような現状理解(それは私自身への反省でもある)に基いて執筆した。
(6)　竹内理三「摂政・関白」(『日本歴史』六九、一九五四年。竹内前掲『律令制と貴族政権』第II部所収)、橋本義彦「太政大臣について」(『日本歴史』四一〇、一九八二年。改題して橋本前掲『平安貴族』所収)。
(7)　吉川「申文刺文考」(『日本史研究』三八二、一九九四年。本書第二部第三章)。
(8)　『本朝世紀』天慶四年十一月二十六日条。
(9)　『本朝世紀』同前条に「太政大臣召弁於御前、覧件書等、如年来候官奏之儀。持以取捨、択定其無難者、即給於弁」とあり、弁の結申と関白の仰せがなされていない。
(10)　『本朝世紀』天慶四年十一月十三日条・二十六日条、『日本紀略』天慶四年十一月二十八日条。
(11)　『政事要略』巻三〇、阿衡事、仁和三年十一月二十一日詔。
(12)　『日本三代実録』元慶八年六月五日甲午条。
(13)　坂上康俊「関白の成立過程」(『日本律令制論集』下、吉川弘文館、一九九三年)。忠平時代に摂政と関白が分離したという通説(竹内理三「摂政・関白」(前掲))は地位呼称と職務を混同したものである。なお最近、坂本賞三が「一人諮問」が関白の基本的職務だと主張して一連の論文を発表しているが（「一人諮問の由来」〈『神戸学院大学人文学部紀要』一、一九九〇年〉・「関白の創始」〈『同』三、一九九一年〉・「関白研究上の諸問題」〈『同』五、一九九二年〉）、①忠平の依拠した先例の理解に無理がある（坂上の批判がある）、②太政大臣の職掌が論に組み込まれていない、③内覧・官奏などの政務に関する言及がない、④円融・花山朝の「一人諮問」の解釈が恣意的である、など基本的なところで問題が多い。

(14)『日本三代実録』元慶五年二月二十一日己亥条、同七年十月九日壬寅条。

(15)『日本三代実録』元慶四年十二月四日癸未条。

(16)『日本三代実録』貞観十八年十一月二十九日壬寅条。

(17)竹内理三「口伝と教命」（『歴史地理』七五―三・四、一九四〇年。竹内前掲『律令制と貴族政権』第Ⅱ部所収）。

(18)橋本義彦「貴族政権の政治構造」（前掲）。

(19)土田直鎮「類聚三代格所収官符の上卿」（『仏教史研究』四、一九六九年。土田前掲『奈良平安時代史研究』所収）。

(20)『西宮記』巻一七、所々座体、同巻七、（南所申文）大臣着儀頭書。

(21)『西宮記』巻七、裏書、天慶九年六月二十三日小一条記。

(22)米田雄介「准摂政について」（『日本歴史』三四九、一九七七年）。

(23)山本信吉「平安中期の内覧について」（『続日本古代史論集』下、吉川弘文館、一九七二年）。

(24)土田直鎮「中関白家の栄光と没落」（『国文学』一二―七、一九六七年。土田前掲『奈良平安時代史研究』所収）。

(25)吉川「申文刺文考」（前掲）。

(26)美川圭「平安時代の政務とその変遷」（『古代文化』四六―一、一九九四年。同『院政の研究』、臨川書店、一九九六年、所収）。

(27)『類聚符宣抄』巻六、可勤行外記政事、安和二年二月二十八日宣旨。

(28)森田悌「律令奏請制度の展開」（『史学雑誌』九四―九、一九八五年。改題して同『日本古代の政治と地方』、高階書店、一九八八年、所収）。

(29)大津透「平安時代収取制度の研究」（『日本史研究』三三九、一九九〇年。同『律令国家支配構造の研究』、岩波書店、一九九三年、所収）は、行事所がこの時期に成立したことを論じている。

(30)　倉本一宏「一条朝における陣定について」(『古代文化』三九―七、一九八七年)。なお旧稿発表後、大津透「摂関期の陣定」(『山梨大学教育学部研究報告』四六、一九九六年)が陣定の機能を再評価し、「外交・受領統制という国家支配の根幹」が陣定で審議されたことから、「公卿合議によって摂関期の国家は支えられていた」と論じた。しかし問題とされるべきは、陣定で扱われたのが重要案件であったかどうかではなく(そのようなことには誰も疑問を抱いていない)、その案件処理が当時の国家・社会の中でどれほどの比重を占めたかということである。不活発性・非定例性・形式性といった当該期の陣定の諸属性は、それを考える上で大切な素材なのである。大津の議論は、国政・家政・司政など多様な局面に分散した政治システム総体の中に陣定を位置づけたものではないため、陣定の機能が実体以上に大きく見えているのではないか。ちなみにこのような思考方法は、「限定された側面の経費の調達の具体化のみ」を行ない、多様な「給与あるいは収益」「社会における経済活動との相互連関」などを捨象して「狭義の国家財政」論と批判された大津の平安財政史研究の問題点(中込律子「摂関・院政期の国家財政をどうとらえるか」〈『歴史評論』五二五、一九九四年〉)に通底し、また律令政治連続論の一種と言える彼の「後期律令国家」論(大津前掲『律令国家支配構造の研究』)の構想を根本から制約している。

(31)　『西宮記』巻二、除目によれば、除目摂政儀は議所または宿所(直廬)で行なわれたが、議所儀については貞観十三年(八七一、摂政良房)、宿所儀については延長九年(九三一、摂政忠平)の先例が挙げられている。『北山抄』巻一、九日始議外官除目事、『江家次第』巻四、秋除目(摂政時儀)には直廬儀しか述べられていない。同巻二、摂政時叙位事も同様。実例でも議所儀はほとんど確認できない。いずれにせよ、摂政儀の場合には〈天皇―執筆〉の関係が〈摂政―参議大弁〉に置き換えられたから、決定権は全て摂政に帰したのである。この点は、官奏で〈天皇―大臣〉が〈摂政―奏者弁〉に置換された儀についても同様で、摂政の掌握した権力の大きさが改めて痛感される。

(32)　『雲図抄』、正月五日叙位議事。除目については、『西宮記』巻二、除目、仁和元年五月二十五日記文、『宇多天皇御記』寛平二年正月二十八日条、などが参考になる。

(33)　大津透「摂関期の国家論に向けて」(『山梨大学教育学部研究報告』三九、一九八九年。改題して大津前掲『律令国家支配構造の研究』所収)。同論文の意図は、①摂関期に合議制が機能していた、②受領功過定によって国家財政が維持されていた、の二点を論証するにあるが、①は本文で述べるように本末転倒であり、②大津の言う「国家財政」は限定されたもので(注(30)参照)、それをどれほど評価できるか疑問である。

(34)　下向井龍彦「王朝国家体制下における権門間相論裁定手続について」(『史学研究』一四八、一九八〇年)、棚橋光男『中世成立期の法と国家』(塙書房、一九八三年)。
(35)　倉本一宏「『源氏物語』に見える摂関政治像」(『風俗』八九、一九八六年)。
(36)　『源氏物語』の「後見」については、倉本一宏「『栄花物語』における「後見」について」(『栄花物語研究』二、一九八八年)の検討があり、多くが「単なる世話・養育・保護といった意味」だとするが、その具体的な内容についてはほとんど触れられていない。このほか、加藤洋介「冷泉―光源氏体制と「後見」」(『文学』一九八九年一月号)、篠原昭二「『源氏物語』と歴史意識」(『人文科学科紀要』九四、一九九一年。同『源氏物語の論理』、東京大学出版会、一九九二年、所収)、なども光源氏の「後見」行為の意味を論じるが、やはり具体性に乏しい。なお、本章で『源氏物語』を引用する場合には小学館『日本古典文学全集』の巻―頁を、『栄花物語』には岩波書店『日本古典文学大系』のそれを併記する。
(37)　従来の「後見」論はこの点をほとんど重視していない。管見の限り、その例外は『岩波古語辞典』の「(親子・夫婦・主従の間で日常のことを)こまごまと世話する」という語義説明であるが、後述の「同居」という観点がやはり見られない。
(38)　本稿で言う「居住」は、自邸居住だけでなく、奉仕のための住み込みを含む。この点では、キサキや摂関の内裏直廬への宿侍とて例外ではない。こうした奉仕のための仮住まいは、平安京における「不安定な居住」(京楽真帆子「平安京における居住と家族」〈『史林』七六―二、一九九三年〉)の重要な一環をなすものと理解される。
(39)　『栄花物語』巻二八・下―二八七頁。皇太子の母・妻も同様であろう。
(40)　『小右記』長徳三年七月五日条、長和五年二月七日条など。
(41)　橋本義則「平安宮内裏の成立過程」(同『平安宮成立史の研究』、塙書房、一九九五年)。
(42)　『日本文徳天皇実録』斉衡元年四月丁卯条、目崎徳衛「文徳・清和両天皇の御在所をめぐって」(『史元』一〇、一九七〇年)。
(43)　『日本三代実録』貞観十四年四月一日庚子条ほか。
(44)　『吏部王記』承平元年九月四日条。
(45)　『日本三代実録』貞観十六年二月二十七日丁卯条。
(46)　『日本三代実録』元慶五年二月二十一日己亥条。

(47)『貞信公記抄』延喜九年八月二十九日条。

(48)初見史料のみを掲げると、忠平は『貞信公記抄』承平二年六月二十三日条、同承平二年八月二十九日条(桂芳坊)、実頼は『日本紀略』康保四年十月七日条、伊尹は同天禄二年七月五日条、頼忠は同天元三年七月二十五日条、兼通は同貞元二年十月十一日条(桂芳坊)。

(49)『御堂関白記』長和五年十月二日条。

(50)初見史料のみ掲げると、忠平は『貞信公記抄』承平元年三月十一日条、伊尹は『日本紀略』天禄元年六月八日条、兼家は同永延元年正月五日条、道隆は同正暦四年正月十一日条、道長は同長和四年十月二十七日条、頼通は同寛仁二年八月十四日条。ちなみに道長が用いた飛香舎(梅壺)は「則チ是レ中宮ナリ」(『小右記』長和三年正月二十四日条)とされるように、キサキである娘の直廬に入ることが多かったと見られる。この点を含め、職御曹司・摂関直廬については、岡村幸子「職御曹司について」(『日本歴史』五八二、一九九六年)が参考になる。

(51)『小右記』寛弘八年九月二十一日条、長和三年二月二十三日条、など。

(52)『禁秘抄』巻中、被聴台盤所人事・聴直衣事。台盤所とその特権については、吉川「平安時代における女房の存在形態」(『ジェンダーの日本史』下、東京大学出版会、一九九五年。本書第三部第三章)を参照のこと。

(53)『西宮記』巻一三、諸宣旨事。

(54)『大鏡』巻上、頼忠伝。

(55)吉川「平安時代における女房の存在形態」(前掲)。

(56)吉川「律令官人制の再編」(『日本史研究』三二〇、一九八九年。本書第三部第一章「律令官人制の再編過程」)。

(57)『栄花物語』巻五・上―一八四頁(まずは封戸から召物し、だめなら仕方なく荘園から、という状況が描かれている)、巻八・上―二八九頁、巻一二・上―三七六頁、巻一五・上―四四六頁、巻一六・下―二八頁。『源氏物語』からも同様の事情が読み取れる。例えば、藤壺中宮の基本的収入源は「えたまふべき年官・年爵・御封のもの」であったし(薄雲・二―四三七頁)、財力も封戸によって表現される(藤裏葉・三―四四五頁、若菜上・四―三九頁など)。多数の所領を持っていてもさほどの「御徳(収入)」にはならなかったが(東屋・六―二三頁)、除名され封戸を失った光源氏は「近き所々の御荘」を生活の資とするほかなかった(須磨・二―一七九頁)。

(58)『栄花物語』巻五・上―一八四頁、『小右記』寛仁二年六月四日条など。
(59)『小右記』治安三年八月十九日条、万寿元年十月九日条など。
(60) 国衙上納物収取説は、橋本義彦「院宮分国と知行国」(『律令国家と貴族社会』、吉川弘文館、一九六九年。橋本前掲『平安貴族社会の研究』所収)、同「院宮分国と知行国再論」(『続律令国家と貴族社会』、吉川弘文館、一九七八年。橋本前掲『平安貴族』所収)、時野谷滋『律令封禄制度史の研究』(前掲)。任料収取説(＝年給説)は、村田正志「院宮御分国の研究」(『国史学』三二、一九三七年)、石丸熙「院政期知行国制についての一考察」(『北大文学部紀要』二八、一九七一年)、など。双方とも制度史的観点からのみ院宮の収入を理解しようとしており、この点に問題がある。
(61)『小右記』永祚元年正月二十三日条、『栄花物語』巻一〇・上―三二一頁など参照。
(62) 旧稿発表後、尾上陽介「親王の年官について」(『早稲田大学大学院文学研究科紀要』別冊一七、一九九〇年)・同「年爵制度の変遷とその変質」(『東京大学史料編纂所紀要』四、一九九四年)が同様の理解を示していたことを、尾上説を展開させた玉井力「一〇―一一世紀の日本」(『岩波講座日本通史』六、一九九五年)によって知った。
(63)『小右記』長保元年十二月九日条。
(64) 佐藤泰弘「古代国家徴税制度の再編」(『日本史研究』三三九、一九九〇年)。
(65) 林屋辰三郎『古代国家の解体』(東京大学出版会、一九五四年)。橋本義彦「摂関政治論」(前掲)は、「受領群の中身は流動的で、その時々に変化があり、基本的な利害や主義・行動を共にする一つの階層或は階級を形成したとみるのは困難である」とし林屋説を批判したが、しかし中下級貴族層という階層が形成されたことは明白な事実で、彼らの存在形態・行動様式は一括して理解することが可能である。橋本の議論は「受領」の語に拘泥しすぎたもので、社会的実体を捕捉しようとした林屋説への有効な批判とはなっていない。
(66) 吉川「平安時代における女房の存在形態」(前掲)。
(67) 黒板伸夫「『藤原行成家』の家政と生活基盤」(『摂関時代と古記録』、吉川弘文館、一九九一年。同『平安王朝の宮廷社会』、吉川弘文館、一九九五年、所収)。
(68) 西山良平「平安京と周辺農村」(『新版古代の日本』六、角川書店、一九九一年)。
(69)『源氏物語』浮舟・六―一七二頁、一七四頁、二〇一頁など。

(70) 注(69)のほか、『源氏物語』夕霧・四―三九二頁、椎本・五―二〇三頁、総角・五―二五二頁、宿木・五―四七九頁、浮舟・六―一〇六頁、など。
(71) 平安時代の「役」については、佐藤泰弘「平安時代における国家・社会編成の転回」(『日本史研究』三九二、一九九五年)。
(72) 遠藤基郎「十～十二世紀における国家行事運営構造の一側面」(『歴史』七四、一九九一年)。
(73) 『西宮記』巻一一、御禊事に、女御代(尚侍)について「女御代待行幸」、母后について「承平母后同輿(此儀起於承平、宮司行列々々)」と記す。宇多天皇御禊(仁和四年)、醍醐天皇御禊(寛平九年)には女御代・母后の供奉が見られず、朱雀天皇御禊(承平二年)に至って母后(藤原穏子)・尚侍(藤原貴子)の供奉が初見する(『北山抄』巻五、大嘗会御禊事)。奈良時代以来の行幸鹵簿を規定する『儀式』にはもちろん女御代・母后の規定はない。
(74) 『大嘗会御禊部類記』(『大日本史料』第一篇之八)。村上天皇御禊である。出車は一四両で、うち一両は「用尚侍殿」(自弁か)、二両は藤原師氏(近親)・源等(家別当)の供出、四両は「本家調進」、七両は「仰家人所令進」とされている。大部分は女御代安子の父である師輔が差配したものと言える。
(75) 『御堂関白記』長和元年閏十月二十七日条。後一条天皇御禊である。出車は二一両で、皇太后宮彰子・中宮妍子・公季・道綱・斉信・公任・俊賢らが供出した。女御代威子の父道長も多くの車を調進したが、その比率は明らかに低下している。同年の御禊の華美さについては『栄花物語』の特筆するところであるが(巻一〇・上―三二九頁)、それを可能にしたのは后宮と公卿による相互扶助体制だったのである。
(76) 一条天皇御禊である。『栄花物語』巻三・上―一〇七頁に「宮の女房がたの車廿、又内の女房の車十、女御代の御車など、すべてえも言はぬことどもは、まねびつくすべくもあらず」とあり、「内の女房」以外の二一両の出車体制は長和度と同じで(「内の女房」の車は長和度にもあったと見てよかろうが)、やはり華美が賞賛されている。なお、冷泉天皇御禊(安和元年)、円融天皇御禊(天禄元年)、花山天皇御禊(寛和元年)については、拠るべき史料がない。
(77) 鳥谷智文「王朝国家期における近衛府府務運営の一考察」(『史学研究』一九九、一九九三年)、佐々木恵介「『小右記』にみる摂関期近衛府の政務運営」(『日本律令制論集』下、吉川弘文館、一九九三年)。
(78) 社会的「相互依存関係」、およびその中心としての内裏=宮廷という捉え方は、対象とする地域・時代とその歴史的意義は異なるものの、ノルベルト・エリアス『文明化の過程』(赤井慧爾他訳、法政大学出版局、一九七七・七八年)・同『宮廷社会』

（波田節夫他訳、法政大学出版局、一九八一年）から多大な示唆を得たものである。
(79)　玉井力「「院政」支配と貴族官人層」（『日本の社会史』三、岩波書店、一九八七年）。
(80)　律令制の崩壊はもとより様々な観点から論じられるべきであるが、公民制―調庸制と不可分の関係にあった四度公文制度の解体は「一〇世紀の後半期」のことであった。寺内浩「律令制数的支配の崩壊」（『日本史研究』三八八、一九九四年）。
(81)　忠平時代成立説を主張する橋本義彦「貴族政権の政治構造」（前掲）は、その指標として、①摂政・関白の制度的定着、②儀式・故実の成立、③貴族連合体制の成立、の三点を挙げた。①②は本文で批判したが、③も本稿の「相互依存関係」論から言えば、忠平時代には―確かに先駆的要素はあるが―十分成熟していない。そもそも③の論拠となったのは黒板伸夫の「ミウチ的権力集団の環」の成立という考え方であるが（「藤原忠平政権に対する一考察」〔『延喜天暦時代の研究』、吉川弘文館、一九六九年。同『摂関時代史論集』、吉川弘文館、一九八〇年、所収〕）、黒板の「ミウチ」概念は曖昧であり、本稿の「後見」論から眺め直せば、忠平時代と兼家時代以降にはやはり段階差がある。
(82)　その意味で、林屋辰三郎の「受領層」論を基軸にした摂関政治～院政連続史観（前掲『古代国家の解体』）は再評価されるべきである。
(83)　黒田俊雄「中世の国家と天皇」（『岩波講座日本歴史』三、一九六三年。『黒田俊雄著作集』一、法蔵館、一九九四年、所収）。
(84)　黒田俊雄『荘園制社会』（日本評論社、一九六七年）四四―四六頁。
(85)　黒田が国家史における「過渡期」概念の必要性を論じ、「そういう視角が国家史の把握をより正確でかつ豊かなものにする」と述べたこと（「中世国家史研究の反省」〔『歴史学研究』四四五、一九七七年。前掲『黒田俊雄著作集』一、所収〕）はもとより承知しているし、一〇世紀後期～一一世紀の国家・社会は確かに過渡期としての様相が濃い。ただ本稿で主張したいのは、この過渡期を前後どちらの時代に引きつけて理解するかが、国家・社会・文化の古代から中世への移行を考える場合に、決定的に重要だということなのである。

第三章　平安時代における女房の存在形態

序

本稿の目的は平安時代、とりわけ一〇世紀後期〜一一世紀中期における女房の存在形態を概観することにある。この時期の女房に関しては、「王朝女流文学」が有益な情報を提供してくれる。もっともそれは当然のことではあった。仮名の物語・日記・随筆・家集を生み出した平安時代の女性は、その大部分が女房として出仕した者だったからである。「王朝女流文学」を深く理解するためにも、女房に関する知識は不可欠である。

もちろん、こうした問題関心は古くから抱かれてきた。「王朝女流文学」の作者論[1]・登場人物論[2]としての女房論は、すでに膨大な研究史を持っている[3]。また歴史学の立場から、朝廷や院宮の女房・女官に検討が加えられたのも有益であった[4]。

しかし女房の実像は、いまだ十全に明らかにされていない。その最大の原因は、総体的把握の弱さにある。女房たちは様々な権門（天皇・院宮・王臣家）に出仕したが、それぞれの女房の特質と相互連関はいかなるものであったか。また彼女らは権門の主君や自分の家族とどのような関係を持ち、それらが全体としていかなる社会関係を織りなしたか。本章では、仮名文学を活用することによって女房の生活と役割を具体的に考察し、これらの点について見通しを得たい。

1　上の女房

一〇世紀後期～一一世紀中期の平安宮内裏には、多数の女性がいた。階層順に大別するなら、①后(中宮・皇后・皇太后・太皇太后)[5]、②御息所(女御・更衣)、③女房、④女官(女房以外の下級女官)、⑤従女(下仕・女童)となる。天皇のキサキが①②であり、天皇・キサキ・東宮それぞれに③女房と④女官が奉仕し、⑤従女が女房・女官の職務を助けた[6]。本節では、このうち天皇に仕えた女房＝「上の女房」(「内の女房」とも)について検討する。

(一)　成立過程と構成

上の女房の前身は、律令国家の女官(宮人)である[7]。宮人には後宮十二司の職事として天皇の生活を支える者と、それ以外の出仕者たる命婦がいた。八世紀後期に男性官人の内裏侍候が確立すると(「開かれた内裏」)、宮人の独自性は後退し、「女官」の称が生まれる。一〇世紀初頭になると、奏宣・内廷経済における蔵人所の主導性が定まり、後宮十二司は解体を始めた。女官の職務体制は大きく変貌し、女房が男房(蔵人・殿上人)と職務を分担しつつ、清涼殿上で天皇に奉仕するようになった。

「女房」という語の初見は一〇世紀初頭に遡るが、一〇世紀中期頃から一般的に用いられるようになる[8]。これが後宮十二司の解体と時期を同じくする点には、一応注目する必要があろう。しかし、「女蔵人」の称は早く九世紀前期の『内裏式』(五月五日観馬射式)に見られ、弘仁元年(八一〇)に創始された男性の蔵人―昇殿制からさるに至った。

ほど降らない時期に、女蔵人―女官昇殿制も生まれたと推測される。上の女房は実質的には九世紀前期から存在したのであり、早くから後宮十二司の職務を代替し始めたものと考えてよかろう。そしてその際、十二司職事とはもともと異質であった命婦の奉仕のあり方が、女房の職務形成に少なからぬ役割を果したと想定される。こうして男房奉仕と対になる形で女房の奉仕体制が徐々に整えられていき、一〇世紀中期には後宮十二司を解体させるに至った。

一〇世紀後期〜一一世紀中期の上の女房は、この女官制再編によって生まれたが、しかしもう一段の飛躍が必要であった。そのことを述べるため女房の構成を見ておきたい。

上の女房の全貌を示す史料は、一二世紀中期の『台記別記』まで見あたらない(9)。それによれば、女房の総勢は三〇人。筆頭の乳母・典侍はほぼ一体のもので計六名、上臈女房と呼ばれて禁色（赤・青の唐衣）を許され、天皇の陪膳に候した。掌侍六名と命婦一二名が中臈、女蔵人六名が下臈の女房であり、天皇の日常的用務を果した。それぞれの呼称に後宮十二司の解体と女房の発展の経緯が窺われる。これが平安後期の上の女房の基本的な構成であり、鎌倉初期の『禁秘抄』にもその大枠が継承されている。

しかし、同様の構成は一〇世紀後期〜一一世紀初期にはすでに存在していた。乳母・典侍―掌侍―命婦―女蔵人という構成を示す史料は多く(10)、女房名にもこれらの呼称が散見する。人数的には長保元年（九九九）に等第禄を与えられた女房が二六人、後冷泉天皇の即位時（永承元年＝一〇四六）に二三人以上と見え、一応ほぼ同規模と考えられる(11)。さらに「上臈女房」という表現は『西宮記』に現れ（巻八、院宮事）、禁色勅許と一体となった臈次区分は、恐らく上の女房でも一〇世紀中期には存在したと考えられる。

こうした上の女房の構成は、円融朝（九六九〜九八四年）前後に凝結した。後宮女官の最高位にあった尚侍は、円融朝の藤原婉子の頃から天皇や東宮のキサキの称号と化し、女房としての実を失った。[12] そこで典侍が女房の筆頭となるが、円融～花山朝から天皇の乳母の地位が急上昇し、典侍と一体化する。[13] 御息所もまたこの時期に変貌し、女御が有力貴族の娘のための地位となったのに対し、女房の一員でもあった更衣はほとんど見られなくなる。[14] 要するに一〇世紀後期、円融朝前後に後宮の体制が変革され、キサキ(女御・尚侍)と女房(乳母・典侍以下)とが明確に分離されたのである。これは貴族社会の固定化・構造化の一環と言え、[15] キサキを出す階層と女房を出す階層が社会的に分離したことの反映である。かくして女房の職務は純化し、構成的にも整序されたのである。

このように、九世紀～一〇世紀中期に徐々に形成された上の女房の奉仕体制は、一〇世紀後期に至って急速に結晶し、中世にまで受け継がれていくことになった。

(二)　職務と生活

一〇～一一世紀の上の女房の職務は、殿上日中行事から大要を知ることができる。[16] それによれば、女房は殿上清掃・御手水・陪膳[17]・御灯設撤などを勤めた。中世の『禁秘抄』や『建武年中行事』では、さらに天皇の入浴・整髪・着衣・四方拝への奉仕が加わるが、『侍中群要』巻五、定詞(天暦蔵人式文)に「御美宇知支」「今支」という整髪・入浴奉仕者の装束名が見えるので、入浴～整髪～着衣にも古くから女房が奉仕していたと考えてよかろう。つまり衣食住全般にわたって、天皇個人の生活は女房が直接に支えていたのである。しかも上﨟女房の奉仕は全く親身そのもので、常に天皇と密着していた。幼い天皇には添い寝など細々と世話をし、教育する。[18] 天皇が死んだ時、最も嘆き悲しんだのも彼女らであった。これに対して蔵人(男房)の奉仕はやや異なり、その主眼は清涼殿での昼夜侍候に置かれた。奏宣や格子上下などはこれに付随する職務である。蔵人が内侍の奏宣機能を吸収し、また蔵人所が内廷経済を担掌したと言っても、女房には独自の職掌が残されており、男房・女房ははっきり役割を分担していた。

上の女房の詰所は清涼殿西庇の台盤所である。このため台盤所は「女房侍」「女房」とも呼ばれた。三間の台盤所のうち、南二間には八尺の台盤一脚を囲む形で畳が敷かれ、女房の座所となっていた。北一間には天皇の椅子、朱塗の唐櫃、女房の出仕を記録する女房簡(日給簡)などが設置され、北端に畳が敷かれた。その北は天皇の居室、朝餉間である。(19)

台盤・畳・御椅子・唐櫃・簡という台盤所の調度は、蔵人が侍候する殿上間のそれと基本的に一致する。清涼殿は東面・南面が表向き、西面・北面が奥向きで、それぞれに天皇の座所があり、男房・女房の「侍」が設けられていたのである。しかし、殿上間と台盤所の使用法には些か違いがあった。第一に、蔵人は殿上間で台盤を片付けて宿侍したが、女房は夜御殿に侍する者以外は、天皇が眠ると各自の局(曹司)に戻ったと考えられる。朝は辰一刻に蔵人が格子を上げ、それから女房の職務が始まった。東宮妃禎子内親王の女房が「各我ままに磨きたてて、辰の時ばかりにこそ御前に出づめれ」(『栄花物語』巻二九・下―二九五頁)と描かれたのに似た状況が、清涼殿でも見られたことだろう。(20)第二に、蔵人は殿上間の台盤に着いて食事をしたが、台盤所にはそうした史料が見えない。(21)殿上間の台盤が三脚あったのに対し、台盤所の一脚では食事をするのに狭すぎる。女房たちにとっては、懸盤に並び着いて食事するのは女官のようで恥ずかしかったが(『枕草子』九九段)、それは台盤でも同じことだったろう。恐らく彼女らは各自の局で腹ばいになって物を食べたと思われ、調理は従女などが行なったのではあるまいか。このように男房と女房の生活には少なからぬ違いがあり、両者の奉仕内容の差を反映する如くである。

ところで、台盤所に侍候できたのは女房だけでなく、男性にも「台盤所（女方）聴サル」という特権をもつ者がいた。『禁秘抄』中、被聴台盤所人事には「執柄人并子息ナトハ勿論、其外殊ニ去リ難キ大臣納言之間、両三人ヲ定ムベシ」と見え、摂関とその子息を中心とする限られた人々には、清涼殿の奥向きへの参入が認められていた。(22) また清涼殿では男性官人は束帯か宿衣を着用するきまりであったが、台盤所侍候を許された人々は天皇と同様、直衣を着ることができた。『小右記』には台盤所から直衣姿で現れる道長や頼通の姿がしばしば見え、天皇に密着し得た彼らの特権的な立場をよく示している。(23)

これに関連して、『伊勢物語』六五段の物語は興味深い内容をもつ。ある若い殿上人が天皇の寵愛を受けた女房を見初め、「女がたゆるされたりければ」彼女の前に常にやってきた。心苦しく思った女房が局に下がると、男は人目もはばからずその部屋に通ったという。ここからいくつかの事実が推測できる。第一に、遅くとも『伊勢物語』の成立した一〇世紀初頭、そして恐らくは物語に語られた九世紀後期には、男性の台盤所侍候があったこと。第二に、殿上人も台盤所に候するには勅許が必要だったこと。第三に、台盤所侍候が許されれば後宮の局まで行けたらしいこと（ただしその逆は必ずしも成り立たない）。特に第三点は重要で、ここから台盤所と局の一体的関係が読み取れる。女房の宿侍・食事形態の背景にはこうした関係が存在したのであろう。また藤原良房以来、摂関など上級貴族が後宮殿舎に宿所＝直廬を持つようになったのも（『日本三代実録』貞観十四年〔八七二〕四月一日庚子条。『九暦』天暦四年〔九五〇〕七月十一日条も参照）、台盤所侍候と通底する現象であり、「後見」と不可分の特権と見ることができよう。

(三)　給与と補任

上の女房はいかにして生活の資を得ていたか。これを考えるためには、当時の給与制度の実状を知っておく必要がある。[24]律令国家の女官（宮人）には、封戸（四位・五位はこれに代えて位禄）・季禄・時服料・節禄などが与えられた。しかし大蔵省から支給される季禄・時服料・節禄は、一〇世紀中期までにおおむね崩壊し、経済的意味を失った。[25]その後も残った女房の俸禄としては、①封戸・位禄、②年官、③等第禄などが挙げられる。まず①であるが、三位の女房は封物を、典侍・掌侍・命婦は諸国正税から位禄を受け取る建前であった。しかし、現実には受領との政治関係に左右されたと考えられ（後述）、人によってはさほど収入にならない場合もあったろう。[26]まして六位の女蔵人には何も与えられなかった。次に②年官とは、任官者を推挙して任料（謝礼）を受け取らせる制度で、女房に関連するものとして内給の乳母・女房分、尚侍給・典侍給・掌侍給などがあり、いずれも諸国一分官の推挙権であった。[27]しかし一〇世紀後期には一分官を望む者は激減しており、[28]女房がしかるべき任料を得ていたとは考えがたい。最後に③等第禄とは、台盤所の上日を基準にして七・十二月に支給される禄である。蔵人所召物から支出されたため受給状況は良好だったと推測されるが、それでも一〇世紀末には遅れがちとなり、[29]また年に絹数匹では侍女や従者まで含めた女房生活全体の維持に十分ではなかろう。以上要するに、一〇世紀後期以降の女房給与制は脆弱かつルーズであり、朝廷は彼女らの華やかな生活をしっかりと保証してはいなかったのである。天皇からの臨時賜禄も少なくなかったと推測されるが、しかし上の女房は、それ自体としては決して実入りの良い仕事ではなかったと考えるべきであろう。

最後に、上の女房がどのように選ばれたかを見ておく。『栄花物語』によれば、一条天皇の死後、彼に長年仕えた女房たちは「内（三条天皇）に参るは少うて」、東宮（敦成＝後一条）・中宮（彰子）・一品宮（脩子）・帥宮（敦康）に分散して仕えることになった（巻九・上—三一二頁）。つまり上の女房は、男性の蔵人・殿上人と同様、天皇の代替りごとに補任し直されるものであり、一条→三条のように血縁関係が薄い場合は、上の女房のほぼ総入れ替えという事態が発生したのである。女房の継承は基本的に親子関係（特に母子関係）によったと推定され、また新たに選考するについても父母や外戚の意向が強力に作用したことであろう。一条天皇の乳母が兼家・詮子と、後一条および後朱雀の乳母が道長・彰子と深い関係を有したという事実は（第4節参照）、この推考をはっきり裏付ける。

三条天皇の女房についてはさらに注意すべき点がある。きの三位（橘清子）・源典侍（源明子）・右衛門乳母など三条の乳母は、一条朝から典侍と呼ばれていた。(30) 先の『栄花物語』の記述からすれば、彼女らは一条天皇の女房ではなく、東宮時代から三条に仕えた女房と考えられる。つまり、典侍・掌侍など内侍司の官職名を肩書としてもっていても上の女房とは限らないのであって、(31) 昇殿宣旨を受けた者のみが上の女房として女房簡に登載され（『小右記』永延二年（九八八）三月二十一日条）、天皇に奉仕したのである。

2　家の女房

上の女房と対照的な存在として、王臣家に仕え内裏には出仕しない女房たちがいた。本節ではこの「家の女房」の存在形態を、当時の最高級の家について分析してみたい。

(一)　敦道親王家の女房

『和泉式部日記』には、為尊親王に先立たれた和泉式部が、彼の弟の敦道親王（九八一〜一〇〇七）と新たな恋に落ち、ついに南院に同居するまでの過程が描かれている。長保五年(一〇〇三)の冬に和泉式部が移り住んだ時、敦道親王家には北の方として藤原済時女が暮らし、また多数の女房が奉仕していた。

親王家の上級女房としては「侍従の乳母」「宣旨」「御乳母」の三人が見えるが、和泉式部に対する態度はそれぞれに特徴的であった。「侍従の乳母」は敦道が式部のもとへ通うのを諫止し、南院に彼女を召すよう言った(九七頁)。大殿(藤原道長)の意向を忖度し、敦道の身の保全を図っているのである。そして和泉式部が南院に入った段階では「侍従の乳母」の姿は見えなくなり(同居していなかったものか)、「宣旨」が敦道と式部を守るべき存在として立ち現れる。式部が女房たちに覗かれるのを恐れた敦道は、彼女に「宣旨」の許に行くように勧めた(一四六頁)。また、憤慨した北の方の出奔を引き止めるよう「宣旨」が敦道に注進した際にも、式部はそこに同席していた(一五〇頁)。これに対して「御乳母」は、北の方が家を出ようとする時にはそれを手伝っており(一五〇頁)、前二者と振舞いを異にしている。ここから次のような構図を想定することができる。

・北の方に「御乳母」が付き、その指揮の下に多数の女房が奉仕する。
・敦道には「宣旨」と呼ばれる女性と、少数の女房だけが仕える。「侍従の乳母」と呼ばれる女性も親身な存在だが、同居していなかったらしい。

和泉式部の同居によってこうした関係が顕在化したのであるが、さらに言えば敦道付きの女房とて、決して彼に忠実な者ではなかった。敦道は、中将という女房が自分に奉仕しているが、北の方の機嫌が悪くなるにつれて自分を憎く思うので、煩わしくて式部を髪ときに召したのだ、と言い訳している(一四七頁)。恐らく中将も北の方―「御乳母」に指揮される女房集団の一員で、敦道の世話をするため「出向」していたのであろう。[32]

「御乳母」は北の方に代わって、「よろづのこと」を取り仕切っていたという(一二一頁)。ここで想起されるのは、『源氏物語』（須磨・二―一六八頁）で光源氏が須磨に退去するにあたり、二条院の経営を紫の上とその乳母の少納言に委ねたという叙述である。源氏は少納言をしっかりとした人物と見込み、親しい家司を付けて、領知すべき心得などを仰せて不在の邸宅を預けた。[33] ここから類推すれば、敦道親王家の「御乳母」も北の方の乳母であり、北の方の幼少の頃から付き添い、その生活を支える女性だった可能性が高い。それ故、本来ならば北の方が差配すべき家政の万事を委任され、常に彼女の立場にたって行動したのであろう。そして和泉式部を覗き（一四八頁）、噂し、非難する（一五〇頁）女房たちも、北の方―「御乳母」の感情の代弁者であり、ほとんどが北の方に奉仕すべき者として、結婚に際して彼女に付けられた人々だったと思われる。

一方、敦道付きの女房はほとんどいない。彼が最も頼りにすべきは「宣旨」であった。「宣旨」とは中宮・東宮のほか、貴顕の家には多く見られる上級女房であるが、藤原伊周（『栄花物語』巻五・上―一七六頁）や藤原頼通（同巻二四・下―一八三頁）の宣旨を見てもわかるように、家父長に身近な存在であった。藤原実資の宣旨（源清延妻？）は彼の乳母でもあった（『小右記』長元三年〈一〇三〇〉六月三日条）。敦道の「宣旨」も、別居していたらしい彼の乳母（侍従の乳母）に比肩する、極めて重要な女性だったと考えられる。

和泉式部とて、実は敦道の女房にほかならなかった。中将に代わって、髪すきなど敦道の身辺を世話していることからそれは明瞭である（一四八頁）。彼女は敦道の恋愛の対象ではあったが、家格の違いなどから正妻とは認められず、「召してこそ使はせたまはめ」とされる女性、所謂「召人」なのであった。[34] 一般に家父長に親しく仕える女房にはこうした召人格の者がいたと推測される。ただし、和泉式部自身にも侍女や従者が仕えており（一一三頁）、北の方―女房集団の縮小版と言うべき関係を維持していた。

以上、敦道親王家の女房について考察し、〈北の方―乳母―大多数の女房〉〈家父長―宣旨―召人など少数の女房〉、という関係を抽出した。北の方の出奔により親王家の女房には大きな変化が生じたはずだが、『和泉式部日記』はその直前で終わっている。(35)

（二）　藤原教通家の女房

藤原道長の息・教通（九九六～一〇七五）も、家の女房の実態が比較的わかりやすい人物である。寛弘九年（一〇一二）四月、教通は藤原公任の四条宮に婿取りされた。

公任女が教通と結婚した時、彼女に何人の女房が仕えることになったかはわからない。同じ道長の子では、頼通室（隆姫女王）や長家室（藤原斉信女）の女房が二〇人、童・下仕が四人であったから（『栄花物語』巻八・上―二八一頁、同巻一六・下―四九頁）、同規模の女房集団が教通室にも付けられたと考えられる。女房たちの奉仕はほとんど史料上に現れないが、治安四年（一〇二四）に公任女が死亡した後、彼女の霊の口寄せに行く「左近の乳母」と「年頃むつましうおぼしめす女房一人」の姿を見出すことができる（同巻二一・下―一三五頁、ただし後者は母の女房かも知れない）。公任女の女房の筆頭格は、やはり彼女の乳母だったのであろう。口寄せには公任女の母も密かに同行しており、乳母や女房とは親しい間柄だったと見られる。類例から推せば、母から女に女房が譲られたことも十分に考えられる。なお、教通家が火事にあった時、公任女の乳母子である一三歳の童女が焼死した（『小右記』長和四年（一〇一五）四月十四日条）。左近の乳母の子とは限らないが、乳母が子連れで奉仕していたことが知られる。

教通家の女房としては、むしろ教通の乳母の動静のほうがよくわかる。「内蔵（蔵）の命婦」と呼ばれた女性である。彼女は少年時代の教通が賀茂臨時祭使をつとめるのを見守り、教通の婿入りに際しては公任妻から衣を賜り、また妻の死に泣き惑う教通を慰めるなど（『栄花物語』巻八・上―二七六頁、巻一〇・上―三三九頁、巻二一・下―一三六頁)、彼に親しく奉仕しつづけた人物であった。教通の姉の彰子の出産に際しても、母の倫子とともに几帳の内に侍しており(『紫式部日記』一七〇頁)、恐らく倫子から教通に伝えられた女房であろう。彼女は二度も「うはなり打ち(後妻いじめ)」を企てた気性の激しい女性であった。(36)一度目は寛弘七年(一〇一〇)、夫の大中臣輔親の新妻に嫉妬し、教通の随身・下女を三〇人ほど新妻の居所に派遣し、財物を破壊させた。未婚の教通にこれだけの従者がおり、それを乳母が指揮した点が注目される。二度目は二年後のことで、「蔵ト云フ女方ノ宇波成打」とて道長家の雑人が輔親宅を襲撃した。実態としては乳母の指揮下にある教通付きの雑人と見るべきであろうか。とすれば、乳母を頂点におく男女の従者全体が、婚姻を契機に道長＝倫子から教通に譲られたと考えることができる。

このように藤原教通家においても、家父長に乳母(および従者・下女)が付き、北の方に乳母と女房多数が仕えるという、敦道親王家と同様の体制が想定できた。しかし、それはやがて終末を迎えねばならない。教通は、北の方の死から二年たった万寿三年(一〇二六)に禔子内親王と再婚する。内親王には元来多くの女房が仕えていたが、結婚にあたって若い女房や童が加えられた。故北の方の女房はこの時まで教通の小二条殿に住み、教通や子女に奉仕していたが、新北の方と女房が移ってきたのを見て世を哀れんだ(『栄花物語』巻二七・下―二六七～八頁)。再婚により、教通は新しい女房集団の中に入っていったのである。(37)

当時の貴族男性は、母の女房(未婚時)→北の方の女房(初婚時)→新しい北の方の女房(再婚時)→…と、女房集団を渡り歩く形で一生を送ったと言えるのではなかろうか。ずっとつき従う女性は数少なく、むしろそれは家司・家人の役割であった。貴族女性には女房が付き、貴族男性には家司が仕える、これが当時の基本的な奉仕関係だったと思われる。念のため付言すると、最終的な女房指揮権は北の方ではなく、家父長が掌握していたらしい。道綱母が藤原兼家と仲違いして山寺に籠ったとき、彼女の女房が兼家に勘当されたというのは（『蜻蛉日記』巻中・二七二頁）、こうした事情を反映するものであろう。

内蔵の命婦とても、ずっと教通の側で暮らしたとは思えない。光源氏が乳母に対して「人となりて後は、限りあれば、朝夕にしもえ見たてまつらず、心のままにとぶらひ参うづることはなけれど」と述べたように（『源氏物語』夕顔・一—二二三頁）、成人後の男性は乳母と別居するのが通例であった。[38] 教通の場合も結婚後か、生活力を獲得してからは乳母と別居したと見るのが妥当と思われる。藤原公任が年老いた乳母を扶助し、自邸に引き取ったというのは（『栄花物語』巻二七・下—二五三〜二五五頁）、特別の計らいなのであった。

(三) 家の女房の職務と生活

これまで敦道親王家・藤原教通家の女房を検討し、構成や継承関係を考えてきたが、家の女房一般の職務・生活についても簡単に触れておきたい。

女房の職務は、和泉式部が「昼なども上にさぶらひて、御ぐしなども参り、よろづにつかはせたまふ」（『和泉式部日記』一四八頁）と述べ、また藤原頼通の女房が「とのの御まかなひ・御髪参り」をしたように（『栄花物語』巻二四・下—一七二頁）、整髪を始めとする衣食住全般の賄いがまず挙げられる。しかし、これとは別次元の奉仕もあった。女房は一般に「大人しき人々」と「若き人々」に分別され、奉仕形態や思考に違いが見られるが、[39] 乳母を中心とする「大人しき人々」は家父長や北の方への助言・諫言を行ない、彼らを精神的に支える一方、女房全体をまとめて家政を切り盛りした。「若き人々」はむしろ軽薄で噂好きであるが、道長室の源倫子の女房に見られるように（『栄花物語』巻一一・上—三四八頁など）、華やかな装飾機能を果した。さらに注意すべきは、女房が家父長・北の方の意志を内々に取り次ぐ役割を果したことである。藤原頼宗が馬の借用を藤原実資に頼んだ際、「男方」より申し込むべきなのだが、不都合なので密々に「女房」より申したというのは(『小右記』寛仁二年〔一〇一八〕四月二十一日条)、女房の取り次ぎの性格を如実に示す。縁談も同様にして女房方から内々に話が進められた。

家の女房の職務・生活空間は、やはり御前と台盤所、そして局であった。(40) 貴顕の家にも台盤所が設けられ、男性の侍所に対応する、女房の詰所として用いられていた。永久三年(一一一五)の東三条殿(関白忠実家)では、台盤所は寝殿の北面に位置し、台盤二脚を挟んで高麗端畳八帖、その東に紫端畳八畳が敷かれていた。后宮や親王家の台盤所には、このほか日給簡と唐櫃が設置された。(41) とすれば、敦道親王家と藤原教通家の台盤所の調度にはやや違いがあったことになるが、親王家は勅別当・御監・侍者がおかれる格式高い機関ゆえ、内裏・院宮に準ずる扱いがなされたと考えられ、日給簡・唐櫃の有無にさほどの意味は認めがたい。また、諸家には女房や家司の局(曹司)があり、彼らが邸内で宿侍する場となっていた。体調が悪いときにはそこで療養し(『源氏物語』空蟬・一―二〇二頁)、子連れで奉仕する女房にはその養育の場でもあったろう。

家の女房の収入については具体的な史料が余りなく、不明とせざるを得ないが、節料など相応の衣服料や食料が支給されたと考えてよい(『御堂関白記』寛弘七年〔一〇一〇〕七月十三日条など)。財力のある受領の家には良い女房が集まったというのも(『枕草子』能因本一八三段、『源氏物語』東屋・六―一三頁)、女房に対しふんだんに賜禄がなされたからであろう。しかし、裕福でない家の女房が給与だけで生活できたかと言えば、やや疑問が残る。

さて、寛弘五年正月、藤原道長の京極殿にはのどかな年始風景があった。次女の妍子は一五歳、彼女の部屋を母の倫子が訪れると、七・八人の女房や妹の威子が華やかに着飾って集まっている(『栄花物語』巻八・上―二四九頁)。女房たちはこの時点では道長家女房と言うべきであるが、やがて妍子が天皇と結婚すれば彼女らはキサキの女房、王臣と結婚すればその家の女房と呼ばれるだろう。こうして見れば家の女房とキサキの女房には連続する面があったことになる。史料の多いキサキの女房について次節で検討するが、そこで得られた知見は、家の女房を考える上でも参照されるべきであろう。

3　キサキの女房

本節では天皇のキサキ、すなわち后(中宮・皇后など)および女御(更衣はほぼ消滅)に奉仕した女房を検討する。后の女房は、「上の女房」に対して「宮の女房」と呼ばれていた。

(一)　キサキの女房の身分

キサキの女房を考える時、加納—角田論争を避けて通ることはできない。加納重文は宮の女房の女房名に注目し、「大輔命婦」の如く典侍・内侍・命婦・蔵人などの官職を含む名をもつ女房を「朝廷より配属された公的女房」、そうでない「紫式部」の如き女房を「私的女房」と考えた。前者は朝廷が選考し賜禄するのに対し、後者は摂関家が「権勢と財力にまかせて募集」し養ったとする。(42)一方、角田文衛は女房名が公・私の差を現さないとして加納説を否定し、すべての宮の女房が公的存在、すなわち朝廷より位階と禄を受ける者だったと主張した。(43)現在の通説は加納説に近いかと思われるが、(44)いずれにせよキサキの女房については公的存在か私的存在かを明確にしておく必要がある。

ところで本節を「宮の女房」ではなく「キサキの女房」と題したのには、理由がある。天皇のキサキはまず女御になり、次に立后して中宮・皇后と呼ばれたのだが、その間に女房の顔ぶれに変化があったとは考えがたいから、后・女御の女房をひとまず連続的にキサキの女房と理解し、その上で両者の構成・職掌・待遇の差異を考えるべきなのである。

それでは后と女御にはいかなる違いがあったか。結論から言えば、后は天皇の正式なキサキであり、朝廷から手厚く扶助されたのに対し、女御は「天皇の召人」格と言うべく、正妻としての待遇を受けなかった。両者はともに後宮に殿舎を与えられ、多数の女房が侍するキサキではあるが、制度的には格段の差が設けられていたのである。それは立后によって発生する事態を見れば一目瞭然である。天元五年(九八二)の藤原遵子立后では、三月十一日の立后とともに中宮職が発足した。宣旨・御匣殿別当・内侍の女房三役と侍所別当が決まり、男女の日給簡も書かれた。遵子の住む四条宮には主殿女孺が来て奉仕する。十三日、諸衛啓陣[45]。二十三日、庁事始。日給が開始され、女史が奉仕した。五月五日、典薬寮や糸所女官が四条宮(后宮)に奉仕。七日、入内。六月二十日、四条宮の竈神を内膳司に移す(『小右記』)。このように立后によって、①中宮職が設置され侍候体制も格段に整備される、②内裏の官人・女官が里第にまでやって来て奉仕し始める、という二種の変化が生まれている。特に②は重要である。内裏で天皇に奉仕していた衛府・下級官人・下級女官が、后にも奉仕し始めるのであり、后が里第にいる場合には分局奉仕という形をとった。『枕草子』には一条宮で中宮定子に奉仕する掃部司・主殿司女官の姿が見えるが(二七八段)、それは職御曹司においても同様だった(八七段)。また「めでたきもの」である立后行事の一つが「御へつひわたし」であるが(能因本九二段)、これは遵子立后時に見える竈神合祀のことで、天皇と后の食事が同じ内膳司で調理されたことを物語る。

立后はキサキの女房にも大きな変化をもたらした。人員は同じであっても、女御の女房と宮の女房では立場や職務が変わってしまうのである。遵子立后時には女房三役の選任が見られたが、『栄花物語』は立后による変化をずっと具体的に描いている。寛弘九年（一〇一二）二月、藤原妍子は三条天皇の中宮となった。その日から女房たちには上臈・中臈・下臈による衣服の別が厳然として生まれた。また五位官人の娘などが女蔵人となり、「おもの参らするまかなひ・取次などして」不満が募るばかりであるが、どうしようもない（巻一〇・上―三二四頁）。つまり立后によって、それまで比較的フラットであった女房集団に全く別の原理がはたらき、臈次―衣服の差別が貫徹されるとともに、女蔵人などの呼称・職務が発生したのである。(46)立后によって決まるのは女房三役だけでなく、女房がみな掌侍・命婦・女蔵人などに振り分けられたと見るべきで、日給簡には官職順に女房全員が登載されたのであろう。また、源倫子の准三后宣下とともに「年頃の女房も皆爵を得」（巻一一・上―三八七頁）たことから類推して、宮の女房は立后時にみな位階を与えられたと考えられる。以上要するに、立后によってその女房たちは上の女房と同様の存在、すなわち正式の内裏女房に昇格したのである。后と女御の違いは、そのまま宮の女房と女御の女房の違いとして現れ、前者のみが「公的存在」だったと言える。

藤原妍子には第2節末尾でも少し触れた。当時の彼女はまだ道長家に暮らし、道長家の女房にかしずかれていた。やがて彼女は東宮妃となり、即位とともに女御にのぼり、ついで立后したのであるが、女房は東宮妃時代から同じ四〇人が奉仕し続けたと考えてよかろう。女房集団の中心は彼女の幼少の頃から仕えた「年頃の」女房、つまり道長＝倫子から譲られた女房に相違なく、それに新たな人員が付加されて四〇人もの大集団が形成されたのである。その選考に道長＝倫子が深く関与したことは想像に難くない。つまり宮の女房は公的な存在ではあるが、選考については基本的に里方の意志が尊重されたと考えられる。

このように宮の女房は公的な「内裏の女房」と考えることができ、女御の女房はむしろ家の女房に近い存在であった。なお付言すれば、上の女房と宮の女房は完全に切り離されていた訳ではなく、双方に兼参する者もいた。『栄花物語』には藤原安子（巻一・上―四六頁）・彰子（巻八・上―二六八頁）・妍子（巻一一・上―三四八頁）の女房にその例があり、威子に対する美作三位の奉仕も同様であろうか（巻三二・下―三六六頁）。彼女らは天皇と后の意志・感情の遣り取りに大きな役割を果したと思われ、諸方への兼参を許された女房は、同輩から見ても「うらやましげなるもの」なのであった[47]（『枕草子』一五八段）。

（二）職務と生活

キサキの女房の職務は、概ね上の女房・家の女房と同様と考えてよい。第一にキサキの衣食住への奉仕がある。御膳奉仕については、立后によって陪膳制の枠がはめられたことを先に見たが（『枕草子』一〇四段も参照）、しかし女房集団全体がキサキの生活を直接支えた点では、后でも女御でも変わりはない。『枕草子』には陪膳のほかにも、清少納言が中宮定子の整髪や手水に奉仕した様子（九段）、女房たちが御衣の縫製にあたる様子（九五段）などが描かれている。また定子の御前に女房たちが候い、娯楽や諮問に奉仕したことも『枕草子』にしばしば見えるが、紫式部が藤原彰子に漢籍を教えたことも想起され（『紫式部日記』二四五頁）、こうした精神的次元の奉仕もキサキの女房の第二の、そして大切な職務であった。

職務の第三として、ここでも取り次ぎが挙げられる。宮の女房では特にこれが重要な役割であった。何故なら男性官人が后に上啓する場合、たとえ中宮職官人であっても直啓せず、女房を介することになっていたからである。中宮大夫藤原斉信は上﨟女房を介して上啓する性癖があったといい（『紫式部日記』二三五頁）、太皇太后宮大夫藤原実資は「台盤所」の取り次ぎによって后の仰せや容態を聞いた（『小右記』長徳二年〔九九六〕七月二十四日条など）。

これは結局、宮司でも一般官人と同じ扱いを受けたということであろう。公卿はそれぞれ心よせの女房を持ち、后との意志疎通を図っていた（『紫式部日記』二三六頁）[48]。発言力の強い女房と懇意であるのは有利であったに違いなく、そのためにも貴族男性は女房に軽侮されないだけの教養を身につけておく必要があった。

キサキの女房の生活の場はやはり御前、そして台盤所と局であった。これは后の女房でも女御の女房でも、また内裏でも里第でも同じである[49]。注意すべきは、女房全員に局が与えられた訳ではないことである。万寿二年（一〇二五）の皇太后宮妍子の大饗を描いた『栄花物語』によれば、前夜から「里の人々参りこむ」ことがあり、当朝は「局して候ひつきたる人々は局ながら万をし急ぎたるに、里の残りの人々は参りて、台盤所にてはかなく屛風・几帳ばかりをひきつぼねて、隙もなく居たり」という状況であった（巻二四・下―一七三頁）[50]。宮の女房には局を与えられ常に侍候する者と、里住みをして臨時に参仕する者があり、後者の控える場は台盤所しかなかったのである。局を持っている女房は、自らの局に戻って眠った。キサキが清涼殿に参上した時にもこれは同様で、清少納言は中宮が起きている限り御前に伺候し、中宮が夜御殿に入ると局に退いた（『枕草子』三一三段）。上臈女房はキサキの側近く眠ったのであろうが、一般の女房はそうではなかったらしい。キサキの局（殿舎）に付属する小さな局（細殿）、それが女房の個人的生活空間であった。

女房の局には、一般男性はたやすく近づけなかったらしい。藤原威子の女房に二条殿御方という女性がいたが、藤原道兼女である彼女は当時ときおり見られた「高貴な女房」[51]で、道長の子息さえ接触しないよう配慮されていた（『栄花物語』巻一四・上―四二二頁）。逆に言えば普通の女房なら、道長の子息、つまりキサキの兄弟は近づけたことになるが、これはキサキの局に父母兄弟が参入できたことと表裏一体の関係にあった。道長＝倫子が女の彰子の局に止宿している例は『御堂関白記』に散見し、『枕草子』には定子の御前に中関白家の人々が集う様子が活写されている。こうした特権は清涼殿台盤所への参入と同じく、「女房ゆるさる」と呼ばれていた（『紫式部日記』二一八頁）。一方、妍子大饗に関する『栄花物語』の記事には、枇杷殿の女房の局に「得意」（昵意）の男性が「行きつつぞ居たりける」と記されている（巻二四・下―一七四頁）。これが内裏でも同様だったか否かは判然としないが、少なくとも里第の女房局には「得意」男性の参入が許されていたのである。[52]このほか中宮職官人など、職務がら女房の局に赴く男性はいたものの、①キサキの近親者、②女房に昵意の男性、が特別の立場にあったことはしっかり認識しておく必要がある。キサキ（ひいては天皇）に口入や申請を行なったり、機密情報を入手したりするためには、こうした女房との関係が大きくものを言ったことであろう。

(三)　収入と扶助関係

キサキの女房は如何にして生活の資を得ていたか。宮の女房が全て公的存在とすれば、角田の説くように、彼女らは朝廷の賜禄で生活したと考えるべきなのであろうか。

第1節で述べた如く、上の女房の給与制は一〇世紀後期にはかなり衰退していた。宮の女房の給与制もこれと同じく脆弱かつルーズであったと思われ、しかも等第禄が朝廷から支給されたかどうかも定かでない。また女御の女房は家の女房と同格であったから、当然ながら朝廷から賜禄はなされなかった。総じてキサキの女房は、朝廷からの給与をあまり当てにできる状況にはなかったのである。

それではキサキの女房に給与がなかったかと言えば、そうではなかろう。家父長が家の女房に与えたのと同様に、キサキが女房に衣服料・食料などを支給したと考えるのが、やはり穏当である。そして財政的基盤が弱い女御の場合には、女房給与は女御の生活費の一部として、実際には里方が負担したと考えてよいだろう。しかし、后になればやや事情が異なる。后は封戸・年給という、この時期になっても一応機能していた給与を得ており、この潤沢な収入源から女房の給与も賄えたはずだからである。里方が様々な援助を行なったことも事実ではあるが（例えば『御堂関白記』寛弘元年七月十二日条）、基本的には封戸と年給こそが、宮の女房の給与の出所であったと考えられる。(53)

しかし、女房たちはキサキの賜禄だけで生活していた訳ではない。東宮妃となる日が近づいた禎子内親王の女房は言う、「打衣などをどのように仕上げたらよいのだろう。織物もご下賜のあったものだけを着ていればよいと言うものではない。どうしよう、その日も間近だというのに」（『栄花物語』巻二八・下―二八三頁）。女房たちは支給された装束だけでは十分でないため、準備に心を悩ませているのである。彼女らの資金源はほかにもあった。それを如実に示すのが、またも妍子女房の事例である。治安元年（一〇二一）秋、皇太后宮妍子の女房三〇人ほどが結縁し、法華経を書写・供養することとなった。各自が男性に加勢してもらって料物を調達しようとしたが、夫のいる女房でも財力がない場合はどうしようかと思い、まして夫のない女房は思い嘆くばかりで、然るべき殿ばら・君達の援助を仰がねばならなかった（『栄花物語』巻一六・下―四二頁）。ここから女房の経済生活の一般的状況を読み取ることは、決して不可能ではない。すなわち夫がいれば夫に、いても貧乏だったり、いなかったりすれば然るべき貴族男性に、要するに各自の「得意」男性に生活を扶助してもらうという構図である。本稿では、これら「得意」男性がキサキの女房の生活をある程度支えており、しかもそれは上の女房や家の女房でも同様であったと考えたい。(54)一般的に言って、女房は近侍・取次ぎという職務がら、高い政治性を帯びた存在であった。それゆえ便宜を期待する男性が寄生することになるが、彼らは当然ながらその見返りとして様々な援助を行なったに相違ない。上・キサキ・家の女房にとっては、高給を得ることよりも、政治的・文化的な地位向上こそが何よりの恩沢だったのであり、それは女房個人にとどまらず、彼女を支援する「得意」男性たちをも潤すことになった。

㈣　キサキの女房の成立

最後にキサキの女房の成立過程を、宮の女房を中心に素描しておきたい。

宮の女房の前身は、律令制以前からのキサキの宮に仕える女性であった。しかし、八世紀後期および一〇世紀後期における変化が、宮の女房の存在形態に深く刻印されている。

第一の画期である八世紀後期には、内裏に大きな変化が生じた。前稿で述べたように、男性官人の内裏侍候が確立したことが第一にあげられる。[55] しかし、もう一つの重要な変化が最近明らかにされた。それは光仁朝（七七〇～七八一）から、内裏内に皇后宮が営まれるようになったことである。[56] それまでの皇后宮は内裏外にあったと考えられ、この頃から天皇と皇后の居所が一体化したことになる。宮司の庁舎も内裏内に設けられたらしく、また后に仕える女性（律令条文では「女豎」と呼ばれた〈後宮職員令縫司条〉）も内裏に日常的に出仕し始める。このように八世紀後期に南（男官）と北（后）から内裏は開かれ、さまざまな人間が参仕する政治空間となったのである。

皇后宮の内裏移入により、后に仕える女豎たちの身分に変化が生まれた。内裏内郭は一つの生活空間であるから、衛府による警護や御膳調備などが天皇と皇后で別々に行なわれたとは考えがたい。御膳の調備を例に取れば、当初は後宮膳司と皇后宮女豎の共同作業という形をとっていたかも知れないが、やがて両者は内裏女官として一体化したのではなかろうか。その時期を特定するのは困難であるが、「弘貞中式」に「中宮女孺」が見えるから（『政事要略』巻二六、十一月中卯新嘗祭）、少なくとも九世紀中期には完了していたものと思われ、橘嘉智子立后

（弘仁六年＝八一五）に伴う皇后宮奉仕体制の整備を勘案するなら、[57]これを九世紀前期に遡及させることも可能かと思われる。

九世紀には上の女房が成立したが、宮の女房もこれに並行して生まれたと考えられる。内裏女官の一体化が発生しても、女官各自の基本的な奉仕先は決まっており、上・宮それぞれにおいて上級女官を日常的に侍候させる体制が整えられたのであろう。宮においては、宣旨―御匣殿別当―内侍―命婦―女蔵人という職階が徐々に定まっていった。

第二の画期は、一〇世紀後期である。上の女房のように構成面での変化は見られなかったが、この頃までに律令禄制がほとんど崩壊したことの影響はやはり大きかった。これによって貴族社会は固定化・構造化し、女房を出す階層が定まっていったが、藤原道長の専権確立に至る錯綜した政治状況が一層それを加速した。宮の女房はこの頃から重要視され、選定に力が注がれるようになった如くであるが、それを単に摂関の権威づけのためだけに行なわれたと見るべきではない。后と女房、女房と「得意」男性の間に、律令制の枠を脱した緊密な相互依存関係が結ばれ始めていたのであり、こうした貴族社会全体の動向が、女房の役割の上昇に決定的な方向性を与えたと評価するべきであろう。

宮の女房の構成や機能は、概ね東宮女房や院・女院の女房とも共通する。上の女房に準ずる「院宮の女房」は、一〇世紀後期頃に、中世まで継承されていく規範的な存在形態を獲得したと言えよう。また、女御の女房は家の女房に準ずる存在ではあるが、この頃になれば実際の政治的・社会的役割においては、院宮の女房と大差なくなってしまう。総じて言えば、女房という存在が社会関係における重要な結節点として機能し始めるのが一〇世紀後期のことであり、この時期はまさに「女房史の画期」[58]なのであった。

4　女房の家族

本節ではやや視点を変えて、女房の家族について考えてみたい。女房は権門に奉仕する一方、個人的に夫や子をもち家族関係を維持するものが多かった。主従制的関係と家族関係の連動が、ここでの主な論点となる。

(一)　家司と女房

最初に藤原道長の家司と女房の関係を検討する。特に道長家を取り上げたのは、史料に恵まれ家司の全体像がかなり明瞭だからである。前代に比して格段に肥大した藤原道長の家司は、受領系家司と実務官人系家司に大別される(59)。いま、物質的な奉仕を主眼とする受領系家司一六名を検討してみると、うち八名の家司の妻が道長に関係の深い人物の女房(特に乳母)になっていることが判明する(60)。

①藤原惟憲……妻の藤原美子は道長妻である源倫子の乳母子。やがて女・藤原彰子(一条后)の女房となり、所生の敦成親王(後一条)の乳母となる。なお、惟憲は敦成親王家別当もつとめた。

②藤原泰通……妻には小式部(藤原高節女)と源隆子がいる。小式部は道長女の嬉子(後朱雀女御)の乳母、源隆子は後朱雀の東宮時代からの乳母であった。なお、泰通は中宮(彰子)大進、敦成親王家別当、春宮(後朱雀)亮もつとめている。

③藤原惟風……妻は中務典侍で、道長女妍子(三条后)の乳母。惟風自身も中宮(妍子)亮となっているほか、敦成親王家別当であった。

④藤原保昌……妻は和泉式部で、敦道親王の死後、彰子の女房となっている。前夫の橘道貞との女である小式部内侍も彰子女房であった。
⑤藤原済家……妻の名は不詳だが、倫子女房らしい。済家は敦成親王家別当もつとめた。
⑥藤原方正……妻の名は不詳だが、敦良親王(後朱雀)の乳母。
⑦源高雅……妻は藤原基子。美子の姉妹、従って倫子の乳母子。やはり彰子女房から、敦成親王の乳母となっている。高雅も中宮(彰子)亮、敦成親王家別当。
⑧橘為義……妻は少輔乳母で、敦成親王の乳母。為義は中宮(彰子)大進。

このほか受領系家司的な人物に注目すれば、⑨大江清通＝藤原豊子(後一条乳母)という関係が見出され、⑩平敦兼の妻(名不詳)も道長家に出仕していたと推測される。[61]乳母以外さて、ここに掲げた女性の多くが乳母であるのは、最上級女房として史料に現れやすいからである。乳母以外にも女房は数多くいたから、その中にも家司の妻が含まれていたことを想定しなければならないだろう(例えば⑩の如く)。つまり道長の受領系家司については、彼らの妻の多くが女房であったことを認識しておくべきなのである。

①〜⑩のうち、夫妻で道長＝倫子に仕えたことが判明するのは⑤⑩のみである。しかし①⑦は倫子→彰子と母子継承された女房と考えてよく、また女房の兼参という事態も想定されるから、このほかにも夫妻で道長家の家司＝女房となった者がいた可能性は高い。[62]そして道長＝倫子からの継承、あるいは彼らの選考という形で、道長家の家司とその妻が道長女や所生皇子の家司＝女房となっていったのであろう。

道長家以外には夫妻出仕の例はなかなか検出しにくいが、権門においてはかなり一般的な状況であったと推測される。すでに道長の父の兼家の時代にも、藤原有国(家司)＝橘徳子(一条乳母)、平惟仲(家司)＝藤原繁子(詮子女房・一条乳母)という関係が発生していた。先述の如く、キサキを出す階層と女房を出す階層が分離したのは一〇世紀後期のことであり、兼家の時代にはすでに顕在化している。家司制はこのころから充実し始め、致富を事とする「受領らしい受領」の出現も一〇世紀後期のことであった(63)。律令禄制の最終的解体によって中下級貴族は権門への依存を強めることになり、男性においては家司・受領、女性においては女房として奉仕する体制が確立する。彼らは階層的に同一で、その内部で婚姻関係を結んで家司＝女房の「家」を形作ったのである。もちろん、すべての家司の妻が女房になった訳ではなく、また夫妻の出仕先が異なることもあったろうが、家司＝女房という婚姻関係は新たな時代の指標として重視されねばならない。

前節で女房の収入源の一つは「得意」男性の扶助であろうと述べた。「得意」の中心は女房の夫であるから、夫妻の共同奉仕という状況を想定すれば、この考え方はさらに説得力を増すだろう。女房の夫は女房の局(曹司)に出入することができたが、もちろん家司にも曹司を与えられた者があり、この意味で権門の邸第は家司＝女房が夫婦生活を営む場でもあったと言える。時には彼らの子もそこで暮らしていた。父母ともに藤原実資家に仕え、そこで成長した水取季武のような人物は(『小右記』寛仁二年十月二日条)、多かれ少なかれ、どの権門にもいたに相違ないのである。

(二)　乳母と乳父・乳母子

女房が乳母の場合、その家族の奉仕はさらに濃密になった。乳母の夫が乳父、乳母の子が乳母子である。乳父・乳母子は、本稿で扱う時期にはすでに重要な存在であった(64)。

とりわけ『枕草子』一八七段の叙述は著名である。「かしこきものは、乳母のをとこそあれ。…。このやしなひたる子をも、むげにわがものになして、女はされどあり、男児はつとたちそひてうしろ見、いささかもかの御ことにたがふ者をばつめたて、讒言し、あしけれど…」（能因本二一六段には「にくきもの」としてやや異なった叙述がある）。女の子には乳母が、男の子には乳父が、非難を浴びるほど親身に奉仕したのである。先の推定によれば、乳母の夫が家司である場合が少なくなかったから、家司がその主君の子の乳父であるという関係はしばしば見られたことであろう。そして男の子が成人すると、乳父はその家司として仕え続けることになる。基本的に女房は母↓女、家司は父↓男と継承され、家司＝女房が婚姻関係を結ぶ。こうした関係が、乳父の献身的な奉仕の背景にあったと考えられる。

先に見た道長家家司では、①藤原惟憲・⑦源高雅・⑧橘為義が後一条天皇の、②藤原泰通・⑥藤原方正が後朱雀天皇の乳父ということになり、彼らはそれぞれに手厚い奉仕を行なったことであろう。親王家別当や坊官となった者も多い。なお②藤原泰通は、後朱雀の妃となった藤原嬉子の乳父でもあった。治安元年（一〇二一）に彼女が東宮（後朱雀）妃となったときには受領（美濃守）としての財力を注ぎ込んでおり（『栄花物語』巻一六・下―三五頁）、これはむしろ嬉子の乳父としての奉仕と見るべきかも知れない。

さて、乳母と乳父の間に生まれた子が乳母子である。乳母が仕えた主君に対しては、乳母子もまた親しく奉仕した。上臈女房たる乳母はもちろん局を与えられたろうから、乳母子も幼少の頃から主君の邸宅に出入りしていたに違いない。やがて成長すると、彼（彼女）は腹心として主君の物質的・精神的生活を支えるのである。

乳母子が主君にとって昵懇の存在であったことは、光源氏に対する惟光の如く、主君の恋愛・密通に重要な役回りを演じていること[65]、葬送にあたって入棺や骨送を行なっていること[66]などから明らかである。また、上東門院彰子の白河第への移御に奉仕した乳母子たちは受領であった（『栄花物語』巻三六・下―四三七頁）。御乳母子が「官爵任意」と評されたように（『小右記』長元四年二月十七日条）、彼らは主君の恩顧を受けて叙位任官に便宜をはかってもらう一方、その対価として物質的奉仕を行なっていたのである。こうした相互依存関係はもちろん家司＝女房一般に見られたであろうが、乳母・乳父・乳母子の場合にはとりわけ強力だったと考えられる。

乳母・乳父が優遇されることは、時代が降るにしたがって顕著になっていった。一一世紀後期には公卿の妻までが親王の乳母として出仕する状況が生まれていたという（『栄花物語』巻三八・下―四九四頁）。さらに鎌倉時代には天皇の乳父はひとつの地位と化し、公卿までが就く重要なポストとなった。(67)「台盤所聴サル」という特権も、「御乳父ハ必ズ聴サル。御外舅ハ勿論。乳父子モ一人ナドハ聴サル」（『禁秘抄』）ように変化した。

㈢　受領の妻

「王朝女流文学」の作者の多くが「受領の娘」であり、その文学的営為が「受領層」の精神との関係から説かれてきたのは周知のところである。(68)「受領層」は本稿でいう家司女房層に他ならず、その視角は基本的に正しいと思われるが、ここでは家司＝女房の婚姻関係を重視し、彼女らを「受領の妻」として再評価してみたい。

家司受領という概念があるように、権門の家司（院司・宮司を含む）には主君の推挙を受け、受領となる者が多かった。従って妻が女房であれば、彼女は「受領の妻」となり、任国に下向することになる。当時の女性にとって受領の北の方となるのは幸福であり、それによって自分自身にも良い女房が仕えたという（『枕草子』能因本一八三・一八四段）。しかし女房奉仕を中断してまで彼女らが国府の人となったのには、いかなる理由があったのか。

それは受領の職務遂行に、妻の助力が欠かせなかったためである。任国支配において、受領の妻は国人の帰順に大きな影響力をもっていた。例えば大江匡衡が尾張守になった時、国人の離反を和歌によって慰撫したのは、妻の赤染衛門であった（『赤染衛門集』）。また平忠常の乱に際し、上総介県犬養為政は妻子を上洛させたため、国人はいよいよ彼の命令に従わなくなった（『小右記』長元元年（一〇二八）七月十五日条）。『朝野群載』巻二二、国務条々事には「内房ノ言ニ就キテハ、一切与判スベカラザル事」という条が見え、国人の嘱託を受けた内房（受領の妻）の依頼やら、讒言やらを用いてはならぬとある。受領―国人という関係において、受領の妻は内々の取次ぎを行ない、情宜の仲立ちをする重要な役割を果していたのであろう。彼女が権門の女房であれば、和歌などの教養が豊かで、人間関係の機微にも通じていたから、任国支配にはいっそう有効だったに違いない。また、こうした実力の反映として、受領の妻は貢納物の完済にも責任をもたされていた(69)。

　受領の妻は、朝廷・権門との関係にも力を果した。『枕草子』二四段には、受領の妻が宮仕え経験者ならば、五節舞姫献上などの折りにも田舎っぽくない対応ができ、恥をかかなくてすむとある。大和守藤原保昌が召物を賦課された時、妻の和泉式部が歌を添えたというのも（『栄花物語』巻二九・下―三一四頁）、同様の振舞いであろう。受領の物質的奉仕に際しても雅やかな対応が望まれ、それには妻の気働きが必要であった。女房や女房経験者が受領の妻であることは、この場合にも有利な条件なのであった。

　現在の研究水準では、受領がどの程度の朝廷・権門奉仕を行なっていたかを、数量的に示すことは困難である。ただ、まず間違いなく言えることは、この時代の権門の主たる収入源は封戸にあって荘園経営は副次的だったこと、従って収入の確保は受領に多くを依存していたことである(70)。受領は封主の政治力が低下すればさっさと離反し、強大な権門やその後見を得た貴顕にはかいがいしく奉仕した。封戸は国家的給付という制度的外皮の下に、実際にはすぐれて個人的力量による収入と化していたのである(71)。従って、家司受領こそが最も確実な物質的奉仕者であったことは言を待たず、また女房が（たとえ家司受領でなくとも）受領の妻として任国に下向するのは、権門にとって望ましいことであった。

女房の地方下向は、都鄙間の文化交流の上でも意味があった。女房の雅やかな文化は国府でも一定の役割を果し、帰洛後の（彼女または娘の）女房奉仕にあたっても、歌枕を中心とする地方体験は文芸の質的向上をもたらしたことであろう。

(四)　夫なき女房

家司＝女房の夫妻による権門奉仕。これは一つの社会階層の存在形態を典型的に示しているが、しかし全ての家司の妻が女房であったり、また女房に必ず家司をつとめる夫がいた訳では、決してなかった。家司＝女房の階層に属する男女には多様な家族形態と生涯があったのであり、夫妻による権門奉仕というのは突出した事例と言うべきであろう。相当の数の女性は女房として出仕せずに受領・家司の妻としてのみ生きたし、また夫を持たず（または離別し）、単身で女房奉仕を続ける者も少なくなかった。

紫式部にとっては、夫の藤原宣孝との生活が生涯最良の日々であった。彼に先立たれて中宮藤原彰子の女房として出仕することになり、大過なく宮仕えを続けても、それは頼りのない、憂欝なことの多い毎日であった（『紫式部日記』二三八頁）。かつての友人も宮仕えに出た自分を恥知らずで思慮浅い者と見ているだろうと思うと、恥しくて手紙も出せない（同二〇六頁）。これは夫を持たずに女房奉仕を行なった女性の感慨である。夫という「得意」男性のない女房生活は、里方などの援助があったとしても、確かに不安定なものであったろう。職務がら多数の男女と応対せねばならず、人の妻として邸宅の奥深く住まう身とは大違いである。しかし夫のいない女房は、男性にとっては扶助する一方で便宜をはかってもらう、つまり「得意」となるのに格好の相手であった。女房の生活は、男たちから「あはあはし」(軽々しい)と言われても仕方のないものであったが(『枕草子』二四段)、しかしその「あはあはしさ」は当時の社会関係が生み出したものにほかならず、それを批判する男性とて彼女らに依存して生きていた。女房の里宅に男客が多いというのも(『枕草子』一七九段)当然のことであり、こうした「あはあはしさ」のなかから「得意」関係、家司＝女房の婚姻関係、「召人」関係などが再生産されていったのである。

権門に奉仕する「夫なき女房」にとって、幸福への夢はいくつかあった。貴顕の乳母などになり、権門の庇護を受けること。「得意」男性との仲を確固たるものとし、受領の妻などになること。子どもたちの栄達に期待すること。第一の夢は菅原孝標女が求めて得られなかったところ(『更級日記』三五九頁)、第二の夢は清少納言が理想として届かなかったところ(『枕草子』二四段)、そして第三の夢は紫式部が女の越後弁の御乳母就任によって実現したところであった。しかし女房として出仕する若い女性にとっては、裕福な夫を持つことが最も確実な生活安定の手段であったろう。家司受領＝女房という関係は、この意味で最も恵まれたものであった。「家」形成への強い指向が、社会関係の変化によって、この時代には家司女房層においても顕在化していた。

夫のある女房・夫のない女房の比率や、両者の精神の差違などは今後さらに追究される必要があるが、「得意」男性の支援を受けた権門奉仕というあり方は両者に共通する。こうした女房たちが当時の社会関係の結節点であり、雅びやかな文化を担う重要な主体でもあった。妻としてのみ生涯を送った同階層の女性たちとは、明らかに異なった世界に彼女らは生きていたのである。

結　語

冗長かつ常識的に過ぎた感もあるが、一〇世紀後期〜一一世紀中期における女房の生活と役割について論じた。一〇世紀後期は確かに「女房史の画期」であり、新しい社会関係の成立により女房の役割が浮上したこと、それは天皇・院宮・諸家を通じて基本的に同様で、中世に続く女房の存在形態がこの時期に生まれたこと、などが一応の結論である。

本稿では主として男性の漢文日記と女性の仮名文学、特に後者を活用することで女房の具体的な生活を描くことに努めた。それを可能にしたのは「王朝女流文学」の高度の達成にほかならないが、この「王朝女流文学」の基盤は女房の存在形態そのものにあった。詳細は別稿に譲るが、女房が社会関係の重要な結節点であったことの現れとして、一〇世紀後期には女房奉書や女房日記がすでに多用され始めていた(72)。そうしたなかで培われた表現力、人間関係を冷徹に見据える社会的能力などが、「王朝女流文学」の発達に大きく寄与したことは疑いないと思われる。

「王朝女流文学」は女房の存在形態を、さらに言えば当時の社会関係全体を知る上での基本史料である。それは「三面記事(73)」として副次的に扱われるべきものではない。何となれば、この時代の「一面記事」の多くは形式化した儀式・政務であり、「三面記事」こそが当時の政治と社会を生き生きと映し出す「実質上の一面記事」だからである。

注

（1）例えば、西郷信綱「宮廷女流文学の問題」（『文学』一九四九年八・九月号。同『日本文学の方法』、未来社、一九六〇年、所収）、益田勝実「源氏物語の荷ひ手」（『日本文学史研究』一一、一九五一年。『日本文学研究資料叢書　源氏物語Ⅰ』、有精堂、一九六九年、所収）、など。
（2）例えば、秋山虔「女房たち」（『日本文学鑑賞講座4　源氏物語』、角川書店、一九五七年）、清水好子『源氏の女君　増補版』（塙書房、一九六七年）、など。
（3）研究史の詳細については、吉海直人「源氏物語の女房と乳母」（『源氏物語講座』五、勉誠社、一九九一年）が参考になる。
（4）例えば、角田文衛『日本の後宮』（学燈社、一九七三年）、五味文彦「女院と女房・侍」（同『院政期社会の研究』、山川出版社、一九八四年）、など。
（5）このうち参内できるのは、当今の母后・妻后のみであったという（『栄花物語』巻二八・下―二八七頁、ただし東宮が内裏にいればこれに準じたらしい）。以下、仮名文学の引用に際しては、『宇津保物語』『栄花物語』は日本古典文学大系（岩波書店）の冊―頁、『枕草子』は同大系の段数、『蜻蛉日記』『源氏物語』『和泉式部日記』『紫式部日記』『讃岐典侍日記』『大鏡』は日本古典文学全集（小学館）の冊―頁、『伊勢物語』『大和物語』と『枕草子』能因本は同全集の段数を掲げる。
（6）このほか内親王が内裏に居住したことも珍しくなく、その場合には内親王付きの女房が出仕した。なお、女官は御息所や内親王に対しては奉仕しなかったと思われる。
（7）吉川「律令国家の女官」（『日本女性生活史』一、東京大学出版会、一九九〇年。本書第一部第三章）。ただし本章では、後宮十二司体制の再編・解体について女官自体の変化を考慮するべく、叙述をやや改めた。
（8）史料上の確実な初見は『醍醐天皇御記』延喜十八年（九一八）十月九日条。『新儀式』や『天暦蔵人式』など村上朝の史料では多用されている。なお、「女方」「男方」を「女房」「男房」に近い語と考えれば、前者は『伊勢物語』六五段（後述）、後者は『宇多天皇御記』寛平元年（八八九）十一月二十一日条に見える。
（9）『台記別記』久安六年（一一五〇）正月十九日条。
（10）一例をあげれば、『御堂関白記』寛弘七年閏二月六日条。なお『侍中群要』巻八、親王元服に引く天暦蔵人式には、尚侍／

典侍・更衣・乳母命婦／掌侍・殿上命婦／蔵人という賜禄区分が見え、一〇世紀中期の上の女房の構成が知られる。

(11)『権記』長保元年七月二十一日条、『栄花物語』巻三六・下―四三四頁。なお、『御堂関白記』寛仁二年三月二十五日条・二十七日条に威子入内に当たって禄を与えられた女房の数が見えるが、宰相乳母(藤原豊子)が現れることから、彼女らは後一条天皇の女房であった可能性がある。とすれば、二十五日に乳母三人・三位一人・典侍二人・掌侍一一人・命婦一五人・蔵人五人、二十七日に三人、計四〇人の大所帯となる。

(12) 角田文衛『日本の後宮』(前掲)第四章。ただし『源氏物語』の玉鬘に関する叙述では、尚侍は女官としての職務を全く失ってはいない(行幸・三―二九二頁、真木柱・三―三四四頁、真木柱・三―三八九頁)。なお尚侍については、後藤祥子「尚侍攷」(『日本女子大学国語国文学論究』、一九六七年。同『源氏物語の史的空間』、東京大学出版会、一九八六年、所収)も参照のこと。

(13) 角田文衛『日本の後宮』(前掲)第四章。

(14) 吉田早苗「女御について」(『天皇制の原像』、至文堂、一九八六年)。

(15) 吉川「律令官人制の再編」(『日本史研究』三二〇、一九八九年。本書第三部第一章「律令官人制の再編過程」)。

(16)『西宮記』巻一〇、侍中事、『侍中群要』巻一～四など。

(17)『西宮記』巻一〇、侍中事、『侍中群要』巻三。朝夕の大床子御膳には女房と四位殿上人(もしくは公卿)が陪膳し、役送(膳物の配送)を蔵人が勤めた。なお、朝餉御膳は陪膳・役送とも女房が行なったが、女房がいない場合には正五位下男官がこれを代行した。

(18)『讃岐典侍日記』巻下・四一九頁など。乳母による教育については、後冷泉天皇の良い趣味が乳母の感化の賜物とされたことが参考になる(『栄花物語』巻三六・下―四五四頁)。

(19) 台盤所・朝餉間については裏松固禅『大内裏図考証』巻一一上、島田武彦『近世復古清涼殿の研究』(思文閣出版、一九八七年)。台盤所にはこのほか四尺の台盤二脚があり、朝餉御膳に用いられた。朝餉間は天皇が日常生活を送る空間であり、そのための調度が揃えられていた。上の女房は朝餉間や御手水間で奉仕するため、台盤所を詰所としたのである。なお旧稿完成後、秋山喜代子「台盤所と近臣、女房」(『お茶の水史学』三七、一九九三年)が平安末～鎌倉期の台盤所の機能を論じていたのを知った。秋山論文で指摘された事象の多くは、本稿で扱う時代まで遡ると見てよい。

(20) 台盤所月奏では女房の上日・上夜が勘申されたが(『朝野群載』巻五、朝儀下、永承二年十一月五日月奏)、この上夜が台盤所での宿侍を意味するものとは限らない。
(21) 殿上間での食事については『侍中群要』巻四、大盤間事。台盤所については『厨事類記』に台盤所椀飯が見えるが、日常的に行なわれるものではない。
(22) 座所は台盤所北端の畳である(島田武彦『近世復古清涼殿の研究』(前掲))。
(23) たとえ摂関でも、天皇の外戚として「後見」する立場にない場合は、台盤所・直衣の特権がなかったらしい。『大鏡』巻上、太政大臣頼忠伝(一一三頁)がそれを窺わせる。なお、諸家でも台盤所への参入には厳しい規制があった(『源氏物語』蛍・三一二〇九頁)。
(24) 吉川「律令官人制の再編」(前掲)を参照のこと。
(25) 饗場宏・大津透「節禄について」(『史学雑誌』九八―六、一九八九年)は、節禄だけは四位・五位官人の禄として機能し続けたとする。しかし三位以上に手禄、四位・五位に節禄が与えられたという推測には従えない。手禄とは、下賜品は他人に持たせず自分で被くべきだという規範から(『栄花物語』巻一七・下―七九頁)、被物に用いるため親王公卿に与えられた絹であり、残りの本禄は内豎が受け取っておいた(『西宮記』巻六、新嘗会)。従って手禄は、綿だけが与えられた節会では見られず、また本禄に代えるべきものでは決してないのである。一一世紀にはこの手禄さえ遅れがちとなったから、諸節禄法どおりの大量の本禄が節会の庭に積まれていたとは考えがたく、ましてその賜与が四位・五位に厚かったとすべき論拠はどこにもない。
(26) 『西宮記』巻三、位禄事。位禄定によって位禄の受給が保証される女性は、女御・更衣のみであった。ただし「殿上分」が女房の位禄受給をかなり助けたようである(『親信卿記』天禄三年五月十日条)。なお、『権記』長徳三年八月二十八日条には命婦の「位禄代」が見えるが、その実態は未詳。
(27) 『西宮記』巻二、一分召、および同巻二、除目。
(28) 時野谷滋『律令封禄制度史の研究』(吉川弘文館、一九七七年)第二篇第四章。
(29) 渡辺直彦『日本古代官位制度の基礎的研究』(吉川弘文館、一九七二年)第五篇第三章。
(30) 角田文衞『日本の後宮』(前掲)附録・歴代主要官女表、槇野広造『平安人名辞典―長保二年―』(高科書店、一九九三年)。
本稿はこの両書に依拠するところが大きい。
(31) 例えば、高階貴子。彼女の内裏での制約については、『大鏡』巻中、内大臣道隆伝(二六八頁)を見よ。

(32)『源氏物語』に見える若き光源氏付きの女房には、二種類あった(桐壺・一―一二六頁)。第一に、舅の左大臣家で付けられた女房。これは葵上の女房とは別だが、彼女の死により源氏が左大臣家を離れると別れた模様である。第二に、特別に桐壺更衣からそっくり譲られた女房。源氏の内裏直廬たる桐壺のほか、里第の二条院でも奉仕したらしい。

(33) 脇田晴子「中世における性別役割分担と女性観」(『日本女性史』二、東京大学出版会、一九八二年。同『日本中世女性史の研究』、東京大学出版会、一九九二年、所収)、参照。

(34) 阿部秋生『源氏物語研究序説』(東京大学出版会、一九五九年)第一篇第二章第二節。

(35)『源氏物語』では、髭黒大将の北の方が同様にして出奔した(真木柱・三―三六二〜三六六頁)。このとき召人を除く女房集団全体が一緒に出て行っており、参考になる。

(36) 桃裕行「うはなりうち考」(『日本歴史』三五、一九五一年。同『桃裕行著作集』四、思文閣出版、一九八八年、所収)、参照。一度目は『権記』寛弘七年二月十八日条、二度目は『御堂関白記』長和元年二月二十五日条に見える。

(37) 教通は公任の四条宮に婿取りされ、ついで自邸に移ったからこのようになった。同様の状況は藤原兼家(『栄花物語』巻二・上―八六頁)、藤原実資(吉田早苗「藤原実資の家族」〈『日本歴史』三三〇、一九七五年〉)などでも見られるが、両者とも故北の方の女房と婚姻関係が発生している。一方、妻方の邸宅で暮らし続けた貴族男性の場合、北の方の死によってそこから退出し、女房集団とも別れねばならなかった。例えば、葵の上に先立たれた光源氏は、夕霧の養育を委ねて左大臣家から出て行く(『源氏物語』葵・二―五六頁)。

(38) 吉海直人「乳母の基礎的研究」(『国文学研究資料館紀要』一二、一九八六年)、同『平安朝の乳母達』(世界思想社、一九九五年)。

(39) 清水好子『源氏の女君』(前掲)。

(40) 台盤所や局は藤原実資家や顕光家で確認されるが(『小右記』万寿元年十二月十三日条・長徳二年六月十四日条〈ただし男性など〉、『宇津保物語』にも見え(俊蔭・一―五八頁など)、もっと古くからあったと考えられる。

(41)『類聚雑要抄』巻二。同家の他の詰所と比較すると、日給簡と名簿唐櫃が侍所に見え、宿所と地炉が侍所・随身所に付属する。後者は家の女房が台盤所で宿侍・食事をせず、局に戻って行ったことを示すものかも知れない。尤も上級の女房が家父長＝北の方の側近くで眠ったことは間違いなく、また中下級貴族の家では台盤所と局の区分もなかったであろう。こうした家の女房の宿侍や食事の形態を考えるためには、『源氏物語』の叙述がまことに有用である（例えば、源氏の女房〔葵・二―四四頁〕、空蟬の女房〔帚木・一―一七四頁〕、夕顔の女房〔夕顔・一―二三八頁〕、末摘花の女房〔末摘花・一―三六三頁〕、紫上の女房〔若菜上・四―六一頁〕、女三宮の女房〔若菜下・四―二一三頁〕、夕霧＝雲居雁の女房〔横笛・四―三四六頁〕、宇治八宮家の女房〔総角・五―二二三頁〕など。典例のみ掲げた）。

(42)　加納重文「女房と女官」（『国語と国文学』四九―三、一九七二年）。

(43)　角田文衛「平安時代における院宮の女房」（『国語と国文学』五〇―一、一九七三年）。

(44)　例えば、宮の女房がみな典侍～蔵人に補された明証はなく、給与が「后妃の里方から支弁された」と考え、角田説に懐疑的な目崎徳衛「後宮の成員と殿舎」（『国文学解釈と鑑賞』五一―一一、一九八六年）、など。

(45)　上卿の命をうけた六衛府の将・佐が、后宮に赴いて警衛を開始すること。后宮に衛府の火焚屋・陣屋が設けられ、衛士や吉上が詰め始める（『栄花物語』巻一〇・上―三二五頁など）。女房も軽々しく出入りできなくなり、窮屈な生活が始まる（『大鏡』巻下、太政大臣道長伝下〔三〇七頁〕）。

(46)　衣服の差別発生については、彰子（『栄花物語』巻六・上―二〇八頁）や章子（同巻三六・下―四四一頁）の立后時にも見える。

(47)　ちなみに後冷泉女御の藤原歓子にも上の女房が奉仕したが（『栄花物語』巻三七・下―四七五頁）、上―女御の兼参例はこのほかに見えず、特例と言うべきか。

(48)　彰子―紫式部―藤原実資（『小右記』長和二年五月二十五日条）、定子―清少納言―藤原行成（『枕草子』四九段）といった関係など。

(49)　台盤所における日給簡・唐櫃の有無だけが、后と女御で違っていた。

(50)　五味文彦は平安末期の女院女房にこの二類型を検出し、女院と女房の関係を武家の主従制にも似た、古くからの制度や慣習に規制されない関係と高く評価したが（前掲「女院と女房・侍」）、とても従えない。こうした関係は少なくとも一一世紀初期まで遡り、キサキの女房・家の女房に共通する「古くからの慣習」そのものと考えるべきである。

(51)　『栄花物語』では、他に源高明女（巻三・上―一一四頁）、藤原為光女（巻八・上―二九三頁）、藤原伊周女（巻八・上―二九六頁）、藤原頼宗女（巻三一・下―三四四頁）、小一条院女宮（巻三六・下―四五五頁）、藤原基平女（巻三八・下―四八五頁）などが「高貴な女房」の例に挙げられる。

(52)「得意」男性とは夫や恋愛関係にある男性を指すのであろう。一例として、女一宮の女房の小宰相と懇意で、局に立ち寄って話し込む薫を挙げておく(『源氏物語』蜻蛉・六─二四六頁)。

(53) 念のために付言すると、荘園からの貢納もやはり大きかったと見られる。当時は荘園制確立の前夜と言うべき時期で、『栄花物語』が封戸を主、荘園を従として描いていることは重要であるが(例えば巻五・上─一八四頁など)、しかしキサキの里第に付属する荘園、さらに恩顧を期待して寄進された荘園はかなりの数量に上ったと考えられる。この点で、東三条院では女房が預所となって荘園が集積されたとする脇田晴子「中世における性別役割分担と女性観」(前掲)の所説は参考になる。

(54) とは言え、「得意」男性の扶助の比重はそれほど高くなかったと思われる。『大和物語』一四八段は、落魄した女性が宮仕えをして富裕になった話である。奉仕する宮・家と「得意」男性の経済力によって、女房扶助体制には様々な形態があったはずだが、一般的には主君からの給与が主、「得意」男性からの扶助が従であったろう。

(55) 吉川「律令国家の女官」(前掲)。

(56) 橋本義則「長岡宮内裏小考」(『長岡京古文化論叢』II、三星出版、一九九二年。改題して同『平安宮成立史の研究』、塙書房、一九九五年、所収)。

(57) 鬼頭清明「皇后宮職論」(奈良国立文化財研究所『研究論集』II、一九七四年)。

(58) 益田勝実「源氏物語の荷ひ手」、阿部秋生『源氏物語研究序説』(ともに前掲)。ただし本稿では、中世に続く奉仕形態の成立という、より積極的な位置づけを試みた。

(59) 佐藤堅一「封建的主従制の源流に関する一試論」(『初期封建制の研究』、吉川弘文館、一九六四年)。ただし、佐藤は「受領層家司」「卑制氏族層家司」と呼んでいる。

(60) 典拠は槇野広造『平安人名辞典』(前掲)を参照。このほかに角田文衛『日本の後宮』(前掲)附録・歴代主要官女表、同「後一条天皇の乳母たち」(『古代文化』二二─三・六・一〇・一二、一九七〇年)の記述に依拠した点が多い。

(61)『御堂関白記』寛弘五年二月二十日条によれば、敦兼は道長家内にあった曹司で危篤状態に陥り、「妾」と同車して私家に送られた。この「妾」は妻と同義であるが、わざわざ迎えにきたと見るよりは、道長家に仕えていた女房と考えたほうが穏当であろう。

(62) ある権門に家司＝女房の夫妻が出仕する場合、どちらかが先に出仕しており、それとの関係で妻ないし夫が仕えるようになったものであろう。基本的に家司は父↓男、女房は母↓女と継承されたから、最初から家司＝女房夫妻が奉仕することは起きにくい。『源氏物語』では男女が婚姻関係を結んだ場合、その従者・女房も親密になっている（総角・五―二九九頁、浮舟・六―一二六頁、浮舟・六―一四五頁など）。光源氏が夕顔に接近した時、腹心の惟光が先方の女房と懇意になって情報を入手したことも参考になろう（夕顔・一―一二四頁）。

(63) 佐藤堅一「封建的主従制の源流に関する一試論」（前掲）、佐藤泰弘「古代国家徴税制度の再編」（『日本史研究』三三九、一九九〇年）。

(64) 吉海直人「乳母の基礎的研究」（前掲）。

(65) 西郷信綱『源氏物語を読むために』（平凡社、一九八三年）。

(66) 『栄花物語』巻三三・下―三八七頁、『讃岐典侍日記』巻上・四〇一頁、『小右記』長保元年十二月五日条・万寿二年八月十六日条・万寿四年九月十七日条、など。

(67) 橋本義彦「乳父管見」（『古事類苑月報』三二、一九六九年。同『平安貴族社会の研究』、吉川弘文館、一九七六年、所収）。

(68) 西郷信綱「宮廷女流文学の問題」、益田勝実「源氏物語の荷ひ手」（ともに前掲）。

(69) 『御堂関白記』長和四年七月二十三日条、『小右記』万寿二年二月二十七日条。なお、服藤早苗「摂関期における受領の家と家族形態」（『日本歴史』四四七、一九八五年。同『家成立史の研究』、校倉書房、一九九一年、所収）は受領の妻が国務支配を支え、財産管理を行なったことを詳細に論じている。

(70) 『栄花物語』巻五・上―一八四頁、巻八・上―二八九頁、巻一二・上―三七六頁、巻一五・上―四四六頁、巻一六・下―二八頁。

(71) もちろん受領の奉仕が封物に限られた訳では決してなく、「志」などの純然たる私的奉仕も極めて広範に行なわれ、しかも両者は実態的には連続していた。院分受領制とはこうした私的奉仕を前提に、院司など親昵の人物を受領に申任する制度と思われ、やはりこの時期に起点をもつ。

(72) 吉川「女房奉書の発生」（『古文書研究』四四・四五、一九九七年。本書第三部第四章）。

(73) 土田直鎮『王朝の貴族』（中央公論社、一九六四年）。

第四章　女房奉書の発生

序

日本の文書史を鳥瞰した場合、女性の文書というものはきわめて影が薄いのであるが、そのなかにあって特異な光を放つのが女房奉書である。周知のとおり、女房奉書は流麗な散し書きの仮名書状という形式をとって、天皇家の家政運営を担った勾当内侍が発給した文書であり、綸旨が公的な用務に用いられたのに対し、女房奉書は天皇の個人的あるいは内々の意志を伝達するものであった。(1)

通説によれば、女房奉書は古代の内侍宣の流れをくむ文書であり、遺存例からその成立は鎌倉中期のこととされてきた(2)(鎌倉初期成立説も近頃では有力である)(3)。内侍宣とは、後宮女官である内侍の仰せを書きとめた文書であるが、女官が関与する天皇文書であるというほぼその一点から、女房奉書の源流と考えられてきたのである。しかし近年、新しい見解が提示されつつある。

最も重要なのが富田正弘の研究である。(4)富田は、内侍宣は内侍の口頭伝達を男性官人が書きとめたもの、女房奉書は女房自身が執筆し発給したものとして、両者の系譜的断絶を主張した。また女房奉書が日付・差出・宛所をもたないのは、仮名書状一般の特質に由来するものであるとも論じ、女房奉書の様式を「略式の書状」と見る通説に根本的な疑問を呈した。(5)この富田説によって、女房奉書の基本的性格が明瞭になったことは間違いない。

ただし、女房奉書の成立時期については、富田は「鎌倉時代」と曖昧に述べるにとどまり、また成立の要因に関する言及もない。

この点について独自の理解を示したのが、五味文彦である。(6) 五味によれば、蔵人所の成立によって内侍宣が衰退し、天皇の意志は口頭ないし「略式の書状」によって伝達されるようになった。ところが後鳥羽院政期に至ると、かかる「女房書状」が特に「内侍奉書」「掌侍奉書」などと表現されるようになり、それが女房奉書の成立を意味するという。五味の女房奉書成立論は、後鳥羽院政期に女房の政治力が上昇したという理解と不可分のものであるが、文書に即して言えば、「略式の書状」説はすでに富田によって批判されたところであり、古記録の用語法だけから導き出された五味説は更に吟味の必要がある。特に女房奉書の前身とされる「女房書状」の性格が、十分に検討されねばなるまい。

そこで本稿では、奈良・平安時代の女性がどのように文書発給に関与したかを具体的に分析することにより、女房奉書発生の時期・要因・意義を考察したい。それは律令国家の文書体系が如何に再編されていったかという問題にも関連するであろうし、いわゆる「王朝女流文学」を生み出した女性の文字文化を理解する素材ともなり得ると考える。

1　後宮十二司の文書

まず、八・九世紀の女性文書を検討したい。この時代の内裏には後宮十二司と呼ばれる女官(宮人)の組織があり、「供奉常侍、奏請宣伝」(後宮職員令内侍司条)を職掌とする内侍司がその中心となっていた。奈良時代の文書に見える女官の「宣」や平安時代の内侍宣[7]を子細に検討するなら、内侍司女官が天皇の命令を男官に口頭伝達し、文字化させていたことが明らかである。女官の「宣」や内侍宣は女性が発給した文書とは言えないのであり、これは富田が指摘したとおりである。ところが、内侍司という女官組織そのものが作成・発給した文書も存在した。

【史料①】

内侍司　牒主薪所

薪壱拾束　　　「受海犬養豊島」

右物進、奉　勅如件、故牒

天平八年七月廿九日別君千万

従五位上大宅朝臣諸姉　従八位上志我釆女槻本連若子

これは天平八年(七三六)七月二十九日、皇后宮職の下部組織である主薪所に対して[8]、内侍司が薪一〇束の進上を命じた文書で、同年八月二十六日付の内侍司牒(同じく主薪所宛)と一連のものである[9]。二通の内侍司牒は、奉勅の旨を明記した下達文書としての牒で[10]、楷好な漢字で記され、それぞれ内侍司女官三名の署名を具備し、「内侍之印」(朱印)五顆が捺されている。一見、何の変哲もない律令官司文書のようであるが、二通は実はきわめて特異な性格をもつ文書であった。

それは全文が一筆で書かれていることである。文書の写真をよく観察すると、七月二十九日牒と八月二十六日牒は筆跡を異にするが、それぞれについては署名部分まで含めて全文が同一人物の手になるものであることが明らかである。つまり三名の女官のうち、少なくとも二人は自署していないのである[11]。署名を他人が代行するとい

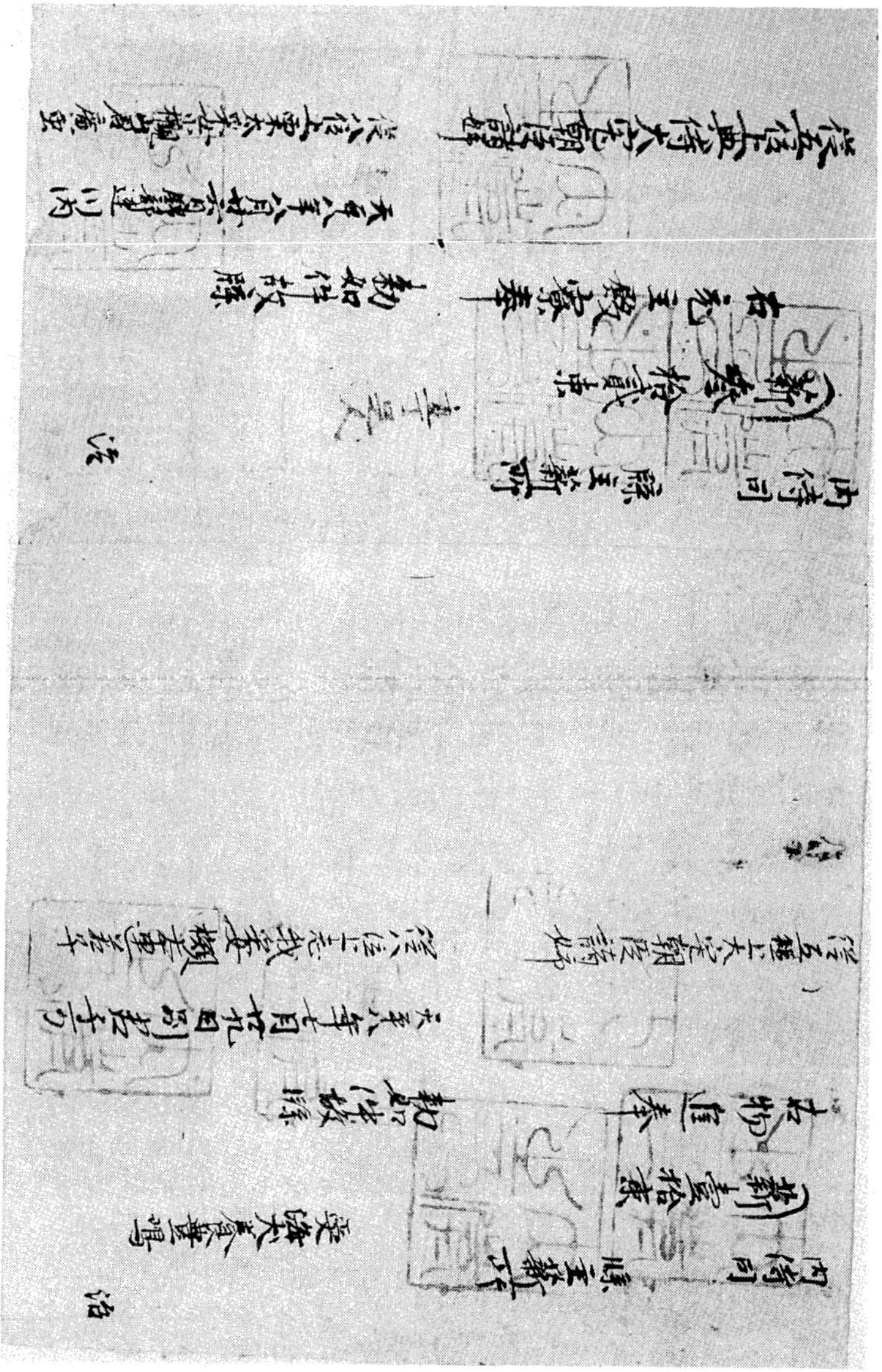

二通の内侍司牒（正倉院文書）

うのは、律令公文書制度の原則から大きく逸脱した行為である。[12]

また、「内侍之印」押捺も特殊な意味をもっていた。この印は法量的には諸司印の範疇に属する。[13] 諸司印は外印（太政官印）の運用から推して、各官司の曹司で保管・押捺されたと考えられるが[14]、「内侍之印」は内印（天皇御璽）と同じく、内裏に置かれ天皇の目前で押捺されたものらしい。平安時代における内侍所印の請印儀が、まさしくその形式を保存している。[15] とすれば「内侍之印」は天皇の意志を示す公印であり、内侍司牒の発給自体が、最終的に天皇の承認を得てから行なわれたと考えるべきであろう。

二通の内侍司牒のこうした特異性を考える場合、次の史料が参考になる。

【史料②】

太政官謹奏

応行　勅旨并内侍移文事

右、大内記正六位上山名王等解状云、「謹検神亀以降案内、内侍司送中務省牒、年月日下或署内記位姓名、或署女史姓名。然則牒送中務、既乖令意、内記署名、未見何拠。望請、　勅旨以外、准公式令内外諸司因事管隷式、令女史作移文、即年月日下署女史位姓名。各免僭違、従守職務」者。臣等商量、所請合宜。伏望、依令改行、兼特聴女史署。但案職員令、掌侍不得奏請宣伝。准此論之、不聴掌侍署名移文。其内侍司印、行之已久。只請移文便令印之。謹以申聞謹奏。奉　勅依奏。

大同元年八月二日[16]

これによれば、神亀年間（七二四―七二九）から中務省宛の「内侍司牒」には、内容的に勅旨とそれ以外のものとがあり、日下に「内記位姓名」または「女史姓名」が署され、内侍司印が押捺されていた。大同元年（八〇六）の改正で、勅旨以外（ただし「奏請宣伝」に関わるもの）は「内侍司移」とすることにし、女史の署名と内侍司印の押捺を追認したのである。[17]なお、この時に掌侍の署名が停止されたが、尚侍・典侍はなお「奏請宣伝」のため名を連ねたと見るべきであり、恐らく大同以前は三者とも「内侍司牒」の日下以外の位置、つまり文書の奥に署名し得たのであろう。

右のように史料②を解釈すれば、天平八年の内侍司牒の性格もほぼ明らかである。二通の内侍司牒を作成したのは、日下に「姓名」を記す別君千万・錦部連川内と考えられるが、両人は内侍司の女史であったと推定される。そして奥にそれぞれ二人の内侍司職事の名を記すのは、「奏請宣伝」の責任者、より直截に言えば伝宣者を明示するためと思われる。伝宣を受けた女史が全文を書き記した後、「内侍之印」請印によって天皇の確認を得て、皇后宮職主薪所に発給したのであろう。

史料②によれば、内侍司には八世紀前期から女史が置かれていた如くであるが、『令集解』後宮職員令内侍司条には、義解に「此司以下、無女史者、皆取女孺堪任者、為之也」と見え、これは令釈師説の註釈を継承したものであるから、大宝令制下から後宮十二司に女史がいたことが確認でき、それには女孺が用いられていたのである。[18]平安中後期の天皇付き女房・女官の体制では、内侍所に女史三名が存続していた。[19]内侍所女史が「博士命婦」と呼ばれ、台盤所日給を管轄して月奏を作成したのは、[20]律令制下の文書発給・記録作成などの職掌を継承するものであろう。平安中後期にはこれらは二次的な職務となり、女史は内侍所の筆頭格として下級女官を統括し、神鏡を護持するのを主要任務としていた。[21]しかし八・九世紀の後宮十二司では、文書や記録を作成・発給するために特に女史が置かれていたのであり、逆に言えば、他の職事女官が文書行政に直接関与することはなかったと考えられる。公的な職務で文字、即ち漢字を使用するのは女史だけであって、他の女官は音声による意志伝達を行なっていたと推測されるのである。後宮十二司官制が、尚侍—典侍—掌侍といった職掌未分化の三等官制(小司は二等官制)をとったのも、[22]書記官を欠くという本来的特質から説明できるのではあるまいか。

先述の如く、こうした状況は奈良時代の「宣」や平安時代の内侍宣についても指摘できる。女官たちは自ら筆をとって文字を記すことはなく、女史という特別な女官、あるいは男性官人に口頭伝達して、文書を作成させていた。もちろん支配階級の女性の多くは漢字を読み書きできたと考えられるし、私文書であれば貴族女性が作成した漢文文書は存在する。[23]しかし律令官僚制の原則としては、後宮女官は漢字を用いて文書や記録を作成しない—自署さえ行なわない—者なのであった。

2　一〇～一二世紀の女房奉書

「開かれた内裏」の確立によって行政面に姿を現した内侍宣は、大部分が公的な朝廷実務に関する内容を伝えるものであった。それは内侍の職務の内実を示しているが、やがて一〇世紀初頭頃から蔵人による奏宣が一般化し、内侍宣は衰退・形骸化を始める。一〇世紀後期以降になると、内侍宣の発給自体がほとんど行なわれなくなった。[24]

通説によれば、女房奉書が成立するのは、それから二百年後のことである。その間、女官や女房による勅命伝達はどのように行なわれていたのであろうか。文書の形をとる伝達ももちろん存在したに違いないが、果してそれは「女官の手控え」とか「略式の書状」といった未熟なものだったろうか。

この二百年の「谷間の時期」[25]を考えるには、残りの悪い文書そのものよりも、「王朝女流文学」を用いた分析が有効である。考察の出発点として、一二世紀初頭に成立した『讃岐典侍日記』を見てみたい。筆者は、堀河天皇、ついで鳥羽天皇に親しく仕えた藤原長子という女房である。

【史料③】

宮の御かたより、宣旨、おほせ書きにて、「三位などのさぶらはるるをりこそ、こまかに御有様も聞きまゐらすれ、おほかたの御かへりのみ聞くなん、おぼつかなき。昔の御ゆかりには、そこをなんおなじう身におぼしめす。今の御有様、こまかに申させたまへ」とあり。「たがふみぞ」と問はせたまへば、「あの御かたより」と申せば、「昼つかた、のぼらせたまへ」とおほせごとあれば、さ書きて。(26)

讃岐典侍は死の床にあった堀河天皇に仕えていたが、そこへ宮(中宮藤原篤子)に仕える宣旨という女房から、「おほせ書き」の形で中宮の気持ちを伝えてきた。天皇の病状を詳しく伝えよ、というものである。堀河はこれを知って、中宮が参上するよう仰せたので、讃岐典侍はすぐにそれを書状に認めている。このように史料③には、中宮の女房の奉書、そして天皇の女房の奉書が見え、天皇の病状を聞いたり、中宮の参上を命じたりという、個人的ではあるが重要な内容を伝えている。

【史料④】

「弁の三位殿より御ふみ」といへば、取りいれて見れば、「年ごろ、宮づかへせさせたまふ御心のありがたさなど、よく聞きおかせたまひたりしかばにや、院よりこそ、このうちにさやうなる人のたいせちなり。登時参るべきよし、おほせごとあれば、さるここちせさせたまへ」とある、見るにぞ、あさましく、(27)

やがて堀河天皇は死去し、讃岐典侍は自邸で喪に服していた。そこに白河院に仕える弁の三位という女房から書状が届く。白河は、讃岐典侍が堀河によく奉仕したことを知っていて、新帝の鳥羽のもとに直ちに仕えるよう命じたのである。院の女房の奉書であるが、ここでは女房の出仕を命じている。しかし讃岐典侍はなかなか決心がつかない。

【史料⑤】

夕ぐれに、三位殿のもとより、とばりあげすべきよしあれば、いとあさましくて、日ごろは聞きすぐしてのみ過ぎつるを、参らじと思ふなめりと心えさせたまうて、おしあてさせたまふなめりと思ふに、すべきかたなし。たのみたるままに例の人よびて、「かうかうなん院よりおほせられたるを、いかがはせんずる」といへば、「…」などさたしあひたるほどに、内蔵の頭の殿より人参らせたり。「院宣にて、摂政殿のうけたまはりにてさぶらふ。『堀河院の御素服、たまはりたらば、とくぬぐべきなり』と宣旨くだりぬ。とくぬがせたまへ」といひにおこせたり。(28)

そうしたある夕方、また白河院の意向を伝える女房の書状が届く。史料⑤で白河院は、やはり弁の三位という女房を通じて、鳥羽天皇即位儀の褰帳命婦をつとめよと命じている。出仕すまいという気持ちに院が気付かれ、役をお当てになったのだなと思って讃岐典侍が躊躇していると、さらに摂政が奉じたという院宣が届く。堀河院の服喪をやめよとの命令である。事ここに至って、讃岐典侍はついに出仕を決意した。

【史料⑥】

十二月もやうやうつごもりになりて、「弁の典侍殿のふみ」といへば、取りいれて見れば、「院より、三位殿・大納言の典侍など、さぶらはぬついたちなり。さやうのをりは、さるべき人あまたさぶらふこそよけれ。参るべきよし、おほせられたる」とぞある。いかがせんとて、参らんとぞいそぎたつ。(29)

無事に褰帳命婦をつとめた讃岐典侍に対して、元日から鳥羽天皇のもとに出仕するよう弁の典侍の書状が届いた。弁の典侍は鳥羽の乳母であるが、これもまた白河院の「おほせ」を伝える奉書であった。こうして嘉承三年（一一〇八）正月から、讃岐典侍は新たに鳥羽天皇の女房として、宮仕えを再開したのである。

以上、『讃岐典侍日記』に現れる女房の奉書五通を瞥見してきた。天皇・中宮・院の仰せを伝える奉書が揃っているが、これらは全て仮名書状と見るのが穏当であろう。内容的には、天皇の病状を尋ねる、中宮の参上を命じる、女房の出仕を命じるなど、決して軽微な事項ではない。「女房奉書」を「天皇家・院宮の内々あるいは個人的な意向を女房が伝える仮名書状」と定義するなら、『讃岐典侍日記』に見える一二世紀初頭の女房の奉書は、まさしく「女房奉書」そのものだと言わねばなるまい。『不空三蔵表制集』紙背文書や『灌頂阿闍梨宣旨官牒』紙背文書に見られるように、遅くとも一一世紀後期には散し書きの仮名書状が完成していたから[30]、重要な内容をもつ『讃岐典侍日記』の女房奉書も、美しい散し書きの形式をとっていたと想像してよかろう[31]。

さて、史料③では中宮の意志を伝える女房奉書が「おほせ書き」と呼ばれていたが[32]、同様のものは『枕草子』にも見ることができる。

【史料⑦】

よき人の御前に、女房いとあまたさぶらふに、心にくき所へつかはす仰せ書などを、誰もいと鳥の跡にしもなどかはあらむ、されど、下などにあるをわざと召して、御硯とりおろして書かせさせ給ふもうらやまし。さやうの事は、所の大人などになりぬれば、まことに難波わたり遠からぬも、ことにしたがひて書くを、これはさにはあらで、上達部などの、また、はじめてまゐらむと申さする人のむすめなどには、心ことに紙よりはじめてつくろはせ給へるを、あつまりてたはぶれにもねたがりいふめり[33]。

これは中宮藤原定子に仕えた清少納言自身の体験に基づく、貴重な証言である。「心にくき所」、例えば上達部などの娘で、初めて宮仕えしたいと申してきた女性に送られる「仰せ書」なるものは、「よき人」(具体的には中宮)の御前で、文字や料紙に心を尽くして、女房が執筆するものなのであった。対比的に、年配の女房がさっと書いてしまう「仰せ書」のことも述べられている。手習い始めの難波津の歌が出てくるから[34]、文字は明らかに仮名である。内容は明確でないが、中宮の個人的な気持ちを伝達するものであることは疑いあるまい。このように中宮女房による流麗な奉書は、『枕草子』に描かれた一〇世紀末期には成立していたのである。さらに言えば[35]、一〇世紀後期に確立する女房の奉仕体制は、内裏・諸宮・諸家において基本的に同一であったから、中宮以外、つまり天皇・諸家の女房の奉書もすでに行なわれていた可能性が高い。

男性の漢文体の記録からも、ある程度こうした状況を窺うことができる。『小右記』には三条天皇の勅を内々に伝える女房の「消息」[36]、「皇后宮仰」を伝える女房の「書札」が見え[37]、斎院や諸家の女房の「仰書」「消息」「書状」も奉書であった可能性が大きい[38]。当時の上・宮・家の女房が取り次ぎに重要な役割を果していた以上[39]、その一部に書状＝奉書(恐らく仮名書きのもの)が用いられたとしても、何ら不自然ではない。

ただ、『枕草子』に簡略な「奉書」が現れることにも注意しておく必要がある。

【史料⑧】

まだうひうひしければ、ともかくもえ啓しかへさで、明けぬればおりたる、すなはち、浅緑なる薄様にえんなる文を、「これ」とてきたる、あけて見れば、「『いかにしていかに知らましいつはりを空にただすの神なかりせば』となん御けしきは」とあるに、めでたくもくちをしうも思ひみだるるにも[40]、

宮仕えを始めたばかりの頃、曹司に下がっていた清少納言の許に、別の女房から「御けしき」として中宮の和歌を伝えてきたのである。物語類にしばしば見える和歌の代筆と大差ないものであるが、このような簡略なものも

「仰せ書」＝奉書として理解することができよう。仮名書状の様式が和歌贈答に由来するという説が想起されるところである[41]。もちろん『枕草子』時代の仮名書状が簡略なものばかりであった訳ではなく、ある程度の長さと内容をもつものが多かったことは同時代の物語類から明らかであるから、「仰せ書」についても『讃岐典侍日記』時代と同水準のものが存在したと見て誤りあるまい。現に一〇世紀末期に完成したとされる『宇津保物語』には、そうした女房の奉書が登場する。

【史料⑨】

御返事は中務の君、「かくなど聞えさせつれば、御宿直物奉らせ給ふ。夜寒はなにともまだ思し知らずとなん。犬宮は然おはしますと聞えさせよとなむ」とて、奉れ給へば、大将見給ひて、「味気なの宣旨書や」と独言ちて[42]、

大将（仲忠）が、妻の女一宮に送った書状の返事である。女一宮の女房である中務が「となむ」という奉書文言をもつ仮名書状を認めている。夫婦間、即ち権門内部の書状ではあるが、女房が仮名の奉書を発給している現実を踏まえた物語叙述と考えられる。

史料⑨では女房の奉書は「宣旨書」と表現されていた。奈良時代以来「宣」と「仰」はほぼ同義に用いられてきたから、「宣旨書」も「仰せ書」と同様のものと考えられよう。「宣旨書」なる語は『宇津保物語』に三例、『源氏物語』に五例見える[43]。ただ注意すべきは、史料⑨のような奉書と考えられるものもあるが、直状や和歌を代筆したものも「宣旨書」と呼ばれているという事実である。つまり「宣旨書」は他者の意向を伝える書状一般を指し、それには奉書形式のものから純然たる代筆まで、かなりの幅があったということになる。女房の奉書が「宣旨書」と呼ばれたことは事実としても、「宣旨書」がすべて奉書だった訳ではなく、恐らくそれは「仰せ書」

でも同様だったかと思われる。

管見によれば、女房の奉書が現れる最古の史料は『蜻蛉日記』である。

【史料⑩】

三月になりぬ。かしこにも、女房につけて申しつがせければ、その人の返りごと見せにあり。「おぼめかせたまふめればなむ。かくなむ殿の仰せはべめる」とあり。見れば、「『この月、日悪しかりけり。月たちて』となむ、暦御覧じて、ただいまものたまはする」などぞ書いたる。いとあやしう、いちはやき暦にもあるかな、なでふことなり、よにあらじ、この文書く人のそらごとならむと思ふ。(44)

天延二年(九七四)、筆者藤原道綱母の養女に求婚する藤原遠度は、筆者の夫の藤原兼家にその旨を願い出た。遠度は兼家家女房に申し次がせたところ、その女房から兼家の「仰せ」を伝える返書があったという。それを見せられた道綱母は、どうせ作り事だろうと言っているが、当時の諸家女房が奉書を発給できたことだけは確認できる。なお、女房のものとは限らないが、康保三年(九六六)頃の『虚空蔵菩薩念誦次第』紙背文書にも、「しばしばとはせたまふことをなむ、いともかしこまりきこえたまふ」と側近が主君の意を伝える仮名書状が含まれている。(45)この書状は散し書きの形式を取っておらず、「立石様の萌芽と目すべき」ものであるが、(46)この時代にはすでに返書(袖書)が生まれており、また書状が文字や料紙に気を配って認められたことも仮名文学から明らかであるから、(47)一〇世紀後半には仮名書状の書式が整いつつあり、その一部が奉書にも用いられたと判断される。

このように中世の女房奉書に類似する女房の奉書は、「王朝女流文学」から見ても、実例から推しても、少なくとも一〇世紀後半には用いられていたのである。その成立がどこまで遡るかは未詳であるが、女性の仮名書状が生まれれば、それが奉書に用いられても不自然ではないから、淵源は九世紀に遡ると考えてよかろう。しかしそれが頻繁に用いられ、形式的にも洗練されてくるのは、やはり一〇世紀のことと思われる。この際、「仰せ書」という語の初見が『枕草子』であり、「宣旨書」の初見が『宇津保物語』であるという事実は示唆的である。それはちょうど男性の奉書である「御教書」という語が、一〇世紀末～一一世紀初の『北山抄』紙背文書に初見する(48)のと時期的にほぼ一致するのであって、女房の奉書が一般化し、社会的に確立するのは概ね一〇世紀後期頃のことと推定できるのはあるまいか。そして機能と形式の両面から見て、これを中世につながる女房奉書の確立と評価するのは、決して無理なことではないだろう。五味文彦が女房奉書の前身として評価した「女房書状」とは、実は女房奉書そのものであり、一二世紀初頭には確実に存在し、恐らく一〇世紀後期頃から多用されるようになったものと考えられる。

右の私見が認められるとすれば、内侍宣の衰退―消滅と、女房奉書の発生―確立はほぼ同時期の現象であったことになる。もはや二百年もの「谷間の時期」を想定する必要はない。同じ一〇世紀に、女官の仰せを男官が書きとめた文書が衰退し、女房自身が仮名を用いて記した文書が発達していったのである。

3　女房奉書発生の要因

女房奉書が発生するためには、二つの要因が揃う必要があった。第一に女性が文字に接近し得るようになったこと、第二に女房という職務が重要になったこと、である。九世紀から一〇世紀にかけては、この二つの要因がともに成熟していった時期であった。

平安女性の文字文化は、仮名(平仮名)によって支えられていた。仮名は九世紀初頭に万葉仮名から脱皮する形で生まれ、九世紀を通じて発達し、同世紀末には完成の域に達した。一〇世紀初頭の『古今和歌集』はこうした基盤の上に成立し、ついで仮名で書かれた多数の歌集・物語・日記などが生まれることになる。(49)当時、仮名は「女手」と呼ばれた。男性も仮名を習得していたが、それは日常的な書状、和歌贈答、訓点、備忘・落書などに用いられるものであり、漢字とは利用局面を異にしていた。(50)一方、少なくとも女房層以上の女性は漢字の読み書きができ、漢籍に関する知識も重視されたが、(51)漢字を表だって使用することは忌避され、「平仮名のみを愛用するのが普通であった」。(52)つまり「女手」とは「女性ガ文字ヲ用イル場合ニ選択サレル文字種」であり、基本的には〈男性には漢字と仮名、女性には仮名〉という原則があったのである。ここから演繹すれば、仮名成立以前は主として〈男性には漢字、女性には文字なし〉という状況だったと推測されるが、これは先に論じた後宮女官の文字使用のあり方と合致するであろう。要するに、仮名の発生によって古代女性は文字文化に日常的に接近し得るようになったのであり、仮名の発達は「文字文化から疎外された女性」の解放過程であったと言わねばならない。

もちろん仮名の成立とともに漢字が消滅した訳ではないから、〈漢字＝公的、仮名＝私的〉という関係で両者は棲み分けることになった。従って、女性は依然として「公的」な文字使用から疎外されていたのである。関口裕子(53)はこの点を厳しく評価し、仮名の成立によって女性がいっそう漢字＝「公」から締め出されることになったと論じた。関口から見れば、仮名は「女性の従属」の反映であり、仮名で書かれた「王朝女流文学」の隆盛は「社会の劣位者たる女性がそれ故に自由な表現手段獲得の点では優位者となり得たという歴史の皮肉」であった。

確かに律令国家の「公」「私」がそのまま平安時代に存続したのなら、関口の言うとおりかも知れない。しかし、一〇世紀において貴族社会が大きく変動し、律令制の枠をこえた新たな社会関係が発達したことを看過してはならない。(54)権門・諸司、家司女房層、家人雑任層が階層的秩序を保ちつつ緊密な相互依存関係を形成し、国家の政治形態をも変容させる。かかる社会関係の成立は一〇世紀後期に求められるが、かくして律令制的な「公」「私」は形骸化を強め、従来「私」であった領域が社会的に浮上した。女房は、権門を基軸とする社会関係(権門相互の関係、および権門内での関係)の結節点として重要な役割を担うようになり、女房奉書もその中で有効に用いられたが、とすればこの仮名書状を単純に「私的」なものと断ずることはできないであろう。女房と同階層にあった家司は、女房と密接に連携しつつ権門奉仕を行なったが、彼らが作成・発給した御教書もまたこの時期に確立し、私文書の域を脱した社会的機能を発揮し始めている。(55)

女房が権門の活動を記録するようになったのも、一〇世紀のことであった。女房日記の初見は『大后御記』で、その逸文は延喜七年(九〇七)から承平四年(九三四)に及ぶ。大后藤原穏子の宮(中宮、のちに皇太后宮・太皇太后宮)の動静を近侍女房が記録したもので、仮名で書かれた日次記と考えられている。(56)やがて一〇・一一世紀には数多くの女房日記が書かれたと推定され、その一部は『栄花物語』の素材に用いられた。(57)『蜻蛉日記』を始発とする女性日記文学は、基本的に現実経験の再構成(即ち虚構)であって記録ではないし、また「家の女性」の日記と女房日記は区別する必要があるが、事実記録という形式においては女房日記の影響は無視できず、『紫式部日記』に至って両者は高度の統合をとげたと評価することができよう。(58)一方、さほど文学的でない女房日記も営々と書き継がれ、中世の『御湯殿の上の日記』の遙かな源流となったと思われる。(59)

もちろん仮名が純粋に私的な目的で使われることも多かったし、律令制以来の漢字＝「公的」文字という規範はこの時代にも生き続ける。しかし、女房の社会的・政治的活動を支えるメディアとして仮名が広範に用いられ始めたことは、積極的に評価されねばならない。「王朝女流文学」の達成は、作者たちの主体的営為の結実として理解されるべきものではあるが、その高さを支えたのは女房奉書・女房日記に代表される女性文字文化の広大な裾野であった。「二つの要因」によって女房奉書が発生し、確立し、それが中世に継承されていったことは、「王朝女流文学」の開花とパラレルの現象として、永く記憶されるべきであろう。

結語

本稿では、女房奉書の始源を九世紀段階、社会的確立を一〇世紀後期と考え、それが仮名を用いる文字文化、そして新しい社会関係の所産であることを論じた。また仮名書状・仮名日記の発達と「王朝女流文学」の隆盛が統一的に理解できることも、不十分ながら示した。これまで「王朝女流文学」は、抑圧された受領層子女の感情表出という〈負荷の昇華形態〉と理解されることが多かったが[60]、本稿では女房を社会関係の結節点、仮名をそのメディアと積極的に評価し、また中世への連続面を強調した。今後は、女房奉書が平安時代から存在したという前提の下に、それが鎌倉～室町時代の女房奉書と様式的・機能的にいかに相違したかを明らかにすることが課題となろう。

それにしても何故、仮名以前の女性は文字文化から疎外されていたのであろうか。律令官僚制において男官と女官が大きく性格を異にし[61]、漢字を用いる行政実務の大部分が男官によって担われたこと、即ち女官の文字利用の機会が少なかったことは確かに一つの原因ではあろう。しかし、古代支配階級の女性の多くが漢字を読み書きできたと思われるのに、公文書に自署さえしなかったという事実は、彼女らを筆記から遠ざける規範が存在したことを推測させる。思うに、後宮女性にとって自分の筆跡を人目にさらすことは、顔を見せるのと同様に具合の悪いことだったのではあるまいか。自ら筆を執らず、下級書記官に口頭で伝えて文字化させることは、その人物の高貴性の表現であったと考えられるのである。これは「宣」や奉書の思想的基盤と言ってもよいし、そもそも史部という書記官集団によって文字文化が導入・維持されたという古代日本の文明化の特質に起因するものであろう。律令国家の女官は王権に密着した存在であり、反射的とは言え、高貴性を身にまとっていた。それが彼女らをして文字使用を控えさせたと推測したい。文字文化からの疎外と見えた現象は、実は本来、特権的事態だったということになろうか。[62]

もちろん平安時代の売券に見られる女性の画指を、後宮女官の非自署と同列に論じることはできない。文字を使用しないという特権が、逆に女性一般に対する抑圧的規範として機能し始めたことも十分考えられる。しかし、「私的」な役割を担うのみであった仮名が徐々に社会の表面に立ち現れ、女房たちの活動を保証し始めたことは、それとはまた別の問題として高く評価されるべきであろう。女房奉書の発生が、御教書の発生一般に解消されない歴史的意義をもつ理由は、まさにこの点に存するのである。[63]

注

（1）飯倉晴武『明治以前天皇文書の読み方・調べ方』（雄山閣出版、一九八七年）、脇田晴子「宮廷女房と天皇」（『日本中世女性史の研究』、東京大学出版会、一九九二年）。

（2）勝峯月渓『古文書学概論』（目黒書店、一九三〇年）、中村直勝『日本古文書学』（国史講座刊行会、一九三三年）、同『日本古文書学』上巻（角川書店、一九七一年）、相田二郎『日本の古文書』上巻（岩波書店、一九四九年）、佐藤進一『古文書学入門』（法制大学出版局、一九七一年）。

（3）飯倉晴武『明治以前天皇文書の読み方・調べ方』（前掲）、上島有「にょうぼうほうしょ」（『国史大辞典』一一、一九九〇年)。

(4) 富田正弘「御教書・院宣・綸旨・伝奏奉書・女房奉書」(『概説古文書学　古代・中世編』、吉川弘文館、一九八三年)。

(5) 早く中村直勝『日本古文書学』上巻(前掲)も「女房文は総体に月日を書かないのが常であるから、女房奉書も、本文中に発信月日は記入されていない」と述べ、女房奉書の様式を「女性の消息」一般から理解していた。なお、久曽神昇「私文書」(『日本古文書学講座』二、雄山閣出版、一九七八年)や山本信吉「平安時代の女性文書」(『日本古文書学講座』三、雄山閣出版、一九七九年)によれば、当時の仮名書状の差出・宛所は「うはぶみ」(包紙)に記されたと考えられる。

(6) 五味文彦「聖・媒・縁」(『日本女性生活史』二、東京大学出版会、一九九〇年)。

(7) 土田直鎮「内侍宣について」(『日本学士院紀要』一七―三、一九五九年。同『奈良平安時代史研究』、吉川弘文館、一九九二年、所収)、吉川「奈良時代の宣」(『史林』七一―四、一九八八年。本書第二部第二章)、同「律令国家の女官」(『日本女性生活史』一、東京大学出版会、一九九〇年。本書第一部第三章)、早川庄八『宣旨試論』(岩波書店、一九九〇年)。

(8) 鬼頭清明「皇后宮職論」(奈良国立文化財研究所『研究論集』II、一九七四年)、中林隆之「律令制下の皇后宮職」(『新潟史学』三一・三二、一九九三・九四年)。

(9) 『大日本古文書』二巻四頁・八頁。ともに『正倉院文書影印集成』一(八木書店、一九八八年)四九頁に鮮明な写真が収められている。

(10) 早川庄八「公式様文書と文書木簡」(『木簡研究』七、一九八五年。同『日本古代の文書と典籍』、吉川弘文館、一九九七年、所収)。

(11) 益田勝実「源氏物語の荷ひ手」(『日本文学史研究』一九五一年四月号。『日本文学研究資料叢書　源氏物語I』、有精堂、一九六九年、所収)はこの内侍司牒から「采女達でさえ文書に目を通し、自ら署名しなければならなかった」と述べたが、自署については事実誤認であり、後宮女官の官人的性格を論ずる根拠にはできない。

(12) ただし位記については、『延喜式』巻一八、式部上(新訂増補国史大系四九一頁)に「凡位記署名、不必自為」とあり、『令集解』公式令遠方殊俗条古記にほぼ同文の規定(日本思想大系『律令』(岩波書店、一九七六年)公式令補注は八十一例文の可能性が大きいとする)が見えるように、奈良時代以来の法令であった。位記の自署代筆は実例でも確認され、書記官の内記が行なったと見られるが、これについて特に規定が必要であったことは、かえって本人自署が律令公文書制の原則であったことを明示する。

(13) 諸司印は公式令天子神璽条に「方二寸二分」と規定されており、『正倉院文書影印集成』一（前掲）の解説に示された「内侍之印」の法量と一致する。

(14) 吉川「外印請印考」（文部省科学研究費補助金研究報告書『日本古代官印の研究』、一九九六年。本書第二部第五章）。

(15) 『左経記』長和五年六月二十日条によれば、内侍所印請印は「御在所南廂西第一間」において、太政官や蔵人所の関与しない女官独自の政務として行なわれた。同条は一条院内裏での請印を記しているので、内裏儀を考える際には配慮が必要であるが、内侍所印が「御前ニ於テ」押捺されたことは、『侍中群要』巻二、日中行事の記事から見て間違いない。保管場所については、『西宮記』巻八、裏書、天徳四年十一月一日村上天皇御記に、天皇は行幸に際して「内侍司印櫃」と「鈴韓櫃」を携行し、旧例では前者を「契櫃」と称したとあるので、やはり内裏内と考えられる。駅鈴とセットという点からすれば、内印や駅鈴と同じく「長楽門中」に置かれたのかも知れないが（『日本三代実録』貞観十七年七月二十一日辛丑条、『大内裏図考証』巻九、承明門東西廊など参照）、さらに検討を要する。なお、私は「内侍司印」と「内侍所印」は同じ「内侍之印」を指すものと考える。

(16) 『類聚三代格』巻一七、文書并印事。

(17) では勅旨はどうしたか。格文から読み取れるのは、内侍司移を用いない、女史が署名しない、内侍司印を捺さない、の三点である。要するに、勅旨草案の作成と中務省本局への「宣送」（公式令勅旨式条）については内侍司に関与させず、内記に専当させるということであろう。この点、坂上康俊「詔書・勅旨と天皇」（『中国礼法と日本律令制』、東方書店、一九九二年）とはやや理解を異にする。

(18) 天平八年八月二十六日内侍司牒の日下署名者で、女史と推測される錦部連川内は、天平勝宝二年正月に外従五位下に叙されたが、このとき彼女は女孺であった（『続日本紀』同月庚子条）。恐らく天平八年当時も同様であったのではあるまいか。

(19) 『台記別記』久安六年正月十九日条。このうち少なくとも女房の構成が一〇世紀中期に遡ることについては、吉川「平安時代における女房の存在形態」（『ジェンダーの日本史』下、東京大学出版会、一九九五年。本論文第三部第三章）、参照。

(20) 『朝野群載』巻五、朝儀下、永承二年十一月五日台盤所月奏。

(21) 須田春子『平安時代後宮及び女司の研究』（千代田書房、一九八二年）第三章第六節。『西宮記』巻一三、諸宣旨、裏書の「内侍勾当女史、応和元五卅宣旨」という記事も、かかる職務を指すのであろうか。ちなみに長久三年四月、菅原孝標女は神鏡を拝みたくて内侍所を訪れ、「はかせの命婦」と会った。彼女は「あさましく老い神さびて、さすがにいとよう物などいひゐたるが、人ともおぼえず、神のあらわれたまへるかとおぼゆ」という老女だった(『更級日記』、日本古典文学全集二三三頁)。

(22) 野村忠夫『後宮と女官』(教育社、一九七八年)。

(23) 例えば、奈良時代の優婆塞貢進文(『大日本古文書』二五巻七五頁・一二六頁)、平安時代の女官申文(『朝野群載』巻四、朝儀上)など。ただし、これらが内侍司牒と違って上申文書であることには配慮が必要であり、また本当に自筆だったかどうかは慎重に見定めねばなるまい。

(24) 吉川「律令国家の女官」(前掲)。ただし完全に消滅した訳ではないことは、例えば『権記』長徳四年三月五日条、『小右記』長和四年八月二日条・長元元年七月二十五日条などから明らかである。

(25) 脇田晴子「宮廷女房と天皇」(前掲)。脇田は「谷間の時期」がなぜ「女流文学」の最盛期と一致するのかは「考えてみたい問題である」と述べた。本稿はこの問題提起に対する私なりの回答である。

(26)『讃岐典侍日記』上、日本古典文学全集三八一頁。

(27)『讃岐典侍日記』下、日本古典文学全集四〇七頁。

(28)『讃岐典侍日記』下、日本古典文学全集四一〇頁。

(29)『讃岐典侍日記』下、日本古典文学全集四一七頁。

(30) 久曽神昇『平安時代仮名書状の研究』(風間書房、増補改訂版一九九二年)。

(31) 史料③④には「おほせごとあれば」、⑤⑥には「おほせられたる」という表現が見えるが、承安五年(一一七五)頃のものと見られる『文泉抄』紙背文書には、文首を「おほせごと候」とする散し書きの仮名書状が含まれており(久曽神前掲『平安時代仮名書状の研究』)、『讃岐典侍日記』の女房奉書の様式を考える上で参考になる。

(32) 尤も「仰せ書」は女房の奉書のみを指す語ではない。『朝野群載』巻七、摂籙家には、宣旨形式(「者」で書きとめるもの)と奉書形式の藤氏長者宣が「仰書」として収められている(新訂増補国史大系一七九頁・一九三頁)。このうち宣旨形式のものは寛和二年(九八五)十一月二十日付で、もし「仰書」が原文書に記入された銘だとすれば最も早い時期の用例となるが、竹内理三「古文書学より見た『朝野群載』」(『新訂増補国史大系月報』九、一九六四年)も述べるように、『朝野群載』編者の説明と見るべきである。しかし、当時この両形式の男性「仰書」が用いられたことは、『権記』長保三年十月一日条・寛弘二年三月二十六日条、『御堂関白記』長和二年十月十六日条などから推察し得る。なお、室町時代の女房奉書には「仰年月日」の形で端裏銘が記入されていた。この端裏銘のことを「仰書」と称しているが（勝峰月渓『古文書学概論』（前掲）、中村直勝『日本古文書学』（前掲））、端裏銘ゆえに女房奉書を「仰書」と呼ぶとする説もあり（伊地知鉄男『日本古文書学提要』上巻〔大原新生社、一九六六年〕、飯倉晴武『明治以前天皇文書の読み方・調べ方』（前掲））、いずれをとるべきか判断に苦しむ。

(33) 『枕草子』一五八段「うらやましげなるもの」、日本古典文学大系二一一頁。能因本一六二段「うらやましきもの」（日本古典文学全集三〇五頁）もほぼ同文である。すでに山本信吉「平安時代の女性文書」（前掲）がこの記事に注目し、「のちの女房奉書につながるもの」と述べていた。

(34) 東野治之「平城京出土資料よりみた難波津の歌」（『万葉』九八、一九七八年。同『日本古代木簡の研究』、塙書房、一九八三年、所収）。

(35) 吉川「平安時代における女房の存在形態」（前掲）。

(36) 『小右記』寛弘八年九月四日条。同長和四年五月九日条も参考になる。

(37) 『小右記』長和五年二月二十五日条。

(38) 『小右記』長和二年八月八日条、寛仁二年四月二十一日条、長元四年七月二十八日条。

(39) 吉川「平安時代における女房の存在形態」（前掲）。同稿では上の女房（天皇付きの女房）の取り次ぎには触れなかったが、三条天皇の例から見て、内々の奏宣を主としていたようである。一般の奏宣は殿上人・蔵人の職務であった。

(40) 『枕草子』一八四段「宮にはじめてまゐりたるころ」（二三四頁）。能因本一八二段（三三四頁）もほぼ同文。

(41) 富田正弘「御教書・院宣・綸旨・伝奏奉書・女房奉書」（前掲）。

(42) 『宇津保物語』蔵開中（日本古典文学大系二巻三五一頁）。

(43) 『宇津保物語』では史料⑨のほか、蔵開中（二巻三五四頁）、国譲中（三巻一九七頁）に、『源氏物語』では明石（日本古典文学全集二巻二三九頁）、常夏（三巻二四二頁）、夕霧二箇所（四巻三八五頁・四七二頁）、宿木（五巻三九八頁）に見える。

(44) 『蜻蛉日記』下、日本古典文学全集三五九頁。

(45) 久曽神昇『平安時代仮名書状の研究』（前掲）。

(46) 久曽神昇「私文書」（前掲）。

(47)　久曽神昇『平安時代仮名書状の研究』(前掲)。
(48)　林屋辰三郎「御教書の発生」(『古代国家の解体』、東京大学出版会、一九五五年)。
(49)　築島裕『日本語の世界5　仮名』(中央公論社、一九八一年)。
(50)　石原昭平「日記文学の発生と暦」(『平安文学研究』三一、一九六三年。『日本文学研究資料叢書　平安朝日記Ⅰ』、有精堂、一九七一年、所収)、小林芳規『角筆のみちびく世界』(中公新書、一九八九年)。
(51)　志村緑「平安時代女性の真名漢籍の学習」(『日本歴史』四五七、一九八六年)、梅村恵子「平安貴族の家庭教育」(『歴史評論』五一七、一九九三年)。
(52)　石原昭平「日記文学の発生と暦」(前掲)。なお山本淳子「「真名書き散らし」ということ」(『国語国文』六三―五、一九九四年)は、かかる一般的状況を踏まえつつ、一条朝において女性が漢籍に接近したこと、こうした傾向に対し紫式部が非難・反発し、やがてそれが定着していった可能性があることなどを論じ、興味深い。
(53)　関口裕子「平安時代の男女による文字(文体)使い分けの歴史的前提」(『日本律令制論集』下、吉川弘文館、一九九三年)。
(54)　吉川「平安時代における女房の存在形態」(前掲)、同「天皇家と藤原氏」(『岩波講座日本通史』五、岩波書店、一九九五年。本書第三部第二章「摂関政治の転成」)、佐藤泰弘「平安時代における国家・社会編成の転回」(『日本史研究』三九二、一九九五年)。
(55)　富田正弘「御教書・院宣・綸旨・伝奏奉書・女房奉書」(前掲)は「御教書は、権門の分立という新しい歴史的局面における調節文書＝新たな公文書として登場してきた」と論じたが、一〇世紀後期～一一世紀における御教書・女房奉書についても―院政期に比べればまだ未成熟とは言え―同様の評価が可能であろう。
(56)　石原昭平「日記文学の発生と暦」(前掲)、同「太后御記の原形」(『国文学研究』三二、一九六五年)。なお、石原は仮名暦に記されたとするが、この点にはにわかに従い難い。宮崎荘平「女房日記の源流としての「太后御記」」(新潟大学人文学部『人文科学研究』五九、一九八一年)は「主人と主家の慶祝事の記録」と理解するが、逸文には慶事以外の記録も含まれており、やはり日次記と見るのが穏当ではあるまいか。ちなみに男性の漢文記録には、日次記のほかに、特定の儀式のみを詳細に記す「別記」が存在したが(土田直鎮「記録」(『岩波講座日本歴史』二五、岩波書店、一九七六年。同『奈良平安時代史論集』、吉川弘文館、一九九三年、所収))、仮名の女房日記でも別記の存在は想定し得る。「天徳四年内裏歌合」仮名日記や『紫式部日記』にそうしたものの面影を求めるのは、いささか武断に過ぎようか。

(57) 池田尚隆「『栄花物語』と日記」(『古記録と日記』下、思文閣出版、一九九三年)。

(58) 篠原昭二「紫式部日記の成立」(『国文学』一四―六、一九六九年)、秋山虔「日記文学論」(『王朝女流文学の世界』、東京大学出版会、一九七二年)。

(59) 『栄花物語』が「あくまでめでたい世界を仮構する」という特質をもつのは(池田尚隆「栄花物語試論」(『平安時代の歴史と文学』文学編、吉川弘文館、一九八一年))、女房日記一般の性格に通じるものであろうが、それは「きれいごとに終始」し「黒を白といいくるめてもめでたい聖代をことほがねばならない」という『御湯殿の上の日記』の記述態度(脇田晴子「宮廷女房と天皇」(前掲))に、四百年の時間を越えて継承されていくのであろう。

(60) 例えば西郷信綱「宮廷女流文学の問題」(『文学』一九四九年八・九月号。「宮廷女流文学の開花」と改題して同『日本文学の方法』、未来社、一九六〇年、所収)。さらに益田勝実は作者を「受領の家の女性」と「宮仕え女房」に類別し、前者の「憧憬する魂」を「王朝女流文学」の基軸と見た(前掲「源氏物語の荷ひ手」)。

(61) 吉川「律令国家の女官」(前掲)。

(62) 薗田香融「古代の知識人」(『岩波講座日本通史』五、岩波書店、一九九五年)。

(63) 関口裕子「平安時代の男女による文字(文体)使い分けの歴史的前提」(前掲)。

跋　語

本書は私のここ十年余の古代政治史研究をまとめたものである。大部分は既発表論文であるが、一書として体系づけるためにそれらを再編成し、必要な限りの増補と訂正を行なった。以下、各論文の初出を掲げ、執筆の経緯と今後の課題を記しておきたい。

序章　新稿

一九九五年九月に京都大学に提出した学位論文「日本古代政治の形式と規範」の序章に手を加えたものである。同論文は大山喬平・鎌田元一・藤井譲治の三先生に御審査いただき、有益な御指導を賜わったが、本書はそれを基礎にして成った。研究史の叙述に力を入れたが、一九七〇年代以降の官位制度研究の発展を詳述できなかったことを遺憾とする。また、本書では政治表象に関する検討が全く手薄であった。近世有職故実学の達成をどのように継承するかが、今後の課題の一つであろうと考えている。

第一部第一章　「律令官人制の再編」（『日本史研究』三二〇、一九八九年四月）第一章

一九八八年の日本史研究会大会報告の一部を大きく増補した。「律令官司の秩序」の部分は「律令官司制論」（『日本歴史』五七七、一九九六年六月）でゆったり論じたので、併せて参照されたい。三省申政という政務の理解をベースにして律令官僚制の骨格を述べたものだが、些か思弁的に過ぎた感があり、またこのような律令官僚制が

生み出された理由についてもまとまった考えを提示できていない。従って、石母田正氏の官僚制論を十全に批判できたとは言えないのであるが、それでも学部三回生時代の『日本の古代国家』の輪読以来、先行学説を如何に読み破るべきかを教えて下さってきた西山良平氏の御指導に、少しでもお応えできたであろうか。

第一部第二章「律令太政官制と合議制」（『日本史研究』三〇九、一九八八年五月）

早くから魅了されてきた早川庄八氏のお仕事に対して、卑見をまとめたもの。『日本古代官僚制の研究』の書評として執筆したが、研究ノートにしていただいた。その際、編集委員の俣野好治・寺内浩両氏から適切な御助言を賜わった。基本構想をまとめる上では唐制との比較検討が必要であったが、谷川道雄・礪波護両先生の御指導や、参議制に関する虎尾達哉氏の御教示がなければ道は開けなかったと思う。私は今も「畿内政権」論に深い違和感を抱いている。早川説の前提となった関晃氏の所説については、「貴族制論」（『日本古代史研究事典』、東京堂出版、一九九五年）で論評を加えたものの、「畿内政権」の全国支配という論点には有効な対案を示し得ていない。重要な課題と自覚している。

第一部第三章「律令国家の女官」（女性史総合研究会編『日本女性生活史』一、東京大学出版会、一九九〇年五月）

初めての女性史関係論文。新たに注をつけた。女性史総合研究会の方々には、準備の過程で数々の御叱正を賜わり、かつ貴重な経験をさせていただいた。構想段階で素材は二つあった。一つは「奈良時代の宣」で見取り図を示した宮人の奏宣形態、もう一つは闈司奏である。後者に初めて着目したのは、岸俊男先生の遺著『日本古代宮都の研究』の校正作業の途上であった。岸先生には京都大学文学部、ついで同大学院修士課程で御指導いただいたが、先生のお仕事に直接関わる研究はこれが最初のものである。政治空間論としての宮都研究は、今後ともいろいろな方向から深めたいと思う。「開かれた内裏」という現象を、古代日本の「文明化」に如何に位置づけるかという点も含めて。

第一部第四章　「天皇家と藤原氏」（『岩波講座日本歴史』五、岩波書店、一九九五年二月）第一章・おわりに

「文明化」という観点から藤原氏の基本性格を論じたもの。新たに注をつけた。「文明化」という視角を用い、仏教と儒教という二つの軸を設定することは、常に御指導を仰いでいる原秀三郎氏の所説によるところが大きい。私自身が「律令官僚機構と仏教教団の並行的成立・再編」という発想を得たのは、一九九〇年春の京都大学文学部博物館展示「東大寺の行事と文書」の準備過程で東大寺修二会、特にその食堂作法を見学して、古代寺院と律令官司は「双生児」である、と直観したことを機縁とする。これまでの律令官僚制研究を超える手だてがここにあると、おおけなくも感じたものだが、東大寺や興福寺の勉強に手間取り、いまだ十分な肉付けができていない。薗田香融先生や本郷真紹氏・菱田哲郎氏の御教示を想起しつつ、現地調査を踏まえた私なりの古代寺院論を構築し、そこから律令官僚制を考え直してみたいと念願している。

第二部第一章　「勅符論」（上横手雅敬監修『古代・中世の政治と文化』、思文閣出版、一九九四年四月）

上横手雅敬先生の京都大学御退官にあたって献呈した論文。私の古文書との出会いは教養部時代の上横手先生のゼミであった。最初に読んだのが淡輪文書の後村上天皇綸旨だったことを思い出し、奉書の起源に関する論文を献呈することにした。京都大学では、学部に進んでからも大山喬平先生に古文書原本による演習で鍛えていた

だいたほか、文学部博物館および附属図書館に所蔵される古文書・古記録・古典籍からさまざまな恩恵を受けた。本論文の誤字説も、こうした経験に基づく所論のつもりである。立論にあたって不可欠の作業であった『令集解』『令義解』の写本調査では、宮内庁書陵部・国立国会図書館・国立歴史民俗博物館・大阪府立中之島図書館・国立公文書館内閣文庫のお世話になった。

第二部第二章　「奈良時代の宣」（『史林』七一―四、一九八八年七月）

主として鎌田元一先生の御指導を受けた京都大学大学院博士後期課程時代の年度末レポートで、一九八七年度読史会大会で発表した後、活字にしていただいた。当時、正倉院文書の復原的研究が盛行し始めていて、私も大いに刺激を受けたが、それとは別の方法で正倉院文書を研究しようと試みたものである。マルチプランという表計算ソフトが役にたったことを覚えている。宣旨の起源に関する私見は、その後、早川庄八氏から厳しい御批判を頂戴した。反論を用意していまだ成稿に到っていないのは、怠惰の極みである。なお、一九九二年秋の京都大学文学部博物館展示「古文書の魅力」を準備するため、竺沙雅章先生の御指導のもと、本論文でも引用した竜谷大学所蔵大谷文書を原本に就いて検討できたのは、この上ない貴重な体験であった。

第二部第三章　「中文刺文考」（『日本史研究』三八二、一九九四年六月）

早川庄八氏の『宣旨試論』を、引用された史料を逐一検討しながら読み進めるなかで、問題の天長十年宣旨にぶつかった。悪戦苦闘の産物が本論文である。太政官政務に関する卑見の骨格がこれによって何とか整ったが、学部三回生の頃から『令集解』や『小右記』の厳密な解釈法を私にたたき込み、「「外記政」の成立」という画期的な論文をプレゼントして下さった橋本義則氏に是非とも聞いていただきたくて、さっそく西宮記研究会で報告した。口頭行政と文書行政の理解は、グディ『未開と文明』やオング『声の文化と文字の文化』など、近年注目されているリテラシー論の影響を受けたものである。政務内容の変化を自分なりに再検討し、形式の変化と統一的に理解することが、不可欠の課題として残されている。なお、『官奏事』の史料批判にあたっては、前田育徳会尊経閣文庫の御高配による原本調査が大きな意味をもった。

第二部第三章附論　「左経記」（山中裕編『古記録と日記』上、思文閣出版、一九九三年一月）

山中裕先生が編集された書物に執筆したもの。山中先生には京都の「御堂の会」で『御堂関白記』の御指導を受けてきた。陽明文庫で開かれる同会には名和修氏がお誘い下さり、さまざまに蒙を啓いていただいた。

第二部第四章　新稿

本論文の原点は一九八六年一月、京都大学大学院に提出した修士論文「律令官僚制と天皇」にあり、基本的な認識はほとんど変わっていない。早くから発表を予告したにもかかわらず、論証に納得の行かない部分があったため、ずるずると遅延を続けて御迷惑をおかけした。このたび意を決して細部を詰めたが、いまだ粗雑なデッサンの域を出ていない。

第二部第五章　「外印請印考」（文部省科学研究費報告書『日本古代官印の研究』、京都大学文学部、一九九五年三月）

鎌田元一先生を代表者とする科学研究費補助研究の成果の一部である。研究の過程で、東大寺・東寺・栄山寺・天理大学付属天理図書館・国立歴史民俗博物館・早稲田大学付属図書館・国立公文書館内閣文庫・東京国立博物館・京都国立博物館から、奈良平安時代の原文書を調査・観察する機会を与えられた。論文の形での成果は乏しいが、諸司印・諸国倉印・寺社印の運用の一端がわかり、捺印作法に関する儀式書記事から古文書の印影のあり方を説明できることを知ったなど、なお今後に期するところは大きい。

第三部第一章　「律令官人制の再編」（前掲、一九八九年四月）第二章・第三章・総括と展望

先述の日本史研究会大会報告の後半部分。大会報告の準備過程では寺内浩氏、大会当日の討論では石上英一氏などの方々から厳しい御意見を頂戴した。官人制再編の社会的要因については、まだまともにお答えできるだけの研鑽を積んでおらず、内心忸怩たるものがある。それにしても、準備報告を終えたその足で急行「銀河」に飛び乗り、翌朝、宮内庁書陵部で十年労帳・外記勘文の原本にふれた時の感激は今も忘れられない。書陵部の方々、特に田島公氏からは多大な御援助を賜わった。田島氏からは学部・大学院時代を通じて、饗宴・儀礼・叙位の研究などで数々の啓発を受けたが、これも本論文作成の原動力となった。

第三部第一章附論　「儀式と文書」（京都大学文学部博物館図録『公家と儀式』、思文閣出版、一九九一年一〇月）

一九九一年秋の京都大学文学部博物館展示「公家と儀式」を企画し、展示図録を編集した責任上、その総論として執筆したもの。新たに注をつけた。同展の準備にあたって、文学部博物館の運営に心血を注がれた朝尾直弘先生は、「展示それ自体を一つの論文として完成せよ」と激励され、数々の御助言を賜わった。勧修寺家文書・平松家文書・壬生家文書など、京都大学所蔵公家文書の調査と整理は、朝尾先生から与えられた重い課題なので

あるが、前近代「朝廷文書」の体系化を含めて、いまだ助走段階にあるとは情けない限りである。

第三部第二章　「天皇家と藤原氏」（前掲、一九九五年二月）第二章

摂関政治に関する私見の概要を示したもの。本書に収録するにあたって徹底的に加筆することも考えたが、モノグラフを蓄積していない現段階では、注をつけ論文としての体裁を整えることが先決だと思いとどまった。現在、平安時代史の時期区分とその評価について、研究は流動的な状況にある。私と同世代以下では一〇世紀後期（後半・末）に画期を認める研究者も少なくないが、中世史の通説はなお王朝国家論の時期区分に基いている。また同じ一〇世紀後期論者でも、例えば大津透氏と私の理解には大きな隔たりがある。本論文では大津説には注で若干の批判を述べたが、王朝国家論に言及することはできなかった。「初期権門政治」論は政治形態・社会関係・文化の変化を統一的に把握できるところに利点があると考えているが、これを死産に終わらせないためにも、先行学説との格闘を続け、自らの研究を鍛えていきたい。その際、一〇世紀における東アジア世界全体の変容の中に「初期権門政治」をどう位置づけるかも、重要な問題となってこよう。なお、本論文の構想段階では、佐藤泰弘・上島享両氏とのミニ研究会で楽しく有益な議論を重ねた。

第三部第三章　「平安時代における女房の存在形態」（脇田晴子他編『ジェンダーの日本史』下、東京大学出版会、一九九五年一月）

脇田晴子氏から執筆を御慫慂いただき、一から勉強してまとめたもの。本論文を準備するために「王朝女流文学」を通読したことは、古記録と儀式書の世界に安住していた私にはまたとない経験となった。これによって平

安時代の社会関係に対する目が開かれ、摂関政治を考え直す手がかりが得られたように思う。「王朝女流文学」と寺院関係史料は、律令官人や王朝貴族が記した史料とは異なった情報をもち、今後とも古代史研究に活用されるべきものだと実感している。女房と僧侶のいない百人一首など実につまらないが（もちろん坊主めくりもできない）、彼らも奈良平安時代のインテリ層の重要な構成要素だったのである。なお、女性文化とジェンダー研究会では出席者の方々から多様な御意見を頂戴し、山本淳子氏と京楽真帆子氏には原稿の初歩的な誤りを正していただいた。

第三部第四章「女房奉書の発生」（『古文書研究』四四・四五、一九九七年三月）

前章の一部として準備し、発表段階で独立させたもの。女性文化とジェンダー研究会の席上、脇田晴子氏が内侍宣・女房奉書に関する卑見を御批判下さったので、それにお答えする気持ちで書いた。成稿後、日本古文書学会学術大会でも報告した。写真掲載については宮内庁正倉院事務所の御高配を賜わった。「朝廷文書」研究や古文書調査で御指導いただいている富田正弘氏の所説を踏まえたものだが、「王朝女流文学」の読解によって女房奉書の成立時期をずっと遡らせることになった。ただ、山本淳子氏が「ああいう書状が文学作品に出てくるのは知っていたけれど、本当に女房奉書と言っていいのかしら」と感想を述べられたのが気にかかっている。私としては、女房奉書と理解されてこなかったことのほうが、ずっと不思議なのではあるが。

右に記したところが、そのまま本書全体の成立経緯でもある。余りに個人的な事情や感慨を公にするのは好まないが、偶然の産物であるかに見える論文も、実は数多くの方々や史料所蔵機関の御指導・御援助の賜物であったことを思い、できるだけ詳しく書きとめて、感謝の微意を表わすことにした。もちろん右にお名前を挙げたほかにも、怠惰で我儘な私を叱咤し、さまざまな機会に御指導いただいた諸先生・諸先輩・友人たちや、常に学問的刺激を与えて下さった東西の先学・同学の士は多数おられるし、史料調査に便宜をはかっていただいた機関もまた少なくない。あわせて御礼申し上げる次第である。

研究者としての私は、おもに京都大学文学部国史研究室と日本史研究会古代史部会という二つの場で育てていただいた。自由な気風に満ちた環境で、自らの学問を形成できたことは幸福であった。ここ数年の間に、国史研究室は日本史研究室に名前をかえ、文学部博物館は改組されて京都大学総合博物館に生まれ変わった。総合博物館で多数の歴史資料を預かる職務を与えられた現在、それらを十分に活用する方途をさぐるとともに、自らの研究をいっそう高めていかねばならないと痛感している。

塙書房の吉田嘉次氏は、岸俊男先生の『日本古代文物の研究』の校正をお手伝いしたことが機縁で、早くから研究を書物にまとめるようお勧め下さってきた。学位論文を提出したことを連絡したところ、すぐに来学して出版の段取りを進めて下さった。遅々として進まない補筆・校正作業ではずいぶん御迷惑をお掛けしたが、やっと再校のめどがついた。深く感謝申し上げたい。

振り返れば、歴史研究という世界があることを中学生の私に教えて下さったのは、当時元興寺仏教民俗資料研究所におられた千手寺住職・木下密運師であった。木下師からはそれ以来、おもに宗教史に関する御指導を賜わり、また物心両面でさまざまに御援助いただいてきた。これまでの学恩を思うと、何と御礼申し上げても十分ではない気がする。また、両親の吉川敏之・多美枝は私が研究者の道に進むことを許し、暖かい目で見守ってくれた。妻の逸子は司書の職務と二児の母の役割を両立させ、勝手気儘な夫を支え続けてくれた。末筆ながら、心からの感謝を捧げたい。

なお、本書は平成九年度文部省科学研究費補助金「研究成果公開促進費」の交付を受けて刊行される。

一九九八年一月

吉　川　真　司

吉 川 真 司（よしかわ・しんじ）

略 歴
1960年 奈良県に生まれる
1983年 京都大学文学部卒業
1989年 京都大学大学院博士後期課程学修修了
1989年 京都大学文学部助手
1996年 京都大学文学部助教授
現 在 京都大学大学院文学研究科教授

主要著作
1990年 『勧修寺家本職掌部類』（編集・解説，思文閣出版）
1998年 『京都府の歴史』（共著，山川出版社）
2002年 『展望日本の歴史6 律令国家』（共編，東京堂出版）
2002年 『日本の時代史5 平安京』（編著，吉川弘文館）
2005年 『列島の古代史』全8巻（共編，岩波書店）
2011年 『天皇の歴史02 聖武天皇と仏都平城京』（講談社）
2011年 『シリーズ日本古代史3 飛鳥の都』（岩波書店）

律令官僚制の研究 〔オンデマンド版〕

2013年5月20日 発行

著 者 吉 川 真 司

発 行 者 白 石 タ イ

発 行 所 株式会社 塙 書 房
〒113-0033 東京都文京区本郷6-8-16
TEL 03(3812)5821 FAX 03(3811)0617
URL http://www.hanawashobo.co.jp/

印刷・製本 株式会社 デジタルパブリッシングサービス
http://www.d-pub.co.jp

ISBN978-4-8273-1655-1 C3021 Printed in Japan
定価はカヴァーに表示してあります。

律令官僚制の研究

1998年２月28日　第１版第１刷

著　者　吉　川　真　司

発行者　白　石　タ　イ

発行所　株式会社　塙　書　房

〒113-0033　東京都文京区本郷六丁目8—16
電　話　03（3812）5821（代）
振　替　00100-6-8782

検印廃止

シナノ印刷・弘伸製本

索　　引

あ 行

か　行

さ　行

た　行

な　行

は　行

ま　行

や　行

ら　行

わ　行